应用型本科经管系列教材 经济贸易类

电子商务概论

主 编 王凌峰 许幸华

厦门大学出版社 国家一级出版社
全国百佳图书出版单位
XIAMEN UNIVERSITY PRESS

图书在版编目（CIP）数据

电子商务概论 / 王凌峰，许幸华主编. -- 厦门 ：
厦门大学出版社，2025. 8. --（应用型本科经管系列教
材）. -- ISBN 978-7-5615-5915-4

Ⅰ. F713.36

中国国家版本馆 CIP 数据核字第 2025VQ0698 号

策划编辑	张佐群
责任编辑	王扬帆
美术编辑	张雨秋
技术编辑	许克华

出版发行　厦门大学出版社

社　　址	厦门市软件园二期望海路 39 号
邮政编码	361008
总　　机	0592-2181111　0592-2181406(传真)
营销中心	0592-2184458　0592-2181365
网　　址	http://www.xmupress.com
邮　　箱	xmup@xmupress.com
印　　刷	厦门市明亮彩印有限公司

开本	787 mm×1 092 mm　1/16
印张	20.5
字数	402 千字
版次	2025 年 8 月第 1 版
印次	2025 年 8 月第 1 次印刷
定价	42.00 元

厦门大学出版社
微信二维码

厦门大学出版社
微博二维码

应用型本科经管系列教材
编委会
（按姓氏笔画排序）

总　序

教育是强国建设、民族复兴之基。习近平总书记在 2024 年 9 月召开的全国教育大会上强调,紧紧围绕立德树人根本任务,朝着建成教育强国战略目标扎实迈进。《墨子·尚贤》有言:"国有贤良之士众,则国家之治厚;贤良之士寡,则国家之治薄。"培养什么人,是教育的首要问题。随着国家对高等教育质量提升和创新型人才培养的日益重视,应用型本科教育以其鲜明的职业导向和实践特色,成为培养未来经济社会所需高素质、高技能人才的关键阵地。作为连接理论与实践、促进经济社会发展的重要桥梁,经管学科始终站在时代的前沿,不断创新教育模式、更新教材建设。在快速变化的全球经济版图中,全国各地积极探索地方特色鲜明的应用型人才培养体系,努力为区域经济发展输送高质量的经管类人才。鉴于此,我们精心策划并编写了应用型本科经管系列教材,旨在响应国家教材建设要求,为推进建设中国特色、世界一流的教育做出自己的贡献。

一、回应时代呼唤:抓住新机遇,迎接新挑战

习近平总书记指出,教育数字化是我国开辟教育发展新赛道和塑造教育发展新优势的重要突破口。教书育人既要体现时代精神,又要回答时代之问。当前,全球经济一体化加速推进,信息技术日新月异,新兴产业层出不穷,这些变化不仅深刻改变了经济社会的运行逻辑,也对经管教育提出了新的挑战。如何回应信息技术的发展,推进教育数字化,是我们面临的重大课题。为紧跟时代脉搏,牢牢把握当前时代特征赋予经管教育的新使命和新任务,本系列教材在形式上不再局限于纸质书本的内容,而是通过提供丰富的数字化教学资源来满足新时代的教学需求,包括在

线学习资源、微课视频、电子课件、题库测试等,探索数字技术赋能教材建设之路,持续推动经管教育数字化改革创新。

二、创新人才培养:锻造新商科人才,支撑新质生产力发展

新质生产力以科技创新为驱动力,以高水平人才为支撑。传统经管教育体系非常关注管理和营销、金融与投资、会计等维度的素养培训和提升,但容易形成学科领地和专业边界固化的"知识孤岛"。新质生产力的要素构成转变,对经管专业人才的素质和技能提出了新的要求。面向未来,经管教育的发展必须适应科技的变革和社会的真实需求。教材建设是育人育才的重要依托,我们邀请来自高校、企业、行业协会等多方专家共同参与编写,确保教材内容既能紧跟学术前沿,又能提供足够宽广的视野,助力培养和锻造一批具有多学科知识背景、多方面实践技能的高水平复合型新商科人才,使其能够直接服务现代化产业建设与中国高质量发展,进而着力打造中国经济的升级版。

三、定位教材特质:强化应用导向,注重实践能力

传统的经管类专业教材通常侧重于理论体系的完整性和逻辑性,而应用型本科教育更关注理论的实际应用性和操作性。为了更好地体现应用型本科教育的实践导向,本系列教材紧密围绕应用型本科教育的人才培养目标,坚持"理论够用、重在实践"的原则,力求在内容安排上实现理论性与实践性的有机结合。本系列教材在编写过程中不仅重视基础理论的系统性讲解,还特别注重理论在实际经济管理活动中的应用场景和操作方法。教材不仅涵盖了经管领域的基础理论和核心知识,还融入了国内外优秀的经典教学案例,精选了大量真实的企业管理案例,分析了行业热点问题,研究了典型经济现象,旨在通过模拟真实的工作场景和解决实际问题,提升学生的综合素质和实践能力。

四、开阔教学视野:服务国家经济,面向国际合作

在全球经济一体化的背景下,企业的经营和管理已经超越了单一国

家的范围。这就需要应用型本科经管教育围绕服务国家战略需求，促进中国经济和管理教育事业发展，培养既深刻理解中国国情和特色又具备全球视野的经济管理人才。因此，本系列教材在内容设置上，既注重结合我国经济背景和产业特点，深入分析数字贸易发展、绿色经济转型、海洋经济发展等系列专题内容，又融入国际经贸理论、跨国企业管理、国际投资分析等知识，着力培育学生国际化视野和跨文化管理能力。如此规划，既能提升学生在就业过程中的适应性和竞争力，又能为学生未来参与国际合作打下基础。

五、整合编写资源：确保内容科学性，增强教材适用性

采他山之石以攻玉，纳百家之长以厚己。本系列教材在策划之初，就先下好作者队伍的"先手棋"，得到了众多经管院校的大力支持。各院校注重发挥自身学科优势，联合一线教师共同将教学经验融入教材之中。各位编者在撰写过程中仔细打磨、反复论证，力求在内容的科学性、先进性和适用性之间达成最佳平衡，用心打造培根铸魂、启智增慧的精品教材。同时，我们还通过广泛征求教师和学生的意见，不断改进教材的内容结构，使其更加符合应用型本科教育的实际需要。

应用型本科教育已然走上了提质培优、增值赋能的快车道。教材建设是推动教育创新的重要引擎，应用型本科经管系列教材的出版是对应用型本科教育改革和发展的一次积极探索。它不仅反映了高等教育服务国家经济的理念，也体现了教育界对应用型人才培养的深入思考和实践。我们期冀本系列教材能够在应用型本科教育中发挥重要作用，让更多院校和师生受益于优质教育资源，为学生提供更好的学习方向和成长机会。

2024 年 11 月

前　言

随着互联网技术的飞速发展和普及,电子商务已经成为推动全球经济增长的重要引擎,深刻地改变着人们的生产生活方式。中国的电子商务市场住居全球首位,其发展速度和规模令人瞩目。为了帮助读者更好地理解和把握电子商务的发展趋势,本书从多个维度对电子商务进行了全面深入的阐述。

本书共分为十章,涵盖了电子商务的基础知识、运营模式、营销策略、金融服务、物流供应链、品牌价值、技术应用、风险管理和可持续发展等重要方面。第一章介绍了电子商务的概念、运营模式、技术基础和物流体系,帮助读者建立起对电子商务的整体认识。第二章和第三章分别探讨了传统电子商务模式和新型电子商务模式,分析了其核心要素、运营模式和发展趋势等。第四章详细介绍了电子商务营销策略规划、渠道管理、工具运用和效果评估等,帮助读者掌握电子商务营销的基本方法。第五章探讨了金融服务在电子商务中的作用,分析了电子商务支付结算、融资服务以及与金融的融合创新。第六章介绍了数字贸易物流与供应链管理的概念、基础设施、运营管理、客户服务和创新发展等。第七章分析了电子商务企业品牌价值的构成要素等,并提出了提升品牌价值的策略。第八章探讨了自动化技术、人工智能技术、大数据分析和区块链技术在电子商务中的应用和未来展望。第九章介绍了电子商务风险的概念、种类和管理策略,并分析了电子商务产业政策发展和法规遵循。第十章探讨了电子商务可持续经营发展的重要性、策略、法规建设和未来展望等。

除了理论性的介绍,本书也结合了大量实际案例,旨在帮助读者全面了解电子商务的基本理论和实践应用,提升其电子商务的运营能力和管理能力。希望本书能够成为您学习电子商务的良师益友,帮助您在电子商务领域取得更大的成功!

王凌峰、许幸华

2025 年 8 月

目　录

第一章　电子商务基础知识

知识图谱

电子商务基础知识
- 电子商务概述
  - 定义
  - 发展历程
  - 重要性及应用领域
  - 运营模式
  - 交易过程
  - 涉及的法律与道德问题
- 电子商务运营模式
  - B2B电子商务模式
  - B2C电子商务模式
  - C2C电子商务模式
  - 新型电子商务模式
- 电子商务技术基础
  - 技术架构
  - 关键技术
  - 技术发展趋势
  - 网站建设
- 电子商务物流体系
  - 概述
  - 模式
  - 技术与应用

📄 章节提要

本章首先介绍电子商务的定义、发展历程、重要性及应用领域,并阐述电子商务的运营模式、交易过程,及涉及的法律与道德问题。接着针对电子商务的运营模式及技术基础做进一步的介绍。此外,物流在电子商务中也是重要的环节,在第四节将重点讨论电子商务中的物流体系与技术应用。总的来说,电子商务在推动经济发展、优化产业结构、提升人们生活水平等方面具有重要作用,电子商务未来的发展趋势朝向新兴科技(如智能化、移动化、云计算等)发展,也是须密切关注的议题。

第一节　电子商务概念

一、电子商务的定义

电子商务作为互联网时代的产物,已经成为全球经济的重要组成部分。在探讨电子商务领域之前,首先需明确其定义,以便对其有更为全面的认识。电子商务(electronic commerce,EC)也称作电子贸易、网上购物或互联网商务等,是一种通过电子手段(主要是互联网)进行商品和服务的买卖及相关服务活动的商业模式,涵盖所有使用电子方式进行的商业活动,包括但不限于在线购买和销售商品、提供服务、电子资金转账、在线营销、客户服务以及供应链管理等。电子商务的定义广泛,但核心在于其利用信息技术(特别是互联网和移动通信技术)简化商业交易流程,提高交易效率,并使企业能跨越地理界限与全球范围内的客户、供应商和其他合作伙伴进行交易。根据交易对象的不同,电子商务可以分为多种类型,如企业对企业(B2B)、企业对消费者(B2C)、消费者对消费者(C2C)等模式,为不同的交易参与者提供了灵活多样的商业合作方式。

在电子商务的诸多特点中,高效、便捷、灵活是最为突出的几个。电子商务突破了时间和空间的限制,使得商业活动可以 24 小时不间断地进行,极大地提高了交易效率。同时,电子商务降低了交易成本,减少了中间环节,使得商品和服务的价格更加透明,消费者可以更容易地比较和选择。电子商务还具有跨国、跨地域的特点,为企业提供了更广阔的市场和更多的商业机会。

然而,电子商务也带来了一系列的问题和挑战。网络安全、隐私保护、物流配送等方面的问题,需要企业和政府共同努力解决。电子商务的发展也改变了市场竞争格局,使得企业需要不断创新和调整策略以适应市场的变化。

二、电子商务的发展历程

电子商务作为现代信息技术和商业模式融合的产物,其发展历程经历了初级阶段、成长阶段和成熟阶段,每个阶段都有其独特的特点和发展规律。

初级阶段的电子商务主要体现在企业官网的建设和线上宣传上。在这个阶段,企业通过构建官方网站,展示产品信息、企业简介、新闻动态等内容,实现了线上线下的信息互通。企业还利用线上平台进行品牌推广和宣传,吸引用户的关注和兴趣。这一阶段的电子商务尚未形成完善的交易体系,主要起到了信息传递和宣传的作用。

成长阶段的电子商务逐渐涵盖了更多的交易类型,如网上购物、第三方支付等。在这个阶段,随着电子商务技术的不断发展和用户需求的不断增长,电子商务平台逐渐从单一的信息传递平台转变为具有交易功能的综合性平台。用户可以通过电子商务平台进行商品浏览、比较、购买、支付等一系列交易活动,极大地提高了购物效率和便利性。同时,电子商务也吸引了大量用户群体的参与,推动了电子商务市场的快速发展。

成熟阶段的电子商务不仅具备了完善的交易体系,还注重用户体验和服务质量。在这个阶段,电子商务企业开始注重用户体验和服务质量,通过优化交易流程、提高交易安全性、完善售后服务等方式,提升用户购物体验。电子商务企业还利用大数据、人工智能等技术,对用户行为进行深度分析,为用户提供更加个性化的推荐和服务。这些措施不仅提高了用户满意度,也促进了电子商务的持续发展。

三、电子商务的重要性及应用领域

电子商务作为当代商业的核心驱动力,其重要性不言而喻。它不仅深刻影响着经济发展轨迹,通过数字化手段促进市场资源高效配置,优化产业结构布局,还显著提升了民众的生活品质与消费便利性,成为现代商业活动不可或缺的一环。

具体而言,电子商务的应用领域极为广泛,涵盖了零售、制造、金融、旅游等传统行业,为其注入了新的活力与增长点。在零售领域,电子商务不仅打破了时间与空间的限制,为消费者提供了丰富多样的购物选择,还通过大数据分析实现商品个性化推荐,提升购物体验。制造行业则借助电子商务平台,实现了供应链的优化整合与快速反应,降低了成本,提高了生产效率。金融领域内,电子商务促进了互联网金融的兴起,为小微企业和个人提供了更加便捷、灵活的金融服务。在旅游行业中,电子商务则推动了在线旅游预订的普及,为消费者规划行程、预订酒店机票等提供了极大便利。

电子商务还催生了跨境电商、农村电商等新兴商业模式,进一步拓展了市场空间,促进了国内外市场的深度融合,为经济发展注入了新的动力。这些新兴模式不仅带动了相关产业的发展,也为消费者带来了更加多元化的消费体验,展现了电子商务在推动商业创新与产业升级中的重要作用。

四、电子商务的运营模式

电子商务作为一种以电子手段进行商品和服务交易的新型商业模式,近年来在全球范围内得到了快速发展。电子商务的运营模式各具特点,适用于不同的场景和需求。

首先,B2B(business to business)运营模式主要涉及企业间的产品采购、销售、物流配送等业务。这种模式的特点在于,交易双方都是企业,交易金额通常较大,且交易流程复杂。在 B2B 电子商务中,企业可以通过在线平台或专门的 B2B 市场进行交易,从而降低成本、提高效率。同时,B2B 电子商务还提供了供应链管理、库存管理等增值服务,帮助企业更好地管理运营。

B2C(business to consumer)运营模式则是企业与消费者之间的交易。通过互联网,企业可以直接向消费者销售商品或服务,从而绕过传统的中间商。这种模式的优势在于,企业可以直接与消费者互动,了解消费者需求,以便更好地调整产品和服务。同时,B2C 电子商务还可以为消费者提供更加便捷、个性化的购物体验。

C2C(consumer to consumer)运营模式是消费者与消费者之间的交易。在这种模式下,消费者可以通过在线平台或社交媒体进行交易,实现二手商品的买卖或拍卖等。C2C 电子商务的优势在于,它为消费者提供了一个交易二手商品的平台,降低了交易成本。然而,由于交易双方都是个人,因此存在信任和安全等问题。

B2G(business to government)运营模式则是指企业与政府之间的交易。通过 B2G 电子商务平台,企业可以完成政府采购、税收申报等与政府相关的业务。B2G 电子商务的优势在于,它可以提高政府的行政效率,降低行政成本,同时也可以为企业提供更加便捷、高效的服务。

五、电子商务的交易过程

(一)交易前的准备

在电子商务交易开始之前,消费者需要进行充分的准备工作。这包括选择商品、比较价格以及了解卖家信誉等。消费者可以通过电商平台上的商品评价、卖家评分等信息来评估商品的质量和卖家的信誉。同时,消费者还可以利用电商平台提供的搜索功能,快速找到符合自己需求的商品。在这个过程中,电商平台应提供清晰、准确的商品信息和购物指南,以便消费者做出明智的购买决策。

(二)交易协商

交易协商是电子商务交易过程中的重要环节。在这一阶段,消费者与卖家通过在线聊天、邮件等方式进行协商,就商品的价格、规格、配送方式等达成一致意见。在这个过程中,消费者可以提出自己的需求和要求,而卖家则需要根据消费者的需求提供相应的解决方案。交易协商的顺利进行有助于建立消费者与卖家之间的信任,为后续的交易打下基础。

(三)签订合同

在交易协商达成一致后,双方需要签订交易合同。电子合同是电子商务交易中的重要法律文件,它明确了双方的权利和义务,保障了交易的合法性和有效性。在签订合同时,消费者应仔细阅读合同条款,确保自己的权益得到保障。同时,电商平台也应提供安全、可靠的合同签订服务,以确保合同的合法性和有效性。

(四)支付货款

支付货款是电子商务交易的关键环节。在这一阶段,消费者需要通过在线支付系统支付货款。电商平台应提供安全、便捷的支付服务,保护消费者的支付安全。电商平台还应建立完善的退款机制,以在交易出现问题时及时为消费者提供退款服务。

(五)物流配送

在支付货款后,卖家需通过物流公司将商品送到消费者手中。物流配送是电子商务交易的重要环节,它直接关系消费者的购物体验和满意度。因此,电商平台应建立完善的物流配送体系,确保商品能够准时、安全地送到消费者手中。同时,电商平台还应提供物流查询服务,以便消费者随时了解商品的物流情况。

六、电子商务涉及的法律与道德问题

电子商务作为一种新兴的商业模式,正在全球范围内快速发展,其涉及的法律与道德问题也日益凸显。为了确保电子商务的健康、有序发展,必须建立完善的法律法规体系,并加强道德建设。在法律法规方面,电子商务需遵守一系列法律法规,如消费者权益保护法、网络安全法等。消费者权益保护法是保护消费者合法权益的重要法律,它规定了电子商务经营者的义务和责任,以及消费者在购买商品或接受服务时享有的权益。网络安全法则是保障网络安全的重要法律,它规定了电子商务经营者应采取的安全措施,防止网络攻击和数据泄露。

知识产权保护是电子商务中的重要问题。电子商务的便捷性使得知识产权的侵权行为更加容易发生,如专利、商标、著作权等知识产权的侵权行为。为了保护知识产权,电子商务经营者应加强知识产权意识,采取技术措施保护自己的知识产权,并积极配合政府部门的监管和执法工作。电子商务的网络安全和隐私保护也是重要问题。电子商务交易涉及用户的个人信息和支付信息,一旦这些信息被泄露或滥用,将会给用户带来巨大的损失。因此,电子商务经营者应加强网络安全防护,采取加密技术、访问控制等安全措施保护用户的隐私信息,并建立健全的安全管理制度和应急预案,以应对可能的安全风险。

诚信与道德是电子商务的重要基石。电子商务的虚拟性使得交易双方难以建立信任关系,因此诚信和道德显得尤为重要。电子商务经营者应遵守诚信原则,真实、准确地描述商品和服务信息,不夸大其词或虚假宣传,不进行欺诈行为。同时,电子商务经营者还应尊重消费者的权益和利益,积极履行退换货等义务,提高消费者的满意度和信任度。

第二节　电子商务运营模式

一、B2B 电子商务模式

B2B 电子商务模式的特点主要体现在交易量大、交易时间长、交易环节多等方面。由于 B2B 电子商务是企业之间的交易,因此交易量相对较大,交易流程和环节也更为复杂。B2B 电子商务交易时间较长,往往需要长期的合作和信任才能建立起稳定的交易关系。

B2B 电子商务模式的运营模式主要分为平台型、垂直型和水平型三种。平台型 B2B 电子商务模式通过搭建交易平台,为买卖双方提供交易服务,实现资源的共享和信息的互通。这种模式具有开放性和广泛性的特点,能够吸引更多的企业入驻。垂直型 B2B 电子商务模式则针对特定行业或领域,提供一站式采购服务,以满足特定企业的需求。水平型 B2B 电子商务模式则强调跨区域、跨行业的资源共享与协作,实现资源的优化配置和企业的共同发展。

在 B2B 电子商务模式的实际应用中,阿里巴巴和慧聪网等 B2B 电子商务平台是其中的典型代表。这些平台通过提供丰富的产品和服务,吸引了大量企业入驻,为企业之间的交易提供了便利。这些平台不仅为企业提供了交易服务,还通过数据分析、营销推广等方式,帮助企业提升品牌知名度和市场竞争力。

二、B2C 电子商务模式

B2C 电子商务模式,即企业对消费者的电子商务模式,是指企业与消费者之间通过电子商务平台进行商品和服务的交易活动。这种模式的出现,极大地改变了消费者的购物方式和企业的销售方式,成为现代电子商务的重要组成部分。

(一)定义与特点

B2C 电子商务模式的定义是指企业与消费者之间通过电子商务平台进行交易的模式。这种模式具有以下几个显著特点:交易量大,随着互联网的普及和电子商务的发展,B2C 交易量不断增长;交易时段灵活,电子商务平台 24 小时不间断运营,消费者可以随时随地进行购物;消费群体广泛,电子商务打破了地域限制,使得任何地区的消费者都能享受到同等的购物体验。

(二)运营模式

B2C 电子商务模式的运营模式主要包括自营模式、平台模式和混合模式。自营模式由企业直接经营销售商品,能够控制商品的质量和售后服务,但需要投入较多的资金和资源。平台模式则引入第三方卖家,提供多样化的商品和服务,能够满足消费者的不同需求,但企业需要加强对卖家的监管。混合模式则结合了自营和平台模式的优点,根据业务需求灵活调整。

以天猫和京东为例,这两家 B2C 电子商务平台在市场中占据了重要地位。它们通过提供优质的商品和服务,吸引了大量消费者购物。同时,它们还注重品牌建设和营销推广,提高了自身的知名度和美誉度。另外,它们不断创新和升级平台功能,提升用户体验和购物便利性,从而实现了销量和口碑的双提升。

三、C2C 电子商务模式

C2C 电子商务模式作为电子商务领域的重要组成部分,正日益展现出其独特的魅力和价值。C2C 电子商务模式是指消费者与消费者之间通过电子商务平台进行交易的模式。在这种模式下,消费者可以自由地发布自己的需求或产品信息,并通过平台进行交易。C2C 电子商务模式的特点在于交易量大、交易方式灵活。由于平台面向的是广大消费者,因此商品种类繁多,能够满足不同消费者的需求。同时,C2C 电子商务模式也降低了交易的门槛,使得更多的人能够参与到电子商务中来。

在运营模式上,C2C 电子商务模式主要依赖平台型模式,通过搭建一个交易平台,为买卖双方提供交易服务,并收取一定的交易费用。这种运营模式使得平台能够迅速扩大规模,吸引更多的卖家和买家。同时,平台也通过提供一系列的服务,如支付、物流、评价等来提高交易的安全性和便捷性。

以淘宝、闲鱼等为代表的 C2C 电子商务平台,通过提供简单的交易方式与低廉的价格,吸引了大量消费者进行交易。这些平台不仅为消费者提供了便捷的购物体验,还为卖家提供了广阔的销售渠道。同时,这些平台也通过不断优化自身的服务,提高用户满意度,从而实现了平台的快速发展。例如,淘宝通过引入支付宝等支付方式,解决了交易中的信任问题;通过推出"淘宝直播"等新型营销方式,提高了商品的曝光度和销售量。

四、新型电子商务模式

在电子商务领域,创新是推动行业发展的重要动力。随着消费者需求的多样化和市场竞争的加剧,新型电子商务模式应运而生,为行业带来了新的发展机遇。

(一)O2O 电子商务模式

O2O 电子商务模式,即 online to offline,是一种将线上与线下相结合的电子商务模式。在这种模式下,商家通过线上平台(如网站、APP、社交媒体等)展示商品或服务信息,吸引消费者在线上进行浏览、筛选和支付,然后消费者再到线下实体店进行消费体验或服务享受。美团网即是个典型的 O2O 平台,它提供了多种业务,包括外卖业务、团购业务、美团优选业务和旅行业务等。

(二)跨境电子商务

跨境电子商务,通常简称为跨境电商,是指分属不同关境的交易主体,通过电子商务平台达成交易、进行电子支付结算,并通过跨境电商物流及异地仓储送达商品,从而完成交易的一种国际商业活动。交易双方分属不同国家或地区,涉及跨国界的商品流动和资金结算。此外,跨境电商依托互联网进行交易,具有便捷、快速、高效的特点,且大部分交易过程通过电子方式进行,减少了对纸质文件的依赖。最重要的是,跨境电商打破了传统贸易的地域限制,使企业能直接面对全球市场。

(三)社交与直播电子商务

社交电子商务,简称社交电商,是一种基于社交网络和移动社交平台的电子商务模式。它利用社交媒体、社交应用等渠道,将消费者、商家、品牌等参与者连接起来,实现销售、营销、客户服务等功能。社交电商具有互动性、社交性、个性化等特点,能够更好地满足消费者的需求,提高电商平台的用户黏性和活跃度。

直播电子商务,简称直播电商,是以直播形式为基础的电子商务模式。它将原来线下以及线上店铺的消费场景转移到直播间,让消费者能够更方便、更快捷、更直观地了解商品,从而促进购买决策。直播电商具有互动性、实时性、场景化等特点,为消费者提供了全新的购物体验。

(四)其他新业务模式

1.定制化电子商务

定制化电子商务是电子商务领域的一种新型模式,其特点是根据消费者的需求,提供个性化、定制化的商品与服务。这种模式的出现,满足了消费者日益增长的个性化需求,让消费者可以更加自由地选择自己需要的商品和服务。定制化电子商务的实现需要借助大数据、人工智能等技术手段,对消费者的需求进行精准分析,并快速响应。例如,小米定制化电商平台通过用户数据分析和反馈,为消费者提供定制化的手机和智能家居产品,满足了消费者的个性化需求。

2.智能化电子商务

智能化电子商务是电子商务与人工智能技术的结合,通过智能化技术优化用户体验,提高运营效率。智能化电子商务的应用包括智能推荐、智能客服、智能物流等方面。例如,京东智能化电商平台通过人工智能技术实现智能推荐,根据用户的购物历史和偏好,为用户推荐相关的商品和服务。同时,京东还引入了智能客服系统,为用户提供 24 小时不间断的咨询服务,提高了用户体验。

3.跨界融合电子商务

跨界融合电子商务是指不同行业或领域之间通过电子商务平台进行合作,共同为用户提供商品和服务。这种模式的出现,打破了传统行业的界限,使得用户可以在一个平台上享受到多种不同行业的商品和服务。跨界融合电子商务的实现需要不同行业之间的深度合作和资源整合,以及平台技术的支持。例如,旅游业和餐饮业可以合作推出"旅游＋餐饮"服务,通过电商平台为用户提供一站式服务。

第三节　电子商务技术基础

一、电子商务技术架构

电子商务技术架构是电子商务系统的核心组成部分,它包括硬件、软件、网络基础设施和数据处理系统等多个方面。作为电子商务系统的基石,电子商务技术架构为整个系统的稳定运行提供了坚实的支撑。电子商务技术架构整合了硬件、软件、网络基础设施和数据处理系统等多个方面的技术,以支持电子商务活动的顺利进行。在这个架构中,各个组成部分协同工作,实现信息的传输、处理、存储和展示等功能。

(一)硬件方面

电子商务技术架构的硬件部分主要包括服务器、存储设备、网络设备、安全设备等。服务器是电子商务系统的核心,负责处理大量的数据请求和交易操作。存储设备则用于存储各类数据,包括交易数据、用户数据、商品数据等。网络设备则负责数据的传输和通信,确保数据的顺畅流动。安全设备则用于保障数据的安全性和完整性,防止数据被非法访问和篡改。

(二)软件方面

电子商务技术架构的软件部分主要包括操作系统、数据库管理系统、应用服务器、中间件等。操作系统是系统的底层基础,负责管理和控制硬件资源。数据库管理系统则用于存储和管理数据,提供数据的查询、更新和删除等功能。应用服务器则负责处理应用逻辑和业务逻辑,提供应用程序的运行环境。中间件则用于连接不同的系统和应用,实现数据的交换和共享。

(三)网络基础设施

电子商务技术架构的网络基础设施是连接各个部分的桥梁,它负责数据的传输和通信。网络基础设施包括有线网络和无线网络两种类型。有线网络包括光纤、以太网等,具有传输速度快、稳定性高的特点。无线网络则包括 Wi-Fi、4G/5G 等,具有移动性强、覆盖范围广的特点。网络基础设施的稳定性和可靠性对于电子商务系统的正常运行至关重要。

二、电子商务关键技术

(一)网络技术

网络技术是电子商务信息传输的基础,包括互联网技术、宽带技术、无线网络技术等。互联网技术的广泛应用使得电子商务能够跨越地理界限,实现全球范围内的商品和服务交易。同时,宽带技术的发展提升了网络传输速度,使得电子商务的实时性和交互性得到了极大的提升。无线网络技术的普及使得用户可以随时随地通过移动设备进行电子商务活动,进一步扩大了电子商务的受众范围。

(二)数据安全技术

数据安全技术在电子商务中扮演着至关重要的角色,主要包括加密技术、防火墙技术、安全认证技术等。加密技术通过对数据进行加密处理,确保了数据在传输过程中的安全性和完整性,防止了数据被恶意篡改或窃取。防火墙技术则通过设置网络安全屏障,阻止外部攻击和恶意软件的入侵,保护电子商务系统的安全。安全认证技术如数字证书、公钥基础设施等,为电子商务交易提供了可靠的身份验证和信任机制,保障了交易的合法性和安全性。

(三)大数据分析技术

大数据分析技术在电子商务中发挥着越来越重要的作用。通过对用户行为数据的挖掘和分析,企业可以深入了解用户的需求和偏好,从而为用户提供更加个性化的服务和产品。同时,大数据分析还可以帮助企业优化库存管理、预测销售趋势、提高运营效率等,从而降低成本、提升竞争力。大数据分析还可以帮助企业发现潜在的市场机会和商业模式,为企业的创新和发展提供有力支持。表1-1以自提柜厂商递易技术为例,汇总各类网络信息技术交互运用的效能。

表1-1 递易技术的信息技术与效能

信息技术	实时监控和数据共享,提高准确性和决策效率	显著提升物流运作效率和准确性
智能仓储技术	提高仓储空间利用率,减少错误和延误	提升物流效率
路径优化算法	智能规划运输路线,减少运输时间和成本	提高物流配送效率
数据分析和预测技术	预测货物流量、流向和需求高峰,优化资源配置	保障物流顺畅和高效

资料来源:百度搜索。

三、电子商务技术发展趋势

随着科技的飞速发展,电子商务技术正经历着前所未有的变革,其发展趋势主要呈现为智能化、移动化及云计算的深度融合。

在智能化发展方面,电子商务企业纷纷借助人工智能与机器学习技术,重构用户体验与业务流程。智能推荐系统通过分析用户行为数据,实现个性化商品推荐,极大提升了转化效率。智能客服系统的引入,不仅降低了人力成本,还实现了 24 小时不间断服务,显著提高了客户满意度。比如,鲲驰集团通过开发智能助手,进一步探索在图像处理、数据分析等领域的创新应用,为电子商务智能化发展树立了典范。

云计算技术的应用,则为电子商务企业提供了强大的资源支撑与弹性扩展能力。通过云端部署,企业可以快速响应市场变化,灵活调整业务规模,降低运维成本。同时,云计算还促进了数据的高效流通与共享,为企业精准营销、风险管理等提供了有力支持。随着云计算技术的不断成熟与普及,其将成为电子商务领域不可或缺的基础设施。

四、电子商务网站建设

(一)电子商务网站规划与设计

在电子商务网站的规划与设计中,需求分析、架构设计、用户体验设计及响应式设计是至关重要的环节。

首先,电子商务网站的需求分析是规划与设计的基础。明确网站的目标是至关重要的。这包括确定网站的主要功能,如商品展示、在线购物、用户注册与登录、订单管理等,以及网站希望达到的商业目标,如提高销售额、增加用户黏性、提升品牌知名度等。其次,深入了解目标用户群体也是必不可少的。通过市场调研、用户访谈等方式,可以获取目标用户的年龄、性别、消费习惯、购物偏好等信息,从而为他们提供更加个性化的服务。最后,收集用户需求也是需求分析的重要环节。通过用户调研、问卷调查、竞品分析等方式,可以了解用户对网站的需求和期望,从而优化网站的功能和界面设计。

在电子商务网站的架构设计中,分层架构思想被广泛采用。通过将网站分为不同的层次,如表示层、业务逻辑层、数据访问层等,可以实现模块化的开发和管理。这种架构不仅有利于代码的复用和维护,还可以提高网站的可扩展性和可维护性。同时,在架构设计中还需要考虑网站的性能需求,如并发访问量、响应时间等,以确保网站在高峰期能够正常运行。

用户体验是电子商务网站成功的关键。在用户体验设计中,首先要注重界面的简洁明了。通过合理的布局、清晰的导航和友好的界面设计,可以使用户快速找到所需的信息和功能。其次要提供便捷的导航和优质服务。例如,通过智能推荐系统、搜索功能等,可以帮助用户快速找到他们感兴趣的商品;通过在线客服、售后支持等,可以解决用户在使用过程中遇到的问题;通过用户反馈、数据分析等方式,可以不断优化用户体验,提高用户满意度。

随着移动互联网的快速发展,越来越多的用户通过移动设备访问电子商务网站。因此,在网站规划中,响应式设计是必不可少的。响应式设计可以实现网站的自适应布局,根据不同终端设备的屏幕尺寸和分辨率,自动调整页面的布局和样式。这不仅可以提供一致的用户体验,还可以提高网站的可用性和可访问性。同时,响应式设计还可以提高网站的 SEO(search engine optimization,搜索引擎优化)性能,使其在搜索引擎中排名更高。

(二)电子商务网站开发与实现

在电子商务网站的开发与实现过程中,技术选型、软件开发、功能实现以及性能测试是不可或缺的环节,它们共同构成了网站开发的核心。

1.技术选型

技术选型是电子商务网站开发的首要任务,它直接决定了网站的性能、稳定性和安全性。在前端技术方面,采用响应式设计,确保网站在不同设备上都能呈现出良好的视觉效果。同时,为了提高用户体验,使用 AJAX 技术实现页面的局部刷新,以及前端框架如 React 或 Vue 来提高开发效率。在后端技术方面,选择稳定可靠的 Java 或 Node.js 作为开发语言,结合 Spring 框架或 Express 框架,构建高效、可扩展的后端服务。在数据库方面,选用 MySQL 或 MongoDB 等高性能数据库,以满足网站对数据的存储和查询需求。

2.软件开发

在软件开发过程中,采用模块化开发方法,将网站功能拆分为多个独立的模块,如商品管理、订单处理、用户管理等。这样做不仅提高了代码的可复用性和可维护性,还使得团队成员能够并行开发,加快了开发进度。同时,我们还注重代码的质量,通过代码审查、单元测试等手段,确保代码的质量和稳定性。

3.功能实现

功能实现是电子商务网站开发的核心任务。根据设计要求,实现商品展示、购物车管理、订单处理、支付结算等核心功能。在商品展示方面,通过商品分类、搜索等功能,让用户能够方便地找到所需的商品。购物车管理则允许用户将心仪的商品添加到购物车中,并随时进行编辑、删除等操作。订单处理则实现了用户下单、支付、发货等流程,确保了交易的顺利进行。此外,还实现了用户注册、登录、账户管理等功能,提高了用户的使用体验。

4.性能测试

在电子商务网站开发中,性能测试是不可或缺的一环。通过压力测试、性能测试等手段,对网站进行全面的测试。在压力测试方面,模拟大量用户同时访问网站,以测试网站的负载能力。在性能测试方面,测试网站的响应时间、吞吐量等关键指标,确保网站在高峰期也能稳定运行。通过性能测试,发现并解决网站存在的性能瓶颈,确保了网站的质量和稳定性。

(三)电子商务网站运营与维护

在电子商务网站的运营与维护过程中,内容管理、数据分析、用户体验优化以及安全管理是四个至关重要的环节,它们共同构成了网站稳定运营和持续发展的基础。

在内容管理方面,电子商务网站必须保持内容的时效性和准确性。商品信息、促销活动等是用户购物的关键信息,因此必须及时更新。同时,通过定期发布有价值的内容,如商品使用教程、行业资讯等,可以吸引用户关注,提高用户黏性。在内容更新方面,还需注意优化关键词,提高搜索引擎的收录和排名,从而增加网站的曝光率。

数据分析是电子商务网站运营的重要依据。通过数据分析,可以了解用户的行为习惯、购买偏好等信息,为商品推荐、促销活动提供数据支持。同时,数据分析还可以发现网站存在的问题,如页面加载速度慢、导航不合理等,为网站优化提供指导。因此,电子商务网站需要建立完善的数据收集和分析系统,对数据进行深入挖掘和分析。

用户体验优化是电子商务网站持续发展的关键。在竞争激烈的市场中,良好的用户体验是吸引用户的重要因素。因此,电子商务网站需要不断优化用户界面、简化购物流程、提高支付便捷性等,以提高用户满意度。还可以通过用户反馈、调查问卷等方式了解用户的需求和意见,及时调整和优化网站功能。

安全管理是电子商务网站的基石。电子商务网站涉及用户的个人信息和资金安全,因此必须加强安全防护,具体措施包括加强数据加密、建立防火墙、定期备份数据等。同时,还需建立完善的安全管理制度和应急预案,确保在发生安全事件时能够及时应对和处理。

第四节　电子商务物流体系

一、电子商务物流概述

电子商务物流作为电子商务活动中的关键环节,其定义涵盖了在电子商务环境下,实现商品或服务从生产者到消费者空间转移的全过程。这一过程不仅要求高效、经济、准确,还需适应电子商务的快速发展,满足消费者对快速、便捷、个性化服务的需求。

电子商务物流的特点主要体现在信息化、自动化和网络化方面。信息化使得物流信息能够快速、准确地传递,提高了物流效率;自动化则通过先进的物流设备和技术,实现了物流作业的自动化,降低了人工成本;网络化则使得物流网络更加完善,能够实现跨地区、跨行业的物流合作。这些特点共同推动了电子商务物流的发展,使其成为电子商务活动中不可或缺的一部分。

电子商务物流在电子商务中的地位至关重要,是连接生产者和消费者的桥梁,是实现商品交易的关键环节。电子商务物流的高效运转,能够缩短商品从生产到消费者手中的时间,提高客户满意度;能够降低物流成本,提高电子商务的竞争力。因此,电子商务物流的发展对于电子商务的持续发展具有重要意义。

二、电子商务物流模式

在电子商务的快速发展中,物流模式的选择成为电商企业关注的重要问题。电子商务的物流模式主要包括自营物流模式、第三方物流模式、物流联盟模式三种。

自营物流模式是指电商企业自主投资建设物流设施,独立运营物流业务的模式。这种模式的优点在于电商企业能够完全掌控物流环节,从订单处理、货物分拣、包装、运输到配送等各个环节都能自主决策,保证了物流服务的一致性和稳定性。同时,自营物流还能有效降低物流成本,提高企业的利润空间。然而,自营物流模式也存在一些缺点,如需要大量的资金投入、物流设施建设周期长、管理难度大等。自营物流还需要电商企业具备强大的物流管理能力,以应对各种突发事件和复杂的物流环境。

第三方物流模式是指电商企业将物流业务外包给专业的物流公司来承担。

这种模式的优点在于电商企业可以专注于核心业务的发展,无需关注物流环节,从而提高了企业的运营效率。同时,专业的物流公司通常具有更强的物流能力和更低的物流成本,能够为电商企业提供更优质的物流服务。然而,第三方物流模式也存在一些问题,如物流服务质量不稳定、信息不对称等。电商企业需要与物流公司建立紧密的合作关系,以确保物流服务的稳定性和可靠性。

物流联盟模式则是一种更为灵活的物流模式。它是指多个电商企业共同组建物流公司,共同承担物流业务。这种模式的优点在于能够实现资源共享和优势互补,提高物流效率,降低物流成本。同时,物流联盟还能增强电商企业的市场竞争力,共同应对市场风险。然而,物流联盟也存在一些问题,如利益分配不均、管理难度大等。物流联盟的稳定性也相对较低,一旦成员之间出现矛盾或分歧,可能会影响整个物流网络的正常运行。

三、电子商务物流技术与应用

电子商务物流作为现代商业活动的重要组成部分,其技术的发展与应用直接影响着电子商务的效率和竞争力。以下将对物流信息技术、智能化物流设备和物流管理系统进行深入的探讨。

(一)物流信息技术

物流信息技术在电子商务物流中发挥着至关重要的作用。条形码技术作为物流信息技术的基础,通过为商品赋予唯一的条形码,实现了商品的快速识别与追踪。这种技术不仅提高了物流效率,还降低了错误率,确保了商品的准确送达。RFID技术通过无线识别的方式,实现了对商品信息的实时追踪与更新,使得物流企业能够随时掌握商品的位置和状态,进一步优化物流路径,提高物流效率。GPS技术的应用也为物流提供了精确的地理位置信息,使物流企业实现对运输车辆的实时监控和调度,提高了物流的透明度和可控性。

(二)智能化物流设备

智能化物流设备是现代物流的重要组成部分,它们的出现大大提高了物流的自动化程度和效率。自动化分拣系统通过先进的传感技术和机器人技术,实现了对商品的快速、准确分拣,减少了人工操作的错误和成本。同时,机器人搬运技术的应用也大大提高了物流的自动化程度,特别是在重物搬运和危险环境中,机器人搬运的应用更为广泛。智能化物流设备还包括智能仓储系统、自动化包装设备等,这些设备的应用都大大提高了物流的效率和准确性。

（三）物流管理系统

物流管理系统是电子商务企业进行物流管理的重要工具。通过物流管理系统，企业可以实现对物流过程的全面控制和管理，包括订单处理、库存管理、运输调度等环节。物流管理系统不仅提高了物流效率，还降低了物流成本，提高了企业的竞争力。同时，物流管理系统还可以与企业的其他系统进行无缝对接，实现信息的共享和协同，进一步提高企业的运营效率。

练习题

一、判断题

1.电子商务只包括在线购物和销售。（　　　）

2.电子商务只适用于大型企业。（　　　）

3.电子商务的发展历程分为初级阶段、成长阶段和成熟阶段。（　　　）

4.电子商务对经济发展没有影响。（　　　）

5.电子商务物流只是指商品的配送过程。（　　　）

二、单选题

1.电子商务的英文简称是什么？（　　　）
　　A.EC　　　　　　　B.ED　　　　　　　C.EM　　　　　　　D.ET

2.电子商务发展的初级阶段主要体现在什么方面？（　　　）
　　A.信息传递　　　　B.宣传推广　　　C.交易功能　　　　D.供应链管理

3.电子商务在哪个领域应用最为广泛？（　　　）
　　A.零售　　　　　　B.制造　　　　　C.金融　　　　　　D.旅游

4.B2B电子商务模式的特点是什么？（　　　）
　　A.交易量大　　　　B.交易时间长　　C.交易环节多　　　D.以上都是

5.B2C电子商务模式的优势是什么？（　　　）
　　A.交易量大　　　　B.交易时段灵活　C.消费群体广泛　　D.以上都是

三、多选题

1.电子商务的定义包括哪些方面？（   ）

　　A.通过电子手段进行商品和服务买卖

　　B.使用互联网和移动通信技术

　　C.交易流程复杂化

　　D.提高交易效率

2.电子商务的发展历程经历了哪些阶段？（   ）

　　A.初级阶段　　　　B.成长阶段　　　　C.成熟阶段　　　　D.衰落阶段

3.电子商务的重要性体现在哪些方面？（   ）

　　A.推动经济发展　　　　　　　　B.优化产业结构

　　C.降低生活水平　　　　　　　　D.促进市场竞争

4.电子商务的运营模式有哪些？（   ）

　　A.B2B　　　　　　B.B2C　　　　　　C.C2C　　　　　　D.B2G

5.电子商务的交易过程包括哪些环节？（   ）

　　A.交易前的准备　　B.交易协商　　C.签订合同　　　D.支付货款

　　E.物流配送

四、简答题

1.简述电子商务的定义和特点。

2.简述电子商务的发展历程。

五、论述题

1.论述电子商务对经济发展的影响。

2.论述电子商务的运营模式选择。

3.论述电子商务物流体系的重要性。

第二章 传统电子商务模式

知识图谱

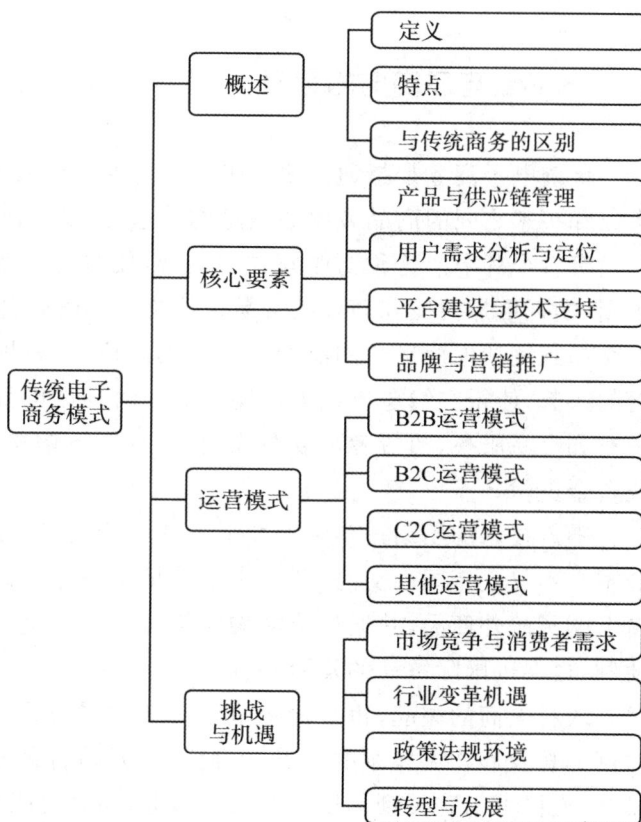

📋 **章节提要**

　　本章首先概述传统电子商务的定义、特点,以及其与传统商务的区别,接着介绍传统电子商务的核心要素,如产品与供应链管理、用户需求分析与定位、平台建设与技术支持及品牌与营销推广策略。在传统电子商务的运营模式上,本章针对 B2B、B2C 和 C2C 三种主要模式的定义、发展现状及运营机制进行讨论,以及通过案例梳理此三种模式的应用。在市场竞争加剧和消费者需求变化的背景下,传统电子商务面临着机遇和挑战,如技术创新带来的行业变革、政策法规环境的影响等。为应对这些挑战,传统电子商务需优化用户体验、拓展市场份额、加强技术创新与研发,以实现转型与发展。

▌ 第一节　传统电子商务概述 ▌

一、传统电子商务的定义

　　传统电子商务是指通过线上平台进行商品或服务交易的商业模式。它涉及卖家和买家之间的商品或服务信息的传递、交易的协商、资金的转移以及物流的配送等多个环节。这种商业模式的出现,使得交易双方可以跨越地域和时间的限制,实现更加便捷和高效的交易。传统电子商务自诞生以来,经历了从简单在线交易到复杂电商平台的演变。在早期阶段,互联网技术的发展和电子商务平台的兴起,使得在线零售成为可能。这一时期的电商平台主要提供商品信息的发布和交易服务,消费者可以在线浏览商品、下单购买,并通过银行支付系统完成资金支付。

　　随着技术的不断进步和电商平台的不断完善,跨境电商兴起。这一时期,电商平台不仅支持国内交易,还提供了跨境交易服务。消费者可以在国内电商平台上购买海外商品,并通过跨境物流渠道送达。这为消费者提供更多的选择和便利,也促进国际贸易的发展。

　　农村电商的崛起,也是传统电子商务发展历程中的重要一环。随着农村互联网的普及和物流体系的完善,电商平台开始将目光投向农村市场。通过电商平台,农民可以购买到优质的商品和服务,同时也能够将自家的农产品销售到更广阔的市场。这促进了农村经济的发展和城乡之间的交流。

　　电子商务作为现代信息技术与商业活动相结合的产物,其在推动经济增长、优化资源配置及提高生产效率等方面的重要性日益凸显。近年来,随着网络技术的不断进步和消费者购物习惯的改变,电子商务活动呈现出蓬勃发展的态势。

从应用领域来看,电子商务已广泛渗透到零售、制造、金融、旅游等多个行业。在零售行业,电子商务平台为消费者提供了丰富多样的商品选择和便捷的购物体验;在制造业,电子商务助力企业实现供应链的优化管理,降低库存成本,提高市场响应速度;金融行业则借助电子商务实现金融服务的线上化,提升服务效率;旅游业通过电子商务平台整合旅游资源,为消费者提供个性化的旅游服务。电子商务的发展也吸引了大量消费者,尤其是年轻消费者群体。他们熟悉网络技术,追求便捷的购物体验和个性化的消费需求。中老年消费者也逐渐加入电子商务的购物大军中,享受到线上购物带来的便利。这些不同年龄层次的消费者共同推动了电子商务市场的持续繁荣。

数据显示,近年我国有电子商务活动的企业单位数持续增长(见图2-1)。从2019年的109 410个增长至2022年的141 680个,反映出电子商务在我国经济发展中的活力和潜力。随着技术的不断进步和市场需求的持续增长,电子商务有望在未来继续发挥更大的作用,推动我国经济的高质量发展。

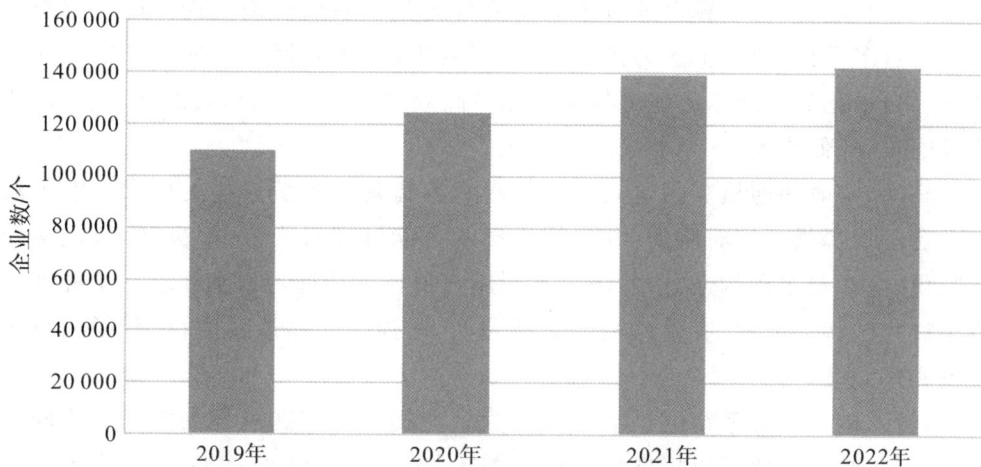

图2-1 2019—2022年全国有电子商务活动的企业数

数据来源:中经数据CEIdata。

二、传统电子商务特点

(一)全球化市场与跨地域交易

全球化市场是指企业利用电子商务平台,将产品和服务销售到全球各地的市场。这种市场打破了地域限制,使企业能够接触到以前无法触及的客户群体。全球化市场的形成得益于信息技术的快速发展,特别是互联网和移动通信的普及。通过这些技术,企业可以轻松地跨越国界,与全球买家进行实时交流,了解他们的需求和偏好,从而调整产品设计和营销策略。全球化市场还为企业提供了更多的合作机会,如跨国采购、供应链整合等,有助于降低成本,提高效率。

跨地域交易是指买卖双方在不同地区或国家之间进行的商业活动。电子商务的发展使得跨地域交易变得更加便捷和高效。通过电子商务平台,买卖双方可以远程完成交易,无需面对面协商或交易。这不仅节省了时间等成本,还提高了交易的灵活性和便利性。跨地域交易的发展还促进了全球支付体系的完善,使得资金可以在不同国家之间快速流动。同时,电子商务平台还提供了语言翻译、货币转换等服务,降低了跨国交易的门槛。

(二)高效便捷的交易流程

在电子商务的交易流程中,电子商务高效便捷的特性得到了淋漓尽致的展现,这主要归功于多个方面的创新与优化。首先,自动化处理技术的应用极大地提升了交易效率。电子商务系统通过集成先进的信息技术,能够自动完成从订单接收、处理到支付结算以及后续的物流配送等一系列复杂流程。这一过程无需人工过多干预,减少了人为错误,提高了处理速度,确保了交易的准确性和时效性。自动化处理技术还能够帮助企业更高效地管理库存、预测需求,进而优化资源配置,降低成本。

其次,实时沟通机制的建立则为买卖双方搭建了无缝连接的桥梁。电子商务平台不仅提供了实时聊天功能,使买卖双方能够即时交流、解决疑问,还整合了邮件、电话等多种沟通方式,满足不同用户群体的沟通习惯和需求。这种即时且多样化的沟通方式,有效缩短了交易周期,增强了交易透明度,提升了用户满意度和忠诚度。

最后,电子商务系统的灵活定制性为企业提供了广阔的发展空间。不同行业、不同规模的企业可以根据自身业务需求,定制开发电子商务系统,实现个性化经营。这种定制化的解决方案不仅有助于企业更好地展示自身品牌形象和产品特色,还能通过数据分析、用户画像等高级功能,精准把握市场动态,优化营销策略,从而在激烈的市场竞争中脱颖而出。

案例视窗

海关科技部门在电子商务的创新

近年来,我国海关科技部门在电商领域开展了一系列的创新举措,内容涵盖智慧海关建设、通关流程创新、服务模式创新和信息验核创新等多个方面。这些创新举措不仅提升了跨境电商的通关效率和市场竞争力,还有助于推动中国商品更好地走向世界。

一、智慧海关建设

全国海关陆续推动数字化转型和智能化升级,加快智慧海关建设,包括构建智慧海关的"四梁八柱",形成"四全""六化""五平台""三机制"的整体框架,其中"五平台"包括基础设施平台、应用支撑平台、大数据分析平台、业务协同平台和监控指挥平台。这些平台为跨境电商的快速发展提供了强有力的技术支撑。此外,海关科技部门利用大数据分析平台建立了寄递渠道一体化监控分析模块,加强实时监控,及时提醒处置异常单证。通过应用支撑平台,开发了身份信息验核模块,以确认交易真实性。此外,还计划进一步升级跨境系统硬件环境,提升系统的处理能力和稳定性。

二、通关流程创新

预计今年(2024 年)年底前,海关科技部门将上线跨境电商出口系统与舱单系统的自动对接功能,实现单证放行与舱单核注核销联动,减少企业跑腿次数,便利现场关员操作。这一举措将大幅提升通关效率,降低企业运营成本。另外,针对跨境电商大促期间的业务高峰,海关科技部门组建重点技术保障团队,在数据申报、数据交换等系统关键流程环节开展监控巡检,加强 7×24 小时值班值守和运行监控,确保系统在高并发、大流量情况下的稳定性和可靠性。

三、服务模式创新

在服务模式创新上,海关科技部门已开发了海外仓备案辅助系统,如宁波海关在全国海关率先上线"海外仓备案辅助"系统,实现"一地备案、全国通用、全程无纸",为出口海外仓企业提供更加便捷、高效的通关服务。这一举措有助于中国商品更好地走向世界。另外,在监管模式上,宁波海关创新了跨境电商出口前置仓监管模式,配合多项监管创新模式助推宁波贸易新业态。通过深度调研摸清企业需求,大力推广"先查验后装箱"国际集拼创新模式,推动跨境电商前置仓落地,提升物流效率和市场竞争力。

四、信息验核创新

在跨境电商领域,海关科技部门也进行了诸多创新尝试,如支付信息验核、身份信息验核、物流信息验核等,以确保交易的真实性和合法性。这些措施有助于打击跨境电商领域的违法违规行为,维护市场秩序和消费者权益。

资料来源:百度搜索。

(三)个性化与定制化服务

在当今的电子商务环境中,个性化与定制化服务已经成为企业获取竞争优势的关键因素。这一趋势不仅反映了消费者对独特性的追求,也体现了企业对消费者个体差异的尊重。随着技术的进步和大数据的普及,电子商务企业正逐步满足消费者的个性化需求,提供定制化的产品和服务。

满足个性化需求是现代电子商务的一大特点。消费者在选择商品时,不再满足于单一的功能和外观,而是希望商品能够反映自己的个性和品位。电子商务企业通过收集消费者的喜好、购买记录等数据,可以精准地了解消费者的需求,并据此提供个性化的推荐和服务。例如,电商平台可以根据消费者的浏览记录,为其推荐相似的产品;同时,企业也可以根据消费者的需求,提供定制化的产品,如服装的款式、颜色、尺码等,以满足消费者的个性化需求。

产品多样化是实现个性化与定制化服务的基础。电子商务企业通过扩大产品种类和款式,为消费者提供更多的选择。这种多样化不仅体现在产品的功能和外观上,也体现在产品的价格、质量、品牌等方面。通过多样化的产品,企业可以满足不同消费者的需求,提高消费者的满意度和忠诚度。

定制化体验是提升消费者满意度和忠诚度的关键。在电子商务环境中,消费者不仅希望购买到符合自己需求的产品,还希望获得定制化的购物体验。企业可以通过提供个性化的购物界面、定制化的服务流程等方式,让消费者感受到独特的购物体验。这种定制化的体验不仅可以提高消费者的满意度,还可以增加消费者的购买意愿和忠诚度。

三、电子商务与传统商务的区别

电子商务与传统商务在多个维度上存在显著差异,这些差异使得二者在运营模式、消费者体验以及交易方式等方面产生了明显的不同。

在交易方式上,传统商务主要以线下交易为主,即买家和卖家在实体店铺或市场进行交易。这种方式在交易过程中需要较多的面对面交流和实体货物的交换,因此交易过程相对复杂,且受时间和空间的限制。而电子商务则通过线上平台进行交易,买卖双方可以在互联网上进行信息传递、商品浏览、价格比较、下单购买等一系列操作。这种交易方式不仅简化了交易流程,还打破了时间和空间的限制,使得交易更加便捷和高效。

在消费者体验方面,传统商务的消费者体验受限于营业时间、地理位置等因素。消费者需要在营业时间内前往实体店铺进行购物,这往往需要在工作和生活之间做出妥协。而电子商务则提供了随时随地的购物体验,消费者可以在任何时间、任何地点通过互联网进行购物。电子商务还提供了丰富的商品选择和个性化推荐,使得消费者能够更容易地找到符合自己需求的商品。

在运营模式上,传统商务的运营模式较为单一,主要以实体店铺为基础,通过销售商品来获取利润。电子商务则涵盖了 B2B、B2C、C2C 等多种运营模式。

B2B 电子商务是指企业间的交易,这种交易方式可以降低采购成本、提高采购效率;B2C 电子商务是指企业与消费者间的交易,这种交易方式可以扩大销售渠道、提高品牌知名度;C2C 电子商务则是指个人与个人间的交易,这种交易方式可以提供更多的商品选择和更低的价格。这些运营模式使得电子商务在运营上更加灵活和多样化。

第二节 传统电子商务核心要素

一、产品与供应链管理

在产品选择与定位方面,企业需建立一套科学的市场调研机制,深入分析目标消费群体的偏好、购买力及潜在需求,以此为依据筛选并引入符合品牌调性与市场需求的产品。同时,通过明确的市场定位策略,强化产品的差异化优势,确保在激烈的市场竞争中脱颖而出。这不仅要求企业具备敏锐的市场洞察力,还需具备强大的产品研发与设计能力,以不断推出符合市场期待的新品,维持并提升品牌的市场竞争力。

在供应链管理上,高效协同的供应链体系是保障产品顺畅流通的关键。企业应与供应商建立长期稳定的合作关系,通过严格的供应商评估与管理机制,确保原材料与产品的质量稳定可靠。在库存管理上,利用先进的 OMS 系统实时监控库存动态与货品有效期,实现精细化管理,避免库存积压与浪费。企业还需根据商品特性与消费者分布,灵活选择物流及快递公司,优化配送网络,提升订单履行效率与消费者满意度。通过这一系列措施,企业能够构建起一个高效、敏捷、响应迅速的供应链体系,为企业的持续健康发展提供有力支撑。

二、用户需求分析与定位

构建用户画像是关键一环。借助数据分析和用户行为研究的成果,我们可以描绘出精细的用户画像,包括用户的年龄层、性别比例、职业分布、收入水平等基本信息,同时也涵盖了他们的消费习惯、兴趣爱好、购物频率等特征信息。例如,城镇居民消费性支出在过去几年间有所波动(见图 2-2),从 2019 年的 28 063.35 元/人增长至 2022 年的 30 390.80 元/人,反映了消费者购买力的变化,也为预测未来消费趋势提供了数据支持。因此,在精准把握用户需求和拥有详尽历史数据的基础上,进行需求预测成为可能。这包括对未来市场需求的预判,以及对消费者行为的预测。通过这样的预测,企业可以及时调整生产计划和市场策略,准备相应的产品和服务,以满足市场需求的增长。同时,这也有助于企业把握市场先机,提升市场竞争力。总体而言,这一系列分析为企业制定市场策略、优化产品设计和服务提供了科学的决策依据。

在深入分析传统电子商务运营模式中用户需求时,电子商务的各个环节都紧密围绕用户需求展开。首先,撰写商品信息,商品名和详情页的优化至关重要,这是用户接触商品的第一手信息,直接决定其购买意愿。其次,商品拍摄也不容忽视,高质量的图片能吸引更多用户的关注。在广告制作和投放环节,广告素材的创新和定位精准度直接影响到广告的转化率。此外,客服咨询和售后服务同样重要,它们能提升用户购物体验,增强用户黏性。针对以上分析,建议电子商务企业在各个环节都做好充分准备。在商品信息撰写上,应注重信息的准确性和完整性;在商品拍摄上,要注重图片的清晰度和美观度;在广告制作和投放上,应不断创新广告形式和内容,提高广告的吸引力和转化率;在客服咨询和售后服务上,应提供及时、专业的服务,提升用户满意度。

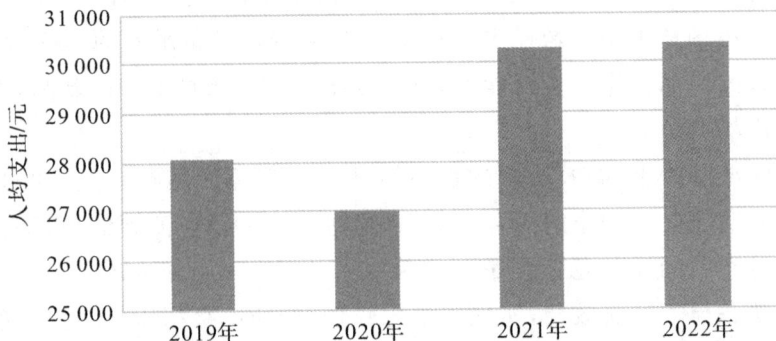

图 2-2　2019—2022 年城镇居民人均消费性支出

数据来源:中经数据 CEIdata。

三、平台建设与技术支持

(一)电商平台搭建

电商平台作为连接消费者与商家的桥梁,其搭建方式直接影响着企业的运营效率与市场竞争力。当前,主要有自主开发、合作开发及采用第三方平台三种主流模式。

1.自主开发

自主开发模式赋予企业高度的自主性与灵活性,可根据业务需求进行定制化开发,确保平台功能的独特性与用户体验的深度优化。然而,自主开发要求企业具备强大的技术实力与研发团队,同时面临时间周期长、初期投入大等挑战。因此,选择自主开发的企业需充分评估自身资源与能力,确保项目顺利推进。

2.合作开发

合作开发模式通过整合外部专业团队的技术力量,实现优势互补与资源共享。企业可根据自身需求,与具备丰富经验的软件开发商合作,共同打造符合市场需求的电商平台。此模式有助于缩短开发周期,降低风险成本,同时保证平台的高质量与可维护性。

3.采用第三方平台

对于资金有限或技术实力不足的企业而言,采用成熟的第三方电商平台是快速进入市场、降低初期投入的有效途径。这些平台通常拥有完善的系统功能、庞大的用户基础与成熟的运营机制,能够帮助企业快速建立线上销售渠道。然而,企业在享受便利的同时,也需面对品牌独立性受限、竞争激烈等挑战。

(二)技术支持与优化

技术支持与优化是电商平台持续发展的关键。一个高效、稳定、安全的电商平台不仅能够提升用户体验,还能有效保障交易安全,促进业务增长。

1.性能优化

面对海量用户访问与高频交易,电商平台需不断优化系统性能,确保页面加载速度快、交易处理能力强。这包括采用负载均衡技术分散服务器压力、优化数据库查询效率、实施缓存策略以减少数据读取时间等。

2.安全防护

电商平台涉及大量敏感信息与资金交易,因此安全防护至关重要。企业需建立完善的网络安全体系,包括部署防火墙、入侵检测系统、数据加密等技术手段,确保用户数据与交易过程的安全无虞。同时,定期进行安全审计与漏洞扫描,及时发现并修复潜在的安全隐患。

3.数据分析

数据分析是电商平台优化与决策的重要依据。企业需构建完善的数据分析体系,收集并分析用户行为数据、交易数据等关键信息,为产品优化、营销推广、客户服务等提供有力支持。通过深入挖掘数据价值,企业可以更加精准地把握市场需求与用户偏好,实现精细化运营。

(三)跨界合作与资源整合

在日益激烈的市场竞争中,跨界合作与资源整合已成为电商企业实现差异化竞争与可持续发展的重要途径。

1.线上线下融合

通过整合线上与线下资源,企业可以打造全渠道营销体系,为消费者提供更加便捷、丰富的购物体验。例如,线下门店可以成为线上平台的体验店与提货点,而线上平台则可以通过数据分析为线下门店提供精准的营销支持。

2.跨界合作

企业可积极寻求与不同行业、不同领域的合作伙伴进行跨界合作,共同探索新的业务模式与市场机会。例如与金融机构合作,推出分期付款、信用支付等金融服务;与物流企业合作,提升配送效率与服务质量;与社交媒体合作,扩大品牌影响力与用户覆盖面等。

3.资源整合

在跨界合作的基础上,企业需进一步整合资源,实现优势互补与协同发展。这包括整合供应链资源以降低成本、提高效率;整合营销资源以扩大品牌影响力与市场份额;整合用户资源以深化用户洞察与个性化服务等。通过资源整合,企业可以构建更加完善的电商生态体系,提升整体竞争力与抗风险能力。

四、品牌与营销推广

营销推广策略的制定与执行,则是品牌触达目标受众、激发购买欲望的关键环节。企业需依据市场趋势与消费者行为特征,灵活部署线上广告、社交媒体营销、内容营销等多元化手段。线上广告需精准定位,以高效触达潜在客群;社交媒体营销则需注重内容创意与互动性,通过 KOL/网红合作、话题营销等方式,扩大品牌影响力;内容营销则强调价值输出,通过高质量的内容吸引并留住用户,建立品牌忠诚度。此外,运用精准营销技术,如 AI 推荐算法,能够进一步提升营销效率与转化率。

跨界营销与合作,作为品牌拓展边界、实现资源互补的有效途径,正逐渐成为企业关注的焦点。通过与其他品牌或行业的跨界联合,企业不仅能够借助对方的市场基础与用户资源,快速扩大品牌曝光度,还能通过联合举办活动、推出联名产品等形式,创造独特的消费体验,激发消费者的新鲜感与购买欲望。跨界合作需基于双方品牌调性的契合度与互补性,确保合作内容的创新性与市场吸引力,从而实现双赢乃至多赢的局面。

第三节 传统电子商务运营模式

一、B2B 运营模式

(一)B2B 的定义

B2B 电子商务是指企业间通过互联网或专用网络平台进行的产品、服务及信息的直接交换与交易活动。B2B 电子商务的兴起,是对传统商务流程的一次深刻革新。B2B 打破地域限制,使企业能跨越地理边界,在全球范围内寻找合作伙伴、供应商及客户,拓宽市场边界。同时,B2B 电子商务平台通过集成供应链管理、在线支付、物流配送等多元化服务,有效降低企业间的交易成本,提升交易效率与透明度。这一过程中,企业能借助大数据、云计算等现代信息技术手段,实现需求预测、库存管理、生产计划等环节的精准对接,从而优化资源配置,提高运营效率。尤为重要的是,B2B 电子商务强调企业间的合作与协同。在这一模式下,企业不再是孤立的竞争个体,而是通过构建紧密的商务网络,实现资源共享、优势互补与互利共赢的团体。通过深度整合上下游产业链,B2B 电子商务促进了供应链各环节的紧密协作与高效运行,为企业创造了更多的价值增长点。B2B 电子商务平台还为企业提供了丰富的市场情报与商业洞察,有助于企业及时把握市场动态,制定更加科学合理的经营策略,提升市场竞争力。

(二)B2B 的发展历程

B2B 电子商务的雏形可追溯至 20 世纪 60 年代,彼时企业间的信息交流尚依赖于纸质媒介与电话沟通。尽管这种方式在当时有效促进了商务合作,但其效率低下、成本高昂的弊端日益凸显。随着技术的进步,电子数据交换(electronic data interchange,EDI)作为早期 B2B 电子商务的标志性技术应运而生,它通过标准化的数据格式在企业间直接传输商业信息,实现了流程的初步优化与自动化。然而,EDI 的高昂成本与复杂的系统要求,使其主要应用于大型企业,中小企业难以触及,这在很大程度上限制了 EDI 的普及。

进入 20 世纪 90 年代,随着互联网技术的飞速发展与普及,B2B 电子商务迎来了前所未有的发展机遇。互联网的开放性与低成本特性,为中小企业提供了参与电子交易的可能,打破了大型企业主导的市场格局。企业纷纷建立官方网站,通过平台展示产品、发布信息,并与供应商、客户进行线上沟通与交易。这一阶段的 B2B 电子商务不仅拓宽了企业的市场边界,也提升了交易效率与服务质量,促进了全球供应链的整合与优化。

近年来,B2B 电子商务已步入成熟阶段,呈现出交易方式多元化、服务功能全面化的特点。在线拍卖、反向拍卖等新型交易模式的出现,为企业提供了更加灵活多样的采购与销售方式,降低交易成本,增强市场竞争力。同时,随着大数据、云计算、人工智能等先进技术的融合应用,B2B 电子商务平台不断优化升级,在线支付、物流管理、客户关系管理等关键环节的智能化水平显著提升,为企业提供了更加便捷、高效、安全的商务服务体验。这些变化不仅推动了 B2B 电子商务行业的持续繁荣,也为全球经济的数字化转型注入强劲动力。

(三)B2B 市场现状

在当前全球经济一体化的背景下,B2B 电子商务市场正以前所未有的速度蓬勃发展,展现出强大的生命力和广阔的市场前景。这一领域的市场规模持续扩大,得益于技术的不断进步和市场的深度挖掘,预计未来几年内将保持稳步增长的态势。

市场规模方面,B2B 电子商务市场不仅在国内市场占据重要份额,而且在全球范围内也展现出强劲的扩张势头。随着企业对供应链管理的重视以及对成本控制的严格要求,越来越多的企业开始选择通过 B2B 电子商务平台进行交易,以实现资源的优化配置和效率的最大化。随着云计算、大数据等技术的广泛应用,B2B 电子商务平台能够为企业提供更加精准、高效的服务,进一步推动了市场规模的扩大。

竞争格局方面,市场上涌现出一批优秀的 B2B 电子商务平台,如阿里巴巴、慧聪网等,它们凭借强大的品牌影响力、丰富的产品资源和优质的服务质量,在市场中占据了领先地位。这些平台不仅提供了全面的服务,包括信息展示、在线交易、支付结算等,还注重与上下游企业的合作,构建完善的供应链体系。同时,它们还积极利用新技术进行创新和升级,以满足企业日益多样化的需求。在这种竞争态势下,B2B 电子商务平台之间的竞争日趋激烈,但也促进了整个行业的快速发展和成熟。

(四)B2B 电子商务服务平台

1.信息服务平台

门户网站作为信息枢纽,不仅汇聚了丰富的行业资讯、政策导向,还实时更新产品供求信息,为企业提供了一个全面了解市场动态、捕捉商机的窗口。这些门户通过精细化的内容分类与搜索功能,使得企业能够迅速定位所需信息,加速决策过程,提升市场竞争力。门户网站还利用大数据分析技术,为企业提供定制化的市场趋势预测与竞争对手分析报告,助力企业在复杂多变的商业环境中保持敏锐的洞察力。

线上线下融合的服务模式进一步拓宽了信息服务平台的功能边界。通过定期举办行业展会、专题研讨会等线下活动,信息服务平台能成功地将虚拟的网络连接转化为面对面的深度交流机会。这些活动不仅促进了企业间的直接对话与合作洽谈,还为企业搭建了展示最新产品与技术、拓展人脉资源的宝贵平台。同时,线上平台则为线下活动提供了宣传推广、报名预约、资料分享等全方位支持,形成了线上线下相互促进、互为补充的良性循环。

在专业化服务方面,信息服务平台深谙"术业有专攻"的道理,致力于深耕某一特定行业或领域,以提供更加精准、高效的信息服务。通过构建行业专家库、引入专业咨询机构等方式,信息服务平台能够为企业提供深度剖析行业趋势、解析政策法规、优化供应链管理等方面的专业建议。

2.交易服务平台

交易服务平台作为连接买卖双方的核心桥梁,致力于提供全方位的产品展示空间。企业可以充分利用这一平台,详尽展示其产品特性、规格、价格及库存情况,吸引潜在合作伙伴的注意。同时,平台内置的在线洽谈工具,使得买卖双方能够即时沟通,就交易细节进行深入探讨,加速了从意向到成交的转化过程。平台支持电子合同签订功能,通过数字化手段确保了合同的安全性与法律效力,进一步简化了交易流程。

安全可靠的支付系统与高效的物流体系是交易服务平台不可或缺的组成部分。平台通过集成多家支付机构,为企业提供多样化的支付方式选择,同时采用加密技术保障交易资金的安全流转。在物流方面,平台与多家物流公司建立战略合作关系,构建了覆盖广泛的物流网络,实现了订单的快速处理与商品的精准配送。这一体系不仅提升了客户的满意度,也为企业赢得了良好的市场口碑。

交易服务平台还能利用大数据与人工智能技术,对平台上积累的海量交易数据进行深度挖掘与分析。通过数据分析,平台能够为企业提供精准的市场预测、消费者行为分析以及竞争对手动态监测等服务,帮助企业更好地把握市场动态与趋势,为企业的战略决策提供有力支持。这种基于数据的决策方式,不仅提高了企业的运营效率与盈利能力,也推动了整个 B2B 电子商务行业的智能化升级。

(五)B2B电子商务与供应链整合服务

供应链优化是 B2B 模式的核心要义。平台利用先进的信息技术手段,如大数据分析、云计算等,对供应链上下游资源进行精准匹配与调度。这一过程中,企业能够实时掌握库存动态、物流进展及市场需求变化,从而做出更为科学合理的决策。通过减少库存积压、缩短交付周期,企业不仅提升了资金周转率,还增强了市场竞争力。

定制化服务是 B2B 模式的另一大亮点。针对不同企业的个性化需求,平台提供定制化的供应链解决方案。这些方案涵盖了从原材料采购、生产制造到物流配送的全链条服务,旨在帮助企业实现供应链的精细化管理和优化。通过深入了解企业的业务模式和战略目标,平台能够为企业提供量身定制的服务,助力其突破发展瓶颈,实现跨越式增长。

风险管理是供应链整合服务不可或缺的一环。平台通过构建完善的风险监测与应对机制,对供应链中的潜在风险进行实时跟踪与评估。一旦发现风险苗头,平台就立即启动应急预案,协助企业迅速采取有效措施予以化解。这种全方位的风险管理能力,不仅保障了供应链的稳定运行,还增强了企业对市场波动的抵御能力。

案例视窗

食品医药业的供应链整合策略

在 B2B 传统电子商务模式中,东阿阿胶、汤臣倍健和康恩贝等企业已应用 B2B 电商模式优化其供应链管理(见表 2-1)。这些企业通过 B2B 电商平台,不仅有效降低了采购成本,还提高了销售效率,实现了供应链的整合和优化,从而增强了市场竞争力。B2B 电商模式的优势在于其强大的信息处理能力和高效的交易流程,使得企业能够更快地响应市场变化,优化库存,降低运营成本。同时,B2B 平台还提供了更广泛的供应商选择,有助于企业建立更稳定的合作关系,提高产品质量和可靠性。针对这些特点,建议企业在 B2B 电商模式的运用中,应进一步加强与供应商的合作,建立长期稳定的合作关系,共同优化供应链。此外,企业还应注重提升自身的信息化水平,以便更好地利用 B2B 平台提供的数据和资源,实现供应链的智能化和自动化。

表 2-1 食品医药企业 B2B 供应链整合服务案例

企业名称	主要产品	B2B 电商模式应用情况
东阿阿胶	阿胶产品	降低了采购成本,提高了销售效率
汤臣倍健	保健品	拓展了销售渠道,增强了与供应商的合作
康恩贝	多种药品和保健品	实现了供应链的整合和优化,提高了市场竞争力

资料来源:百度搜索。

（六）B2B 电子商务市场参与者

1.买方市场参与者

大型企业以其庞大的采购规模和频繁的采购活动,在 B2B 电子商务市场中占据重要地位。这些企业通常拥有完善的采购管理体系,借助电子商务平台进一步提升采购效率,降低运营成本。从数据来看,纳入信息化统计的大型企业数量在逐年增长,这反映出大型企业对于电子商务应用的重视和投入。

中小型企业则是市场中的另一股重要力量。它们虽然规模较小,但灵活性和市场敏锐度却非常高。中小型企业通过电子商务平台能够更快速地找到符合需求的供应商,提高采购效率,从而更好地应对市场变化。数据显示(见图 2-3),中小型企业在信息化统计中的占比也在逐年提升,显示中小型企业在电子商务领域的活跃度和增长潜力。

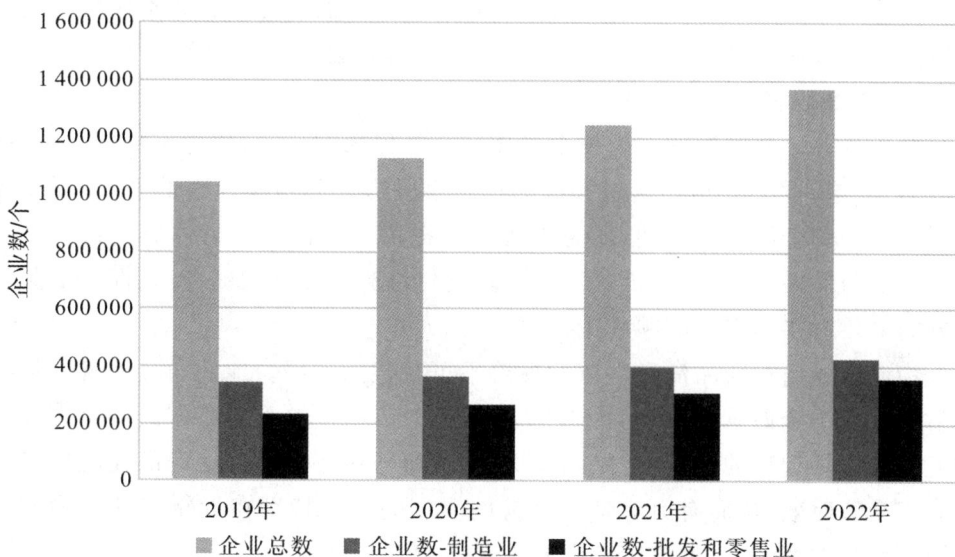

图 2-3 纳入信息化统计的企业数

数据来源:中经数据 CEIdata。

尽管终端消费者不直接参与 B2B 电子商务交易,但他们的消费习惯和需求变化却对买方市场产生深远影响。买方市场需要密切关注终端消费者的需求动态,以便及时调整采购策略和产品选择,以满足市场需求。这种需求导向的采购模式有助于买方市场保持与终端市场的紧密联系,确保供应链的高效运转。

2.卖方市场参与者

制造商作为核心卖方之一,依托电子商务平台展示其全系列产品,直接对接下游企业,实现了市场覆盖的显著扩大。制造商利用平台的精准营销工具和数据分析能力,精确定位潜在客户群体,提升产品曝光度,进而促进销售增长。电子商务平台还为制造商提供了与买方实时互动的渠道,快速响应市场需求变化,优化产品结构和生产流程,增强市场竞争力。

供应商在 B2B 电子商务市场中同样扮演着不可或缺的角色,他们提供从原材料到成品零部件的各种产品和优质服务。通过电子商务平台,供应商不仅能够扩大客户群体,跨越地理界限,还能有效管理供应链,提高响应速度和服务质量。供应商利用平台的订单管理系统和物流配送网络,确保产品按时按量交付,降低库存成本,增强客户满意度。供应商还通过平台展示自身实力和信誉,提升品牌知名度,为长期发展奠定坚实基础。

服务商作为 B2B 电子商务市场的重要支撑力量,专注于为交易双方提供全方位的服务支持。物流服务提供商利用先进的物流管理系统和广泛的物流网络,确保货物安全、快速地送达目的地,降低交易成本和时间成本。技术支持服务商则通过远程协助、在线培训等方式,为买方提供技术支持和解决方案,帮助其更好地利用电子商务平台进行交易和管理。服务商的专业服务不仅提升交易的便捷性和效率,也促进整个 B2B 电子商务市场的健康有序发展。

3.服务提供商市场参与者

电子商务平台提供商作为技术支撑和交易保障的核心,致力于打造稳定、高效的 B2B 交易平台。他们通过先进的技术手段搭建起功能强大的平台,不仅保障了交易的安全性和稳定性,还为买卖双方提供了便捷的交易体验。这些平台通常具备商品展示、询价报价、订单管理、支付结算等多种功能,有效促进了买卖双方的高效对接和交易的顺利进行。

物流服务商在商品流通环节发挥着不可替代的作用。他们通过完善的物流网络和专业的仓储管理系统,为 B2B 电子商务市场中的买卖双方提供全方位的物流服务。从货物的运输、仓储到配送,物流服务商都能够确保商品在流通过程中的安全和时效,从而有力保障了交易的顺利完成。特别在近年来社会物流总额持续增长的背景下,物流服务商的重要性愈发凸显。

支付服务商则是 B2B 电子商务交易中的资金流转枢纽。他们为市场提供安全、便捷的支付结算服务,确保交易资金的顺利流转和买卖双方的资金安全。支付服务商通常具备多种支付方式,以满足不同买卖双方的支付需求,同时他们还通过先进的技术手段保障支付过程的安全性和稳定性。

(七)B2B 电子商务交易流程

1.交易前准备阶段

在 B2B 电子商务交易流程中,交易前准备阶段是奠定整个交易成功与否的基石。需求分析是此阶段的首要任务,买方需明确其业务需求,详细列出所需的产品类型、服务内容、预期价格范围及质量标准,并通过市场调研了解行业趋势、竞争对手情况及潜在供应商的能力,以确保需求与市场实际相契合。供应商选择环节紧随其后,买方依据前期需求分析及市场调研结果,通过评估供应商的资质认证、历史业绩、客户评价、售后服务等多方面信息,构建供应商短名单。此过程中,买方尤为注重供应商的信誉度和产品质量保证体系,以期建立长期稳定的合作关系。产品比较与选型作为准备阶段的最后环节,买方会细致对比不同供应商提供的产品方案,在功能满足度、性能稳定性、价格竞争力、定制化能力等方面进行综合评价,最终确定最符合自身需求与成本效益的产品,为后续交易谈判及合同签订奠定坚实基础。

2.交易磋商阶段

询价与报价是此阶段的起始环节,买方通过电子商务平台或直接联系供应商,详细列出所需商品或服务的规格、数量及期望的质量标准,发出询价单。供应商在收到询价后,会综合考虑成本、市场行情及利润空间,迅速响应并提供详细的报价单,包含单价、总价、折扣信息及有效期等关键要素。双方基于报价进行初步的价格磋商,旨在找到一个双方都能接受的平衡点。

接下来的条款谈判则聚焦于交易的具体细节,包括但不限于支付方式(如预付款比例、尾款支付条件及账期安排)、交货时间(明确具体的发货日期、运输方式及到货期限)、保修服务(服务期限、范围及响应机制)等。这一过程需要双方深入沟通,充分考虑各自的商业利益与风险承受能力,通过多轮谈判达成一致。

合同草案的制定标志着磋商阶段进入尾声,它基于之前所有磋商的成果,以书面形式明确双方的权利、义务、责任及争议解决方案。合同内容需详尽且具法律约束力,包括但不限于商品描述、价格条款、交货与验收、支付与结算、违约责任、保密条款及争议解决等关键要素。双方需仔细审阅合同草案,确保所有条款均符合双方意愿,并可就细节进行最后的调整与确认。一旦合同正式签署,即标志着交易磋商阶段的圆满结束,为后续的合同执行与交易完成奠定了坚实基础。

3.合同签订与执行阶段

合同签订是双方达成共识并正式确立交易关系的法律基础。在此过程中,买卖双方需就产品规格、数量、价格、交付时间、质量标准、违约责任等核心条款进行深入讨论,并通过电子化平台或传统纸质形式签署买卖合同。合同内容需详尽具体,以避免后续执行过程中出现歧义或纠纷。随着电子商务技术的成熟,许多企业开始采用电子签名和数字证书等先进技术来保障合同签署的安全性和法律效力,进一步提升了合同签订的效率与便捷性。

订单处理与执行阶段则是将合同条款转化为实际行动的关键步骤。买方通过电子商务平台下达订单后,供应商需迅速响应,对订单进行确认、排产、备货、包装及物流安排等一系列操作。在这一过程中,供应商需密切关注库存状况、生产能力以及物流效率,确保订单能够按时、按质、按量完成。同时,买卖双方还需建立有效的沟通机制,以便及时处理订单执行过程中可能出现的任何问题或变更。通过高效的订单处理与执行流程,可以显著提升客户满意度,增强客户黏性。

最后,支付与收款环节是完成交易闭环的重要一步。买方需按照合同约定的时间和方式支付货款,而供应商则在确认收款后开始履行合同约定的各项义务。随着电子支付技术的普及,B2B电子商务交易中的支付与收款过程变得越来越快捷和安全。第三方支付平台、银行转账、电子汇票等多种支付方式的出现,为买卖双方提供了更多选择。同时,电子发票、电子对账等电子化工具的应用,也进一步简化了支付与收款流程,降低了交易成本。

4.交易后服务与支持阶段

售后服务作为提升客户满意度的关键环节,供应商需提供全面的产品安装指导、技术调试服务及高效维修响应。这要求供应商具备专业的售后服务团队,能够迅速响应客户需求,确保产品顺利投入使用,并有效解决后续可能遇到的技术难题。通过优质的售后服务,不仅能提升买方对产品的信任度,还能有效维护双方的合作关系。

质量控制与保障是保障交易公平性与买方权益的重要基石。供应商需建立严格的质量管理体系,从原材料采购到生产加工的每一个环节都进行严格把控,确保产品符合合同约定的规格与质量标准。同时,通过定期的质量检测与评估,及时发现并纠正潜在的质量问题,为买方提供安全、可靠的产品保障。这种对质量的坚持与追求,是建立良好商业信誉与口碑的基础。信息反馈与改进则是推动供应商持续改进与创新的驱动力。双方应建立有效的信息反馈机制,鼓励买方就产品使用体验、服务满意度等方面提出宝贵意见与建议。供应商则需认真倾听这些声音,将其作为优化产品设计、提升服务质量的重要依据。通过持续收集与分析买方反馈,供应商能够精准识别市场需求变化,快速调整经营策略,从而在激烈的市场竞争中保持领先地位

二、B2C运营模式

(一)B2C电子商务的定义

B2C电子商务模式的核心在于构建企业与消费者之间的直接交易平台。该模式通过互联网技术,实现了商品或服务从生产者到消费者的无缝对接,极大地拓宽了消费者的购物渠道,提升了消费体验。在B2C电子商务模式中,企业致力于打造一个综合性的在线购物环境,不仅提供多样化的商品选择,还通过精细化的商品分类、详尽的产品描述以及用户评价系统,帮助消费者快速找到心仪的商品。同时,企业注重价格策略的制定,通过优惠促销、限时折扣等手段,吸引消

费者眼球,激发购买欲望。B2C电子商务还强调客户服务的专业化与个性化,通过建立完善的客服体系、提供在线咨询与售后服务,及时解决消费者在购物过程中遇到的问题,提升消费者满意度。物流配送体系的完善也是B2C电子商务不可或缺的一环。企业与物流公司紧密合作,构建覆盖广泛的物流网络,实现商品的快速配送与精准送达。通过物流追踪系统,消费者可以实时查看订单状态,掌握商品物流信息,进一步增强了购物的便捷性与透明度。

(二)B2C电子商务发展历程

在初期阶段,B2C电子商务模式依托互联网的萌芽,主要聚焦于商品信息的在线展示与宣传,这一时期的电子商务企业通过建立官方网站,利用图文并茂的形式,向消费者传达产品特性与品牌价值。彼时,尽管线上购物尚未成为主流消费习惯,但电子商务企业已初步构建起连接消费者与商家的数字桥梁,为后续发展奠定了基础。

进入成长阶段,随着互联网技术的飞速发展与普及率的显著提升,B2C电子商务模式迎来了前所未有的发展机遇。企业开始高度重视用户体验与服务质量的提升,通过不断优化网站界面设计、增强用户交互体验、提升商品质量以及强化售后服务体系,有效吸引了大量消费者。支付安全、物流配送等基础设施的完善,也进一步推动了B2C电子商务模式的成熟与普及,使得线上购物逐渐成为人们日常生活中不可或缺的一部分。

步入现阶段,B2C电子商务模式已全面融入社会各领域,不仅限于传统商品销售,更在在线教育、在线旅游、医疗健康等新兴服务领域展现出强大的生命力。企业通过大数据分析、人工智能等先进技术,精准把握消费者需求,实现个性化推荐与定制化服务,极大满足了消费者多样化的需求。同时,跨境电商的兴起,更是打破了地域限制,让全球商品与服务触手可及,进一步拓展了B2C电子商务的发展边界。

(三)B2C电子商务市场现状

当前,B2C电子商务市场正处于蓬勃发展的黄金时期,其规模持续扩大,成为推动数字经济发展的重要引擎。这一市场的繁荣得益于消费者购物习惯的根本性转变与互联网技术的飞跃性进步。消费者越来越倾向于在线上寻找并购买所需商品,享受便捷、高效的购物体验。同时,5G、大数据、云计算等先进技术的应用,为B2C电商平台提供强有力的技术支持,提升了用户体验。

在市场规模方面,随着网民数量的不断增加以及网购渗透率的持续提高,B2C电子商务市场的规模持续扩大。各类电商平台通过优化商品结构、提升服务质量、完善物流配送体系等措施,不断满足消费者的多元化需求,从而促进了市场的繁荣。在此过程中,天猫、京东、苏宁易购等领军企业凭借其在商品种类、品牌资源、服务质量等方面的优势,占据了市场的主导地位。

在竞争格局上,B2C电子商务市场呈现出多元化与差异化并存的态势。大型电商平台通过不断拓展业务范围、提升用户体验,巩固了其在市场中的领先地位;新兴电商平台则通过聚焦特定领域、创新营销策略等方式,实现了差异化竞争。这种竞争格局不仅促进了市场的活力,也推动了整个行业的进步与发展。

(四)B2C电子商务主要模式

1.自营模式

在库存管理方面,自营模式赋予了企业直接管理库存的能力,确保了产品供应的连续性和稳定性。企业利用先进的库存管理系统,实现库存数据的实时更新与精准分析,有效预防了缺货与库存过剩的风险。通过精准预测市场需求,优化库存结构,企业能够确保每一笔订单都能得到及时、准确的履行,从而提升了客户满意度与信任度。质量控制方面,自营模式强调对产品质量的严格把控。企业与制造商或供应商建立紧密的合作关系,通过制定严格的质量标准与检测流程,确保所售商品均达到高品质要求。这一举措不仅维护了企业的品牌形象与市场口碑,还为消费者提供了更安全、可靠的购物选择。在客户服务层面,自营模式以其全方位的服务体系著称。企业组建专业的客服团队,提供包括售前咨询、售中指导、售后支持在内的全方位服务。通过快速响应客户需求,积极解决客户问题,企业不断提升客户满意度与忠诚度,构建起稳固的客户基础。自营模式注重客户反馈的收集与分析,不断优化服务流程与产品体验,以满足市场日益增长的多元化需求。

2.平台模式

在B2C电子商务的广阔领域中,平台模式以其独特的优势成为推动行业发展的重要力量。该模式通过构建综合性电商平台,不仅为商家提供了入驻开设网店的便捷途径,还实现了资源的共享与技术的赋能,促进了商业生态的多元化发展。商家入驻方面,平台通过精细化的店铺管理工具与产品上架指导,降低了商家的运营成本,提高了经营效率,从而吸引了众多商家纷纷入驻,形成了庞大的商品与服务集合。产品多样化是平台模式的另一个特征,它汇聚了来自不同商家的海量商品,覆盖了消费者日常需求的方方面面。在平台上,消费者可以轻松对比不同品牌、不同规格的产品,基于价格、品质、口碑等多维度信息,做出更为理性的购买决策。交易安全则是平台模式不可忽视的基石,通过采用先进的支付安全技术、建立严格的商家审核机制以及完善的售后服务体系,平台有效保障了消费者的合法权益,增强了消费者的购物信任与满意度。此外,平台还注重物流体系的优化与升级,通过与第三方物流合作伙伴的深度合作、物流中心流程的持续优化、自动化技术的引入以及逆向物流管理的加强,不断降低物流成本,提升物流效率,为消费者提供更加快速、便捷、可靠的配送服务。

3.混合模式

跨界融合是混合模式的核心策略,它打破了传统运营模式的界限,使得企业能够同时扮演产品提供商与平台搭建者的双重角色。企业凭借自营模式,直接掌握核心产品的供应链,确保产品质量与供应的稳定性,有效维护了品牌形象与消费者信任。通过邀请商家入驻平台,企业不仅丰富了产品线,还借助商家的专业运营能力和市场洞察力,共同开拓市场,实现了生态圈的互利共赢。优势互补则是混合模式生命力的源泉。自营模式与平台模式各有千秋,前者专注于核心竞争力的构建,后者则注重生态系统的繁荣。混合模式通过二者的有机结合,既保障了核心业务的稳健发展,又激发了平台生态的活力与创新能力。这种互补效应不仅提升了企业的综合竞争力,还为消费者提供了更加多样化、个性化的购物体验。

在市场拓展方面,混合模式展现出了强大的潜力。它打破了线上与线下的界限,通过线上平台的广泛覆盖与线下门店的精准服务,形成了全方位的营销网络。企业可以充分利用线上线下的协同作用,精准定位目标客户群体,提升市场渗透率与品牌知名度。同时,混合模式还促进了企业与国际市场的接轨,为企业走向世界提供了有力支撑。

（五）B2C 电子商务物流配送体系

1.物流配送模式概述

在物流配送模式方面,不同的商家或企业会根据自身实际情况和市场需求,选择适合自己的配送方式。总体来看,目前市场上主要存在三种物流配送模式:自我管理物流配送模式、第三方物流配送模式和智慧物流配送模式。

自我管理物流配送模式,即商家自主建立和管理物流配送体系。在这种模式下,商家需要投入大量资金和资源,建立配送中心、仓储设施,购置运输设备等,以实现对自己品牌或产品的完全控制。这种模式的优点在于商家能够全面掌握物流配送的各个环节,确保配送服务的质量和效率。然而,自行管理物流配送体系也意味着商家需要承担较高的运营成本,并面临一定的管理风险。第三方物流配送模式则是商家将物流配送任务交给专业的第三方物流公司。通过签订合同的方式,商家与第三方物流公司确立合作关系,由后者提供高效、专业的物流配送服务。这种模式的优势在于商家能够借助第三方物流公司的专业能力和规模效应,降低物流成本,提高配送效率。同时,第三方物流公司通常具备丰富的行业经验和先进的物流技术,能够更好地满足消费者的需求。然而,选择第三方物流配送模式也意味着商家需要在一定程度上放弃对物流配送环节的控制权。智慧物流配送模式则是基于大数据、云计算、物联网等先进技术的一种新型配送方式。通过运用这些技术,商家能够实现物流配送的智能化、自动化和高效化,从而提升物流配送的效率和准确性。智慧物流配送模式的出现,不仅降低了人工成本,还提高了配送的灵活性和响应速度。在这种模式下,商家可以实时掌握物流配送的各个环节,对配送过程进行精细化管理,以更好地满足消费者的个性化需求。然而,智慧物流配送模式也需要商家具备一定的技术实力和创新能力。

不同的物流配送模式各有其优势和局限性,商家在选择时应根据自身实际情况、市场需求以及未来发展趋势进行综合考虑,以确保选出最适合自己的物流配送方式。

2.主要物流配送模式特点

在主要物流配送模式中,各有其独特的特点和适用场景。自我管理物流配送模式为商家提供了对物流配送环节的全面掌控。在这种模式下,商家能够根据自身需求灵活调整配送策略,确保服务质量。然而,这种模式的实施需要商家投入大量资金用于构建和维护物流配送体系,包括仓储设施、配送车辆以及相应的管理系统。同时,商家还需面对库存管理、物流配送效率等多方面的挑战,这要求商家具备较高的运营管理能力。

第三方物流配送模式通过借助专业物流公司的服务来满足消费者的需求。这种模式能够减轻商家在物流配送方面的压力,使其更专注于核心业务的发展。专业物流公司通常具备高效的配送网络和先进的技术支持,能够提供更为迅捷、准确的配送服务。但商家在选择第三方物流公司时,需对其服务质量进行严格的评估,以确保消费者的满意度。此外,商家可能会在一定程度上失去对物流配送环节的控制力。

智慧物流配送模式则是近年来兴起的一种新型配送模式。它借助大数据、人工智能等先进技术,实现了物流配送的智能化和自动化。这种模式下,商家能够实时掌握物流配送的动态信息,提高配送效率和准确性。然而,智慧物流配送模式的实施同样需要商家投入大量资金进行技术研发和设施建设。同时,商家还需面对技术更新迭代、数据安全等方面的挑战。

(六)B2C 电子商务用户体验与服务

1.用户体验的重要性

用户体验在 B2C 电子商务运营中占据举足轻重的地位,它是衡量平台吸引力和竞争力的关键标尺。优秀的用户体验不仅促使顾客频繁回访并促成交易,还能够在用户群体中建立起积极的口碑效应,增强品牌忠诚度与市场认可度。这要求 B2C 平台在运营过程中,必须始终将用户体验置于战略核心,不断优化与升级。

网站设计作为用户体验的基石,其重要性不言而喻。直观的界面布局、简洁明了的导航系统以及高效稳定的性能,是提升用户满意度的直接途径。良好的设计能够引导用户流畅地浏览商品,快速找到所需信息,减少认知负担,从而增加停留时间与购买机会。同时,个性化的推荐系统与便捷的交互设计,也进一步提升了用户体验的个性化与互动性。

产品展示方式同样是影响用户体验的关键因素之一。分类清晰、层次分明的商品分类,有助于用户快速定位到目标商品;而详尽的产品详情页,包括高清图片、详尽的参数描述及用户评价等,则能全方位展示产品特色,提升用户对产品的认知与信任感。通过视频展示、虚拟试穿等创新展示手段,还能为用户带来沉浸式的购物体验,激发其购买欲望。

2.服务质量提升途径

在B2C电子商务运营模式中,服务质量的提升是增强用户黏性、促进持续消费的关键环节。为了构建卓越的用户体验,电子商务平台需从多维度着手,全方位优化服务生态系统。

首先,优化服务流程是提升效率与用户体验的基石。电子商务平台应深度剖析用户行为路径,识别并消除冗余环节,如通过智能推荐系统减少用户搜索时间,或利用自动化工具加速订单处理与配送流程。同时,界面设计需遵循简洁直观的原则,确保用户能够迅速理解并顺利操作,从而有效降低操作门槛与等待时间,提升整体服务效率。

其次,加强售后服务是保障消费者权益、增强品牌信誉的重要手段。平台应建立完善的售后服务体系,涵盖退换货政策、快速响应机制以及专业的维修服务。通过设立客服专线、在线客服平台及社交媒体客服账号等多渠道支持,确保用户问题得到及时有效的解决。对于退货流程,应简化操作步骤,缩短处理周期,并在必要时提供运费险等增值服务,减轻用户负担,提升用户满意度与忠诚度。

最后,提升客服水平是塑造品牌形象、深化用户关系的核心策略。平台应加大对客服团队的培训投入,不仅提升其专业技能与产品知识,还需强化沟通技巧与情绪管理能力,确保每位客服人员都能以专业、耐心、细致的态度为用户提供服务。通过定期举办客户服务技能竞赛、客户反馈机制优化等活动,激发客服团队的积极性与创造力,不断推动服务质量的持续改进与创新,为用户带来超出预期的服务体验。

3.客户关系管理策略

在数字化时代,客户信息是企业宝贵的资产。企业需构建全面的数据收集体系,涵盖用户的基本信息、购买行为、偏好乃至浏览轨迹等多维度数据。通过先进的数据分析技术,这些信息被精细加工成用户画像,为企业提供了深入理解用户需求的窗口。基于这些画像,企业能够实施更加精准的个性化推荐策略,不仅提升了用户体验,也有效促进了转化率与复购率的双重增长。

客户关系维护是构建长期稳定用户群的关键。企业需建立一套完善的客户服务体系,包括但不限于定期的用户回访、满意度调查以及问题快速响应机制。通过主动沟通,企业能够及时掌握用户反馈,无论是对产品的改进建议还是服务中的不足,都能得到迅速响应与调整。这种积极的互动不仅增强了用户的参与感与归属感,更在无形中提升了企业的品牌形象与口碑。

客户关系优化则是一个持续的过程,旨在通过不断优化服务与提升产品品质,进一步巩固与深化用户关系。企业需密切关注市场动态与用户需求变化,不断迭代产品与服务,确保始终满足甚至超越用户的期望。同时,通过举办会员日、积分兑换、专属优惠等活动,企业能够激发用户的购买欲望,促进复购行为的发生。更重要的是,当用户对品牌产生高度认同与信赖时,他们会自发地成为品牌的传播者,通过口碑传播为企业带来更多潜在客户,形成良性循环。

案例视窗

卓越亚马逊通过全方位优化实现快速增长

在竞争激烈的 B2C 电子商务领域,卓越亚马逊凭借其独特的战略眼光与持续的创新精神,成功实现了从本土电商佼佼者到国际电商巨头的华丽转身。卓越亚马逊不仅继承了亚马逊全球领先的网上零售专长,还深度融合了中国市场的独特需求,通过优化用户体验、提升物流配送效率、加强售后服务等一系列举措,实现了业务的快速增长与市场份额的稳步扩大。

一、优化用户体验,打造个性化购物环境

卓越亚马逊深知,在电商时代,用户体验是决定平台竞争力的关键因素。为此,公司投入大量资源,不断优化网站界面设计,提升用户浏览与购物流程的便捷性。通过引入先进的智能推荐系统,卓越亚马逊能够根据用户的浏览历史、购买记录及偏好,精准推送个性化商品信息,极大地提升了用户的购物满意度与转化率。公司还不断升级其服务软件系统,如"一键购物""个人推荐""个人爱好管理"等功能,进一步简化了购物流程,改善了用户的购物体验。

二、提升物流配送效率,缩短等待时间

物流配送是电商服务的重要环节,卓越亚马逊在此方面同样不遗余力。公司建立了覆盖全国的物流网络,通过智能调度系统优化配送路线,确保商品能够迅速、准确地送达消费者手中。同时,卓越亚马逊还推出了多项物流配送服务,如次日达、当日达等,极大地缩短了用户的等待时间,提升了物流服务的满意度。公司还注重与第三方物流公司的合作,通过资源整合与优势互补,进一步提升了物流配送的效率与质量。

三、加强售后服务，构建良好口碑

售后服务是电商企业赢得用户信任与忠诚的关键。卓越亚马逊始终坚持"顾客至尊"的经营理念，将售后服务视为提升品牌形象与用户满意度的重要途径。公司建立了完善的售后服务体系，包括无条件退货、快速响应的客服支持等，确保用户在购物过程中遇到任何问题都能得到及时解决。卓越亚马逊还注重收集用户反馈，通过数据分析与用户调研，不断优化售后服务流程与内容，努力提升用户的满意度与忠诚度。

四、数据驱动决策，持续优化运营策略

卓越亚马逊深知，数据是电商企业最宝贵的资产之一。公司建立了强大的数据分析团队，运用先进的数据分析工具与技术手段，对海量用户数据进行深度挖掘与分析。通过数据分析，公司能够精准把握市场动态与用户需求变化，为产品选品、价格策略、营销推广等提供有力支持。同时，公司还注重将数据分析结果应用于运营策略的优化与调整中，确保各项决策的科学性与有效性。

卓越亚马逊通过全方位优化用户体验、提升物流配送效率、加强售后服务以及数据驱动决策等一系列举措，成功实现了业务的快速增长与市场份额的稳步扩大。其成功经验不仅为其他电商企业提供了宝贵的借鉴与启示，也为整个电商行业的健康发展注入了新的活力与动力。

资料来源：《中国电商物流行业发展现状分析与市场前景预测报告（2024—2030年）》，产业调研网。

三、C2C 运营模式

（一）C2C 电子商务的定义

C2C 电子商务特指消费者之间通过在线平台直接进行商品与服务的交易活动。此模式不仅突破了传统商业模式中消费者仅作为购买者的单一角色定位，还赋予了他们成为销售者的新身份。在 C2C 电子商务环境中，消费者能够利用互联网平台，如电商网站、社交媒体或专业二手交易平台，出售个人闲置物品、手工艺品或任何合法可交易的商品，从而实现资源的优化配置与再利用。

消费者角色的双重性是 C2C 电子商务模式的显著特点之一。它打破了买卖双方的界限，让消费者在享受购物乐趣的同时，也能体验成为销售者的成就感与便捷性。这种双重角色的转换，促进了市场交易的活跃性，也为个体经济的发展提供了新的契机。

交易范围的广泛性进一步体现 C2C 电子商务的包容性与多样性。从日常

服饰、配饰到高科技数码产品,再到各类二手商品与特色手工艺品,C2C 电子商务平台几乎涵盖了消费者可能需要的所有商品类别。这种广泛的交易范围不仅满足了消费者日益增长的个性化需求,也推动了市场的细分化与专业化发展。同时,随着平台技术的不断进步与用户体验的持续优化,C2C 电子商务正逐步成为推动社会经济增长的重要力量之一。

(二)C2C 电子商务发展历程

C2C 电子商务的早期发展可追溯至 20 世纪 90 年代末,彼时互联网方兴未艾,消费者间的交易主要依托在线拍卖与二手商品交换平台。这些平台以独特的交易模式,即消费者通过在线竞拍或协商定价的方式购买商品,不仅促进了资源的有效流通,还初步构建了 C2C 交易市场的雏形。在此阶段,平台大多聚焦于特定领域,如书籍、艺术品等,用户群体相对较小但充满活力,为后续发展奠定了坚实的用户基础。

进入 21 世纪后,C2C 电子商务步入了快速发展的黄金时期。随着互联网技术的不断成熟和普及,以及支付安全、物流配送等基础设施的逐步完善,大型 C2C 平台如淘宝、闲鱼等迅速崛起,成为市场中的佼佼者。这些平台通过丰富的商品种类、便捷的购物流程、安全的交易环境,吸引了数以亿计的用户涌入,形成了庞大的用户群体和活跃的交易生态。同时,平台间的竞争也日益激烈,推动了服务质量的持续提升和创新能力的不断增强。

随着市场的不断饱和与竞争的加剧,C2C 电子商务逐渐迈入了成熟稳定阶段。在这一时期,平台方更加注重用户体验和市场秩序的维护,通过加强监管、优化服务、提升技术等手段,不断提升用户满意度和平台竞争力。同时,随着消费者对购物体验、产品质量等方面要求的不断提高,C2C 平台也面临着新的挑战和机遇。在这一背景下,平台需要不断创新求变,以适应市场的变化和满足消费者的多元化需求。

(三)C2C 电子商务市场现状

市场规模的持续增长彰显了 C2C 电子商务的强劲活力。自 2019 年以来,我国 C2C 电子商务市场零售规模稳步攀升,从 655 亿元增长至 2020 年的 702 亿元,年增长率高达 17.1%。这一趋势反映了消费者购物行为向线上迁移的加速,以及移动互联网技术在普及和深化过程中对电商市场的积极推动作用。预计未来几年,随着消费升级和技术创新的不断推进,C2C 电子商务市场将持续保持高速增长态势,预计至 2025 年,市场零售规模将突破 1100 亿元大关,年均复合增长率保持在两位数水平,展现出巨大的市场潜力和发展空间。

市场竞争的激烈程度不断升级。在 C2C 电子商务市场中,各大平台为了争夺市场份额,纷纷采取了一系列竞争策略。这些策略包括但不限于优化搜索算法提升用户体验、严控商品质量保障消费者权益、加强营销宣传力度扩大品牌影响力等。同时,随着市场边界的逐渐模糊,跨界竞争也成为常态,新兴平台不断涌入,进一步加剧了市场的竞争态势。这种激烈的市场竞争不仅推动了行业的整体进步,也促使各平台不断创新以应对挑战。

政府对 C2C 电子商务市场的监管力度持续加强。为确保市场秩序的稳定和消费者权益的保护,政府相关部门出台了一系列政策法规对电商平台进行规范和约束。这些措施要求平台加强自我管理,提升交易的安全性和公平性,为消费者营造更加良好的购物环境。同时,政府还加大了对违法违规行为的打击力度,以维护市场的健康有序发展。这种监管的加强不仅有助于提升行业的整体形象,也为消费者提供了更加可靠的保障。

案例视窗

淘宝与国际 C2C 平台运营比较

在探讨 C2C 电子商务主要平台时,国内外涌现出了一系列具有鲜明特色和影响力的平台,它们通过不同的运营模式和策略,推动了 C2C 电子商务的蓬勃发展。淘宝,作为中国电子商务的领军者之一,其 C2C 业务以海量商品和庞大用户群著称。淘宝不仅覆盖了服装、数码、家居等多种商品类别,还通过精细化的市场划分和个性化推荐系统,为消费者提供了丰富多样的购物选择。该平台强调用户体验,通过不断优化交易流程、加强售后服务,构建了一个安全、便捷的购物环境。淘宝还积极引入第三方服务,如支付保障、物流追踪等,进一步提升了消费者的购物满意度。

eBay,作为全球性的 C2C 电子商务巨头,以其独特的拍卖模式吸引了全球消费者的目光。eBay 平台上的商品种类繁多,从古董、艺术品到二手车等,几乎涵盖了所有可交易的物品。这种拍卖模式不仅为消费者提供了寻找稀有商品的途径,也为卖家创造了更大的利润空间。eBay 致力于构建一个全球化的交易平台,通过跨境物流、多语言支持等举措,打破了地域限制,促进了全球贸易的繁荣。

Amazon,作为全球最大的综合性电商平台,其 C2C 业务同样不容忽视。Amazon 的 C2C 板块主要以二手商品交易和拍卖为主,依托于 Amazon 强大的品牌影响力和完善的物流体系,为消费者提供了便捷的购物体验。该平台注重商品品质和服务质量,通过严格的卖家审核和商品认证机制,保障了交易的可靠性和消费者的权益。同时,Amazon 还提供了灵活的交易方式和丰富的促销活动,进一步激发了消费者的购买欲望。

Etsy,则是一个专注于手工艺品的C2C电子商务平台。该平台致力于为手工艺人提供一个展示和销售自己作品的平台,同时也为消费者提供了购买独特、高品质手工艺品的渠道。Etsy注重创意和独特性,通过严格的商品审核和社区互动机制,营造了一个充满创意和活力的购物环境。Etsy还积极推广手工艺品文化,为手工艺人提供了更多的发展机会和曝光度。

平台特色与优势比较

在探讨C2C电子商务主要平台的特色与优势时,不同平台凭借其独特的业务模式和技术创新,在市场中占据了显著地位。淘宝的核心特色在于构建一个集庞大用户群体与丰富商品资源于一体的综合性电商平台。其成功之处不仅在于为用户提供了海量的购物选择,更在于通过多元化的营销手段,如直通车、淘宝客等,有效提升了卖家的商品曝光率,促进了交易的达成。淘宝的优势在于其强大的品牌影响力,这得益于长期积累的市场份额和用户口碑。完善的售后服务体系也是淘宝吸引并留住消费者的关键所在,从退换货政策到消费者保障服务,都体现了平台对用户体验的高度重视。

eBay则以拍卖形式为核心的销售模式为用户带来了别样的购物体验。用户可以在此平台上参与竞拍,享受从发现心仪商品到最终赢得竞拍的乐趣。eBay的全球用户基础是其一大优势,这使得平台上的商品种类极为广泛,从古董艺术品到日常消费品,应有尽有。同时,eBay提供的灵活交易方式,包括即时购买、一口价以及拍卖等,满足了不同用户的购物需求,增强了平台的吸引力和竞争力。

Amazon的特色在于打造了卓越的物流体系和客户服务体系。Amazon的物流网络遍布全球,能够确保商品快速、准确地送达消费者手中,提升了用户的购物体验。在客户服务方面,Amazon致力于提供全天候的在线支持,解决用户在购物过程中遇到的各种问题。其优势不仅在于强大的基础设施和先进的技术支持,更在于丰富的商品选择和多样化的优惠活动。Amazon通过不断优化供应链管理和技术创新,持续巩固其在电商领域的领先地位。

Etsy则专注于手工艺品等创意产品的交易,其特色在于对产品独特性和创意性的强调。Etsy平台上的商品大多由独立设计师或手工艺人手工制作,具有鲜明的个性和独特的风格。这种差异化定位吸引了大量对手工艺品感兴趣的消费者,也为卖家提供了一个专业的销售渠道。Etsy的优势在于其能够为手工艺品卖家和消费者搭建起一座桥梁,促进双方的有效连接和交易达成。通过严格筛选入驻商家和商品质量,Etsy确保了平台上商品的高品质和独特性,赢得了消费者的信任和喜爱。

平台用户群体及交易规模

在 C2C 电子商务领域,各平台凭借独特的用户群体定位与交易模式,展现出了不同的运营特色与交易规模。淘宝的用户群体异常庞大且多元化,涵盖了从普通消费者到专业商家的广泛群体。这一广泛的用户基础不仅促进了交易的活跃性,更使得淘宝能够承载海量商品,形成庞大的交易规模。高交易量与高交易额并存,淘宝凭借丰富的商品种类、便捷的交易流程以及强大的物流体系,持续引领着国内 C2C 市场的发展。

eBay 的用户群体跨越国界,遍布全球。这种全球性的用户分布不仅为 eBay 带来了多样化的商品选择,也使其交易规模达到国际级水平。尤其在拍卖领域,eBay 凭借其深厚的积累与独特的竞价机制,占据了绝对的领先地位。卖家与买家在 eBay 平台上展开激烈竞价,共同推动了交易规模的持续增长。

相较之下,Amazon 的用户群体以中高端消费者为主,他们对品质与服务有着更高的追求。这一用户定位使得 Amazon 的交易规模虽不以数量取胜,却在质量与价值上展现出巨大潜力。同时,Amazon 借助其强大的品牌影响力与完善的供应链体系,实现了交易规模的稳步增长,持续巩固其在 C2C 市场中的地位。

Etsy 的用户群体具有鲜明的特色——主要由手工艺品爱好者与创作者组成。虽然这一用户群体相对较小,但他们对手工艺品的热爱与追求却为 Etsy 带来了独特的交易活力。尽管交易规模相对较小,但 Etsy 凭借其独特的商品定位与社群文化,实现了快速增长,并在 C2C 市场中占据了一席之地。

资料来源:百度搜索。

(四)C2C 交易流程与规则

在 C2C 电子商务运营模式中,交易流程的高效与规则设定的严谨性构成了平台稳定运行的基石。交易流程的优化是提升用户体验与效率的关键环节。从买家下单到卖家发货,再到买家确认收货直至交易完成,每一步都需精心设计以减少冗余。平台可引入智能推荐系统,根据用户历史行为预测需求,加速决策过程。同时,引入即时通讯工具,确保买卖双方沟通无碍,快速解决交易中的疑问与问题。优化订单处理系统,实现自动化分拣与打包,缩短发货时间,提升物流效率。这些措施不仅提升了交易效率,还降低了因流程烦琐而导致的用户流失风险。

规则设定的完善则是保障交易公平与安全的重要屏障。C2C 电商平台应建立全面的交易规则体系,涵盖商品描述、价格透明、发货时效、退换货政策等多个维度,确保买卖双方权益得到充分保护。在评价系统方面,采用多维度、多层次的评价机制,鼓励真实反馈,打击虚假评价,营造诚信交易环境。对于投诉处理,平台需建立快速响应机制,明确处理流程与责任归属,确保投诉得到及时有效解决。加强知识产权保护,严厉打击侵权行为,维护市场秩序与商家合法权益。这些规则的制定与执行,共同构筑了C2C电子商务平台的健康生态。

在C2C电子商务平台的运营模式中,支付方式的选择对于买家和卖家的交易体验具有重要影响。C2C电子商务平台的支付方式主要包括在线支付和货到付款两种方式。在线支付通过网上银行、支付宝等在线支付工具进行付款,这种方式便捷、迅速,有助于提高交易效率,但需要买家对支付平台的安全性有足够的信任。货到付款则允许买家在收到商品时支付现金或通过POS机刷卡支付,这种方式能够消除买家的顾虑,但也增加了卖家的风险,如货款未到账或买家拒收商品等。在C2C电子商务平台的运营中,为了提升买家和卖家的交易体验,建议平台在支付方式上进一步优化,如提供更加多元化的支付方式,以满足不同买家的需求。同时,平台应加强支付安全的建设,保障买家的资金安全,增强买家对平台的信任。此外,平台还可以推出一些促销活动,鼓励买家使用在线支付方式,以提高交易的效率和平台的整体交易规模。通过这些措施,C2C电子商务平台可以更好地满足买家和卖家的需求,促进平台的长期发展。

(五)C2C卖家与买家角色定位

在C2C电子商务运营模式中,卖家与买家的角色定位及互动机制是构建健康交易生态的核心。卖家作为商品与服务的提供者,其角色定位不仅限于商品的展示与销售,更延伸至商品质量的把控与售后服务的保障。为增强卖家的市场竞争力与服务质量,C2C平台需积极介入,通过提供多样化的营销工具与深度数据分析服务,助力卖家精准定位市场需求,优化商品结构,提升顾客体验。这些工具包括但不限于店铺装修模板、搜索引擎优化指导、精准广告投放策略等,旨在帮助卖家在激烈的市场竞争中脱颖而出,实现销售增长与品牌塑造。同时,平台还应建立完善的卖家信用评价体系,通过买家反馈与交易数据,客观反映卖家服务水平,促进良性竞争。

买家作为消费主体,其满意度与忠诚度是C2C平台持续发展的关键。为此,平台需不断优化购物环境,确保买家能够享受到便捷、安全、愉悦的购物体验。这包括构建丰富的商品库,满足买家多样化的购物需求;优化搜索算法,提高商品查找效率;强化交易安全保障措施,如引入第三方支付平台、建立严格的商品质量审核机制等,以消除买家购物顾虑。平台还应注重买家反馈的收集与分析,及时调整服务策略,解决买家痛点,提升买家满意度与忠诚度。通过构建以买家为中心的服务体系,C2C平台能够形成稳定的用户基础,为长期发展奠定坚实的基础。

(六)C2C 电子商务物流配送模式

在 C2C 电子商务的物流配送模式中,多样化的配送方式确保了商品能够高效、精准地送达消费者手中,每种方式均承载着其独特的价值与挑战。快递配送作为核心方式,以其迅猛的速度和高效的服务质量著称,尤其适用于追求时效性的消费者。这种模式通过完善的物流网络覆盖,确保商品在最短时间内送达,但相应地,其运营成本也较高,包括运输成本、仓储费用以及人力投入等,要求企业在成本管理与客户体验之间寻求平衡。物流代办模式则为企业提供了一种更为经济灵活的解决方案,通过与专业物流公司建立长期合作关系,企业能够有效降低自建物流体系的成本,将更多资源聚焦于核心业务。然而,该模式下企业对物流过程的直接控制力有所减弱,需通过严格的合同管理和供应商评价机制来保障服务质量。买家自提则特别适用于体积大、重量重的商品,或是消费者有特定收货需求的情况。它不仅减少了企业的物流成本和配送难度,还为消费者提供了更加灵活的收货选择,增强了购物的便利性。然而,自提点的布局需考虑人口密度、交通便利性等因素,以确保消费者的良好体验.

在物流配送领域,配送效率与服务质量是评价物流企业综合实力的两大核心指标。这二者不仅直接关系到客户的满意度和忠诚度,还深刻影响着卖家的市场口碑和经营成果。

物流配送效率的高低,直接决定了客户从下单到收货的时间长短。高效的物流配送能够显著缩短这一周期,为客户带来更加便捷、快速的购物体验。在电商竞争日益激烈的今天,配送效率已然成为各大电商平台和物流公司争相优化的重点。通过数据分析,我们发现近期农村电商物流业务量呈现波动上升趋势,这表明农村市场的物流配送需求正在逐步释放,对配送效率提出了更高的要求。物流公司的服务质量同样不容忽视。优质的服务不仅能够提升卖家的整体形象,还能够在买家心中树立起良好的口碑。这种无形的资产,对于卖家而言,是吸引新客户、留住老客户的关键所在。在服务质量方面,提供实时的物流追踪和查询服务显得尤为重要。通过这一服务,买家可以随时随地掌握商品的配送进度,大大增强了购物的透明度和可控性。这种贴心的服务设计,无疑会进一步提升客户的满意度和忠诚度。

四、B2G 等其他运营模式

除了前面介绍的三个主要电子商务运营模式,其他如 B2G(business to government)、G2G(government to government)、G2C(government to consumer)也是不可或缺的电子商务的模式。以 B2G 为例,它指的是企业与政府之间的电子交易模式。在 B2G 模式中,交易双方的一方为政府,而另一方则是企业或组织。该模式主要涉及政府与企业之间的产品、服务、资金和信息交换,是一种特殊的电子商务形态。

B2G 模式的首要特点在于交易双方的一方为政府。政府作为买方或卖方,参与市场交易活动,使得 B2G 模式具有独特的性质。政府作为买方时,通常会进行大规模的采购活动,如公共建设、物资采购等,这导致 B2G 交易规模庞大,涉及的金额也相对较高。而政府作为卖方时,则主要向企业提供各种公共服务和资源,如行政许可、公共服务项目等。B2G 模式的另一个重要特点是交易内容的广泛性。在 B2G 交易中,政府需要采购各种物资和服务,包括办公用品、IT设备、建筑工程、咨询服务等。这些交易内容不仅种类繁多,而且涉及多个领域和行业,使得 B2G 市场具有极高的复杂性和多样性。B2G 模式还强调信息的公开透明和流程的规范化。政府在进行交易时,必须遵循相关的法律法规和规章制度,确保交易的公平性和合法性。同时,政府还会通过各种渠道公开交易信息,让公众了解交易过程和结果,增强公众对政府行为的监督。流程的规范化则能够确保交易过程的顺畅进行,提高交易效率。

B2G 模式作为企业与政府之间的电子交易模式,具有独特的性质和特点。在 B2G 交易中,企业需要充分了解政府的采购需求和规则,积极参与交易活动,以获取更多的商业机会。同时,政府也需要加强监管和信息公开,确保交易的公平性和合法性。

在电子商务的广阔领域中,B2G 电商模式与其他电商模式如 B2C 和 B2B 等存在着显著差异。B2G 电商模式与 B2C 电商模式相比,最显著的区别在于交易双方身份的不同。B2G 模式是企业与政府之间的交易,而 B2C 模式则是企业与消费者之间的交易。这种交易双方身份的不同直接导致了交易内容和交易规模的差异。在 B2G 模式中,交易内容通常涉及政府采购、公共服务和政府工程等大型项目,交易规模相对较大。而在 B2C 模式中,交易内容则更加多样化,从日常消费品到高端奢侈品都有涉及,交易规模相对较小。

在交易规范性和公平性上,B2G 由于交易双方中的一方是政府机构,因此交易过程需要遵循严格的法律法规和政策要求。这保证了交易的公平性和规范性,避免了不正当竞争和腐败现象的发生。相比之下,B2C 电商模式虽然也注重交易规范和公平性,但由于交易双方信息不对称和消费者保护机制的不完善,仍然存在一些不公平交易和欺诈行为。

此外,与 B2B 电商模式相比,B2G 电商模式在交易双方上存在相似之处,即都是企业与非消费者的交易。然而,B2B 模式主要关注企业之间的产品、服务和资金交换,而 B2G 模式则更注重与政府的合作和沟通。在 B2G 模式中,企业需要与政府建立长期的合作关系,了解政府的需求和政策,以便更好地提供产品和服务。这种合作和沟通不仅有助于企业更好地满足政府的需求,也有助于政府更好地了解企业的诉求和困难,从而制定更加合理的政策和措施。总而言之,B2G电商模式与B2C和B2B电商模式在交易双方、交易内容和交易规模上存在差异,同时也各自强调着不同的交易规范和服务体验。在电子商务的发展中,各种电商模式都有其独特的优势和适用范围,企业应该根据自身的特点和需求选择合适的电商模式进行运营。

第四节　传统电子商务的挑战与机遇

一、市场竞争加剧与消费者需求变化

在当前的电子商务环境中,市场竞争日益激烈,市场饱和度不断提高,这对传统电子商务领域的企业提出了严峻的挑战。为了在这样的市场环境中立足,企业不得不寻找差异化的竞争策略,以脱颖而出,赢得消费者的青睐。

市场竞争加剧是电子商务领域不可忽视的一个现象。随着互联网的普及和技术的进步,越来越多的企业开始涉足电子商务,使得市场竞争变得越来越激烈。在传统电子商务领域,企业的竞争主要集中在价格、产品质量、品牌知名度等方面。然而,随着市场的逐渐饱和,这些方面的竞争已经变得异常激烈,企业需要寻找新的竞争优势。为此,一些企业开始注重差异化竞争策略,通过提供独特的购物体验、个性化的服务等方式来吸引消费者。这些差异化竞争策略不仅能够帮助企业在市场上脱颖而出,还能够提高消费者的忠诚度和满意度。

消费者需求的变化也是传统电子商务企业必须面对的重要问题。随着生活水平的提高和消费观念的转变,消费者对购物体验、产品质量、服务品质等要求越来越高。他们不再满足于简单的购物需求,而是希望能够在购物的过程中获得更多的乐趣和满足感。因此,企业需要了解消费者的需求变化,及时调整自己的产品和服务策略,以满足消费者的个性化需求。例如,一些企业开始注重购物体验的创新,通过虚拟现实、增强现实等技术为消费者提供沉浸式的购物体验;一些企业则注重产品质量的提升,通过严格的品质控制和供应链管理来保证产品的质量。

二、技术创新带来的行业变革机遇

在数字化转型的浪潮中,技术创新已成为电子商务行业不可或缺的发展引擎。人工智能技术的深度渗透,正逐步重塑电商行业的每一个环节,显著提升用户体验与运营效率。具体而言,智能客服系统通过自然语言处理技术,实现了与消费者的无缝交流,不仅提升了响应速度,还增强了服务的个性化和精准度。同时,智能推荐算法基于用户行为数据和偏好分析,精准推送商品信息,有效提高了转化率和用户满意度。

大数据分析作为电商行业的核心驱动力,其价值挖掘日益深入。通过对海量用户行为数据的深度剖析,企业能够洞察市场趋势,优化库存管理,实现精准营销。例如,基于用户购买历史和浏览记录,电商平台能够定制化推送个性化广告,增强用户黏性和购买意愿。大数据分析还助力企业预测市场需求,提前布局产品策略,降低市场风险。

物联网技术的融入,则为电商物流体系带来了革命性变化。从产品追溯到智能仓储,物联网技术为电商企业提供了全链条、可视化的管理手段。通过为每件商品植入 RFID 标签,企业可以实时追踪商品流向,确保产品安全与质量。同时,智能仓储系统利用物联网技术实现自动化拣选、打包和发货,大幅提高了物流效率和准确性,降低了运营成本。这些技术创新共同推动电商行业向更加智能化、高效化、服务化的方向发展。

三、政策法规环境对电子商务的影响

政策法规环境是影响电子商务发展的重要因素。随着信息技术的迅猛发展和电子商务的快速崛起,政府对于电子商务的态度逐渐从鼓励和支持转变为积极引导和规范,政策法规环境也随之发生了一系列变化。在政策法规支持方面,政府出台了一系列政策措施,为电子商务发展提供了有力支持。例如,政府通过税收优惠、资金支持等方式,降低了电子商务企业的运营成本,促进了电子商务的发展。同时,政府还加强了对电子商务基础设施的投资,如网络、物流等,提高了电子商务的便利性和效率。在加强监管方面,政府逐渐建立了完善的电子商务监管体系,对电子商务市场进行了有效的监管。政府通过立法、行政、司法等多种手段,对电子商务领域中的违法行为进行打击和处罚,保护了消费者的合法权益,维护了市场秩序。同时,政府还加强了对电子商务平台的监管,要求平台加强自我管理,提高服务质量,为消费者提供更好的服务。

法律法规的完善也是电子商务发展的重要保障。政府针对电子商务领域的特点和发展趋势,不断完善相关法律法规,为电子商务的健康发展提供了法律保障。例如,加强对电子商务合同、电子支付、知识产权保护等方面的立法和监管,为电子商务的合法经营提供有力的法律支持。

四、传统电子商务的转型与发展

传统电子商务正面临日益激烈的市场竞争和消费者需求的变化,为了保持竞争力和市场份额,必须进行有效的转型和发展。以下将针对优化用户体验、拓展市场份额以及加强技术创新与研发三个方面进行详细阐述。

在优化用户体验方面,传统电子商务应着重关注用户体验的提升。用户体验是电子商务的核心,直接影响到用户的购买意愿和忠诚度。为此,企业需要优化网站设计,使其更加简洁、易用、美观,提高用户的浏览和购物体验。同时,企业还应注重产品质量的提升,确保产品符合消费者的期望和需求。加强售后服务也是提高用户满意度的关键环节,企业应建立完善的售后服务体系,及时解决用户在使用过程中遇到的问题,提升用户黏性和满意度。

在拓展市场份额方面,传统电子商务可通过线上线下融合、拓展国际市场等方式来扩大市场份额。通过线上线下融合,企业可以充分利用线上和线下的优势,实现线上线下的互补和协同。随着全球化进程的加速,拓展国际市场也成为传统电子商务的重要发展方向。企业应积极了解国际市场的需求和规则,调整产品和服务策略,提高国际竞争力。

在加强技术创新与研发方面,传统电子商务应紧跟技术发展的步伐,加强技术创新和研发。通过技术创新,企业可以推出更加先进、便捷、安全的电子商务产品和服务,满足消费者的需求,提升企业的运营效率和竞争力。同时,企业还应加强与科研机构和高校的合作,共同推动电子商务领域的技术创新和发展。

练习题

一、判断题

1.传统电子商务是指通过线下平台进行商品或服务交易的商业模式。(　　)

2.电子商务打破了地域限制,使得企业能够接触到以前无法触及的客户群体。(　　)

3.电子商务的交易流程更加复杂,需要人工干预。(　　)

4.电子商务平台可以提供个性化的推荐和服务。（　　　）

5.传统商务主要以线上交易为主。（　　　）

6.电子商务的运营模式较为单一。（　　　）

7.产品与供应链管理是传统电子商务的核心要素之一。（　　　）

8.用户需求分析与定位可以帮助企业制定市场策略。（　　　）

9.电商平台搭建主要有自主开发、合作开发和采用第三方平台三种模式。（　　　）

10.电商平台的技术支持与优化包括性能优化、安全防护和数据分析。（　　　）

二、单选题

1.B2B 电子商务是指什么？（　　　）

A.企业对消费者　　　　　　　　B.消费者对消费者

C.企业对企业　　　　　　　　　D.政府对消费者

2.B2C 电子商务模式的核心在于什么？（　　　）

A.构建企业与消费者之间的直接交易平台

B.构建消费者之间的交易平台

C.构建企业与政府之间的交易平台

D.构建政府之间的交易平台

3.C2C 电子商务是指什么？（　　　）

A.企业对企业　　　　　　　　　B.消费者对消费者

C.企业对政府　　　　　　　　　D.政府对政府

4.传统电子商务的主要运营模式不包括哪项？（　　　）

A.B2B　　　　　　B.B2C　　　　　　C.C2C　　　　　　D.B2G

5.以下哪个选项不是 B2B 电子商务服务平台的特点？（　　　）

A.信息全面　　　　B.交易安全　　　　C.服务专业　　　　D.价格低廉

三、多选题

1.传统电子商务的特点包括哪些？（　　　）

A.全球化市场与跨地域交易　　　　B.复杂无效率的交易流程

C.个性化与定制化服务　　　　　　D.价格高昂

2.电商平台搭建的模式包括哪些？（　　　）

A.自主开发　　　　　　　　　　　B.合作开发

C.采用第三方平台　　　　　　　　D.消费者开发

3.B2C 电子商务的主要模式包括哪些？（ ）

  A.自营模式　　　　B.平台模式　　　　C.混合模式　　　　D.C2C 模式

4.C2C 电子商务平台的主要交易规则包括哪些？（ ）

  A.商品描述规范　B.价格透明　　　C.发货时效　　　D.价格最低

5.传统电子商务面临的挑战包括哪些？（ ）

  A.市场竞争加剧　　　　　　　　B.消费者需求变化

  C.技术创新带来的行业变革　　　D.政策法规环境的影响

四、简答题

1.简述传统电子商务的定义和特点。

2.简述 B2B 电子商务的定义和发展历程。

3.简述 B2C 电子商务的主要模式及其优缺点。

五、论述题

1.结合案例,论述传统电子商务在运营模式上如何应对市场竞争加剧和消费者需求变化的挑战。

2.论述技术创新对传统电子商务带来的机遇和挑战。

第三章 新型电子商务模式

📑 **知识图谱**

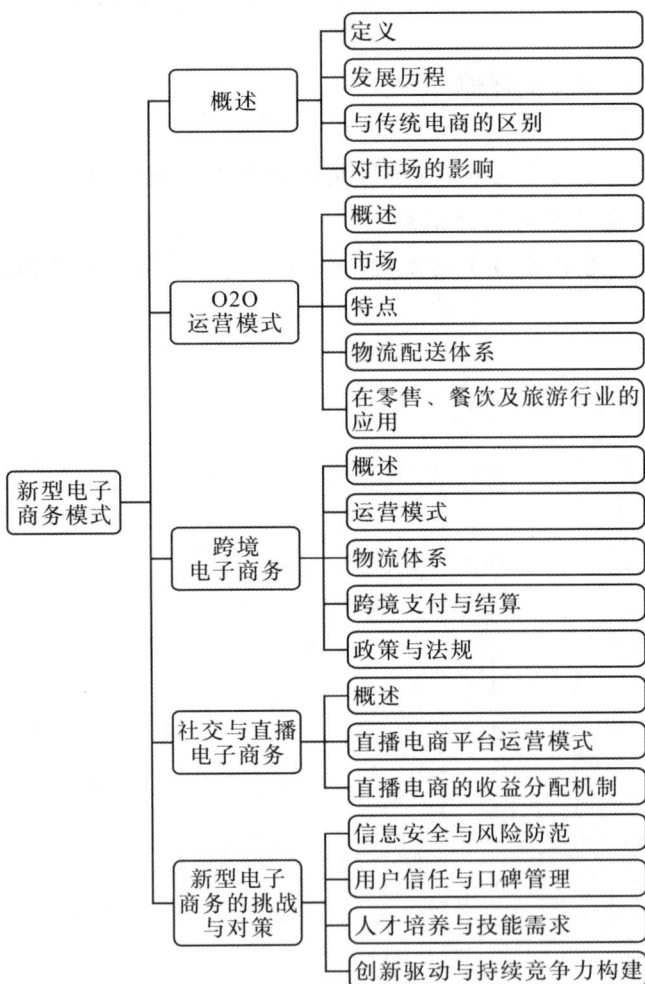

章节提要

在电子商务领域,随着科技的不断进步和消费者需求的日益多样化,新型电子商务模式逐渐崭露头角。这种商业模式不仅继承传统电子商务的便捷性,还通过引入新技术、新模式和新理念,提升电子商务的效率和服务质量。本章第一节介绍新型电子商务的定义、发展历程、与传统电子商务的区别,以及对市场的影响。第二节深入探讨O2O新型电子商务运营模式,阐述其概念、特点及O2O物流的经营,并通过零售业、餐饮业及旅游业等行业案例剖析O2O运营模式的成功要素。第三节概述跨境电商的运营模式、支付流程、物流体系,以及政策环境等。第四节探讨社交与直播电商的创新路径。第五节梳理了电子商务未来的挑战以及对策。随着人工智能、大数据等前沿技术的应用,市场将朝智能化、个性化的方向发展。社交媒体的普及也为电子商务的社会化发展提供有力支撑,新型电子商务市场将在技术创新和社会化趋势的推动下,迎来更加广阔的发展空间。

第一节 新型电子商务概述

一、新型电子商务的定义

新型电子商务作为电子商务领域的革新力量,其定义在于基于互联网技术的深度应用与模式创新,旨在以更高效、更便捷的方式重构商品交易与服务的商业生态。这一模式不仅限于简单的在线购物交易,更侧重利用先进的信息技术手段,如大数据分析、人工智能等,为消费者提供前所未有的个性化购物体验。新型电子商务强调以消费者为核心,通过深度挖掘消费者需求与偏好,精准推送商品与服务信息,有效缩短消费者与商家之间的距离,提升交易效率与满意度。

具体而言,新型电子商务通过智能化技术的应用,实现了购物流程的全方位优化。从商品推荐、搜索、比较,到下单、支付、物流配送,乃至售后服务,每一个环节都融入了智能化元素,使得购物过程更加流畅便捷。同时,新型电子商务还注重与实体零售的深度融合,通过线上线下互动营销,打破了传统零售与电子商务之间的界限,为消费者创造了一体化的购物体验。这种融合不仅提升了品牌形象,还进一步拓展了市场份额,为商家带来了更广阔的发展空间。

二、新型电子商务的发展历程

新型电子商务作为信息技术与传统商务深度融合的产物,其发展历程清晰地展现了技术进步对商业模式变革的深远影响。在初期阶段,新型电子商务的萌芽根植于互联网技术的初步普及。在这一时期,企业主要聚焦于线上商店的搭建与商品信息的数字化展示,利用互联网作为新的销售渠道,打破了传统商务活动在地域和时间上的限制。通过构建电子商务网站,企业能够触达更广泛的消费者群体,实现市场范围的迅速扩张。同时,消费者对这一新兴购物方式展现出浓厚兴趣,线上购物逐渐成为一种时尚趋势,推动了电子商务市场的初步形成。

随着移动互联网、社交媒体等技术的飞速发展,新型电子商务步入快速发展阶段。此阶段,用户体验成为电子商务企业竞争的核心。通过优化移动端购物界面、增强交互体验、利用大数据分析用户行为,电子商务企业能够提供更加个性化、便捷的服务。社交媒体平台的兴起为电商营销开辟了新渠道,通过精准广告投放、网红带货等方式,有效提升了商品曝光率和转化率。这一时期,电子商务不仅促进了消费方式的变革,还深刻影响了供应链管理和物流配送等环节的优化升级。

进入成熟阶段,新型电子商务展现出更加多元化的特点(见表3-1)。线上线下融合成为主流趋势,企业通过O2O模式,将线上流量引导至线下实体店铺,同时利用线下体验提升线上消费黏性。数据挖掘与分析技术的广泛应用,使得企业能够更准确地把握市场需求,实现精准营销和库存管理。通过构建智能供应链体系,电子商务企业大幅提升了运营效率,降低了运营成本。在这一阶段,电子商务已成为推动全球经济增长的重要力量,为消费者带来了前所未有的购物体验和服务质量。

表 3-1　新型电商主要标志事件及其影响

事　件	影　响
实体店利用 AR 技术	顾客享受线上线下一体化购物乐趣
电商与技术的深度结合	线上线下无缝对接
全面数字化、智能化改造实体店	实体店持续存在并与线上结合
大模型应用于电商	提升营销、推广、翻译等能力
AI 采购智能体	解决跨境电商中跨时区、语言等问题
短视频、直播展示商品	降低消费者决策成本、扩大商家市场机会
数字人直播	大幅降低直播间运营成本

三、新型电子商务与传统电子商务的区别

在电子商务领域,新型电子商务与传统电子商务之间存在显著的区别,主要体现在交易方式、服务模式以及营销策略三个方面。

就交易方式而言,传统电子商务主要依赖线上平台进行商品交易,消费者通过浏览网页、下单支付等步骤完成购买过程。而新型电子商务则更加注重线上线下融合,通过线上线下互动的方式促进交易。例如消费者可在线上浏览商品信息,然后到线下实体店体验、试穿或试用,最后再选择线上或线下购买,这种交易方式更灵活便捷,满足消费者多样化的购物需求。

在服务模式上,传统电子商务主要提供商品信息展示和交易服务,而新型电子商务则通过数据分析、智能化技术等手段,提升购物体验,满足个性化需求。新型电子商务能够利用大数据、人工智能等技术对消费者行为进行分析,为消费者提供更加精准的推荐和服务。同时,新型电子商务还注重售后服务,通过建立完善的客户服务体系,提供退换货、维修等售后服务,增强消费者的购物信心和满意度。

在营销策略方面,传统电子商务的营销策略主要基于线上广告和推广,通过投放广告、打折促销等方式吸引消费者。而新型电子商务则更加注重线上线下整合营销,通过多种形式提升品牌形象和市场份额。例如,新型电子商务可以结合社交媒体、短视频等平台进行内容营销,通过打造有趣、有吸引力的内容吸引消费者关注和互动。同时,新型电子商务还可以利用线下实体店进行品牌推广和活动策划,提升品牌知名度和美誉度。

四、新型电子商务对市场的影响

(一)消费者行为的变化

在电子商务领域,消费者行为正经历着前所未有的变革,这些变化深刻影响着市场格局与企业战略。购物习惯的重塑是显而易见的。随着技术的飞速发展,消费者越来越倾向于享受便捷、个性化的购物体验。新型电子商务平台通过无缝集成的在线下单系统、灵活的上门服务选项以及安全高效的移动支付功能,极大地便利了消费者的购物流程,促使他们逐渐放弃了传统的购物模式,形成了新的消费习惯。

需求的多样化在电子商务的推动下得到了极大的促进。面对日益细分的市场和日益挑剔的消费者,电商平台纷纷采用精准营销策略,通过大数据分析消费

者的购物偏好、行为习惯等信息,为他们提供定制化的商品推荐和服务。这种高度个性化的服务模式不仅满足了消费者多样化的需求,还激发了潜在市场的活力,为企业创造了新的增长点。再者,消费者忠诚度的提升成为电子商务发展的重要驱动力。为了在激烈的市场竞争中脱颖而出,电商平台不断优化客户服务体系,提升产品质量和服务水平,以赢得消费者的信任和忠诚。通过构建良好的品牌形象、提供优质的购物体验和售后服务,电商平台成功地吸引了大量忠实用户,形成了稳定的客户群体。这些忠实用户不仅为企业带来了稳定的收益,还通过口碑传播等方式帮助企业拓展新的市场份额。

(二)传统零售业的转型

随着信息技术的飞速发展,线上购物已成为消费者重要的购物方式。面对线上购物的竞争压力,传统零售业必须加快向线上转型的步伐。通过搭建电商平台,传统零售业能够将线下商品转移至线上,实现全天候、全方位的商品展示和销售。同时,线上平台的用户数据也为传统零售业提供了宝贵的市场分析和用户反馈,帮助其更好地把握市场需求,调整产品结构和营销策略。线上营销手段如优惠券、限时折扣等,也能有效吸引消费者,提高品牌知名度和用户黏性。

在保持线下业务优势的同时,传统零售业也在积极探索线上线下融合的发展模式。通过线上线下互动,传统零售业能够提供更加便捷、丰富的购物体验。例如,消费者可以在线下实体店试穿、试用商品,然后在线上平台下单购买;或者在线上平台预约商品,然后到实体店取货。这种线上线下融合的方式,既保留了线下购物的体验优势,又利用了线上购物的便利性和效率性,提高了消费者的购物满意度。

面对线上购物的竞争和消费者需求的变化,传统零售业需要积极应对挑战,并抓住机遇。要加强自身建设,提高产品质量和服务水平,增强品牌竞争力;要积极拓展新的销售渠道和营销方式,如跨界合作、拓展国际市场等。通过不断创新和升级,传统零售业可以在激烈的市场竞争中立足并发展。

(三)供应链管理的革新

在新型电子商务的浪潮下,供应链管理正经历着前所未有的革新,其核心在于信息化与智能化水平的显著提升、协作与整合的深化,以及成本控制与效率优化的全面改进。信息化与智能化水平的提升是供应链管理革新的重要驱动力。借助大数据分析与云计算技术,企业能够实现对库存管理的精准预测与优化,有效避免库存积压与缺货现象,提升供应链响应速度。同时,智能物流系统的引入,如物联网追踪、自动化仓储与分拣系统等,不仅大幅提高了物流作业效率,还显著增强了货物追踪与透明度,为消费者提供了更加可靠的配送体验。这些技术的应用,不仅降低了人为错误的风险,还促进了供应链的绿色化、低碳化发展,减少了资源消耗与环境污染。

协作与整合的深化则进一步巩固了供应链的稳定性与韧性。新型电子商务模式打破了传统供应链的界限,促使上下游企业之间建立更加紧密、灵活的合作关系。通过共享信息、协同规划生产与销售、联合应对市场波动等举措,供应链上的各个环节能够更加高效地协同运作,共同抵御外部风险。跨界融合与生态化建设也成为供应链管理的新趋势,企业纷纷通过跨界合作、构建产业生态圈等方式,拓展业务范围、提升服务品质,为消费者提供更加多元化、个性化的产品与服务。

成本控制与效率优化的改进则是新型电子商务时代下供应链管理的关键所在。面对日益激烈的市场竞争与消费者需求的不断变化,企业必须通过精细化管理、技术创新等手段来降低供应链成本、提升运营效率。例如,通过引入先进的供应链金融解决方案,缓解企业资金压力、降低融资成本;通过采用绿色包装、智能配送等技术,减少物流成本与环境负担;通过持续优化供应链管理流程、提升员工技能水平等措施,提高整体运营效率与服务质量。这些措施的实施,不仅有助提升企业的市场竞争力与盈利能力,还促进了供应链的可持续发展。

(四)市场竞争格局的重塑

与此同时,电商与金融的融合也日益紧密。电商平台通过大数据分析用户行为和信用状况,为用户提供消费信贷、理财等金融服务,进一步拓展了电商的盈利空间。这种跨界融合不仅为消费者提供了更为便捷的服务,也为企业创造了更多的商业机会。

在巨头企业主导的市场中,创新企业依然具有发展空间。虽然巨头企业在资源和品牌上具有明显优势,但创新企业可以通过技术创新和模式创新,打破巨头企业的垄断地位,实现弯道超车。巨头企业也会通过收购或合作的方式,吸纳创新企业的技术和人才,实现自身的转型升级。新型电子商务还强化了多元化与差异化竞争。在产品同质化日益严重的市场环境下,企业通过提供特色产品、优质服务等方式脱颖而出,成为消费者关注的焦点。电商平台通过大数据分析和用户画像,为消费者提供个性化的推荐和定制服务,提高了消费者的购物体验。

第二节 O2O 运营模式

一、O2O 运营模式概述

(一)O2O 运营模式的定义

O2O 模式,全称为 online to offline(线上到线下)或 offline to online(线下到线上),是一种将线上平台的优势与线下实际消费场景紧密结合的商业模式。在数字化转型的浪潮下,这种模式逐渐成为众多企业转型升级的重要选择。O2O模式的核心在于通过线上平台吸引用户,再将其引导至线下进行消费。线上平台作为信息展示、交易撮合和用户服务的重要渠道,为用户提供了更为便捷、高效的购物体验。而线下则提供了实物展示、现场体验、售后服务等无法被线上完全替代的环节,从而实现了线上线下的无缝衔接和互补。O2O 模式注重线上线下的融合,通过线上平台提供便捷的服务和优惠,激发用户的消费欲望。例如,通过优惠券、限时折扣等方式吸引用户关注,然后通过线下门店完成取货或消费,实现销售增长。同时,线上平台还可以收集用户数据,分析用户行为和偏好,为线下门店提供更加精准的营销策略和运营指导。

O2O 模式的优势在于可以充分利用线上和线下两个渠道的优势,实现资源的整合和互补。线上平台可以扩大企业的销售范围,提高品牌知名度;线下门店则可以提供实物展示和现场体验,增强用户的信任感和购买意愿。O2O 模式还可以提高企业的运营效率,降低运营成本,实现可持续发展。

(二)O2O 运营模式发展历程

O2O 模式作为近年来备受关注的商业模式,其发展历程也经历了从初期到发展,再到成熟的三个阶段。在初期阶段,O2O 模式主要侧重线上推广和线下体验的结合。线上平台通过打折、优惠券等促销手段吸引用户关注,再将这些用户引导到线下进行消费。这种模式充分利用了线上平台的流量优势,同时也让用户有机会亲身体验产品或服务,增强了用户的信任度和满意度。此时,线上平台和线下商家之间的合作还处于初级阶段,主要是简单的信息交流和合作。

随着 O2O 模式的不断发展,线上平台逐渐具备了更多功能。例如,用户可以在平台上进行商品评价、分享使用心得,这不仅为其他用户提供了参考,也促使商家更加注重产品质量和服务质量。同时,线上平台还提供了支付结算、营销推广等服务,使得用户的消费体验更加便捷、舒适。这些功能的完善,进一步促进了线上平台和线下商家之间的合作,推动了O2O模式的进一步发展。

在成熟阶段,O2O模式已经形成了闭环。线上平台和线下商家之间的合作更加紧密,数据共享和智能化运营成为主流。线上平台通过大数据分析,可以精准地了解用户的消费习惯和需求,为商家提供更加精准的营销策略和服务。同时,线上平台还可以根据用户的反馈和评价,对商家进行监督和评价,促进商家服务质量的提升。这些措施使O2O的商业模式更加完善,也为商家和用户带来了更多的便利和利益。

二、O2O 运营模式的市场

(一)O2O 市场规模及增长趋势

近年来,O2O市场规模的扩张势头强劲,线上线下融合的消费模式日益受到消费者青睐,市场规模持续扩大,展现出蓬勃的发展活力。这一增长趋势不仅反映了消费者对便捷、高效服务需求的提升,也映射出技术进步对商业模式的深刻影响。

具体而言,随着移动互联网的普及和智能终端的广泛应用,消费者能轻松实现线上浏览、下单,线下体验、消费的无缝对接,极大地促进了O2O市场的繁荣。消费升级的趋势也为O2O市场注入了新的动力,消费者对品质、体验和服务的要求日益提高,促使商家不断创新服务模式,提升服务品质,以满足消费者多元化、个性化的需求。

政府政策的支持也为O2O市场的发展提供了有力保障。各级政府相继出台了一系列促进电子商务发展的政策措施,为O2O企业营造了良好的发展环境。然而,随着市场的不断扩大,竞争也日益激烈,O2O企业需要不断提升自身竞争力,以应对市场的挑战。未来,随着技术的不断进步和消费者需求的持续升级,O2O市场仍有巨大的发展潜力,预计将保持快速增长的态势。

(二)O2O 市场竞争格局

O2O市场的竞争格局日益呈现出多元化与激烈化的特点,各大企业竞相涌入这一领域,通过策略创新与差异化服务争夺市场份额。在这一背景下,电商平台凭借其强大的线上流量与丰富的商品资源,成为市场中的主导力量。它们通过优化用户体验、深化供应链管理,不断巩固自身地位。同时,实体店也不甘落后,积极拥抱数字化转型,利用O2O模式拓展线上渠道,实现线上线下融合,为消费者提供更加便捷、全面的购物体验。

competitors方面，电商平台如阿里巴巴、京东等，凭借其强大的技术实力与品牌影响力，构建了完善的生态系统，通过大数据分析与精准营销，不断提升用户黏性。而实体店则依托其独特的地理位置优势与品牌积淀，通过线下体验与线上服务的无缝对接，吸引并留住消费者。还有众多新兴的O2O企业，它们凭借创新的商业模式与灵活的市场策略，在细分市场中崭露头角，成为不可忽视的力量。这些竞争对手共同推动了O2O市场的快速发展，促进了行业内部的良性竞争与协同创新。

（三）O2O市场消费者行为

随着移动互联网技术的飞速发展，生活服务O2O模式已成为消费市场的重要驱动力，其不仅重塑了商业格局，更深刻地影响了消费者的行为习惯。当前，O2O市场的消费者群体持续扩张，他们的购物方式正经历着前所未有的变革。线上浏览与线下体验的无缝融合，已成为消费者决策过程中不可或缺的一环。消费者通过线上平台获取信息，利用大数据和智能推荐技术筛选心仪的服务或产品，随后在实体店铺中进行亲身体验，以确保决策的准确性和满意度。

在需求分析层面，O2O市场消费者对服务的期待值显著提升。他们不仅追求线上线下的无缝对接，更对服务质量和用户体验提出了更高要求。消费者渴望获得个性化、定制化的服务体验，要求商家不断优化服务流程、提升服务品质，以满足他们的差异化需求。随着生活节奏的加快，消费者对服务的响应速度和配送效率也有更高要求。商家需通过技术创新和模式升级，提高服务效率，确保消费者能够享受到便捷、高效的O2O服务体验。此外，在O2O市场中，便捷的支付方式能够大大提升消费者的购物体验。因此，商家需积极接入多种支付方式，并加强支付安全保障措施，以消除消费者的后顾之忧。通过数据分析和用户反馈，商家还能进一步洞察消费者的潜在需求，为未来的产品和服务创新提供有力支撑。

三、O2O运营模式特点

（一）线上线下融合

在线上线下融合的过程中，双方优势得以充分发挥。线上平台利用其信息传播的即时性与广泛性，降低了营销成本，拓宽了市场边界。同时，通过数字化工具优化库存管理，减少了资金占用与库存积压。线下实体店则依托其真实的购物环境与专业服务，提升了消费者购物的信任度与满意度，进一步巩固了品牌形象。这种融合模式不仅促进了销售渠道的多元化，还实现了资源的高效配置与价值的最大化创造。

(二)平台化运营与生态建设

在当今数字经济时代,大宗商品产业的数智化转型已成为不可逆转的趋势。平台化运营作为核心策略之一,旨在通过建立高度集成化的线上平台,吸引行业上下游企业、服务商及终端用户入驻,形成活跃的交易与交流社群。这一过程不仅促进了信息的快速流通与共享,还极大提升了交易效率与透明度,为大宗商品产业注入了新的活力。

平台化运营的关键在于构建一套完善的服务体系,其涵盖交易撮合、物流配送、金融支持、数据分析等多个维度,以满足不同用户群体的多样化需求。通过优化用户体验,增强用户黏性,平台得以持续吸引并保留高质量用户资源,为生态建设的长远发展奠定坚实基础。

生态建设则是平台化运营的深化与拓展。它要求平台不局限于现有的服务范畴,而是通过不断完善产业链布局,开拓新的业务领域,形成一个闭环的、相互依存的生态系统。在这个生态系统中,各环节紧密相连,资源共享,风险共担,共同推动整个大宗商品产业的协同发展。具体而言,这包括加强供应链上下游的紧密合作,探索创新业务模式,以及利用大数据、人工智能等先进技术优化资源配置,提升整体运营效率。

(三)数据驱动的精细化运营

数据收集与分析在O2O运营模式中扮演着至关重要的角色,它不仅是精细化运营的基础,也是洞察市场动态与用户需求的窗口。企业需借助先进的数据分析工具,广泛收集用户在线上平台的行为轨迹,如浏览记录、搜索关键词、购买偏好等,同时融合线下消费体验数据,形成全面的用户画像。还需密切关注市场动态,包括行业趋势、竞品分析、消费者偏好变化等,以捕捉潜在的市场机遇。通过对这些海量数据的深度挖掘与分析,企业能够精准把握用户需求,预测市场走向,为制定有效的运营策略提供坚实的数据支撑。

精细化运营则是数据驱动下的直接产物,旨在通过个性化服务与精准营销提升用户体验与运营效果。基于数据分析结果,企业可以对用户进行细分,识别出高价值用户群体,并为其量身定制个性化的服务方案,如专属优惠、定制化产品推荐等,以增强用户黏性。同时,利用大数据与AI技术,企业还能实现广告的精准投放,提高营销效率与转化率。在O2O场景中,这种精细化运营不仅限于线上,还延伸至线下消费场景,通过优化服务流程、提升服务质量,打造线上线下无缝衔接的优质消费体验,从而进一步巩固用户基础,推动业务增长。

四、O2O 物流配送体系

(一)O2O 物流的特点与挑战

作为新型电子商务运营模式的核心环节,O2O 的物流配送对整体运营效率及用户体验具有深远影响。O2O 物流配送首要特点是订单分散与地域广泛。随着电子商务平台的普及,消费者遍布全国乃至全球各地,这导致物流配送需面对大量且分散的订单。同时,这些订单覆盖的地域范围极广,从繁华都市到偏远乡村,无一不考验着物流体系的覆盖能力和灵活性。为了满足这一需求,物流企业需构建广泛的物流网络,利用先进的物流信息系统实现订单的快速响应与精准定位。

时效性强是 O2O 物流配送的另一个特点。在快节奏的现代生活中,消费者对物流配送的时效性要求日益提高。无论是生鲜食品、急需药品还是日常用品,消费者都期望能在最短时间内收到商品。这就要求物流企业不断优化配送流程,采用高效、快速的运输方式,并配备严格的时间管理机制,确保订单能按时、准确送达。O2O 物流配送还需满足个性化需求和提高用户体验。随着消费升级,消费者对物流配送的期待已不再仅仅局限于基本的送货上门服务。他们期望物流企业提供更加个性化、定制化的配送方案,如预约送货时间、指定收货地点等。同时,优质的物流服务也是提升用户体验的关键因素之一。通过提供周到的包装、专业的售后支持,以及及时的物流信息更新,物流企业可以显著提升消费者的满意度和忠诚度。

然而,O2O 物流配送体系也面临诸多挑战。物流成本较高是制约其发展的关键因素之一。随着油价、人力成本等的不断上涨,物流企业的运营成本不断增加。如何在保证服务质量的同时,有效控制物流成本,成为物流企业亟待解决的问题。配送效率低下也是 O2O 物流配送面临的一大挑战。由于订单分散、地域广泛以及交通拥堵等因素的影响,物流企业在配送过程中往往难以做到高效、快速。这不仅增加了物流企业的运营成本,也影响了消费者的购物体验。因此,优化配送流程、提升配送效率成为物流企业必须解决的重要问题。

(二)O2O 物流配送优化策略

1.智能化运营

在物流配送领域,智能化运营已成为推动行业变革的关键力量。随着消费者对即时配送需求的日益增长,传统配送模式中的运力分散、信息不对称及配送效率低下等问题日益凸显,严重阻碍了行业的进一步发展。为解决这些痛点,智能调度系统的引入成为行业的普遍选择。通过集成先进的路径规划算法与大数据分析技术,系统能够实时优化配送路线,确保每单配送都能以最短时间、最低成本完成,从而显著提升配送效率和准确性。智能分拣系统的应用也进一步加速了订单处理流程,减少了人为错误,提高了仓库运营效率。

2.整合资源

在物流配送的复杂网络中,资源整合是提升整体效能的关键。通过整合线上线下资源,企业能够实现订单集中处理和统一配送,有效降低了物流成本。具体而言,这包括与供应商、承运商及终端用户的紧密合作,构建起一个高度协同的物流生态系统。在这一生态系统中,信息流动更加顺畅,资源配置更加合理,从而有效避免了库存浪费、物流环节冗长等问题。同时,通过统一的管理标准和信息平台,企业能够实时监控物流动态,及时调整配送策略,以应对市场变化。

3.加强管理

在物流配送的服务链条中,配送人员是直接面向消费者的关键环节。因此,加强配送人员的培训和管理,对于提升服务质量和用户体验至关重要。企业应注重培养配送人员的专业技能和服务意识,确保他们能够高效、准确地完成配送任务,同时提供优质的客户服务。通过建立完善的考核机制和激励机制,激发配送人员的工作积极性和创造力,进一步提升服务品质和市场竞争力。通过这些措施的实施,物流配送行业将逐步实现向智能化、高效化、人性化的转型升级。

五、O2O 在零售、餐饮及旅游行业的应用

(一)O2O 在零售业的应用

在探讨 O2O 模式在零售行业的深入应用时,我们不得不聚焦于其三大核心实施策略,这些策略不仅重塑了消费者的购物体验,也推动了零售行业的转型升级。首先,线上浏览、线下体验的模式成功构建了虚拟与现实的桥梁。消费者借助电商平台或移动应用,能够轻松浏览海量商品信息,从多维度了解产品特性。随后,他们可选择前往线下店铺亲身体验商品,这种"先试后买"的方式极大地提升了购物的满意度和信任感。通过优化店内陈列、提供个性化咨询与服务,零售商能巩固与消费者的情感联系,实现销售转化与品牌忠诚度的双重提升。

线下交付、线上服务的模式则增强了购物的便捷性与时效性。消费者在线上完成选购与支付后,可享受快速便捷的线下交付服务,如门店自提、同城快递等,有效缩短了等待时间。同时,线上平台持续提供售后服务支持,包括订单追踪、退换货处理及个性化推荐等,形成了闭环的购物体验。这种模式不仅满足了现代消费者追求效率的需求,也促使零售商不断优化物流体系和服务质量,以保

持竞争优势。

跨界融合、互补优势的策略为零售行业开辟了新的增长点。零售商纷纷探索与其他行业的深度合作,如将餐饮、娱乐等元素融入购物环境,打造一站式消费体验中心。这种跨界融合不仅丰富了商品种类和服务项目,还通过资源共享和优势互补,提升了整体吸引力与竞争力。例如,购物中心内设置特色餐厅和娱乐设施,不仅能够吸引顾客延长停留时间,还能促进购物消费的增长,实现多方共赢的局面。

在零售行业中,O2O 转型已成为众多企业发展的关键战略。然而,这一转型并非一帆风顺,零售行业在 O2O 转型过程中面临着诸多挑战与机遇。首先,在挑战方面,O2O 转型需要线上线下数据的高效整合,但零售企业通常拥有多个渠道、多个系统,数据格式不统一,难以实现数据的无缝对接和共享。这导致企业在决策时难以获取全面、准确的数据支持,影响了决策的效率和准确性。其次,O2O 模式要求企业能够快速响应消费者的需求,将商品从线上转移到线下,实现快速配送。然而,零售企业面临着物流配送成本高、配送效率低的问题。特别是在低线城市和农村地区,由于订单量小、配送距离远,物流成本更高,难以实现盈利。最后,线上线下融合是 O2O 转型的关键,但零售企业在实践中发现,线上线下融合并非简单的渠道叠加,而是需要企业在营销、销售、服务等方面进行深度整合。这要求企业具备较高的组织协调能力、技术创新能力和市场应变能力,对企业的综合实力提出了更高的要求。

然而,O2O 也为零售业带来许多发展机会,如帮助零售企业更好地触达消费者,提升品牌知名度和美誉度。通过线上线下融合,企业可以展示更丰富的产品信息、提供更便捷的购物体验,从而吸引更多消费者的关注和购买。此外,O2O 模式可以打破地域限制,将企业的销售范围扩展到更广泛的地域。通过线上平台,企业可以吸引全国甚至全球的消费者,实现销售的快速增长。O2O 模式还可帮助企业更好地了解消费者的需求和行为,为产品开发和营销策略提供更有力的支持。表 3-2 以朗姿股份为例,介绍其 O2O 数字化转型的策略及效果。

表 3-2　朗姿股份 O2O 数字化转型举措与成果

指标	效果
数据驱动个性化营销	建立数据驱动营销体系,满足消费者多样化需求
数据赋能线下门店	通过数据分析优化门店运营,提升销售业绩和满意度
数据安全与隐私保护	建立完善数据安全管理制度,赢得消费者信任
新零售转型升级	积极布局电子商务平台,提供线上线下一致体验
创新技术应用	引进 3D 研发技术,提升研发效率,满足客户需求
社会责任与可持续发展	推动绿色生产,关注环保,树立良好企业形象

(二)O2O在餐饮业的应用

餐饮行业O2O的发展现状呈现出蓬勃向上的态势,其市场规模的持续扩张与消费者群体的不断扩大共同驱动着行业的深度变革与转型。从市场规模的角度来看,餐饮行业O2O的兴起不仅顺应了数字化时代消费模式的变迁,更通过线上线下的深度融合,实现了市场规模的逐年攀升。这一增长动力主要源自消费者对便捷性、个性化服务及高效支付体验的追求。餐饮企业通过搭建自有平台或入驻第三方O2O平台,拓宽了服务范围,延长了营业时间,有效吸引了更多消费者,促进了交易量的显著增加。同时,大数据、云计算等先进技术的应用,使得餐饮企业能够更精准地把握市场需求,优化资源配置,进一步提升市场竞争力。

消费者群体在餐饮行业O2O的发展中扮演着至关重要的角色。随着互联网的普及和年轻一代消费观念的转变,年轻人和上班族逐渐成为餐饮O2O的主要消费群体。他们不仅注重食品的口感与质量,更追求消费过程中的便捷性、趣味性和社交性。因此,餐饮企业纷纷推出在线预订、外卖配送、移动支付等服务,以满足这一群体的多样化需求。餐饮O2O平台通过优惠券、积分兑换等营销策略,增强用户黏性,促进消费者的持续关注和重复消费。

竞争格局的日益激烈是餐饮行业O2O发展的又一显著特征。为了抢占市场份额,各大餐饮O2O平台纷纷加大投入,优化用户体验,提升服务质量。它们通过技术创新、模式创新和服务创新,不断拓宽业务边界,增强自身竞争力。同时,随着行业标准的逐步建立和完善,餐饮企业也在努力提升自身的管理水平和信息化程度,以实现更加高效、精准的运营。这种竞争格局的形成,不仅推动了餐饮行业O2O的快速发展,也为消费者带来了更多优质、便捷的服务体验。

案例视窗

外卖餐饮平台的经营策略

在餐饮行业的O2O应用中,美团外卖、饿了么与百度外卖作为典型平台,各自以其独特优势塑造了餐饮外卖的全新格局。

美团外卖凭借其完善的物流系统和丰富的菜品选择,成功在激烈的市场竞争中脱颖而出。美团外卖构建了一套高效、智能的配送体系,通过算法优化配送路径,确保订单能够迅速、准确地送达消费者手中。同时,美团外卖与众多餐饮商家合作,覆盖了从快餐简餐到高端餐饮的广泛品类,满足了不同消费者的多样化需求。其严格的商家审核机制和用户评价体系,进一步保障了服务质量和食品安全,赢得了消费者的广泛信赖。美团外卖还不断创新服务模式,如推出"准时达"服务,进一步提升了用户体验,巩固了其在餐饮O2O领域的领先地位。

饿了么则通过持续的创新和市场拓展,为消费者带来了更加便捷、丰富的餐饮选择。饿了么不仅拥有庞大的用户基础,还不断探索新技术、新模式的应用,如智能推荐系统、无人配送等,致力于提升服务效率和用户体验。在商家端,饿了么为餐厅提供了丰富的线上营销和推广工具,帮助餐厅拓宽销售渠道,增加品牌曝光度。同时,饿了么还注重与餐饮商家的深度合作,共同打造特色菜品和活动,满足消费者的个性化需求。这种双赢的合作模式,使得饿了么在餐饮O2O领域保持了强劲的增长势头。

百度外卖则依托其强大的地图和搜索技术,为消费者提供了精准的餐饮推荐和便捷的订餐服务。百度外卖利用大数据分析和机器学习算法,能够根据用户的消费习惯和地理位置,为用户推荐最合适的餐厅和菜品。其便捷的订餐流程和多样化的支付方式,使得用户能够轻松完成订餐操作。对于餐厅而言,百度外卖不仅是一个销售渠道,更是一个品牌展示和推广的平台。通过百度外卖的品牌专区、优惠活动等功能,餐厅可以提升品牌知名度和曝光率,吸引更多潜在顾客。百度外卖还注重食品安全和服务质量,建立了完善的监管机制,确保用户能够享受到高品质的餐饮服务。

美团外卖、饿了么与百度外卖作为餐饮O2O领域的领军企业,各自以其独特的优势和创新策略,推动了餐饮行业的数字化转型和升级。未来,随着技术的不断进步和消费者需求的日益多样化,这些平台将继续深化与餐饮商家的合作,探索更加高效、便捷、智能的服务模式,为消费者带来更加优质的餐饮体验。

资料来源:《中国生活服务O2O模式行业现状分析与发展前景研究报告(2023年版)》,产业调研网。

随着消费者需求的日益多元化与精细化,餐饮行业O2O正步入一个全新的发展阶段,其未来趋势显现出三大鲜明特征:个性化推荐、品质化升级与跨界合作。

首先,在大数据与人工智能技术的驱动下,餐饮行业O2O平台能够深度挖掘用户偏好与消费习惯,为每位顾客提供量身定制的餐饮推荐。这一趋势不仅增强了用户体验,更促进了餐饮企业的精准营销。通过智能分析,平台能够预测消费趋势,推动餐饮产品与服务的持续创新,满足消费者对个性化、差异化餐饮体验的追求。例如针对年轻消费者偏好健康轻食的特点,平台可优先推荐低卡路里、高蛋白质的餐饮选择,助力餐饮企业精准对接市场需求。

其次,面对消费者日益提升的品质追求,餐饮行业O2O正加速向品质化方向转型。这一趋势体现在餐饮产品从原材料采购、加工制作到最终呈现的全链条品质把控上。企业更加注重食材的新鲜度、烹饪技艺的精湛度以及服务体验的舒适度,力求在每一个细节上超越消费者期待。同时,随着消费者对健康饮食的重视,绿色、有机、无添加的餐饮产品逐渐成为市场主流。品质化升级还体现在餐饮环境的优化上,从装修风格到氛围营造,都力求为消费者创造一个愉悦、舒适的用餐环境。

最后,跨界合作已成为餐饮行业 O2O 探索新增长点的重要途径(实例见表3-3)。通过与不同行业的深度融合,餐饮企业能够拓宽服务范围,提供更加丰富多样的消费体验。例如,与旅游、文化、科技等行业的合作,不仅能为消费者带来耳目一新的餐饮体验,还能促进餐饮文化的传播与交流。同时,跨界合作也有助于餐饮企业拓展市场份额,实现品牌价值的最大化。例如,与电商平台合作开展线上营销活动,能够吸引更多年轻消费者关注,提升品牌知名度和影响力。通过与物流企业的合作,餐饮企业还能优化配送流程,提高送餐效率和服务质量。

表 3-3　餐饮品牌与美团合作案例

品牌名称	与美团合作形式	合作效果
老乡鸡	卫星店模式	深耕前行,助力品牌焕发新活力
松鹤楼	精细化运营,外卖业务转型	实现正向增长循环
火宫殿	团购、外卖标配服务	成功吸引年轻消费者

(三)O2O 在旅游业的应用

1.旅游业 O2O 融合创新

在数字化与互联网高速发展的时代,旅游行业 O2O 的融合创新成为旅游行业的重要趋势。这种融合模式旨在通过线上平台和线下服务的深度结合,为消费者提供更加便捷、个性化和全面的旅游服务。

传统的旅游服务方式主要依赖线下实体门店,而 O2O 模式则通过线上平台,如旅游网站、APP 等,将旅游资源进行整合,实现线上预订、支付与线下服务的无缝对接。这一融合模式不仅提升了旅游服务的便捷性,还为消费者提供了更多的选择。通过线上平台,消费者可以轻松地比较不同旅游产品的价格、服务质量和用户评价,从而做出更加明智的购买决策。同时,线上平台还可以为消费者提供旅游攻略、景点介绍等增值服务,提升其旅游体验。

定制化服务是 O2O 融合创新的另一大亮点。随着消费者需求的日益多样化和个性化,传统的旅游服务模式已经无法满足消费者的需求。O2O 模式通过大数据和人工智能技术,对消费者的旅游需求进行深度分析,为其提供个性化的旅游服务。例如,根据消费者的旅游偏好、预算和时间,为其量身定制旅游行程;提供特色餐饮、住宿等服务,满足其独特需求。这种定制化服务不仅提升了消费者的满意度,还促进了旅游市场的细分和差异化发展。

　　跨界合作与整合是O2O融合创新的重要途径。旅游行业涉及多个领域,如餐饮、住宿、交通、娱乐等。通过跨界合作与整合,旅游企业可以与其他行业的企业实现资源共享和优势互补,共同打造更加完善的旅游服务链。例如,旅游企业可以与餐饮企业合作,为消费者提供特色餐饮服务;与交通企业合作,提供便捷的交通服务;与娱乐企业合作,提供丰富的娱乐活动。这种跨界合作与整合不仅提升了旅游企业的竞争力,还促进了旅游行业的协同发展。

　　2.旅游业O2O平台服务特色

　　随着科技的快速发展和消费者需求的不断变化,旅游O2O平台逐渐成为旅游行业的重要组成部分。为了更好地满足用户的需求,提高市场竞争力,旅游O2O平台在服务方面形成了独特的特色。

　　智能化服务是旅游O2O平台的最大亮点。平台通过大数据和人工智能等技术手段,对用户的旅游需求进行深度挖掘和分析,从而为用户提供智能化的旅游服务。例如,平台可以根据用户的浏览记录、购买记录等信息,智能推荐符合用户喜好的旅游线路和景点。智能导航功能也为用户提供了极大的便利,用户可以通过手机APP或平台网站,实时查看旅游路线、景点位置、交通状况等信息,从而更加轻松地完成旅游行程。智能化服务不仅提高了用户的旅游体验,还帮助平台提高了运营效率。通过智能化的数据处理和分析,平台可以更加准确地预测用户需求,从而提前进行资源调配和优化,减少资源浪费和运营成本。

　　此外,优质的内容是吸引用户关注和分享的关键。旅游O2O平台拥有一支专业的内容团队,他们为用户提供高质量的旅游内容输出。这些内容包括旅游攻略、旅游视频、景点介绍等,不仅为用户提供了有用的旅游信息,还为用户带来了愉悦的阅读和观看体验。

　　3.旅游业O2O的市场前景

　　当前旅游行业O2O正步入一个黄金发展期,其市场前景展现出前所未有的活力与潜力。从市场规模来看,伴随着消费升级浪潮的涌动以及数字化转型的全面加速,旅游行业O2O市场规模持续扩大,呈现出蓬勃发展的态势。特别是"银发旅游"市场的崛起,作为旅游市场的重要细分领域,其占比已突破旅游总人数的20%,并预测将在未来数十年内持续增长,至2040年有望占据全国旅游市场规模的半壁江山。这一趋势不仅反映了中老年群体对旅游消费需求的旺盛,也为旅游行业O2O企业提供了巨大的市场机遇。

　　在技术层面,大数据、人工智能等前沿技术的不断创新与深度融合,正为旅游行业O2O注入强劲动力。这些技术的应用,不仅提升了旅游服务的智能化水平,还通过精准分析用户需求,优化资源配置,提高了旅游体验的个性化和满意度。在技术赋能下,旅游行业O2O在产品设计、营销推广、客户服务等各个环节均实现了质的飞跃,进一步拓宽了行业发展空间。

随着市场规模的扩大和技术应用的深化,旅游行业 O2O 市场的竞争也日益激烈。为了在激烈的市场竞争中脱颖而出,企业需持续强化自身核心竞争力,不断提升服务质量和用户体验。这要求企业不仅要关注技术革新,更要深刻理解并满足用户的多元化需求,通过差异化策略和精细化运营,打造具有独特吸引力的旅游产品和服务,从而赢得市场的认可和青睐。

第三节　跨境电子商务

一、跨境电子商务概述

跨境电子商务是指跨越不同国家或地区界限,交易双方通过专门的电子商务平台实现商品或服务的买卖活动。这一模式打破了地理限制,极大地促进了国际间的贸易流通。在定义层面,跨境电子商务不仅限于简单的买卖行为,它融合了信息技术、支付体系、物流服务等多个领域的创新,构建了一个高效、便捷的国际商业环境。这一平台上的交易主体呈现出多元化的特点,既包括传统外贸企业转型而来的卖家,也有直接面向海外消费者的零售商,更有提供全方位服务的第三方平台运营商。跨境电子商务以其独特的优势在全球范围内迅速崛起。交易规模的持续扩大,得益于全球消费者对多样化商品需求的增加以及互联网技术的普及。交易效率的提升,则得益于电子商务平台的高效运作和全球化物流网络的构建。同时,跨境电子商务通过减少中间环节,降低了交易成本,使更多中小企业有机会参与国际贸易。

随着互联网技术的飞速进步、全球化进程的加速推进,以及消费者购物习惯的改变,跨境电商平台如雨后春笋般涌现,不仅数量激增,而且在规模、技术、服务等方面实现了质的飞跃。这一阶段,跨境电子商务不仅局限于商品交易,更扩展到服务、文化、技术等多个领域,形成了多元化、全方位的国际贸易新生态。各大电商平台纷纷布局海外市场,通过构建全球供应链体系、优化物流配送网络、拓展支付渠道等方式,不断提升用户体验,降低交易成本,促进跨境贸易的便利化和高效化。

跨境电子商务已成为全球贸易的重要组成部分,展现出强大的生命力和广阔的前景。它打破了地域限制,促进了资源的全球优化配置,加速了国际贸易的转型升级。跨境电子商务的兴起,不仅为中小企业提供了开拓国际市场的有效途径,也为消费者带来了更多元化、更高品质的商品和服务选择。同时,跨境电子商务还推动了相关产业链的发展和完善,带动了支付、物流、金融、数据等行业的协同创新,形成相互促进、共同发展的良好格局。在全球经济增速放缓、国际贸易环境复杂的背景下,跨境电子商务以其独特的优势,为经济增长注入了新的动力,成为推动国际贸易发展的重要力量。

在行业趋势方面,跨境电子商务的增长主要得益于全球化进程的加速和数字化技术的快速发展。随着互联网技术的普及,消费者对于跨境购物的需求日益增长,跨境电商平台也得以快速发展。未来,随着供应链的进一步优化和物流体系的完善,跨境电商将能够更好地满足消费者的需求,提供更便捷、高效、安全的购物体验。数字化技术的广泛应用也将为跨境电商带来更多的机遇,如大数据、人工智能、区块链等技术的融合,将进一步提升跨境电商的运营效率和服务质量。

然而,贸易壁垒、物流配送、关税等问题一直是跨境电商发展的主要障碍。为了应对这些挑战,电商平台和卖家需要积极寻求解决方案。电商平台需要加强与国际市场的合作,拓展海外市场,提高品牌知名度和竞争力。卖家也需要提升自身的物流能力,优化物流配送体系,降低物流成本,提高配送效率。电商平台和卖家还需要关注国际贸易政策的变化,及时调整经营策略,以应对可能出现的风险和挑战。

二、跨境电子商务运营模式

(一)平台和资源整合模式

平台和资源整合模式通过构建全球化的电子商务交易平台,汇聚了世界各地的优质卖家与买家资源。此模式不仅集成了商品展示、在线交易、支付结算等核心功能,还深度整合了跨境物流服务,形成了从商品信息展示到最终配送至消费者手中的完整闭环。平台通过精准的市场定位与高效的营销策略,吸引了庞大的用户流量,为买卖双方提供了便捷、高效的交易环境。同时,平台方通过严格的商家入驻审核与商品质量控制机制,能确保交易的真实性与商品的品质,提升用户体验与市场信任度。

(二)自营+保税模式

自营+保税模式是以企业自营商品为核心,结合保税仓储与快速配送的物流优势,打造出的独特的跨境电商运营模式。企业直接参与商品的采购、质量控制、库存管理等多个环节,确保了商品来源的可靠性与品质的稳定性。保税仓储的应用,则有效降低了企业因库存积压而产生的资金占用与风险,并能够在消费者下单后迅速完成清关与配送,大大缩短了商品从海外仓库到消费者手中的时间。该模式还通过持续优化供应链管理,实现了成本的有效控制与运营效率的显著提升,为企业在竞争激烈的跨境电商市场中赢得先机。

(三)垂直品类模式

垂直品类模式则专注于某一特定领域或产品线的深度挖掘与精细化运营。该模式通过精准定位目标消费群体与市场需求,提供了高度专业化的商品选择与定制化服务。企业通过与上游供应商建立长期稳定的合作关系,确保了商品来源的稳定性与品质的卓越性。同时,通过深耕特定领域,企业在该领域内积累了丰富的经验与资源,形成了独特的竞争优势与品牌影响力。垂直品类模式不仅满足了消费者对高品质、个性化商品的需求,还通过提供专业化的服务与解决方案,增强了消费者的忠诚度与满意度。

(四)运营模式的挑战与应对策略

在跨境电子商务运营模式的分析中,不同模式均面临其独特的挑战与应对策略,这构成了企业深化布局、优化运营的关键环节。随着跨境交易的日益频繁,平台需精准把握生态系统平衡的艺术,既要确保卖家权益,激发其创新活力与服务质量提升,又要保障买家体验,增强用户黏性。技术创新与研发投入成为平台持续进化的动力,通过大数据、人工智能等技术的应用,优化推荐算法,提升交易效率,同时加强安全体系,保障交易安全,构建良好的市场信誉。建立多元化争议解决机制,快速响应市场反馈,也是维护生态平衡的重要策略。

在自营＋保税模式下,供应链管理的精细化与高效性成为决定性因素。企业需建立高效的库存管理系统,运用先进的物流技术缩短配送时间、降低库存成本。同时,强化品质控制体系,从源头把控商品质量,确保每一件商品都能满足海外消费者的严格标准。在服务质量上,提供多语种客服支持、灵活的退换货政策等,以满足不同国家和地区消费者的需求,增强品牌信任度。加强与海关、税务等部门的合作,确保保税流程的顺畅,也是该模式稳健运行的重要保障。

垂直品类模式则聚焦于专业性与差异化竞争。企业需深耕细分市场,通过持续的产品创新和服务升级,巩固并扩大市场份额。与优质供应商建立长期稳定的合作关系,不仅能够确保产品来源的稳定与品质可控,还能共同研发新品,引领行业趋势。同时,利用数据分析洞察消费者偏好变化,灵活调整市场策略,满足个性化、多样化的消费需求。构建线上线下融合的全渠道营销体系,拓宽市场覆盖范围,也是提升品牌影响力和市场份额的有效途径。

三、跨境电子商务物流体系

(一)跨境电商物流概述

跨境物流作为连接全球市场的桥梁,其定义与特点深刻影响着跨境电子商务的运作效率与成本结构。跨境物流是指跨越国界的货物运输与服务流程,涵盖了从商品出口国到进口国的全过程,是跨境电子商务不可或缺的一环。

跨境物流的复杂性体现在多个维度上。不同于国内物流,跨境物流需面对不同国家的海关政策、税收制度、法律法规等差异,这些差异往往导致物流流程烦琐且多变。例如,不同国家对于进口商品的检验标准、禁限运物品清单以及关税税率各不相同,要求物流企业在操作时必须具备高度的专业性和灵活性。跨境物流还需应对语言、文化、时差等沟通障碍,增加了协调与管理的难度。

时效性是跨境物流的另一大显著特点。在电子商务时代,消费者对物流速度的要求日益提高,跨境物流也不例外。然而,由于跨境物流涉及多个环节和多个国家的参与,如出口报关、国际运输、进口清关等,任何一个环节的延误都可能影响整体时效。因此,物流企业需不断优化流程、提升效率,以确保商品能够按时送达消费者手中。同时,跨境物流还需考虑季节性、节假日等因素对物流时效的影响,提前做好规划与应对。

再者,成本高昂是跨境物流不可忽视的问题。跨境物流涉及的费用种类繁多,包括国际运输费、关税、增值税、清关费、仓储费等,且这些费用往往随着商品种类、重量、体积及运输方式的不同而有所差异。由于跨境物流的复杂性和不确定性,物流企业还需承担一定的风险成本,如货物丢失、损坏、延误等风险。因此,如何在保证服务质量的前提下降低物流成本,成为跨境物流企业面临的重要挑战。此外,跨境电商物流体系还有其他核心要素(见表3-4)。

表3-4 跨境物流体系的构成要素

关键构成要素	具体内容
跨境物流通道网络	海运、国际航空、中欧班列、国际寄递、国际道路运输等
跨境物流服务能力	国际海运、国际航空货运、中欧班列运输、海外仓储、分拣配送等
跨境物流组织模式	报关清关、多元化服务等
跨境物流数字化水平	物联网技术、大数据分析等
国际竞争力	品牌影响力、技术创新能力、国际化运营能力等
基础设施支撑性	港口、机场、物流园区等
业务协同性	国家间交通基础设施标准协同、多式联运协同等
送达效率与服务体验	个性化物流解决方案、逆向物流体系等

（二）主要跨境物流模式

跨境物流领域主要存在邮政快递、国际快递、海外仓储等几种不同的模式，每种模式均具有其独特的特点和适用范围。

邮政快递模式凭借其低廉的价格和广泛的覆盖范围，特别适用于小件、轻量化的货物。这种模式通过邮政系统的庞大网络，能够实现全球范围内的货物传递。然而，邮政快递的速度相对较慢，且货物追踪信息可能不够详尽，这在一定程度上限制了其服务的升级和客户的满意度。

国际快递模式，如 DHL、UPS 等知名品牌，则以速度快、服务周到和追踪信息完善而著称。这类快递公司通常拥有高效的物流系统和先进的技术支持，能够提供门到门的快速配送服务。但是，相应的价格也较高，更适合于对时效性有严格要求或货物价值较高的场景。

海外仓储模式则是一种更为灵活和高效的物流解决方案。通过在目标市场国家设立仓库，并提前将货物运送至仓库进行本地化存储，这种模式大幅缩短了配送时间，提高了客户响应速度。同时，由于减少了长途运输和频繁清关的环节，海外仓储还能有效降低物流成本。然而，海外仓储模式的管理难度相对较大，需要企业在库存管理、订单处理等方面具备更强的能力和经验。

（三）跨境物流的挑战与解决方案

跨境物流作为跨境电子商务的核心环节，其面临的挑战复杂多样，且直接关系到电商企业的运营效率与成本控制。首次，首要难题在于各国海关政策的差异性。不同国家对于进口商品的监管标准、税率设置、禁限运物品清单等各不相同，要求电商企业必须具备高度的政策敏感性和适应能力。为解决这一问题，企业应建立专业的海关政策研究团队，持续跟踪并解读目标市场的海关政策变化，确保物流操作合规性。同时，企业要加强与当地海关的沟通与合作，建立顺畅的沟通机制，以便在遇到问题时能够迅速获得解决方案。通过优化报关流程，采用先进的报关软件和技术，提高报关效率和准确性，也是降低因海关政策差异导致风险的有效手段。

其次，跨境物流涉及多个环节，包括国际运输、清关、仓储、配送等，每个环节都可能产生高昂的费用。为降低物流成本，企业需从多个方面入手：通过规模化采购和集中运输，利用规模效应降低单位运输成本；优化物流网络布局，选择成本效益比高的运输路线和物流服务商，减少中转次数和距离；加强物流信息化建设，利用大数据和人工智能技术预测物流需求，实现库存和运输的精准管理，减少库存积压和运输空载率；积极争取政府补贴和税收优惠政策。

最后，跨境物流信息不透明，不仅影响客户体验，还可能引发信任危机。为解决这一问题,企业应建立完善的物流信息系统,实现物流信息的全程可视化追踪。通过物联网、GPS定位等技术手段,实时采集并传输货物在途信息,为客户提供准确的物流状态查询服务。同时,加强与物流服务商的信息共享,确保双方数据同步更新,减少因信息不对称导致的误解和纠纷。企业还应注重客户反馈信息的收集和分析,根据客户需求不断优化物流信息系统和服务流程,提升客户满意度和忠诚度。

四、跨境支付与结算

(一)跨境支付的方式与流程

跨境电子商务的支付方式与流程不仅影响着交易的效率与安全,还直接关系到国际贸易的顺畅进行。在跨境电子商务的广阔舞台上,支付方式呈现多元化趋势,而支付流程则愈发注重便捷性与安全性的平衡。

电汇作为传统支付方式之一,凭借其大额交易中的稳定性和可靠性,依然在大额跨境贸易中占据一席之地。通过银行间的直接转账,电汇实现了资金的快速流通,但相应的手续费及汇率风险也需买卖双方共同承担。相比之下,信用证以其高度的信用保证和严谨的支付流程,成为大额国际贸易中的首选支付方式。银行作为中间方,根据买方开立的信用证条款向卖方付款,有效降低了交易双方的风险。随着互联网金融的兴起,第三方支付平台如支付宝、PayPal 等迅速崛起,为跨境小额交易提供了前所未有的便捷性。这些平台以其用户基础广泛、操作简便、手续费低廉等优势,赢得了大量消费者的青睐。它们不仅支持多种货币支付,还能提供即时的交易通知和退款服务,大大提升了跨境交易的效率和用户体验。

跨境支付的流程设计紧密围绕订单生成、支付指令发送及收款方确认收款等关键环节展开。当消费者在跨境电商平台上完成选购并下单后,支付指令随即通过加密方式传输至支付系统。这一过程确保了支付信息的安全性与完整性,防止了信息泄露和篡改的风险。支付系统对支付指令进行验证无误后,将其发送至收款方指定的银行账户或第三方支付平台账户。收款方在确认收到款项后,即完成支付流程的最后一个环节。整个过程中,支付系统通过先进的加密技术和严格的风控机制,确保了支付流程的安全性。同时,跨境支付还涉及不同国家和地区之间的法律法规差异及货币汇率波动等问题,因此支付机构还需与多方合作,共同解决这些问题以确保交易的顺利进行。

(二)跨境结算的难点与对策

首先,跨境结算面临的是货币转换的问题。由于各国货币体系的差异,交易双方在进行跨境结算时,需要将一种货币转换成另一种货币。这一过程涉及汇率的换算、货币的买卖等,使得跨境结算变得复杂且风险较高。同时,货币转换还可能导致汇率的波动,增加交易的不确定性。跨境结算还面临着交易成本高的问题。其次,跨境交易需要支付更多的手续费、银行费用等,这些成本都会增加企业的负担。最后,跨境结算还存在时间延误的问题。由于各国银行处理跨境交易的时间不同,以及跨境交易的复杂性,跨境结算的时间变得不确定,可能会影响企业的资金流转。

为了应对跨境结算的难点,可以采取以下对策建议:(1)加强国际合作与协调,简化货币转换流程。各国可以通过签订货币互换协议、建立货币联盟等方式,减少货币转换的环节,降低汇率风险。同时,加强金融监管机构的合作,提高跨境交易的便利性。(2)选择合理的支付方式,降低交易成本。企业可以选择使用人民币跨境支付、跨境电子支付等新型支付方式,减少手续费和银行费用的支出。还可以利用金融衍生品等工具进行风险规避,降低汇率风险。(3)优化结算流程,提高结算效率。金融机构可以通过技术创新和流程优化,缩短跨境结算的时间,提高资金流转的效率。

(三)跨境支付结算的风险管理

在跨境支付与结算中,企业面临着诸多风险,其中汇率风险和安全风险尤为突出。汇率风险指的是由于汇率波动导致企业在兑换外币时可能遭受的损失。为了应对这种风险,企业需要密切关注国际金融市场动态,及时掌握汇率走势,并合理利用金融工具进行风险管理。安全风险也不容忽视。企业应建立完善的支付安全机制,加强账户管理、密码保护等安全措施,防止资金被盗用或损失。

针对识别出的风险,企业需要采取一系列防范措施。对于汇率风险,企业可以采取套期保值等策略进行规避。通过购买期权或期货等工具,锁定未来的汇率,从而避免汇率波动带来的损失。同时,企业还可以采取多元化结算货币的策略,降低单一货币的风险。对于安全风险,企业应加强支付安全防护,确保资金安全。企业应选择信誉良好的支付机构进行合作,使用安全的支付工具和技术,以及建立完善的内部控制和审计机制。

企业也应建立风险监控机制,实时监测支付与结算过程中的潜在风险。一旦发现异常,应立即采取应对措施,将损失降至最低。在监控过程中,企业应重点关注账户资金变动、交易记录、风险预警等指标,以及支付机构的安全情况等信息。同时,企业还应建立完善的应急预案和应对机制,以便在风险发生时能够迅速响应和处理。

五、跨境电子商务政策与法规

(一)国际贸易政策对跨境电商的影响

国际贸易政策对跨境电商的影响主要体现在贸易壁垒的形成、贸易协定的签订以及贸易环境的优化等方面。在贸易壁垒方面,关税作为一种常见的贸易保护手段,直接增加了跨境电商的运营成本。近年来,虽然关税收入有所波动,但总体仍保持在较高水平,这在一定程度上反映了跨境电商所面临的贸易壁垒压力。除了关税,配额等非关税壁垒也对跨境电商的运营产生了不小的影响,限制了其市场规模的进一步扩大。

然而,贸易协定的签订为跨境电商的发展带来了新的机遇。例如,中国与东南亚国家联盟等经济体签订的贸易协定,通过降低关税、消除非关税壁垒等措施,有效降低了跨境电商的贸易成本,提高了市场竞争力。这些协定的实施,不仅促进了双方贸易额的增长,也为跨境电商的快速发展提供了有力支持。

国际贸易政策还在优化贸易环境方面发挥了积极作用。通过加强基础设施建设、提升物流服务效率等措施,国际贸易政策为跨境电商提供了更加便捷、高效的运营环境。这些改进不仅降低了跨境电商的运营成本,也提高了其服务质量和客户满意度,进一步推动了跨境电商行业的蓬勃发展。

(二)跨境电商税收政策

跨境电商税收政策体系涵盖了进口环节税收、增值税及消费税等多个层面,这些政策因国家和地区而异,体现了各国对跨境电商发展的不同态度和监管策略。

在进口环节税收方面,各国政府依据自身经济发展需求与国际贸易环境,制定了差异化的税收政策。部分国家为吸引跨境电商企业入驻,采取了免征或减征进口环节税收的优惠措施,以降低商品成本,增强市场竞争力。同时,也有国家为了保护本国市场与产业,对进口商品实施较为严格的税收监管。

增值税作为跨境电商税收的另一重要组成部分,其税率的调整直接影响到企业的运营成本和消费者的购买意愿。一些国家通过降低跨境电商商品的增值税率,以促进跨境电商的发展,加速商品流通,刺激消费增长。而税收优惠政策的具体实施,则要求跨境电商企业严格遵守当地税收法规,确保税收申报的准确性和及时性。

税收合规是跨境电商企业必须面对的重要课题。跨境电商涉及跨境交易、支付结算等多个环节,税务处理复杂多变。企业需建立健全的税务管理制度,确保交易记录的真实性与完整性,以应对税务机关的审计与核查。同时,加强与税务机关的沟通与合作,及时掌握税收政策的最新动态,也是企业实现税收合规的重要途径。

跨境电商税收政策在促进行业发展的同时,也对企业的税务管理能力提出了更高要求。跨境电商企业应积极适应政策变化,加强税务风险管理,确保税收合规,以实现可持续发展。

第四节　社交与直播电子商务

一、社交电商与直播电商概述

(一)社交电商的定义与发展

社交电商作为电子商务的一种新兴模式,近年来在国内市场呈现出蓬勃的发展态势。该模式深度融合了社交媒体与电子商务,通过社交分享、用户生成内容等方式,有效实现了商品销售与市场拓展。纵观社交电商的发展历程,我们可以清晰地将其划分为初级、发展和创新升级三个阶段。在初级阶段,社交电商主要依托于各大社交媒体平台,通过用户间的分享与传播,进行商品的初步推广与销售。此阶段的特点是用户参与度高,但销售模式相对简单。

随着市场的不断成熟,社交电商进入了快速发展阶段。此时,除了社交分享,用户体验与运营策略成为关键。众多社交电商平台开始优化商品推荐机制,举办丰富多彩的营销活动,从而大幅提升销售额。

当前,社交电商正迈入创新升级阶段。在这一阶段,技术创新与模式创新成为推动行业发展的核心动力。引入人工智能、大数据等前沿技术,不仅提升了社交电商的运营效率,还为用户带来了更加个性化的购物体验。

(二)直播电商的兴起与特点

随着移动互联网的深入普及和网络技术的不断进步,直播电商作为一种新兴的电子商务模式,近年来在全球范围内迅速崛起。其兴起原因多样,包括但不限于移动互联网的普及、网络带宽的提升以及用户对于更直观、互动性更强购物体验的追求。直播电商不仅提供了商品信息的实时展示,还通过主播与观众间的实时互动,极大地丰富了用户的购物体验,从而成功吸引了大量消费者的关注和参与。

直播电商的特点显著,且在实际运营中展现出强大的市场潜力。实时互动性是其最为突出的特点之一,它允许主播与观众进行即时的交流和反馈,这不仅提高了购物的便捷性,也加强了消费者与商品之间的情感连接。直播内容的多样性也是吸引观众的重要因素。除了商品推介,直播中还可以融入生活分享、知识科普等多元化内容,满足不同用户群体的需求,提升用户黏性。同时,直播电商在用户黏性和销售转化率方面表现出色。观众在观看直播的过程中,往往会对主播产生信任感,进而对推荐的商品产生购买意愿。这种信任感的建立,有效提高了销售转化率,为商家带来了可观的收益。

从行业发展角度来看,直播电商的兴起不仅为传统电商行业注入了新的活力,也推动了相关产业链的发展。例如,随着直播电商的火爆,越来越多的企业和个人开始涉足直播行业,从而促进了直播设备的研发和销售,以及直播平台的运营和服务等产业的发展。

(三)社交与直播电商的关联与差异

在探讨社交电商与直播电商的关联与差异时,我们不难发现,二者均紧密依托于社交媒体平台,通过不同的方式推动商品的销售与推广。

社交电商的核心在于通过社交媒体的广泛网络,实现商品的快速传播。在这一过程中,用户之间的互动成为关键,诸如浏览、点赞、评论等社交行为,不仅增强了用户对商品的认知,也在无形中构建了消费者对商品的信任感。社交电商的优势在于其能够通过用户生成的内容,以及用户之间的社交分享,形成口碑效应,从而有效推动商品的销售。相较于社交电商,直播电商则展现出更为直观和实时互动的特点。在直播电商的模式下,主播通过实时直播展示商品,消费者可以即时发送弹幕、点赞等方式参与其中,这种实时互动不仅提升了用户的参与感,也使得商品推介更为生动和真实。直播电商借助主播的个人魅力与专业知识,为消费者提供了更为详尽和可信的商品信息,从而有效促进消费者的购买决策。

尽管社交电商与直播电商在互动方式和商品推介上有所不同,但二者都充分体现了社交媒体在电商领域的巨大潜力。通过精心策划的运营策略和用户体验优化,这两种模式都有望在未来继续扩大市场份额,成为电商行业的重要力量。对于电商平台而言,如何结合自身的特点和资源,灵活运用社交电商与直播电商的优势,将成为提升竞争力的关键。

二、直播电商平台运营模式

(一)流量获取策略

直播平台的流量获取主要依赖于内容质量、用户口碑和营销推广。内容质量是直播平台吸引用户的核心,优质的内容能够吸引用户长时间停留并转化为忠实用户。为此,直播平台应不断优化直播内容,提高直播的趣味性和互动性,以满足用户多样化的需求。用户口碑也是流量获取的重要途径,直播平台应关注用户反馈,及时改进服务,提高用户满意度,从而吸引更多用户通过口碑传播。在营销推广方面,直播平台可以采取多种手段,如广告投放、合作推广等。广告投放可以迅速提高平台曝光度,吸引潜在用户;合作推广则可以借助其他平台或品牌的影响力,扩大平台用户群体。直播平台还可以利用社交媒体等渠道进行推广,通过用户分享、口碑传播等方式,提高平台知名度和影响力。

（二）运营策略

直播平台在运营过程中,需要制定合适的策略,包括主播培养、内容创新、活动举办等。主播是直播平台的核心资源,其专业素养和影响力直接影响平台的用户留存和活跃度。因此,直播平台应注重主播培养,为主播提供培训和支持,提高其专业素养和吸引力。

在内容创新方面,直播平台应紧跟市场趋势和用户需求,不断推出新颖、有趣的直播内容,以吸引用户关注和参与。同时,平台还应注重内容的多样性和差异化,以满足不同用户的需求。直播平台还可以通过举办各类活动,如主播竞赛、粉丝互动等,提升平台活跃度和用户黏性。这些活动不仅可以增强用户与主播之间的互动,还可以提高用户对平台的归属感和忠诚度。

（三）供货平台与主播合作

在直播电商生态中,供货平台与主播合作是实现商品销售的重要一环。二者通过紧密合作,实现资源互补,共同推动商品在直播间的展示与交易。

供货平台在直播电商中扮演着至关重要的角色。它们拥有丰富的商品资源和强大的供应链支持,能够为主播提供丰富的商品选择和高品质的商品保障。供货平台不仅提供商品本身,还为商品制作详细的介绍和宣传材料,帮助主播更好地理解和展示商品。同时,供货平台还负责库存管理和物流配送等环节,确保商品能够及时、准确地送达到消费者手中。

主播则是直播电商中的关键角色。他们通过直播形式向消费者展示商品、进行推介,并引导消费者进行购买。主播的直播风格、产品知识和互动能力直接影响到消费者的购买决策。因此,供货平台在选择主播时需要谨慎考虑,选择与自己品牌形象和商品特点相匹配的主播进行合作。主播通过与供货平台的合作,可以获得商品的销售提成和广告收入,实现自己的商业价值。

供货平台与主播的合作模式多种多样,可以根据双方的需求和实际情况进行灵活调整。其中,独家合作是一种常见的合作模式。通过签订独家合作协议,供货平台可以确保主播只在该平台进行直播,从而避免商品在其他平台上的竞争。这种合作模式有助于提升品牌的知名度和影响力,也为主播带来更多的流量和粉丝。另一种合作模式则是联合推广。供货平台与主播共同举办促销活动或合作直播,通过双方的资源和影响力,吸引更多的消费者关注商品,提高销售效果。这种合作模式可以实现双方的优势互补,共同推动商品的销售。

案例视窗

淘宝直播、抖音与快手的崛起

淘宝直播、抖音、快手等平台在直播电商领域的运营模式各具特色,共同推动了行业的快速发展与变革。它们通过不断创新与优化,共同推动了行业的繁荣发展。

淘宝直播作为阿里巴巴电商生态体系中的重要一环,运营模式以商家为核心,构建了高度整合的商品展示与销售体系。淘宝直播不仅为商家提供了一个直接触达消费者的窗口,还通过强大的算法推荐机制,实现精准营销。在直播间内,商家可以全方位展示商品细节,实时解答消费者疑问,通过限时优惠、抽奖互动等手段,有效提升购买转化率。淘宝直播还注重内容生态建设,鼓励商家创作优质直播内容,吸引并留住用户。平台通过数据分析与反馈机制,优化直播策略,确保商家与消费者之间的信息流通畅通无阻。

抖音直播则以其庞大的用户基础、丰富的内容生态和强大的算法技术,在直播电商领域展现出独特的竞争优势。抖音通过短视频内容与直播功能的深度融合,成功吸引了大量年轻用户群体。其直播内容覆盖娱乐、美食、美妆等多个领域,主播们通过个性化的表演与讲解,吸引观众关注并转化为潜在消费者。抖音小店功能的推出,更是进一步打通了直播与电商的链路,形成了从内容观看、兴趣激发到购买转化的完整闭环。抖音还通过与商家的紧密合作,推出了一系列营销活动,如直播带货节、品牌专场等,有效提升了商家的曝光率和销售额。同时,抖音还不断优化用户体验,提升直播画质与流畅度,确保用户在享受高质量内容的同时,也能顺利完成购买行为。

快手直播则以其独特的社区文化和用户黏性,在商品推介、农村电商等领域取得了显著成效。快手用户群体以年轻人及下沉市场用户为主,他们更加注重真实、接地气的直播内容。快手主播们通过深入田间地头、工厂车间等一线场景,为消费者带来直观、生动的商品展示与讲解。这种"接地气"的直播方式,不仅增强了消费者对商品的信任感,也促进了农村电商的发展。快手还通过平台政策扶持、技能培训等手段,帮助主播提升带货能力,拓宽销售渠道。快手还积极探索与地方政府、品牌商家的合作模式,共同推动地方经济发展与产业升级。

资料来源:百度搜索。

三、直播电商的收益分配机制

(一)主流平台的结算权与收益分配

结算权是直播电商中不可或缺的一环,它不仅关乎交易双方的资金安全,也影响着主播和供货商的收益。以下将详细分析主流平台的结算权掌握情况、收益分配规则以及跨平台收益分配的比较。

主流平台在直播电商领域掌握着结算权,即买卖双方的资金交易通过平台完成。这种模式保证了交易的可靠性和安全性,避免了虚假交易和欺诈行为的发生。在掌握结算权的同时,平台也承担着相应的责任和风险,如资金安全、交易纠纷处理等。因此,主流平台在结算权方面通常有着严格的规则和监管机制。

收益分配规则是直播电商中备受关注的一个问题。平台根据一系列规则对收益进行分配,这些规则包括主播分成、平台佣金、税费等。主播分成是主播通过直播销售商品获得的收益,通常根据主播的知名度、粉丝数量、直播内容质量等因素确定。平台佣金则是平台为提供交易场所和服务而收取的费用,根据销售金额、商品类别、促销活动等因素计算。税费则是主播和供货商需要缴纳的税费,根据国家税收政策进行缴纳。

不同平台之间的收益分配规则存在差异。这种差异主要体现在主播分成、平台佣金、税费等方面。主播和供货商在选择平台时,需要根据自身情况选择合适的平台进行合作。一般来说,主流平台拥有更大的用户基数和更完善的生态系统,但同时也需要面对更激烈的竞争和更高的成本。因此,主播和供货商在选择平台时,需要综合考虑平台的知名度、用户规模、佣金费率、服务质量等因素,以及自身的实力和资源,做出最优的决策。

(二)主播的收益模式与激励机制

在直播电商领域,主播作为平台与用户之间的桥梁,其收益模式和激励机制对于平台的发展至关重要。主播的收益模式多样化,主要包括以下几种:

礼物打赏是主播收入的重要来源之一。观众在观看直播时,可以通过购买虚拟礼物并赠送给主播来表达自己的喜爱和赞赏。这些虚拟礼物虽然不具备实际价值,但主播可以将其兑换成现金收入。为了鼓励观众赠送礼物,平台通常会设置不同的礼物等级和价格,并且还会为主播提供礼物提成的优惠。

商品销售分成是主播收益的另一种方式。主播可以在直播中推荐商品,并引导观众进行购买。当观众通过主播的推荐链接购买商品时，主播可以获得一定比例的佣金。这种方式不仅为主播提供了商品推广的机会，还增加了其收益来源。为了吸引更多的主播参与商品推广，平台通常会提供不同的分成比例和优惠政策。

除了收益模式多样化，平台还通过一系列激励机制和策略来鼓励主播创造优质内容，吸引更多用户。这些激励机制包括提供高额的分成比例、举办各种比赛和颁发奖项等。通过这些措施，平台可以激发主播的积极性和创造力，提高他们的直播质量和内容吸引力。

主播的忠诚度和留存率对于平台的稳定发展也至关重要。为了留住优秀的主播，平台需要不断优化收益分配机制，确保主播能够获得合理的收益。同时，平台还需要提供完善的培训和支持体系，帮助主播提升直播技能和职业素养，增强他们的竞争力和吸引力。通过这些措施，平台可以建立起稳定的主播队伍，为平台的长期发展奠定坚实的基础。

(三)供货商的利润空间与合作模式

在直播电商的产业链中，供货商扮演着至关重要的角色，其利润空间与合作模式是影响电商发展的重要因素。

在直播电商中，供货商的利润空间主要受到商品类别、定价策略，以及促销活动等多种因素的影响。热门商品和高端商品由于其独特的市场需求和供应情况，往往能够拥有较大的利润空间。这类商品在市场上的竞争相对较小，供货商可以通过调整定价策略来获取更高的利润。而对于那些竞争激烈、供应过剩的商品，供货商则需要通过优化定价策略和促销活动来吸引消费者，从而提升销售量并扩大市场份额。在定价策略方面，供货商需要考虑到成本、市场需求、竞争对手的价格等多个因素，制定出既能保证利润又能吸引消费者的价格。

供货商与直播电商平台的合作模式多种多样，包括独家供应、联合营销等。独家供应模式是指供货商将商品独家提供给某个直播平台进行销售，这种模式有助于供货商建立品牌形象，提高商品的销售量和利润。同时，直播电商平台也能够通过独家销售吸引更多的消费者，提升平台的知名度和影响力。联合营销模式则是供货商与直播电商平台共同推广商品，通过资源共享和优势互补，实现互利共赢。这种模式下，供货商可以利用直播电商平台的流量和影响力来扩大销售，而直播平台则可以获得商品的销售提成和广告收入。

然而，在直播电商中，供货商面临着诸多挑战，如市场竞争激烈、价格波动等。为应对这些挑战，供货商需要密切关注市场动态和消费者需求，及时调整产品设计和质量，以满足消费者的需求。同时，供货商还需要加强品牌建设，提升品牌知名度和美誉度，从而在市场竞争中脱颖而出。与直播电商平台建立良好的合作关系也是供货商应对挑战的重要策略之一。通过与直播平台紧密合作，供货商可以更好地了解消费者的需求和喜好，制定更加精准的营销策略和促销活动，从而提升商品的销售量和利润。

第五节　新型电子商务的挑战与对策

一、信息安全与风险防范

信息安全风险是电子商务发展中不可忽视的问题。在电子商务交易中，用户信息和交易数据的安全是用户关心的核心问题。然而，由于信息技术的快速发展，新型电子商务面临着诸多信息安全风险，如用户信息泄露、支付安全、交易欺诈等。这些风险不仅会给用户带来直接的经济损失，还会影响电子商务平台的声誉和信誉，影响电子商务的整体发展。

为了防范信息安全风险，电子商务平台可采取多种措施。其中，数据加密是保护用户信息的重要手段。通过采用先进的加密技术，电子商务平台可以确保用户信息和交易数据在传输和存储过程中的安全性。设置多重身份验证也是提高安全性的有效措施。通过采用多种身份验证方式，如密码、手机验证码、指纹识别等，可以大大提高账户的安全性，防止账户被盗用。

除了加强技术防范措施，电子商务平台还应建立完善的风险评估体系。通过定期对系统进行安全评估，及时发现和修复潜在的安全漏洞，可以进一步降低信息安全风险。

此外，电子商务平台还应加强对用户的安全教育，提高用户的安全意识和防范能力，共同维护信息安全。

二、用户信任与口碑管理

在用户决策过程中，信任成为关键因素，尤其在电子商务环境中，用户无法直接感知商品和服务的质量，用户信任的建立尤为关键。作为电子商务平台，为用户提供优质的商品和服务是首要任务。平台需严格筛选入驻商家，确保商品质量，同时建立完善的售后服务体系，让用户购物无忧。平台还应积极采取措施，确保交易的真实性和可靠性，如采用安全的支付系统、严格的退款政策等，以增强用户的信任感。

　　用户反馈是平台改进服务的重要依据。电子商务平台应积极收集用户反馈,及时处理用户投诉和纠纷。通过用户反馈,平台可以了解用户的需求和痛点,进而优化商品和服务,提高用户满意度。平台还应加强对评价系统的管理和监督,确保评价的真实性和公正性。对于恶意评价和刷单行为,平台应采取严厉措施予以打击,以维护评价系统的权威性和公正性。

　　口碑传播在电子商务中起着至关重要的作用。电子商务平台应鼓励用户发表真实评价,并通过社交媒体等渠道进行分享,以扩大口碑传播的范围。平台还应与影响力较大的用户或意见领袖合作,通过他们传递正能量和好评,进一步提升平台的知名度和美誉度。通过口碑传播,平台可以吸引更多潜在用户,实现业务的持续增长。

三、人才培养与技能需求

　　随着新型电子商务的快速发展,市场环境和用户需求不断变化,企业需要具备一支专业、高效的人才队伍来应对各种挑战。首先,电子商务人才应具备扎实的电子商务理论基础,熟悉电子商务的各种模式和流程,并能够灵活运用所学知识解决实际问题。他们还需要具备创新思维和敏锐的市场洞察力,能够及时发现市场机遇并把握商机。

　　其次,技能需求方面,新型电子商务人才需要具备多方面的能力。数据分析是其中的重要一环,通过对海量数据的分析和挖掘,可以为企业提供有价值的市场信息和决策支持。市场营销能力也是必不可少的,通过有效的营销策略和手段,可以吸引更多的客户并提高客户满意度。用户体验设计能力也是新型电子商务人才需要具备的,通过优化用户体验,可以提高用户的满意度和忠诚度。

　　最后,除了专业技能,新型电子商务人才还需要具备良好的沟通能力和团队合作精神。在电子商务环境中,各个部门之间需要密切合作,共同完成任务。因此,电子商务人才需要具备良好的沟通能力,能够与不同部门的人员进行有效的沟通和协作。同时,团队合作精神也是必不可少的,只有团队成员之间相互配合、相互支持,才能够更好地完成任务并取得成功。

四、创新驱动与持续竞争力构建

　　在新型电子商务领域,创新驱动与持续竞争力构建是关键所在。随着市场环境的不断变化和消费者需求的日益多样化,电子商务企业需要不断创新以保持竞争优势。

　　创新驱动发展在电子商务领域具有至关重要的意义。电子商务平台需要不断更新商业模式和技术手段,以满足用户不断变化的需求。商业模式创新是电子商务企业获得市场份额的关键。例如,通过引入新的交易模式、打造独特的购物体验,电子商务平台可以吸引更多的用户,并在激烈的市场竞争中脱颖而出。技术创新则是电子商务企业保持领先地位的基石。通过不断引入新的技术,如大数据、人工智能、物联网等,电子商务平台可以优化业务流程,提升用户体验,降低成本,从而在市场竞争中占据优势。

构建持续竞争力则是新型电子商务的长期目标。电子商务平台需要密切关注市场变化和竞争态势,及时调整战略和业务布局。电子商务平台还应加强品牌建设,提升品牌知名度和美誉度。品牌建设是企业长期发展的基石,通过提供优质的产品和服务,加强品牌宣传和推广,电子商务平台可以树立良好的品牌形象,吸引更多的用户。电子商务平台还需注重用户体验,不断优化购物流程和服务质量,提高用户满意度和忠诚度。

总而言之,电子商务作为数字经济的重要载体,近年来在全球范围内呈现出快速增长的态势。展望未来,我们可以清晰地看到新型电子商务模式将在数字经济中扮演越来越重要的角色,为经济发展注入新的活力。随着人工智能、大数据、云计算等技术的深度融合,新型电子商务将向更加智能化、个性化的方向发展。跨界合作与国际化拓展将成为企业拓展市场、提升品牌影响力的重要途径。绿色电商、可持续电商等新兴理念也将逐步融入新型电子商务的发展之中,推动电商行业向更加绿色、环保、可持续的方向迈进。

练习题

一、判断题

1.新型电子商务主要是指利用互联网进行商品交易的商业模式。(　　　)

2.新型电子商务与传统电子商务最大的区别在于交易方式。(　　　)

3.O2O运营模式的核心是线上平台与线下实体店的融合。(　　　)

4.跨境电子商务主要面临的问题是物流成本高昂。(　　　)

5.直播电商比社交电商更注重内容互动性。(　　　)

6.淘宝直播以商家为核心,构建了高度整合的商品展示与销售体系。(　　　)

7.美团外卖的竞争优势在于其强大的物流系统和丰富的菜品选择。(　　　)

8.跨境电商平台的收益分配规则完全相同。(　　　)

9.直播电商主播的主要收益来源于礼物打赏。(　　　)

10.新型电子商务不需要担心信息安全风险。（　　　）

二、单选题

1.新型电子商务的核心驱动力是什么？（　　　）

  A.互联网技术   B.线上线下融合 C.个性化服务   D.以上都是

2.O2O运营模式的主要特点不包括哪项？（　　　）

  A.线上线下融合 B.平台化运营   C.低价竞争   D.数据驱动

3.跨境电商的主要物流模式不包括哪项？（　　　）

  A.线下门店模式   B.国际快递模式

  C.海外仓储模式   D.邮政快递模式

4.直播电商兴起的主要原因是什么？（　　　）

  A.移动互联网普及   B.用户需求多样化

  C.主播个人魅力   D.以上都是

5.新型电子商务未来发展趋势不包括哪个？（　　　）

  A.智能化   B.中心化   C.绿色化   D.个性化

三、多选题

1.新型电子商务对市场的影响主要体现在哪些方面？（　　　）

  A.消费者行为的变化   B.传统零售业的转型

  C.供应链管理的革新   D.市场竞争格局的重塑

2.O2O运营模式在零售业的应用策略包括哪些？（　　　）

  A.线上浏览、线下体验   B.线下交付、线上服务

  C.跨界融合、互补优势   D.线上线下数据整合

3.跨境电商的主要运营模式包括哪些？（　　　）

  A.平台和资源整合模式   B.自营＋保税模式

  C.垂直品类模式   D.线上线下融合模式

4.直播电商平台的流量获取策略包括哪些？（　　　）

  A.内容质量   B.用户口碑   C.营销推广   D.技术创新

5.新型电子商务面临的挑战包括哪些？（　　　）

  A.信息安全与风险防范   B.用户信任与口碑管理

  C.人才培养与技能需求   D.创新驱动与持续竞争力构建

四、简答题

1.简述新型电子商务的定义和发展历程。

2.简述直播电商的兴起原因和主要特点。

五、论述题

1.论述O2O运营模式在餐饮业的应用及未来发展趋势。

2.论述跨境电商面临的挑战及应对策略。

3.论述社交电商与直播电商的关联与差异,以及它们对电商行业的影响。

第四章　电子商务营销策略管理

知识图谱

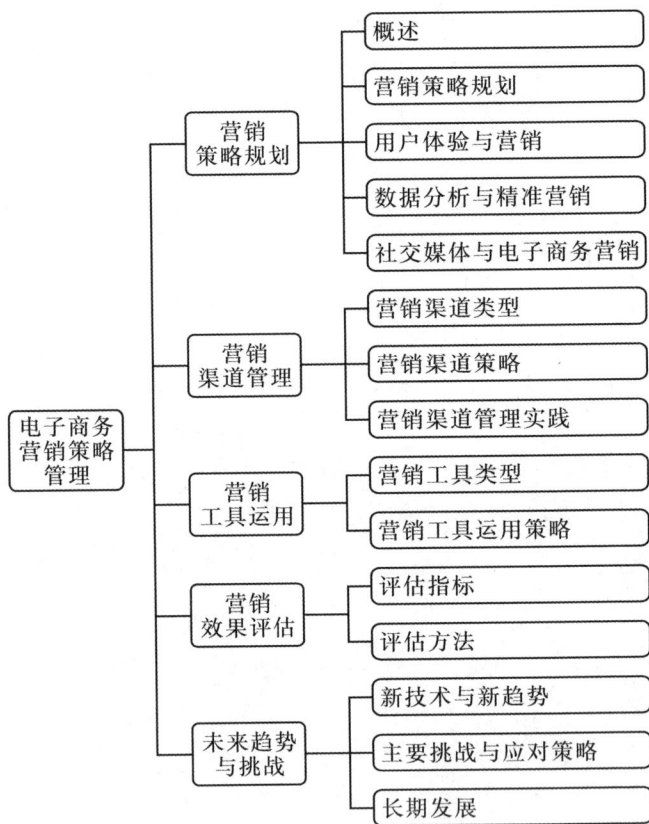

📑 **章节提要**

本章介绍电子商务的营销策略基础以及社交媒体与电子商务营销的相关内容。首先概述传统营销与电子商务营销的区别、电子商务营销的核心要素,以及目标市场的分析定位。在此基础上,进一步探讨营销渠道管理、营销工具运用以及营销效果评估。通过案例分析,我们可以具体了解亚马逊、阿里巴巴、京东等企业的营销策略。最后一小节探讨电子商务营销的未来趋势与挑战,如智能化技术、数据化运营、社交化电商等趋势,以及竞争激烈、用户需求多样化等挑战,并提出应对策略和长期发展展望。

第一节 营销策略规划

一、营销策略概述

(一)传统营销与电子商务营销的区别

营销渠道的显著差异是区分传统营销与电子商务营销的重要标志。传统营销模式深深植根于线下环境,通过实体店面的布局、分销网络的构建,以及与经销商的紧密合作来触达消费者。这一模式强调物理空间内的互动与体验,让消费者能够直观感受产品。相比之下,电子商务营销则彻底打破了地理界限,依托互联网平台,特别是电商平台与社交媒体,构建起一个无远弗届的虚拟市场。在这里,品牌与消费者之间的连接不再受限于地理位置,而是基于网络的广泛覆盖与精准投放,实现了营销效率的飞跃。

消费者行为在两种营销模式下展现出截然不同的特征。传统营销中,消费者往往需要亲自前往店铺,通过实际触摸、试用或与销售人员交流来获取产品信息,这一过程充满了人际互动与情感连接。而电子商务营销则极大地丰富了消费者的信息获取渠道,他们可以在家中通过在线浏览、观看产品视频、阅读其他用户评价等方式,全面了解产品特性,形成购买决策。这种变化不仅提升了消费者的购物便利性,也促使企业更加注重线上展示的内容质量与用户体验优化。

互动方式的变革是电子商务营销相较于传统营销的又一显著优势。在传统营销环境中,企业与消费者之间的互动往往受到时间与空间的限制,通过电话、邮件等方式进行的信息交流难以做到即时与高效。而电子商务营销则充分利用了互联网的即时通讯能力,使得企业与消费者之间的互动变得前所未有的频繁与便捷。通过在线聊天工具、社交媒体平台等渠道,企业可以实时解答消费者的疑问,收集反馈意见,并根据市场动态迅速调整营销策略。这种高度互动的模式不仅增强了消费者参与感,也为企业提供了宝贵的市场洞察机会,助力其实现精准营销与持续改进。

(二)电子商务营销的核心要素

产品展示、价格策略、促销活动及用户体验构成了电子商务营销的核心要素。产品展示是电子商务营销的首要环节。在虚拟的网络环境中,消费者无法直接触摸和感受产品,因此,清晰、高质量的产品照片成为吸引消费者的第一步。详细而精准的商品描述能够进一步帮助消费者了解产品特性和优势,规格参数的明确则有助消费者做出更理性的购买决策。

价格策略在电子商务竞争中占据重要地位。由于线上信息透明度高,消费者可以轻易比较不同平台或店铺的价格,因此,制定合理的价格策略显得尤为重要。通过折扣、优惠活动等方式,企业可以在激烈的市场竞争中脱颖而出,吸引更多价格敏感的消费者。

促销活动是电子商务营销的另一大利器。满减、限时折扣等多样化的促销手段能够刺激消费者的购买欲望,提升销售额。特别是在重大节日或购物季,精心策划的促销活动更是企业抢占市场份额的关键。

用户体验在电子商务营销中同样不容忽视。一个加载速度快、导航结构清晰的网站能够给消费者带来愉悦的购物体验,而多种支付方式的提供则能满足不同消费者的支付需求,进一步提升用户满意度。优化用户体验不仅有助于留住现有客户,还能通过口碑传播吸引更多新客户。

营销策略则是电子商务成功的关键因素之一。有效的策略包括 SEO、社交媒体营销、电子邮件营销等。SEO 可以提升企业网站在搜索引擎中的排名,增加曝光率;社交媒体营销通过与用户的互动和分享,可以迅速扩大品牌影响力;电子邮件营销则能直接触达潜在客户,提供个性化推荐。数据分析对于营销策略的制定和调整也至关重要。通过对用户行为数据和销售数据的深入分析,企业可以精准定位市场需求,优化运营流程,提升竞争力。例如,分析用户购买路径可以找出购买过程中的瓶颈,进而优化页面设计和购买流程。因此,在制定营销策略时,企业应注重数据驱动,通过数据分析来指导决策。同时要注重与用户的互动和沟通,了解他们的需求和反馈,不断优化产品和服务。随着市场环境的不断变化,企业应灵活调整营销策略,保持竞争优势。

(三)目标市场分析与定位

市场细分作为首要步骤,核心在于深入洞察消费者的多元需求、个性化偏好及购买行为模式。通过精细化分析,企业能够识别出具有相似特征的消费群体,如基于年龄层次将市场划分为青年市场、中年市场及老年市场,或依据性别差异、职业类型、收入水平及地理位置等多维度进行更为细致的市场划分。这不仅有助于企业全面理解市场结构,还为后续精准施策提供了科学依据。

随后,目标市场选择则要求企业在众多细分市场中,根据自身资源禀赋、核心竞争力及长远战略规划,筛选出最具潜力与吸引力的一个或多个细分市场作为主攻方向。这一过程需综合考虑市场规模、增长率、竞争态势、进入壁垒及消费者需求满足度等因素,确保选择的目标市场既能有效发挥企业优势,又能实现可持续发展。

市场定位作为营销策略的核心,旨在为目标市场中的消费者塑造独特且鲜明的品牌形象。企业需结合目标市场的特点及消费者需求,明确自身的市场位置,如定位为高端奢华、中端实惠或大众亲民等。通过差异化竞争策略,企业能够在激烈的市场竞争中脱颖而出,吸引并稳固目标消费者群体,进而提升品牌认知度与忠诚度。这一过程需要企业持续关注市场动态,灵活调整定位策略,以确保品牌始终与消费者需求保持高度契合。

二、电子商务营销策略规划

(一)产品策略:选品、定价与组合

选品是跨境电商的首要任务,直接关系到后续的销售表现与品牌影响力。企业需通过深入的市场调研与数据分析,洞察消费者的真实需求与偏好变化。在全球化背景下,跨境电商应关注不同国家与地区的文化差异与消费习惯,精选具有独特卖点、高附加值及市场需求旺盛的产品。例如,TikTokShop的兴起为跨境商家提供了直接接触年轻消费者的平台,商家可利用其短视频与直播功能,展示产品特色与品牌故事,快速吸引目标客群。另外,紧跟行业趋势与热门事件,灵活调整选品策略,也是提升市场竞争力的重要手段。

定价策略是跨境电商盈利能力的关键。在制定价格时,企业需综合考虑产品成本、市场需求、竞争状况及目标客户群体等因素。采用灵活的定价模式,如统一定价、按量定价、按功能定价等,以适应不同市场与消费者的需求。同时,深入了解消费者的心理价位,通过差异化定价策略,如设置普及价、轻奢价与爆发价等,满足不同收入层次与消费需求的顾客群体。密切关注市场动态与竞争对手的价格策略,灵活调整价格,确保在保持竞争力的同时,实现利润最大化。

产品组合策略则是提升销售额与利润率的有效途径。企业可根据产品特性、消费者需求及市场趋势,将多个产品进行科学组合,形成互补或关联的销售

套餐。这种策略不仅能够提升消费者的购买意愿与满意度,还能通过组合优惠等方式,增加购买量与客单价。例如,将热销产品与新品进行捆绑销售,既能利用热销产品的市场影响力带动新品销售,又能通过组合优惠吸引消费者眼球。根据季节、节日等特定时期,推出主题式产品组合,也是提升品牌形象与市场竞争力的重要手段。

(二)促销策略:折扣、活动与广告

促销策略是现代营销的重要手段,通过有效的促销策略,企业能够吸引消费者的注意力,激发其购买欲望,提高销售额和市场份额。表 4-1 整理了促销策略的具体实施内容及效果。

表 4-1　电子商务折扣与促销策略实施内容及效果

策略	具体内容	效果
限时折扣	电商平台每日特定时段提供限时折扣	吸引消费者在短时间内集中购买,提升销售额
满额减免	购物满一定金额后可享受减免优惠	鼓励消费者增加购买量,提高客单价
买一赠一	购买指定商品可赠送相同或不同商品	增加商品销售量,同时推广其他商品
新用户专享折扣	新注册用户可享受首次购买折扣	吸引新用户注册并尝试购买,扩大用户基础

折扣策略是促销策略中常用的一种方式。通过降低产品价格,以折扣的形式吸引消费者购买。在实施折扣策略时,企业需要根据市场需求和竞争情况合理设置折扣幅度和时间。折扣幅度过大可能导致利润降低,折扣幅度过小则无法吸引消费者。同时,折扣策略也需要与品牌形象和产品定位相匹配,避免对品牌形象造成负面影响。

活动策略是通过举办各种促销活动来吸引消费者的注意力和兴趣,从而提高销售额和顾客满意度。活动策略的形式多样,包括满减、限时秒杀、团购等。这些活动能够有效地刺激消费者的购买欲望,提高购买转化率。在实施活动策略时,企业需要注重活动的策划和宣传,确保活动的知名度和参与度。

广告策略是通过投放广告、合作推广等方式提高品牌知名度和产品曝光率,从而吸引潜在消费者。在制定广告策略时,企业需要明确广告的目标受众和投放渠道,确保广告能够精准地触达目标消费者。

(三)渠道策略:平台选择、物流与合作

在平台选择方面,企业需基于产品特性与目标消费群体的深入分析,精准定

位适合的销售平台。这一过程需综合考量各平台的用户规模、流量质量、目标市场契合度以及平台费用结构等因素。例如,对于高端时尚品牌而言,选择在国际知名的电商平台如亚马逊、eBay 的高端频道或独立网站进行销售,能够更有效地触达追求品质生活的消费者群体。同时,利用大数据分析工具监测平台表现,持续优化平台组合,确保资源投入的最大化回报。

物流策略的制定则直接关系到消费者体验与品牌信誉。企业应构建高效、可靠的物流体系,确保产品从仓库到消费者手中的每一个环节都顺畅无阻。这包括与知名物流公司建立长期合作关系,利用其广泛的物流网络和先进的物流技术,实现快速配送与精准追踪。优化库存管理,减少库存积压与缺货风险,也是提升物流效率的关键。通过实施智能仓储与预测性配送策略,企业能够进一步提升物流响应速度,增强消费者满意度与忠诚度。

合作策略是企业拓展市场、提升竞争力的有效途径。企业应积极寻求与行业内外的合作伙伴建立战略联盟,通过资源共享、流量互换与联合营销等方式,共同推动产品销售与品牌传播。例如,与跨境电商平台合作举办品牌日活动,利用平台的流量优势提升品牌曝光度;与海外仓储服务商合作,缩短配送时间并降低物流成本;与行业协会或研究机构合作,共同探索市场趋势与消费者需求变化,为产品创新与营销策略调整提供有力支持。通过构建多元化的合作网络,企业能够在激烈的市场竞争中占据有利地位,实现可持续发展。

三、用户体验与营销

(一)网站设计与用户友好性

1.简洁明了的设计风格

简洁明了的设计风格是网站设计的基石。过于复杂的页面布局和过多的广告插件会严重干扰用户的浏览体验,甚至导致用户放弃访问。因此,网站设计应采用简洁明了的设计风格,减少页面元素的堆砌,使页面更加简洁清晰。同时,合理的颜色搭配和适中的字体也是保持页面简洁的重要因素。合理的色彩搭配和字体设计,可以营造出一种舒适的阅读氛围,用户因此更愿意停留在页面上。

2.直观的导航菜单

直观的导航菜单是用户找到所需商品的重要途径。网站应提供清晰的导航菜单,将产品分类、品牌、活动等板块明确划分,方便用户快速找到所需商品。导航菜单的设计应符合用户的使用习惯,避免使用过于复杂的菜单结构,以免增加用户的操作难度。同时,网站还可以提供搜索功能,帮助用户快速找到他们需要的信息或产品。

3.响应式布局

随着移动设备的普及,越来越多的用户开始使用手机和平板电脑进行购物。因此,网站应适应不同终端设备的屏幕大小,确保用户在手机、平板、电脑等设备上都能获得良好的浏览体验。响应式布局是一种有效的解决方法,它能够根据设备的屏幕尺寸自动调整页面布局和元素大小,使用户在不同的设备上都能获得一致的浏览体验。响应式布局还有助于提高网站的加载速度,从而提升用户的购物体验。

(二)购物流程优化与支付便捷性

在电子商务领域,提升用户体验的核心在于优化购物流程与增强支付便捷性,这二者是构建用户忠诚度与促进转化的关键环节。首先,企业应致力于打造流畅、高效的购物体验。简洁明了的购物路径能显著降低用户操作难度,提高转化率。从商品浏览、加入购物车、填写收货信息到最终提交订单,应设计得直观且必要,避免冗余步骤导致用户流失。同时,提供实时的订单跟踪功能,确保用户能够随时查看订单状态,增强购物透明度和信任感。还应考虑优化页面加载速度,减少等待时间,提升整体用户体验。

其次,随着移动支付的普及,电商平台需集成包括支付宝、微信支付在内的主流移动支付方式,以及传统的银行卡支付,确保用户能够根据个人偏好和实际情况灵活选择。对于跨境电商而言,还应支持国际信用卡支付、PayPal等国际支付方式,拓宽用户覆盖范围。通过提供多元化的支付解决方案,不仅能提升支付成功率,还能增强用户满意度和忠诚度。

最后,电商平台应采用先进的加密技术和安全措施,确保用户支付信息在传输和存储过程中的安全性。同时,建立完善的风险防控机制,对可疑交易进行实时监控和拦截,有效防止诈骗行为的发生。还应加强用户支付教育,提高用户的安全意识,共同维护一个安全、可信的支付环境。通过这些措施,电商平台能够为用户营造一个安心、便捷的购物体验,进而推动业务的持续健康发展。

(三)客户服务与售后支持

建立专业的团队是客户服务的基石,团队成员须具备丰富的产品知识和沟通技巧,需能通过多渠道(包括在线聊天、电子邮件、电话热线等)迅速响应客户需求。客服团队应被赋予足够的权限,以在处理咨询、投诉或建议时能够即时提供解决方案或转接至相关部门,确保用户问题得到高效专业的处理。定期的培训和知识更新也是保持团队专业性的重要手段。

完善的售后政策是保障用户权益、提升购物信心的关键。电商平台应制定明确且易于理解的退换货政策、保修政策以及投诉处理流程,确保用户在遇到商品质量问题或购买不符预期时,能够顺畅地进行退换货或获得相应补偿。这一过程中,透明化的操作界面、便捷的申请流程,以及快速的审核速度都是提升用户体验的重要因素。

快速的响应速度是提升服务效率、赢得用户好感的关键。在这个信息爆炸的时代,用户对于服务的即时性有着更高的期待。因此,电商平台需构建高效的服务响应机制,确保用户的问题或反馈能够在最短时间内得到关注和解决。这不仅要求客服团队具备高效的工作效率和强大的处理能力,还需要利用先进的客服系统和数据分析工具,实现智能分流、优先处理紧急问题等功能,以进一步提升服务效率和质量。

四、数据分析与精准营销

(一)用户行为数据收集与分析

在电子商务的激烈竞争中,商家如何把握用户行为,从而制定出精准有效的营销策略,是决定其能否在市场中脱颖而出的关键。而这一切的基础,就是用户行为数据的收集与分析。

数据分析的重要性在电子商务领域不言而喻。它是商家制定营销策略的重要依据,也是优化产品、提升用户体验的基石。通过数据分析,商家可以深入了解用户的购物习惯、偏好和需求,从而为用户提供更加个性化的服务和产品。同时,数据分析还能帮助商家发现市场机会,优化营销策略,提高营销效果,最终实现商业目标。

数据收集是数据分析的前提和基础。在电子商务平台上,用户行为数据可以通过多种方式进行收集。例如,通过网站和移动应用上的跟踪代码,可以收集用户的浏览记录、点击行为、购买记录等数据;通过服务器日志,可以记录用户的访问时间、IP 地址、设备信息等信息;商家还可以利用第三方工具或服务来收集和分析数据,如使用数据分析软件、购买数据报告等。这些数据的收集和分析,为商家提供了丰富的用户行为信息,为后续的数据分析提供了坚实的基础。

数据分析的技巧与应用也是商家需要掌握的重要能力。在收集到用户行为数据后,商家需要对数据进行清洗、整理、可视化等处理。通过数据清洗,可以去除无效数据、异常数据等干扰因素;通过数据整理,可以将数据按照需求进行归类、排序等操作;通过数据可视化,可以将数据以图表、报告等形式呈现出来,便于商家进行直观的分析和比较。商家还可以运用数据挖掘等高级技术,从数据中发现用户的潜在需求和购买模式,为制定营销策略提供更加有力的支持。

(二)个性化推荐与定制化服务

1.个性化推荐系统

个性化推荐系统基于用户行为数据,利用算法分析用户的兴趣和需求,进而为用户提供个性化的产品推荐和服务。这一系统能够有效地提高用户的满意度和忠诚度,因为用户能够更容易地找到符合自己喜好的产品。在实现个性化推荐系统的过程中,企业需要收集并分析大量的用户数据,包括用户的浏览记录、购买记录、搜索关键词等。这些数据能够为企业提供宝贵的用户画像,从而帮助企业更准确地把握用户的喜好和需求。同时,个性化推荐系统也需要不断地进行算法优化,以确保推荐结果的准确性和相关性。

2.定制化服务策略

定制化服务是根据用户的需求和偏好,为其提供个性化的服务体验。在电子商务领域,定制化服务已经成为一种趋势。企业可以通过提供定制化产品、专属优惠等方式来满足用户的个性化需求。定制化服务不仅能够提高用户的满意度和忠诚度,还能够提高企业的品牌价值和市场竞争力。为了实现定制化服务,企业需要建立完善的用户信息体系,以便更好地了解用户的需求和偏好。企业还需加强产品设计和生产能力,以满足用户的定制化需求。

3.跨部门合作与沟通

个性化推荐与定制化服务需要企业内部多个部门的合作与沟通。市场部门需要负责用户数据的收集和分析,为产品部门提供用户画像和市场需求信息;产品部门需要根据市场部门提供的信息进行产品设计和生产;销售部门则需要将定制化产品推广给用户,并提供个性化的服务。因此,加强部门间的合作与沟通是实现个性化推荐与定制化服务的关键。企业可以通过建立跨部门协作机制、加强信息共享和沟通等方式来提高部门间的合作效率。

(三)营销效果评估与优化

1.评估指标与方法

在评估营销效果时,商家需设定一系列明确的评估指标。这些指标既包括直接反映营销效果的数据,如网站流量、用户转化率、销售额等,也包括间接反映营销效果的指标,如品牌知名度、用户满意度等。为了确保评估结果的准确性和全面性,商家应采用多种评估方法。A/B测试是一种常用的评估方法,通过对比不同营销策略下的用户行为,可以直观地了解哪种策略更有效。用户调研也是收集用户反馈和数据的重要手段,商家可以通过问卷调查、访谈等方式,了解用户对产品的评价和建议。

2.优化策略与实践

根据评估结果,商家可以制定针对性的优化策略。例如,针对用户转化率较低的问题,商家可以优化网站设计,提高购物流程的便捷性;针对产品描述不够吸引人的问题,商家可以改进产品描述,突出产品的特点和优势。商家还可以测试不同的营销策略和方案,以找到更有效的营销方法。例如,尝试使用社交媒体营销、内容营销等新型营销方式,吸引潜在用户。

五、社交媒体与电子商务营销

(一)社交媒体平台的运用

1.社交媒体平台的选择

企业应根据目标受众和内容特点,选择合适的社交媒体平台。微信是一个封闭的社交平台,适合进行深度传播和客户关系管理;微博是个开放的社交媒体平台,适合进行信息传播和品牌宣传;抖音等新兴的视频平台,更适合进行短视频内容的创作和传播。每种平台都有独特的特点和优势,企业应根据自身需求和目标受众的特点,选择最适合自己的平台。

2.社交媒体内容的策划与制作

在选择了合适的社交媒体平台后,企业需要制定内容策略,包括文案、图片、视频等形式的创作。内容应具有吸引力、可读性和分享性,能够引起用户的兴趣和共鸣。同时,内容应与企业品牌形象和价值观保持一致,以维护企业的形象和声誉。在制作内容时,企业还可以结合热点事件和话题,增加内容的时效性和互动性。

3.社交媒体内容的发布与管理

在发布内容时,企业需要制定合理的发布频率和时间,确保内容的新鲜度和吸引力。同时,企业还应积极与用户进行互动,回复用户的评论和反馈,建立良好的客户关系。在社交媒体平台的管理方面,企业应建立完善的制度和流程,确保内容的合规性和安全性。同时,企业还应关注社交媒体平台的算法和规则变化,及时调整内容策略和管理方式,以适应平台的变化和发展。

(二)内容营销与品牌建设

内容营销是通过发布有价值的内容来吸引目标受众,提高品牌知名度和美誉度的一种营销策略。企业需要深入了解目标受众的需求和兴趣,制定符合他们口味的内容策略。这些内容包括文章、视频、图片、音频等,旨在传递企业信息、产品特点、行业趋势等,以吸引受众的注意力。通过有价值的内容,企业可以建立起与受众的信任和互动,进而提高品牌的知名度和美誉度。

品牌建设则是通过各种手段塑造企业品牌形象,传递品牌价值,建立品牌忠诚度的过程。品牌建设需要企业明确自己的品牌定位、品牌理念、品牌形象等,然后通过一系列的品牌传播活动来强化这些元素。品牌建设的关键是要建立起独特的品牌形象,让消费者在众多的产品中脱颖而出,形成品牌认知。

线上线下融合则是将线上和线下的营销活动结合起来,以增强品牌曝光度和影响力。企业需要充分利用线上和线下的资源,制定整合营销策略。例如,企业可以通过线上渠道进行产品宣传、优惠促销等活动,吸引消费者前来购买;同时,也可以通过线下活动、展会等,让消费者亲身体验产品,增加对品牌的信任感和忠诚度。这种线上线下融合的方式,可以有效地提高企业的品牌知名度和美誉度,促进销售增长。

(三)社交媒体广告与 KOL 合作

在数字化时代,社交媒体已成为品牌触达消费者的重要阵地,而社交媒体广告与 KOL 合作更是这一领域的核心策略。KOL,全称为"key opinion leader",是指在某个领域发表观点并有一定影响力的人,例如美妆网红、主播、艺人等。KOL 合作是品牌借势传播、深化市场渗透的利器。与品牌调性相符、拥有忠实粉丝群体及广泛影响力的 KOL 合作,不仅能借助其个人魅力与粉丝基础迅速扩大品牌影响力,还能通过 KOL 的真实体验与推荐增强消费者对品牌的信任感与认同感。

值得注意的是,跨界合作与联合营销作为社交媒体广告与 KOL 合作的延伸策略,正逐渐成为品牌寻求差异化竞争优势的新途径。通过与不同领域的 KOL 或品牌进行跨界合作,共同推出跨界产品或活动,品牌能够突破原有圈层限制,吸引更多潜在消费者的关注与参与。这种合作模式不仅能够扩大品牌影响力,还能通过资源整合与优势互补实现双赢乃至多赢的局面。例如,品牌与知名音乐节目的跨界合作吸引大量关注,通过话题营销与网友互动以提升品牌热度与社会影响力。

案例视窗

亚马逊、阿里巴巴等电商平台的营销策略

一、亚马逊的营销策略

在深入剖析亚马逊的营销策略时,不得不提及其三大核心策略——个性化推荐、优惠促销与跨界合作,这些策略共同构筑了亚马逊在电商领域的领先地位。

在个性化推荐方面,亚马逊凭借其强大的数据处理能力和机器学习算法,精准捕捉每位用户的消费偏好与行为习惯。通过深度挖掘用户购物历史、浏览记录及搜索行为,亚马逊能够智能推送高度个性化的商品推荐,不仅极大地提升了用户的购物体验,还显著提高了商品的点击率和转化率。这种量身定制的推荐服务,让每一位消费者都能在亚马逊的海量商品库中迅速找到心仪之选,增强了用户黏性与忠诚度。

优惠促销活动是亚马逊吸引并留住消费者的另一大法宝。亚马逊频繁推出包括限时折扣、满减优惠、会员专享福利以及发放电子优惠券在内的多种促销活动,这些策略有效激发了消费者的购买欲望,促进了销量的快速增长。通过巧妙的促销策略设计,亚马逊不仅增加了单笔交易的金额,还带动了关联商品的销售,实现了销售额的全面提升。

跨界合作则展现了亚马逊在拓展市场边界方面的远见卓识。亚马逊积极寻求与知名品牌、内容创作者、服务提供商等各方合作伙伴的深入合作,共同开发联名产品、举办联合营销活动,实现资源共享与优势互补。这种跨界融合不仅丰富了亚马逊的商品与服务生态,还显著提升了品牌的市场影响力和市场竞争力,为吸引更多潜在客户奠定了坚实基础。通过这一系列精心策划的跨界合作,亚马逊成功打造了一个多元化、全方位的电商服务平台,进一步巩固了其在行业内的领先地位。

二、阿里巴巴的营销策略

在全球化战略方面,阿里巴巴凭借其强大的电商平台,成功将中国产品推向世界舞台,构建了一个连接全球买家与卖家的贸易网络。这一战略不仅提升了中国产品的国际知名度,还促进了跨境贸易的繁荣。阿里巴巴通过优化供应链管理、加强物流体系建设以及提供多语言客服支持等措施,确保了全球市场的无缝对接,有效降低了国际贸易壁垒,为中小企业开辟了更加广阔的市场空间。

在社交媒体营销领域,阿里巴巴精准把握了数字时代的脉搏,充分利用微博、抖音等热门社交平台,开展了一系列创意十足的产品推广和品牌宣传活动。通过发布高质量的内容、组织线上互动活动以及邀请知名 KOL 合作,阿里巴巴不仅增强了与消费者的情感联系,还显著提升了品牌曝光度和用户黏性。这种以用户为中心的营销策略,有效促进了品牌忠诚度的提升,为企业的长期发展奠定了坚实的基础。

在跨境电商合作方面,阿里巴巴展现出了卓越的开放合作精神。公司积极寻求与全球各地电商平台的合作机会,通过共享资源、互补优势,共同开拓市场,实现了互利共赢的局面。这种合作不仅拓宽了阿里巴巴的产品销售渠道,还为其带来了更多元化的消费者群体,进一步巩固了其在全球电商市场的领先地位。同时,通过跨境电商合作,阿里巴巴还促进了国际贸易的便利化,为全球贸易的繁荣发展贡献了力量。

三、其他案例的启示

当当网通过精细化运营管理,深耕图书与音像制品市场,构建了丰富的数字化产品体系。该平台不仅注重商品品类的全面覆盖,更在用户体验上下足功夫,通过精准推荐、个性化服务以及高效的物流配送,有效满足了消费者对精神文化产品的多元化需求。当当网还积极拥抱数字化转型,利用大数据与人工智能技术优化供应链管理,实现库存的高效周转与成本的精细控制,为企业的稳步增长奠定了坚实基础。

京东凭借对产品质量与售后服务的极致追求,树立了电商行业的标杆。京东自建物流体系,确保商品能够快速、安全地送达消费者手中,同时提供无忧的退换货服务,极大地提升了消费者的购物信任度与满意度。在营销策略上,京东采用精准营销手段,结合大数据分析消费者行为,实现个性化广告推送与优惠活动定制,有效吸引了大量忠实用户的关注与参与。京东还不断拓展业务边界,涉足金融、科技等多个领域,构建起庞大的电商生态体系。

拼多多则凭借创新的社交电商模式,在短时间内实现了用户规模的快速增长。该平台充分利用社交媒体与移动互联网的普及优势,鼓励用户通过分享、邀请等方式参与购物,形成了独特的裂变式传播效应。拼多多还聚焦于下沉市场,通过提供高性价比的商品与便捷的购物体验,赢得了广大消费者的青睐。在营销策略上,拼多多注重口碑营销与病毒式传播,利用用户之间的信任与推荐,有效降低获客成本并提升了用户黏性。拼多多也持续优化供应链管理,确保商品质量与价格优势,为企业的持续发展注入强劲动力。

资料来源:百度搜索。

第二节 营销渠道管理

一、电子商务营销渠道类型

(一)直销渠道

作为品牌与消费者直接沟通的重要桥梁,直销渠道在现代营销体系中占据着举足轻重的地位。直销渠道能够最大限度地减少中间环节,提高产品利润,同时确保品牌形象和消费者体验的一致性。直销渠道主要包括官方网站和旗舰店两大形式。

官方网站是品牌在互联网上的重要门户,其建设与运营对于品牌形象的塑造和产品的销售具有重要影响。官方网站通过精心设计的界面和友好的用户体验,吸引用户浏览和购买。同时,官方网站还可以发布产品信息、优惠活动、品牌动态等,与消费者建立直接的沟通渠道。为了确保官方网站的稳定性和安全性,企业需要投入大量的人力和物力进行维护和管理,包括网站的技术升级、安全防护、内容更新等。

旗舰店则是品牌在电商平台上的展示窗口,借助电商平台的流量和品牌影响力,吸引消费者关注和购买。旗舰店不仅可以提供产品展示和购买服务,还可以进行品牌宣传、促销活动策划等,提升品牌知名度和销售额。在旗舰店的运营过程中,企业需要与电商平台密切合作,共同维护品牌形象和消费者权益,确保产品质量和售后服务的到位。

(二)代理商渠道

代理商招募是建立代理商渠道的第一步,其关键在于选择合适的代理商。企业需要考察代理商的销售渠道、销售经验、客户资源等,以确保其具备推广产品的能力。同时,企业还需对代理商进行严格的培训,使其了解产品特点、销售技巧等,以提高销售效率。通过招募具备销售渠道和经验的代理商,企业可以迅速进入新市场,提高品牌知名度,实现销售目标。

代理商管理是保持代理商渠道稳定发展的关键环节。企业需要建立完善的代理商管理制度,对代理商进行定期考核和激励,以确保其能够保持积极的工作态度。企业还需对代理商进行持续的培训和支持,帮助他们解决销售过程中遇到的问题,提高客户满意度。通过有效的代理商管理,企业可以确保代理商渠道的高效运转,实现销售目标。

(三)合作伙伴渠道

1.跨界合作

跨界合作是指企业与其他行业或领域的伙伴进行合作,共同推广产品的一种策略。这种合作方式有助于打破行业壁垒,实现资源互补,从而创造出新的市场机会。跨界合作的形式多种多样,包括品牌联名、产品合作、营销活动等。通过跨界合作,企业可以借助合作伙伴的品牌影响力和客户资源,提高自身的品牌知名度和市场份额。例如时尚品牌与某知名饮料品牌合作,推出联名款饮料,既吸引了时尚品牌的粉丝,也扩大了饮料品牌的消费群体。

2.渠道共享

渠道共享是指企业与合作伙伴共享销售渠道,通过共同开展销售活动、共享客户资源等方式,实现互利共赢。这种合作方式可以降低企业的销售成本,提高销售效率,扩大销售渠道。渠道共享的形式包括分销商合作、零售商合作、电商平台合作等。通过渠道共享,企业可以借助合作伙伴的销售渠道,快速进入新的市场,提高产品的覆盖率。在渠道共享中,企业需要与合作伙伴建立良好的合作关系,确保销售渠道的畅通和高效。同时,还需要对销售渠道进行管理和优化,以提高销售效率和服务质量。企业还需要关注渠道冲突的解决,确保合作双方的利益得到保障。

(四)社交媒体渠道

1.社交媒体营销

社交媒体营销包括利用社交媒体平台如微信、微博、抖音等,进行产品推广和营销。这些平台拥有庞大的用户群体和活跃的社交功能,为企业提供丰富的营销场景和工具。企业在这些平台上发布内容、举办活动、与用户互动,不仅可以提高品牌知名度,还可以增强用户黏性,促进用户转化。例如,企业可以在微信公众号上发布产品介绍、行业资讯、用户案例等内容,吸引用户关注并转发分享;在微博上发起话题讨论、互动问答等活动,增加用户参与度;在抖音上发布短视频、直播等内容,展示产品特点和优势,吸引更多用户关注和购买。

2.影响力营销

影响力营销是与社交媒体上的意见领袖或网红合作,通过他们的影响力推广产品。这些意见领袖或网红拥有大量的粉丝和关注者,他们的推荐和评价对用户的购买决策产生重要影响。企业与他们合作,可以通过他们发布的内容或直播等形式,将产品信息传递给更多潜在消费者,提高品牌知名度和信任度。同时,意见领袖或网红还可以根据自己的特点和风格,对产品进行个性化推荐和评价,增加用户对产品的兴趣和购买欲望。

二、电子商务营销渠道策略

(一)渠道选择与定位

在如今多元化的商业环境中,渠道选择与定位成为企业营销策略的重要组成部分。选择正确的渠道,不仅能够有效地触达目标客户,还能提升品牌形象,增强市场竞争力。

首先,企业需要根据业务需求和市场特点,在单一与多渠道策略中进行灵活选择。单一渠道适用于产品或服务相对单一、目标客户群体明确的企业。这种策略有助于集中资源,提高在特定渠道上的专注度和竞争力。然而,随着市场需求的多样化,多渠道策略逐渐成为主流。通过线上商店、社交媒体、线下门店等多种渠道进行整合,企业能够提供更全面的购物体验,满足消费者的不同需求。多渠道策略还能增强企业的市场覆盖率,提高品牌曝光度。

其次,企业在选择渠道时,需确保所选渠道与品牌形象相符。如果渠道的形象与品牌定位不一致,可能会导致消费者对品牌的认知产生混乱,影响品牌形象。因此,企业在选择渠道时,需对渠道进行深入分析,了解其特点、受众群体和形象,选择符合品牌形象的渠道进行推广。企业还需在渠道中展示统一的品牌形象,加强品牌认知度和影响力。

在渠道选择与竞争态势方面,企业需要分析竞争对手在渠道上的布局和表现。通过了解竞争对手的渠道策略,企业可以发现自身在渠道上的优势和不足,从而选择能够凸显竞争优势的渠道。企业还需关注竞争对手在渠道上的营销活动和促销策略,以便及时调整自己的营销策略,提升市场份额和竞争力。

(二)渠道冲突与协调

渠道冲突主要包括垂直冲突和水平冲突两种类型。垂直冲突主要发生在同一渠道内的上下游成员之间,如制造商与批发商、批发商与零售商之间的冲突。这种冲突往往源于对价格、市场推广、渠道权利等方面的不同要求。水平冲突则主要发生在同一渠道层次上的成员之间,如同一地区的零售商之间的竞争。这种冲突往往源于市场份额、顾客资源等方面的争夺。

渠道冲突产生的原因多种多样,但归根结底可以归结为利益分配不均、角色定位不清、沟通不畅等因素。为了有效协调与管理渠道冲突,企业需要建立明确的渠道规则,明确各成员的职责和权利,避免角色冲突。同时,加强沟通与交流,及时了解各成员的需求和意见,共同解决渠道中的问题。

在冲突解决方面,企业应采取积极的态度,通过沟通、协商、妥协等方式解决冲突。同时,建立长期的合作关系,实现互利共赢,是避免冲突的重要手段。企业可以通过共同制定销售目标、共同承担市场风险等方式,加强与各成员之间的合作,提高渠道的整体效益。

(三)渠道整合与优化

渠道整合是指将线上线下不同销售渠道的资源进行整合,实现信息共享、流程衔接,从而提升购物体验和效率。在实际操作中,企业可以通过建立统一的销售平台,将线上线下的产品信息、库存信息、订单信息等进行整合,实现数据的共享和实时更新。这样,消费者可以通过任何渠道查询产品信息,选择最适合自己的购买方式,而企业也可以实现销售渠道的拓展和销售效率的提升。

渠道优化与改进则是根据业务发展和市场需求,不断调整和优化渠道结构和流程,以提升渠道性能和效率。企业需要定期对销售渠道进行梳理和分析,了解各渠道的贡献和存在的问题,然后针对问题进行优化和改进。例如,对于表现不佳的渠道,企业可以考虑调整销售策略或者重新选择合作伙伴;对于增长迅速的渠道,则需要加大投入,提升渠道的承载能力和服务水平。

渠道评估与调整是渠道整合与优化的重要环节。企业需要定期对渠道进行评估和分析,了解渠道的表现和贡献,以及市场环境的变化和竞争对手的动态。根据评估结果,企业可以及时调整渠道策略,优化渠道结构,以适应市场的变化。

三、电子商务营销渠道管理实践

(一)渠道成员招募与培训

1.招募策略

制订详细的招募计划是确保招募成功的重要前提。企业应明确渠道成员的需求和资质要求,包括教育背景、工作经验、销售能力、沟通能力等。通过线上线下的方式广泛发布招募信息,如利用社交媒体、招聘网站、招聘会等渠道,能吸引更多有志于电子商务营销的人士加入。企业还可考虑与高校合作,招聘具有潜力的应届毕业生,通过实习和培训,培养他们成为优秀的渠道成员。

2.培训内容

培训内容的设计是培训成功的关键。企业应针对渠道成员的需求,设计专业的培训内容。产品知识是渠道成员必须掌握的基础,企业应详细介绍产品的特点、优势、使用方法等。销售技巧是提高销售业绩的重要手段,企业应教授渠道成员如何与客户沟通、如何推销产品、如何处理客户异议等。沟通技巧和团队合作能力也是渠道成员必备的技能,企业应注重培养这些方面的能力。

3.培训方式

采用线上与线下相结合的方式,进行系统的培训。线上培训可以通过视频教程、在线课程等形式进行,方便渠道成员随时随地学习。线下培训则可以通过现场讲解、模拟演练等形式进行,帮助渠道成员更好地理解和掌握知识。企业还可以定期组织交流会,让渠道成员分享经验和心得,互相学习和提高。

(二)渠道激励与考核机制

在文化传播渠道领域,激励与考核机制是提升整体业绩和团队士气的关键环节。为了激发渠道成员的积极性和创造力,企业应制定具有吸引力的激励政策。这些政策可以包括:佣金提成,以奖励机制驱动销售人员更积极地推广产品;提供晋升机会,为渠道成员打造明确的职业发展路径,从而增强其归属感和工作动力。

在实施激励政策的同时,建立科学的考核机制同样重要。考核机制应涵盖销售业绩、客户满意度以及团队管理等多个方面,确保渠道成员能够全面而均衡地发展。通过定期考核,企业可以及时发现渠道成员的优势与不足,为后续的培训和发展计划提供有力依据。

考核结果的及时反馈也是不可忽视的一环。企业应与渠道成员共同分析考核数据,针对存在的问题商讨改进措施。这种双向沟通的方式不仅有助于渠道成员的成长和进步,还能加强企业与渠道成员之间的合作关系,共同推动文化传播渠道领域的持续发展。

近年来,文化传播渠道领域的企业单位数呈现稳步增长的趋势,从 2019 年的 7 978 个增长到 2022 年的 8 648 个(见图 4-1),数据反映该领域的市场活力和增长潜力。在这样的背景下,构建完善的激励与考核机制对于企业和整个行业的长远发展至关重要。

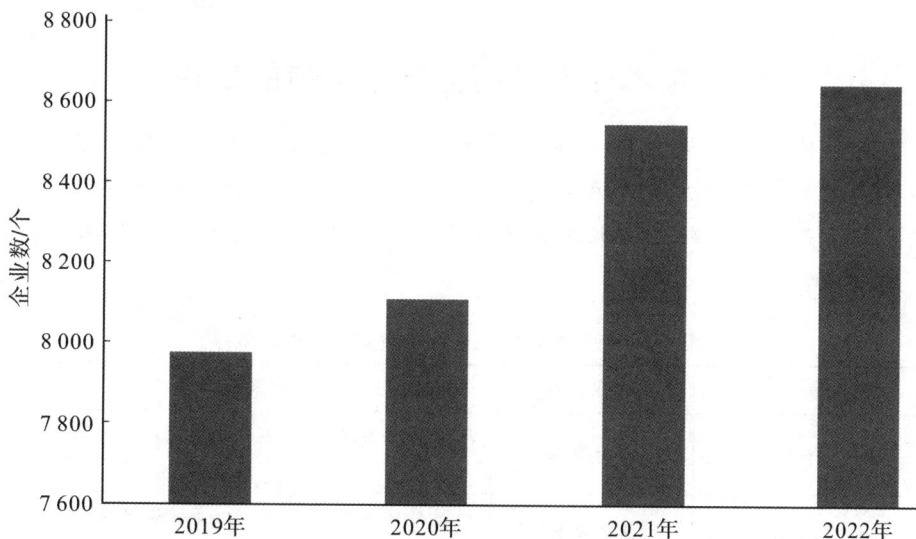

图 4-1　2019—2022 年全国规模以上企业数(文化传播渠道)

数据来源:中经数据 CEIdata。

(三)渠道风险控制与防范

在当今竞争激烈的市场环境中,企业渠道风险的控制与防范至关重要。这要求企业不仅要具备敏锐的市场洞察力,还要对渠道进行精细化管理,以确保渠道的安全和稳定。

首先,企业需要密切关注市场动态,通过市场调研、数据分析等手段,了解行业发展趋势和竞争对手情况。这有助于企业及时调整营销策略,适应市场变化,降低市场风险。企业还应注重品牌建设,提升产品质量和服务水平,以增强市场竞争力。

其次,企业需要加强渠道成员的关系维护。渠道成员是企业的重要资源,他们的稳定性和忠诚度直接影响到企业的销售业绩和市场占有率。因此,企业应定期与渠道成员进行沟通,了解他们的需求和困难,为他们提供必要的支持和帮助。同时,企业还应建立完善的激励机制,激发渠道成员的积极性和创造力,增强他们的归属感和忠诚度。

最后,企业应严格遵守法律法规,加强合同管理和知识产权保护。在签订合同时,要仔细审查合同条款,确保合同内容合法、有效。同时,企业还应加强知识产权保护,防止侵权行为的发生。企业还应建立完善的法律风险防范机制,以应对可能出现的法律纠纷和风险。

案例视窗

新兴技术在电子商务营销渠道的应用

在新兴技术的推动下,电子商务营销渠道发生了巨大变革。人工智能、大数据和社交媒体等新兴技术的融合与应用,使得营销渠道更加智能化、个性化和高效化。以下是对这些新兴技术在电子商务营销渠道中应用的基本介绍(实际案例见表 4-2)。

表 4-2　新兴技术对电子商务营销渠道的影响

技术	应用案例	效果或影响
AI 数字人	义乌小商品城	助力商户在线贸易额增长 15% 以上,客源增长超 50%
AI 直播系统	遥望科技	通过数字系统落地直播流程 SOP,提供直播全链路一体化云仓服务
一站式跨境贸易服务平台	连连数字	助力跨境电商卖家实现开店、全球收付款等操作,拓展全球市场

资料来源:百度搜索。

一、人工智能技术

人工智能技术在电子商务营销渠道中发挥了重要作用。通过智能客服系统,企业可以 24 小时在线为客户提供服务,解决客户在购物过程中的问题,提高客户满意度。人工智能技术还可以实现智能推荐,通过分析用户的购物行为和偏好,为用户推荐符合其需求的商品,提高购买转化率。在数据挖掘方面,人工智能技术可以挖掘出用户潜在的需求和兴趣,为企业制定更加精准的营销策略提供有力支持。

二、大数据分析

大数据分析在电子商务营销渠道中也具有不可替代的作用。通过对用户行为数据的分析,企业可以了解用户的购物习惯、偏好和需求,从而制定更加个性化的营销策略。大数据分析还可以预测市场需求,帮助企业提前调整库存和营销策略,降低经营风险。同时,大数据分析还可以帮助企业评估营销效果,优化营销策略,提高营销效果。

三、社交媒体应用

社交媒体已成为电子商务营销的重要渠道之一。通过社交媒体平台,企业可以发布产品资讯、促销活动等信息,吸引用户的关注和参与。社交媒体还可以实现与用户的互动和交流,了解用户的需求和反馈,为企业制定更加精准的营销策略提供有力支持。通过社交媒体营销,企业可以迅速提升产品知名度和市场份额,实现营销目标。

第三节 营销工具运用

一、电子商务营销工具类型

(一)搜索引擎营销

搜索引擎营销(search engine marketing,SEM)主要通过搜索引擎广告和搜索引擎优化两种方式,为企业提供了有效的在线营销手段。通过精准的广告投放和网站优化,企业可以吸引更多的潜在客户,提高销售额和市场份额。

搜索引擎广告(search engine advertisement,SEA)是一种有效的广告方式,它允许企业在搜索引擎中展示付费广告,以吸引潜在客户。这些广告通常与搜索关键词相关,因此能够精准触达潜在用户。企业可以根据广告预算、关键词竞争程度和目标受众来定制广告策略,以实现最佳的投资回报。搜索引擎广告还包括一系列复杂的投放策略,如广告定位、竞价策略、广告创意等,以确保广告在正确的时间和地点展示给潜在客户。

搜索引擎优化(search engine optimization,SEO)指的是通过优化网站结构和内容,提高网站在搜索引擎中的排名,从而吸引更多的有机流量。SEO涉及网站架构、关键词研究、内容优化、外部链接等多个方面。通过优化这些因素,企业可以提高网站的可见性和可访问性,使潜在客户更容易找到并访问网站。

SEO 的优势在于它不需要付费,且效果持久,但需要投入时间和资源进行持续优化。

(二)社交媒体营销

在深入探讨社交媒体营销(social media marketing,SMM)时,我们不可避免地要探讨其两大核心策略:社交媒体广告和社交媒体运营。这二者共同构成了品牌在线推广的基石,为企业提供了前所未有的机会来触及目标受众,建立品牌形象,并促进销售增长。

社交媒体广告是一种高效的营销策略,它利用了社交媒体平台庞大的用户基础,通过广告的形式向用户传递品牌信息。这种广告的投放通常基于用户的数据和行为分析,能够精准地定位到目标受众。相较于传统媒体广告,社交媒体广告具有更低的成本、更高的互动性和可衡量性。品牌可以通过设置广告参数,如目标受众、地理位置、兴趣偏好等,来确保广告投放到最可能感兴趣的用户面前。社交媒体广告还提供了丰富的广告形式,如图文广告、视频广告、动态广告等,以满足不同品牌的需求。

社交媒体运营则更注重品牌与用户的互动和交流。通过社交媒体平台,品牌可以发布产品信息、优惠活动、品牌故事等内容,吸引用户的关注和参与。同时,社交媒体也是客户服务的重要渠道,品牌可以及时回应用户的反馈和投诉,提升用户体验。通过持续的社交媒体运营,品牌可以建立起与用户的紧密联系,增强用户的忠诚度和黏性。社交媒体平台的实际案例见表 4-3。

表 4-3　社交媒体平台选择的成功案例

平台名称	活动名称	主题	活动形式	优惠力度
得到	423 破万卷节	知识就是力量,阅读改变人生	限时折扣、大咖直播、读书挑战	30%—50% 折扣,部分热门课程低至五折以下
喜马拉雅	123 狂欢节	好内容,一起听	会员折扣、爆款课程推荐、互动抽奖、积分奖励	会员价格 50% 左右折扣,部分爆款课程低至一折以下
樊登读书	双十一知识狂欢节	知识改变命运,阅读成就未来	限时折扣、会员买一送一、分享有礼	30%—50% 折扣,会员买一送一

资料来源:百度搜索。

(三)内容营销

内容创作是内容营销的基石。企业需深入洞察目标受众的需求与偏好,围绕品牌核心价值,创作出一系列高质量、有价值的内容,如深度行业洞察文章、创意视频教程、精美产品图片集等。四海商舟便巧妙地将中国制造商的产品特色融入海外消费文化,通过定制化的内容创作,不仅展现了产品的独特优势,还成功激发了海外消费者的兴趣与购买欲望。

内容推广则是扩大影响力的必要手段。企业需借助多渠道、多维度的传播策略,确保优质内容能够精准触达目标受众。这包括但不限于社交媒体平台的精准广告投放、与意见领袖或 KOL 的合作推广、线下活动的互动体验等。四海商舟通过与国际电商平台及海外媒体的深度合作,构建了广泛的内容传播网络,有效提升了其服务品牌在海外市场的知名度与美誉度。

(四)电子邮件营销

电子邮件营销通过邮件列表的精准构建、邮件自动化的高效应用,能助力企业在激烈的市场竞争中占据有利地位。

邮件列表的精心构建是电子邮件营销的基础。企业需通过合法合规的方式,如注册页面、购物流程中的同意勾选、会员制度等,有效收集用户邮箱地址,并依据用户行为、偏好等数据细分用户群体。基于不同用户群体的特征,定制化设计邮件内容,确保信息的针对性和吸引力,从而提升邮件的打开率和阅读深度。

邮件自动化技术的应用则极大地提升了邮件发送的效率和用户体验。通过预设触发条件,如用户生日、购买纪念日、产品上新等,自动化工具能够即时生成并发送个性化的营销邮件,减少人工干预的同时,增强了邮件的时效性和互动性。自动化的数据分析与反馈机制,帮助企业持续优化邮件策略,精准评估营销效果。

(五)联盟营销

构建稳固的合作伙伴关系是联盟营销成功的基石。在这一过程中,电商网站需精心筛选具有相似目标受众或互补业务领域的网站与品牌作为合作对象。例如,专注于高端家电销售的电商网站,可能会选择与家居设计、装修服务或生活品质类博客建立联盟关系。通过资源共享、品牌联合推广等方式,双方能够共同扩大市场覆盖面,吸引更多潜在客户。这种合作不仅提升了品牌的曝光度,还增强了消费者对产品或服务的信任感。

佣金制度的合理设计是激励合作伙伴积极推广的关键。电商网站应制定清晰、透明的佣金政策,明确推广效果与收益分配的关联机制。这通常包括设定佣金比例、计算方式、结算周期及支付流程等。为了进一步提升合作伙伴的积极性,网站还可以根据推广效果设置阶梯式佣金或额外奖励,如季度/年度最佳合作伙伴奖等。这种灵活的佣金制度不仅能够激发合作伙伴的潜力,还能促进双方建立长期稳定的合作关系。

二、电子商务营销工具运用策略

(一)目标市场分析与定位

1.市场需求分析

市场需求分析是市场定位的基础,通过对电子商务平台数据的深入挖掘,可以准确了解消费者的购买需求、消费习惯及偏好。在数据分析过程中,我们发现,消费者对产品的需求呈现多元化和个性化的趋势。例如,年轻消费者更加注重产品的创新、外观和性价比,而中老年消费者则更加注重产品的实用性和品质。随着人们生活水平的提高,对环保、健康、智能化的产品需求也在不断增长。因此,我们应根据消费者的需求特点,开发出符合市场需求的产品,并注重产品的差异化和个性化。

2.竞争态势分析

在竞争激烈的市场中,了解竞争对手的营销策略、产品特点、市场份额等信息是制定营销策略的重要依据。通过对竞争对手的分析,我们可以发现自身的优势和劣势,从而制定针对性的营销策略。例如,竞争对手在产品价格上具有优势,我们可以通过降低成本、提高产品质量等方式来提升竞争力;竞争对手在产品创新上具有优势,我们可以加大研发投入,推出更具创新性的产品来抢占市场。

3.目标人群定位

目标人群定位是市场定位的核心,通过精准的目标人群定位,可以将营销资源精准地投入目标市场中,提高营销效果。在目标人群定位时,我们应根据消费者的年龄、性别、职业、收入等特征进行细分,并针对不同的细分市场制定不同的营销策略。例如,对于年轻消费者,我们可以采用更加时尚、个性化的营销策略;对于中老年消费者,我们可以采用更加实用、温馨的营销策略。同时,我们还应关注消费者的需求和变化,及时调整营销策略,以满足市场的不断变化。

(二)营销工具选择与组合

在现代营销战略中,营销工具的选择与组合是至关重要的环节,直接决定了企业营销活动的效率和效果,因此需要根据目标市场的特点和需求进行分析和决策。

在营销工具选择方面,企业需要充分了解各种营销工具的特点和适用范围。例如,搜索引擎优化适用于那些希望长期稳定提高网站流量的企业;付费广告向搜索引擎或社交媒体平台付费,使广告在特定关键词或用户群体面前展示,适用于那些希望快速获得效果的企业。

在营销工具组合方面,企业需要结合多种营销工具,形成互补优势,提高营销效果。以 SEO 和付费广告为例,二者可以相互促进,提高网站流量。SEO 可以提高网站在搜索引擎中的自然排名,而付费广告则可以使网站在搜索结果页面中占据更显眼的位置。社交媒体和内容营销也是提高品牌知名度和用户黏性的有效工具。通过社交媒体平台,企业可以与目标客户建立联系,提高品牌亲和力;而内容营销则可以提供有价值的信息,吸引并留住客户。

企业还需根据营销目标的不同,制定具体的策略。例如对于新产品推广,可以采用定投策略,即在特定时间段内,向目标客户投放大量广告,提高品牌知名度。而对于老客户维护,则可以采用增长策略,即通过提供优惠、赠品等方式,激励客户再次购买或推荐新客户。企业也需充分了解各种营销工具的特点和适用范围,结合自身情况和目标市场特点,进行合理的选择和组合,实现营销效果的最大化。

(三)营销活动策划与执行

1.营销活动策划

营销活动策划是整个营销活动的核心,它直接决定了营销活动的成败。在进行活动策划时,企业应充分考虑市场环境、消费者需求、竞争对手情况等因素,制定出具有吸引力的营销策略。例如在节日或季节到来之前,策划折扣促销、满减促销或限时秒杀等活动,以吸引消费者的关注。也可以结合产品特点,设计独特的营销主题和促销活动,提高产品的知名度和美誉度。在策划活动的过程中,企业需要注重活动的创新和差异化,避免与竞争对手的营销活动雷同。还应充分考虑活动的可行性和成本效益,确保活动的实施不会给企业带来过大的负担。

2.营销活动宣传

好的活动需要有足够的宣传才能吸引目标人群的关注和参与。企业可以利用多种渠道进行宣传,如社交媒体、电子邮件、短信通知等。在宣传时,要注重信息的准确性和完整性,确保消费者能够清晰地了解活动的内容和规则。还可通过与合作伙伴或媒体进行合作,扩大宣传的范围和影响力。

第四节 营销效果评估

一、电子商务营销效果评估指标

(一)流量指标

访问量作为最直观的流量指标之一,直接体现了网站或页面的被访问频次。

这一数据对于电子商务企业而言,是评估其市场覆盖面与品牌知名度的关键依据。高访问量通常意味着网站内容具有吸引力,或营销策略有效地触达目标用户群体。然而,单纯追求高访问量并非目的,更需关注的是访问量的质量,即这些访问是否转化为有效的购物行为或用户互动。因此,电子商务企业需结合访问量数据,深入分析用户行为路径,优化页面设计与内容布局,以提高访问量的转化效率。

与访问量相比,访客数更侧重于衡量独立用户的数量,它揭示了网站或页面的独特吸引力及用户忠诚度。在电子商务领域,独特的访客数对于评估市场潜力、预测销售趋势具有重要意义。通过监测访客数的变化,企业可以了解用户群体的增长或流失情况,及时调整营销策略以留住老客户并吸引新客户。分析访客的地域分布、访问时段等信息,有助于企业精准定位目标客户,实施更为有效的市场推广活动。

平均访问时长是衡量用户对网站或页面内容兴趣程度的重要指标。较长的平均访问时长通常意味着用户对内容有较高的关注度,这可能是由于内容质量高、页面设计合理或用户体验良好等原因所致。对于电子商务企业而言,提升平均访问时长有助于增加用户对产品或服务的了解,提高购买意愿。因此,企业需不断优化页面布局、提升内容质量、增强用户交互体验,以延长用户停留时间,促进转化率的提升。

跳出率作为衡量网站或页面黏性的反向指标,直接反映了用户进入网站后的即时满意度。高跳出率通常意味着用户在访问初期即因页面内容不符、加载速度慢或导航不便等原因而离开,这对电子商务企业的营销效果构成了直接威胁。因此,降低跳出率是提升企业营销效率的关键所在。企业需深入分析跳出率高的原因,如页面设计不合理、内容不吸引人或广告干扰严重等,并采取相应的优化措施,如优化页面结构、提升内容质量、改进导航设计等,以提高用户满意度和页面黏性。

(二)转化率指标

1.购物车放弃率

购物车放弃率(cart abandonment rate)是用户将商品加入购物车后未完成购买的比例,直接反映了购物流程的顺畅程度和用户体验。高购物车放弃率可能意味着用户在购物过程中遇到了诸如页面加载缓慢、支付流程烦琐、运费过高或库存不足等问题。为了降低购物车放弃率,电商企业需要优化购物流程,提高页面加载速度,简化支付流程,并提供清晰的运费和库存信息。通过购物车提醒和优惠券等促销手段,也可以有效吸引用户完成购买。

2.转化率

转化率(conversion rate)是评估电子商务营销效果的重要指标,它表示完成购买的用户占所有访问用户的比例。高转化率意味着营销策略成功吸引了用户的兴趣,并成功引导他们完成了购买。为了提高转化率,电商企业需要深入了解用户行为,优化产品页面设计,提高页面加载速度,并提供个性化的购物体验。通过精准的定向广告和促销活动,也可以有效提高转化率。

3.回购率

回购率(repeat purchase rate)反映了用户对产品和品牌的忠诚度。高回购率意味着用户对产品和品牌有着良好的体验和信任,愿意再次购买。为了提高回购率,电商企业需要提供优质的产品和服务,建立良好的客户关系,并通过优惠券、会员折扣等促销活动吸引用户再次购买。通过数据分析和用户反馈,企业可以了解用户的需求和偏好,从而优化产品和服务,提高用户满意度和忠诚度。

(三)用户行为指标

1.浏览量

浏览量(page views)是评估网站吸引力和内容价值的基础指标,直接反映了用户对网站内容的兴趣与需求强度。在亚马逊的运营实践中,高浏览量不仅意味着更广泛的用户覆盖,还隐含着用户对商品信息、促销活动的积极关注。亚马逊通过优化页面设计、提升内容质量及精准推送个性化信息,有效延长用户停留时间,增加页面浏览量,进而促进潜在购买意向的形成。对浏览量的深入分析有也助于识别热门产品与趋势,为库存管理及营销策略调整提供数据支持。

2.互动率

互动率(interaction rate)是衡量用户活跃度和参与度的关键指标,直接反映了用户对网站内容的兴趣与参与意愿。在亚马逊的个性化营销体系中,高互动率是实现精准营销与提升用户黏性的重要保障。亚马逊通过记录并分析用户的点击、评论、分享等互动行为,构建用户画像,实现更加精准的商品推荐与个性化服务。互动率的提升还能促进用户口碑传播,增强品牌忠诚度,为平台带来持续的流量与转化。亚马逊通过持续优化用户体验、激励用户参与互动,不断提升互动率水平,以深化用户关系,驱动业务增长。

3.路径深度

路径深度(depth of visit)是衡量用户对网站探索程度与兴趣深度的关键指标,反映了用户对于特定内容或产品的深入了解与兴趣倾向。在亚马逊的购物环境中,路径深度的增加往往预示着更高的购买意愿与更高的客户满意度。亚马逊通过优化商品详情页、提供丰富的用户评价、构建便捷的导航路径等手段,引导用户深入探索产品信息,提升路径深度。同时,通过大数据分析用户浏览路径,识别用户潜在需求,提供定制化推荐,进一步激发购买欲望。路径深度的提升不仅有助于提升转化率,还能为亚马逊提供宝贵的用户行为数据,为优化营销策略提供有力支持。

(四)营收指标

1.总收入

总收入(total revenue)作为电子商务活动的核心经济指标,全面反映了企业在一定时期内通过线上销售商品、提供服务以及可能的其他增值业务所获得的全部收入。在亚马逊的案例中,总收入不仅涵盖了图书及其他商品的销售额,还包含了如会员服务、云服务、广告服务等多项业务的收入。亚马逊通过持续的技术创新和客户服务优化,不断拓宽收入来源,实现总收入的稳步增长。值得注意的是,亚马逊对总收入的管理策略高度灵活,能够迅速适应市场变化,通过灵活的促销活动和精准的市场定位,确保总收入的稳健增长。

2.平均订单金额

平均订单金额(average order value)是衡量用户消费习惯和购买力的重要指标,它直接反映了用户在单次交易中的平均消费额度。在电子商务领域,提升平均订单金额对于增加企业营收具有显著作用。亚马逊通过数据分析和个性化推荐技术,深入了解用户购物偏好,为用户提供更加精准的商品推荐和服务,从而有效提高了平均订单金额。亚马逊还通过举办各类促销活动,如满减、捆绑销售等,刺激用户增加单次购买量,进一步提升平均订单金额。这种策略不仅增强了用户黏性,也为企业带来了更为可观的收入。

3.营收增长率

营收增长率(revenue growth rate)是衡量电子商务活动健康发展状况的重要指标之一,它反映了企业营收的增长速度和市场拓展能力。在竞争激烈的电商市场中,保持较高的营收增长率是企业持续发展的重要保障。亚马逊凭借其强大的品牌影响力、技术实力和创新能力,在多个市场领域均实现了快速增长。其营收增长率的提升得益于多方面因素的综合作用,包括不断拓展的商品种类、优化的用户体验、高效的物流配送体系以及精准的市场营销策略等。这些因素的共同作用,使得亚马逊能够持续吸引新用户、留住老用户,并保持营收的快速增长态势。

案例视窗

"京东大促"与"天猫双狂欢节"

一、京东大促

在电商行业中,大促活动是一种常见的营销策略,旨在通过促销手段吸引消费者,提高销售额。京东作为中国电商巨头之一,其大促活动自然备受关注。以下将对京东大促的营销手段、宣传策略以及效果评估进行详细分析。

京东大促通过一系列营销手段吸引消费者,提高销售额。其中,折扣和满减是较为常见的促销手段。在大促期间,京东会推出大量的折扣商品,并在购物车页面设置满减活动,鼓励消费者购买更多商品。赠品也是京东大促的一大亮点。消费者在购买特定商品时,可以获得相应的赠品,从而增加购买的吸引力。这些营销手段有效地刺激了消费者的购买欲望,提高了销售额。

为了扩大品牌影响力,京东在大促期间进行了广泛的宣传。广告是其中最为重要的一种宣传方式。京东在各大媒体上投放了大量广告,包括电视、网络、户外等,以吸引消费者的注意力。京东还利用社交媒体平台,如微博、微信等,发布大促信息,吸引粉丝关注和转发。邮件营销也是京东重要的宣传手段之一。京东会向注册用户发送大促邮件,提醒他们关注大促活动,并引导他们进入购物页面。

为了评估京东大促的营销效果,京东采取了一系列指标进行监测。其中,销售额是最为重要的指标之一。通过对比大促前后的销售额,可以直观地反映出大促活动对销售的促进作用。用户增长率也是评估营销效果的重要指标。在大促期间,京东通过各种宣传手段吸引了大量新用户注册,从而扩大了用户规模。同时,客户满意度也是衡量营销效果的重要标准。通过调查用户在大促期间的购物体验,可以了解用户对京东的满意度,进而优化服务流程,提高客户满意度。

二、天猫双狂欢节

天猫双狂欢节作为电商行业的年度盛事,其营销策略和宣传手段对于行业具有重要的研究价值。天猫双狂欢节在营销手段上,充分展现了其跨界合作、明星代言和限时抢购等创新策略。跨界合作方面,天猫与多个知名品牌合作,推出联名产品或共同优惠活动,吸引了不同消费群体的关注。这种策略不仅扩大了品牌的影响力,还实现了资源共享和互利共赢。明星代言方面,天猫邀请了众多知名明星作为品牌代言人,通过他们的形象和影响力吸引粉丝群体的关注。明星在社交媒体上的宣传也起到了很好的推广作用。限时抢购则是天猫双狂欢节的一大亮点,通过限时降价、秒杀等活动,刺激消费者的购买欲望,提高销售额。

天猫在宣传策略上采用了多渠道、全方位的宣传方式。电视广告方面,天猫在各大电视台播出了创意独特的广告,吸引了观众的关注。网络广告方面,天猫在各大网站和社交媒体上投放了大量的广告,通过定向投放和精准营销,将广告推送给潜在消费者。天猫还通过社交媒体进行口碑营销,通过用户分享和推荐,吸引更多潜在用户的关注。这种多元化的宣传策略使得天猫双狂欢节的信息传播更加广泛,吸引了更多消费者的关注。

天猫双狂欢节的营销效果非常显著。通过销售额、用户活跃度和市场份额等指标可以看出,天猫在双狂欢节期间取得了巨大的成功。天猫在双狂欢节期间的销售额远超平时,创下了电商行业的销售记录。用户活跃度在双狂欢节期间大幅提升,新用户注册数量也大幅增加。天猫在电商市场中的份额也进一步扩大,巩固了其领先地位。这些数据充分证明了天猫双狂欢节营销策略的有效性。

资料来源:百度搜索。

二、营销效果评估方法

(一)数据分析法

转化率分析是衡量营销活动效果的另一把标尺。它聚焦于用户行为路径,从浏览商品、加入购物车到最终购买的全过程进行精细分析。通过分析不同环节的转化率,可以识别出用户流失的关键节点,而有针对性地调整产品展示、价格策略或促销手段,以提升整体转化率。结合用户画像数据,还能实现个性化推荐,进一步促进购买决策。

销售额分析则是直接反映营销活动经济效果的窗口。它不仅关注总销售额的增长,还深入分析客单价、销售增长趋势等维度,以全面评估营销活动的销售促进能力。通过对比不同营销方案下的销售额表现,可以科学评估投入产出比,为未来的营销预算分配提供决策依据。销售额分析还能揭示季节性、地域性销售差异,为市场细分和差异化营销提供有力支持。

(二)A/B 测试法

在当今竞争激烈的市场环境中,企业为了不断提升用户体验与市场营销效果,普遍采用 A/B 测试法作为重要的策略工具。A/B 测试法,作为数据驱动决策的核心手段之一,其核心在于通过对比不同版本或策略的效果,以科学的方式评估并优化产品或营销活动。

A/B 测试的首要任务是精心设计测试方案,这步骤直接决定测试的有效性和结果的可靠性。企业需明确营销目标,如提升转化率、增加用户满意度或优化用户体验路径等,并据此设定具体的测试指标,如点击率、转化率、停留时长等。同时,选择合理的测试对象,如特定用户群体或页面元素,确保测试的针对性和可操作性。在测试方法上,应综合考虑样本量、测试周期及潜在干扰因素,确保测试结果的稳定性和准确性。

为了获得真实有效的测试数据,A/B测试需将用户流量随机分为实验组和对照组。这步骤的关键在于确保两组用户在除测试变量外的所有方面保持高度一致,以排除其他潜在因素对测试结果的影响。通过精准的用户分组和流量分配,企业能确保实验组和对照组在接受不同营销活动刺激时,其反应差异主要源于测试变量的变化,能更准确地评估营销策略的效果。

数据收集与分析是A/B测试的核心环节。在测试过程中,企业应持续监控并收集实验组和对照组的各项数据指标,包括但不限于转化率、销售额、用户行为路径等。随后,通过科学的数据分析方法,如统计检验、回归分析等,对比两组数据的差异,评估测试变量的实际效果。这一过程不仅有助于企业了解当前营销策略的优劣,还能为后续的优化调整提供有力的数据支持。通过对用户反馈的深度挖掘,企业还能发现潜在的市场需求和用户痛点,为产品的持续改进和创新提供方向。

(三)用户反馈法

在竞争激烈的市场环境中,精准捕捉并有效分析用户反馈是营销活动持续优化的关键。用户反馈法作为一种系统性的方法论,涵盖了多种数据收集与分析手段,旨在为企业营销决策提供有力支撑。

首先,调查问卷作为用户反馈的直接收集工具,其设计需紧密结合营销活动目标,确保问题全面覆盖用户的认知、态度及满意度。通过广泛分发问卷,企业能够快速汇聚大量一手数据,进而运用统计方法分析用户对营销活动的整体评价及具体意见。这一过程不仅有助于企业直观了解营销效果,还能为后续的优化调整提供明确方向。

其次,相较于调查问卷的量化分析,访谈与焦点小组则更注重深入洞察用户的心理与行为动机。通过面对面的交流,企业能够捕捉到用户更为细腻、真实的反馈,包括他们对营销活动的期待、顾虑及建议。焦点小组还能促进用户间的互动,揭示潜在的市场趋势与消费者需求,为营销活动创新提供灵感源泉。

最后,随着社交媒体的普及,用户反馈的传播速度与影响力显著提升。企业应积极监测社交媒体平台及商品评论区,捕捉用户对于营销活动的即时反应与持续讨论。借助自然语言处理与情感分析技术,企业能够量化评估用户对营销活动的情感倾向,及时发现并解决潜在问题。同时,社交媒体上的用户反馈还为企业提供了丰富的创意素材,有助于打造更加贴近消费者需求的营销内容。

(四)ROI评估法

ROI评估法是一种全面、客观的营销效果评估方法。通过投入产出比计算、转化率与盈利关系分析及跨部门数据整合与分析，企业可全面了解营销活动的实际情况，为后续决策提供有力支持。

1.投入产出比计算

在ROI评估法中，投入与产出的准确计算是评估营销活动效益的基础。投入方面，应包括所有与营销活动相关的成本，如营销成本、人工成本、时间成本等。这些成本的详细统计有助于企业了解营销活动的实际投入情况。产出方面，除了直接的销售额和利润外，还应考虑品牌知名度的提升、客户满意度的提高等间接效益。这些效益虽然难以直接量化，但对企业长期发展具有重要影响。通过计算投入与产出的比例，企业可以直观地了解营销活动的效益水平，为后续决策提供有力依据。

2.转化率与盈利关系分析

转化率是评估营销活动效果的重要指标之一。通过分析转化率与盈利之间的关系，企业可以了解转化率提升对盈利的影响程度。在实际操作中，企业应关注不同营销渠道、不同产品、不同客户群体的转化率，并分析其背后的原因。通过优化营销策略、提高产品质量、改善客户体验等方式，提高转化率，从而实现盈利最大化。

3.跨部门数据整合与分析

在ROI评估法中，跨部门数据整合与分析是不可或缺的环节。市场部门应提供市场调研、客户反馈等数据，以帮助企业了解市场趋势和客户需求；销售部门应提供销售数据、客户购买记录等信息，以评估营销活动的实际效果；客服部门应提供客户满意度调查、客户投诉等数据，以了解客户对产品和服务的满意度。通过整合这些部门的数据，企业可以全面了解营销活动的实际效果和贡献，从而制定更加精准的营销策略。

第五节　未来趋势与挑战

一、电子商务营销的新技术与新趋势

电子商务营销在不断发展变化中，智能化技术成为行业的新技术，数据化运营、社交化电商和移动化购物则成为新的发展趋势。这些新技术和新趋势正深刻影响着电子商务营销的方式和策略,推动企业不断适应市场变化,提升营销效率和用户体验。

智能化技术在电子商务营销中的应用日益广泛。人工智能和机器学习技术通过分析用户数据,实现智能推荐、智能客服和智能分析等功能。智能推荐系统能根据用户的浏览历史和购买记录,为用户推荐符合其兴趣和需求的商品;智能客服系统能够自动回答用户的问题,提高响应速度和满意度;智能分析能挖掘用户数据中的价值信息,为营销策略提供科学依据。

数据化运营是电子商务营销的重要趋势。数据在电子商务中的作用越来越重要,通过数据分析可以更准确地了解用户需求和行为,从而制定更精准的营销策略。企业可以通过分析用户数据,了解用户的购买偏好、消费习惯、购买周期等信息,从而制定个性化的营销策略,提高营销效果。

社交化电商结合了社交媒体和电子商务的优势,形成了新的营销方式。通过社交分享、社交推广等方式,商品可以在社交媒体上得到更广泛的曝光和传播,从而吸引更多的潜在用户。同时,社交媒体上的用户评价和分享也可以为其他用户提供购物参考,提高商品的信任度和购买转化率。

移动化购物随着移动互联网的普及而不断发展。移动设备的普及和便捷性使得用户可以随时随地进行购物,因此电子商务营销需要关注移动端用户的需求和特点。企业需要优化移动端的购物体验,提高网站的响应速度和易用性,同时制定针对性的营销策略,吸引移动端用户进行消费。

二、面临的主要挑战与应对策略

电子商务领域在快速发展的同时,也面临着诸多挑战。这些挑战主要包括市场竞争激烈、用户需求多样化、数据安全与隐私保护以及法律法规遵守等。以下是对这些挑战的详细分析及应对策略。

首先,电子商务市场的竞争日益激烈,商家之间已经由传统的市场份额争夺,转变为对新兴市场的开拓和用户资源的深度挖掘。随着电子商务平台的崛起,线上渠道逐渐成为企业营销的重要战场。然而,线上市场的竞争也日益激烈,企业需要不断调整策略,以适应快速变化的市场环境。在渠道策略调整方面,企业需要更加注重线上和线下渠道的融合与协同。线上渠道具有便捷、高效、低成本等优势,可以迅速吸引大量用户;而线下渠道则具有实体体验、品牌信任等优势,可以增强用户的购买信心和忠诚度。因此,企业需要优化渠道结构,将线上和线下渠道有机结合起来,形成全渠道的营销体系。同时,企业还需要加强渠道管理,确保各渠道之间的协调一致和高效运作。

随着互联网技术的不断发展和智能设备的广泛应用,消费者的购物方式和消费习惯正在发生深刻变化,这些变化对传统的营销渠道带来了巨大冲击,并促使企业重新审视和构建自身的营销渠道。移动互联网的普及使得消费者可以随时随地通过智能手机、平板电脑等设备访问互联网,浏览商品信息,进行比较和选择。这种购物方式的便捷性和灵活性使得越来越多的消费者转向线上购物,从而推动了电子商务的快速发展。电子商务营销渠道因此成为企业获取消费者、实现销售的重要途径。消费者偏好的个性化也对营销渠道提出了更高的要求。随着消费者收入水平的提高和审美观念的变化,他们对于产品的个性化需求越来越强。消费者不再满足于大众化的产品和服务,而是希望企业能够根据他们的需求和偏好提供定制化的产品和服务。这要求企业在进行营销时,需要更加注重消费者的个体差异,提供更加专业、有针对性的产品和服务。消费者决策过程的复杂化也对营销渠道提出了新的挑战。在信息爆炸的时代,消费者可以通过多种渠道获取产品信息,如社交媒体、搜索引擎、口碑传播等。这些信息的来源和真实性各不相同,使得消费者在选择产品时更加谨慎和挑剔。因此,企业需要构建多元化的营销渠道,提供全面、准确、可信的产品信息,以满足消费者的需求。

其次,电子商务涉及用户敏感信息,如个人身份信息、支付密码等,因此数据安全和隐私保护成为企业的重要责任。各行业应制定明确的用户信息保护政策,并严格遵循相关法律法规的要求,规范用户信息的采集和使用。在采集用户信息时,需明确告知用户信息的用途和范围,并征得用户的同意。同时要对采集的信息进行分类存储和管理,确保信息的准确性和完整性,避免信息泄露和滥用。强化数据安全防护则是保障用户隐私的重要手段。各行业应采取先进的网络安全技术,如加密传输、防火墙、入侵检测等,防止用户信息被黑客攻击和窃取。同时,要加强内部管理,建立严格的数据访问权限和审计制度,确保只有授权人员才能访问和处理用户信息。还应定期备份和更新数据,以防止数据丢失和损坏。此外,透明化数据处理过程也是增强用户信任的重要一环,各行业应公开数据处理的过程和目的,让用户了解自己的信息将被如何使用。同时建立有效的投诉和反馈机制,及时回应用户的投诉和关切,保护用户的合法权益。

最后,电子商务需要遵守相关的法律法规,如消费者权益保护法、电子商务法等。近年来,政府对电子商务的监管越来越严格,出台了一系列法规政策以规范其行为。在数据安全方面,政府要求电商企业必须建立完善的数据保护机制,确保用户信息的安全。在隐私保护方面,政府要求电商企业必须尊重用户的隐私权,不得随意泄露用户信息。在消费者权益保障方面,政府要求电商企业必须提供真实的商品信息,保障消费者的合法权益。这些法规政策的出台对电子商务营销渠道构成了严格的约束,使得电商企业必须注重合规经营,才能持续发展。法规政策不仅约束了电子商务营销渠道的行为,还为其提供了引导和支持。

政府通过税收优惠、资金支持等措施,鼓励电商企业创新发展,提升竞争力。因此,在法规政策的约束和引导下,电商企业必须加强合规管理,确保营销渠道的发展符合法规政策的要求。企业需要建立完善的风险防范机制,加强内部管理和监督,确保各项经营活动合规合法。同时,企业还需要加强与政府部门的沟通与合作,及时了解政策变化,以应对可能的风险。

三、电子商务营销的长期发展

在探讨电子商务营销的未来发展时,智能化、数据驱动、社交化与移动化融合,以及跨界合作与整合成为不可忽视的关键趋势。

随着科技的飞速进步,电子商务营销正步入智能化新时代。AI 技术已展现出在电商企业出海运营中的全场景支撑能力,从产品创新到市场推广,无不渗透着智能化的影子。通过 AI 赋能,市场洞察更为精准,产品开发得以基于数据驱动,图片生成、数字营销、智能化导购及全渠道多语言客服等功能的实现,极大地提升了营销效率与用户体验。这种智能化趋势不仅优化了供需规划,还助力企业实现降本增效,标志着电子商务营销正迈向高度智能化、个性化的新阶段。

在数据为王的时代,电子商务营销对数据的依赖日益加深。企业需将数据和分析策略扩展至包含 AI 在内的更广泛领域,确保决策的科学性与精准性。通过深度挖掘用户行为数据、市场趋势分析等信息,企业能够更准确地把握市场脉搏,预测消费者需求,从而制定出更加符合市场实际的营销策略。同时,避免数据治理缺失导致的碎片化举措,确保数据资产的有效整合与利用,为企业的长远发展奠定坚实基础。

随着社交媒体的普及和移动互联网的快速发展,社交化电商已成为不可忽视的重要力量。未来,电子商务营销将更加注重与社交媒体的深度融合,通过社交媒体平台构建用户社区,增强用户黏性,实现口碑传播与品牌塑造。同时,移动端作为用户接触电商的主要渠道之一,其用户体验的优化将成为电商营销的重要方向。通过优化移动端界面设计、提升购物便捷性等措施,满足用户随时随地的购物需求,实现社交化与移动化的无缝对接。

在全球化竞争加剧的背景下,电子商务企业需不断拓展自身边界,寻求与线下业务、其他行业的跨界合作与整合。这种合作模式不仅有助于企业拓宽市场渠道、共享资源,还能通过优势互补实现共赢发展。例如,电商企业可与实体店合作开展线上线下融合的新零售模式;或与其他行业巨头联合推出跨界产品,共同打造全新的消费体验。通过跨界合作与整合,电子商务企业将更好地满足消费者的多元化需求,提升市场竞争力。

案例视窗

新兴技术于营销创新的应用

在当今数字化时代,新兴技术正以前所未有的速度重塑着营销领域的面貌。其中,人工智能技术的深度应用尤为引人注目。以省广集团自主研发的"灵犀AI营销平台"为例,该平台凭借其创新性、成效性和示范性,成功入选2024年广州市"人工智能+"优秀解决方案,标志着人工智能在营销领域的实践探索取得了显著成果。通过集成先进的AI算法,该平台能够实现智能推荐,精准捕捉用户需求,自动优化广告投放策略,显著提升营销效率与转化率;智能客服功能的引入,更是极大提升了用户体验,增强了品牌与消费者之间的互动与黏性。

大数据分析技术则是另一项驱动营销精准化的关键力量。通过对海量用户行为数据的深度挖掘与分析,企业能够更加清晰地了解消费者偏好、购买习惯及潜在需求,从而实施更为精准的营销策略。这种基于数据的决策模式,不仅有效降低了营销成本,还极大地提升了营销活动的针对性和有效性,为企业创造了更为可观的商业价值。

虚拟现实技术的引入,为营销领域带来了一场前所未有的变革。通过构建逼真的虚拟购物场景,消费者能够身临其境地体验产品,增强对产品的认知与兴趣,进而提升购物满意度和转化率。虚拟现实技术不仅为消费者带来了全新的购物体验,更为企业开辟了新的营销渠道,拓宽了市场边界。

人工智能、大数据分析与虚拟现实等新兴技术的融合应用,正引领着营销领域的深刻变革。这些技术不仅提升了营销效率与效果,还促进了企业与消费者之间的深度互动与连接,为营销创新注入了强劲动力。

资料来源:《喜讯!省广集团灵犀AI入选广州市"人工智能+"优秀解决方案》,同花顺财经,2024年10月09日。

练习题

一、判断题

1.传统营销和电子商务营销的主要区别在于营销渠道的不同。(　　)

2.电子商务营销的核心要素包括产品展示、价格策略、促销活动和用户体

验。（　　）

3.市场细分是指将具有相似特征的消费群体划分为不同的目标市场。（　　）

4.电子商务营销渠道策略中并不存在渠道冲突。（　　）

5.搜索引擎营销和社交媒体营销是电子商务营销中最常用的两种工具。（　　）

二、单选题

1.以下哪项不属于电子商务营销的核心要素？（　　）

  A.产品展示　　　　　B.品牌建设　　　　C.促销活动　　　　D.用户体验

2.市场细分的主要目的是什么？（　　）

  A.降低成本　　　　　　　　　　B.提高效率

  C.精准定位目标市场　　　　　　D.提升品牌知名度

3.电子商务营销中最常用的促销策略是什么？（　　）

  A.折扣　　　　　　B.促销活动　　　　C.广告　　　　　D.会员制

4.电子商务营销渠道类型中,能够直接触达消费者的是哪个？（　　）

  A.直销渠道　　　　　　　　　　B.代理商渠道

  C.合作伙伴渠道　　　　　　　　D.社交媒体渠道

5.以下哪项不属于新兴技术在电子商务营销中的应用？（　　）

  A.人工智能　　　　B.大数据分析　　　C.虚拟现实　　　D.3D打印

三、多选题

1.电子商务营销的核心要素包括哪些？（　　）

  A.产品展示　　　　B.价格策略　　　　C.促销活动　　　D.用户体验

2.市场细分的依据包括哪些？（　　）

  A.年龄　　　　　　B.性别　　　　　　C.职业　　　　　D.收入

3.电子商务营销渠道类型包括哪些？（　　）

  A.直销渠道　　　　　　　　　　B.代理商渠道

  C.合作伙伴渠道　　　　　　　　D.社交媒体渠道

4.电子商务营销工具类型包括哪些？（　　）

  A.搜索引擎营销　　　　　　　　B.社交媒体营销

  C.内容营销　　　　　　　　　　D.电子邮件营销

5.电子商务营销效果评估指标包括哪些？（　　）

  A.流量指标　　　　B.转化率指标　　　C.用户行为指标　　D.营收指标

四、简答题

1.简述传统营销与电子商务营销的区别。
2.简述目标市场分析与定位的步骤。

五、论述题

试述电子商务营销的未来趋势与挑战。

第五章　电子商务与金融服务

知识图谱

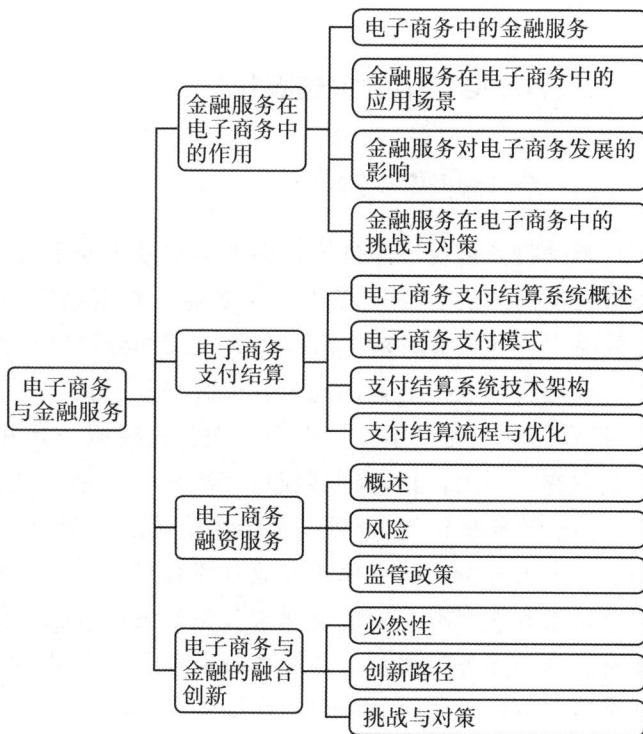

📋 **章节提要**

本章介绍电子商务中金融服务的角色。第一节阐述金融服务在电子商务中的重要性,如促进交易达成、提升用户体验以及推动电子商务发展等,并探讨金融服务对电子商务发展的影响,如提升交易效率与降低成本、增强风险防范能力,以及拓展市场空间与商业模式创新等。第二、三节介绍金融机构为电子商务提供的支付结算服务、融资贷款服务等具体应用。第四节梳理了金融服务与电子商务融合的创新路径,以及面临的机遇与挑战。未来全球化进程将使跨境金融服务的需求继续增长,因此金融机构需加强对跨境金融服务的研究,了解不同国家和地区的法律和文化,也需加强风险控制体系建设,建立完善的风险评估和管理机制,还可通过技术创新和合作,提高跨境金融服务的效率和便捷性。

第一节　金融服务在电子商务中的作用

一、电子商务中的金融服务

(一)金融服务定义及分类

金融服务是现代经济体系中不可或缺的重要组成部分,其核心在于通过各种金融机构提供的服务,满足个人和企业在资金管理、风险控制和价值增值等方面的需求。本章节将对金融服务的定义和分类进行详细阐述。

金融服务是指金融机构为各类客户提供的一系列金融服务活动,涵盖了融资、投资、保险、支付结算等多个方面。这些服务旨在帮助客户实现资金的合理配置和有效利用,同时降低风险,实现价值增值。金融服务的对象广泛,包括个人、企业、政府机构等,涵盖了社会各个阶层和领域。

金融服务按照服务模式和业务流程的不同,可以分为传统金融服务和互联网金融服务两大类。传统金融服务包括银行、证券、保险等业务流程和服务模式相对成熟的服务类型。这些服务具有悠久的历史和稳定的客户群体,通过传统的渠道和方式提供,如银行柜台、证券公司营业部等。传统金融服务在风险控制和资产安全性方面具有较高的可靠性,但服务效率和灵活性相对较低。

(二)金融服务在电子商务中的重要性

电子商务作为现代商业模式的重要组成部分,其发展离不开金融服务的支持。在电子商务中,金融服务扮演着至关重要的角色,它通过支付结算、融资等方式为电子商务活动提供了有力的支持。

金融服务在电子商务中扮演着促进交易达成的角色。在电子商务交易过程中,支付结算是必不可少的一环。金融服务机构通过提供安全、便捷的支付工具,如网上银行、第三方支付平台等,使得买卖双方能够轻松完成资金交易。这些支付工具不仅提高了交易的效率,还降低了交易的风险,从而促进了交易的达成。同时,金融服务机构还为电子商务平台提供了融资服务,为商家提供了资金支持,帮助他们扩大经营规模、提高市场竞争力。

金融服务能够提升电子商务平台的用户体验。在电子商务交易中,用户对于支付方式和资金流转的便捷性有着很高的要求。金融服务机构通过提供多样化的支付方式和优化资金流转,可以满足用户的这些需求,从而提高用户的满意度和忠诚度。金融服务机构还可以为用户提供账户安全、交易保障等服务,增强用户对电子商务平台的信任感。

金融服务能够推动电子商务的持续发展。随着电子商务的不断发展,商家对于资金的需求也越来越大。金融服务机构通过提供融资、投资等服务,可以帮助商家解决资金问题,从而推动电子商务的发展。金融服务机构还可为电子商务平台提供风险管理和控制等服务,降低商家的经营风险,促进电子商务的稳健发展。

二、金融服务在电子商务中的应用场景

(一)支付结算服务

金融服务在电子商务中提供的线上支付结算服务,为消费者提供了多样化的支付方式。通过支付宝、微信支付、银联支付等支付方式,消费者可以方便快捷地完成购物支付,无须携带现金或银行卡,降低了交易的风险和成本。同时,线上支付还支持各种促销活动,如满减、折扣等,进一步提升了消费者的购物体验。

在资金管理方面,金融服务帮助电子商务企业实现了资金管理的智能化和自动化。通过收入管理、支出管理等功能,企业可以实时掌握资金流动情况,为经营决策提供数据支持。资金管理报表则提供了全面的财务数据,帮助企业了解财务状况,制定合理的财务策略。

跨境支付是金融服务在电子商务中的重要应用之一。随着跨境贸易的不断发展,跨境支付需求日益增加。金融服务提供的跨境支付结算服务,支持电子商务企业进行跨境贸易,实现跨境收入的结算和兑换。这为企业提供了更广阔的

市场和更多的商业机会,促进了跨境贸易的发展。

(二)融资贷款服务

在电子商务蓬勃发展的今天,融资贷款服务已成为支撑电商企业持续壮大的重要引擎。金融服务机构通过精准对接电商企业的实际需求,创新融资模式,不仅缓解了企业的资金压力,更促进了电商行业的整体繁荣。

1.电商融资服务的多元化探索

金融服务机构针对电商企业的特殊性和发展需求,量身定制融资方案。通过提供灵活多样的融资贷款服务,如短期流动资金贷款、长期项目贷款等,满足电商企业不同阶段的资金需求,助力其实现资金周转与业务扩张。电商融资服务还注重与电商平台的深度融合,通过平台数据共享,实现对企业经营状况的精准画像,降低融资风险,提高融资效率。

2.信用贷款:基于数据的信任构建

鉴于电子商务企业的运营高度依赖线上数据,金融服务机构依托大数据、云计算等先进技术,深入挖掘企业的交易数据、用户评价等信息,构建信用评价体系。通过信用贷款,电商企业无需烦琐的抵押手续,即可获得低成本、高效率的融资支持。这种模式不仅降低了企业的融资成本和时间成本,还促进了金融资源的优化配置。

3.抵押贷款:传统与创新的有机结合

对于部分电商企业而言,存货、设备等实物资产仍是其重要的价值体现。金融服务机构在提供融资服务时,充分考虑企业的这一资产特性,推出抵押贷款服务。通过将企业的存货、设备等作为抵押物,既保障了金融机构的资金安全,又为企业提供了更为灵活的融资渠道。这种传统与创新相结合的融资方式,进一步拓宽了电商企业的融资渠道,促进了其健康发展。

(三)投资理财服务

1.余额增值

金融服务通过电子商务平台,为用户提供了便捷的余额增值服务。用户可以将购物后的余额存入理财账户,享受高于银行活期存款的收益。这种服务模式不仅提高了用户的资金使用效率,还为用户带来了额外的收益。同时,电子商务平台通过与金融机构合作,可以为用户提供更加安全、稳定的理财产品,降低投资风险。为了吸引用户,电子商务平台还推出了各种优惠活动和促销活动,如收益率提升、新用户红包等。这些活动不仅提高了用户的参与度,还促进了电子商务平台的发展。

2.证券投资

金融服务在电子商务平台中的另一个重要应用是证券投资服务。用户可以通过电子商务平台进行股票、债券等证券的买卖,实现资产增值。电子商务平台通过提供实时的股票行情、专业的投资分析和便捷的交易服务,帮助用户更好地了解市场动态,做出理性的投资决策。电子商务平台还可根据用户的投资偏好和风险承受能力,为用户推荐合适的投资组合和投资策略。个性化的服务不仅提高了用户的投资收益率,还降低了投资风险。

三、金融服务对电子商务发展的影响

(一)提升交易效率与降低成本

在电子商务领域,交易效率与成本控制是企业实现持续发展和竞争优势的关键因素。为了有效提升交易效率并降低成本,金融服务在电子商务中扮演着至关重要的角色。

1.优化支付体验

在电子商务交易过程中,支付体验是影响用户购买决策的关键因素之一。传统的支付方式如银行转账、现金交付等,不仅过程繁琐,而且存在安全隐患。为此,金融服务机构通过引入网上银行、支付宝、微信支付等多种支付方式,为用户提供了更加便捷、安全的支付选择。这些支付方式具有实时性、高效性、安全性等特点,可以显著降低因支付问题导致的交易失败,从而提升交易成功率。

2.降低交易成本

电子商务企业在运营过程中,需要投入大量的资金用于采购、运营、营销等方面。金融服务机构通过提供灵活的融资方案、优惠的贷款利率等方式,可以降低企业的融资成本,缓解资金压力。金融服务机构还能通过优化资金管理,提高企业的资金使用效率,降低资金占用成本,从而有效降低交易成本。

3.提高工作效率

随着电子商务交易的快速增长,订单处理、支付结算等工作量大幅增加。金融服务机构通过自动化和智能化的手段,如第三方支付平台、区块链技术等,可以实现交易信息的实时传输和共享,减少人工干预和纸质文件的传递,从而提高交易效率。金融服务机构还能通过数据分析和预测,为企业提供更加精准的决策支持,帮助企业优化业务流程,提高工作效率。

(二)增强风险防范能力

在电子商务领域中,风险与机遇并存。为了确保电子商务的稳健发展,金融服务在增强风险防范能力方面扮演着至关重要的角色。通过对交易安全、金融风险以及信任体系等关键环节的深入分析和有效管理,金融服务能显著提升电子商务的安全性和可靠性。

保障交易安全是金融服务在电子商务中的首要任务。为了确保支付环境的安全性,金融服务采用了先进的加密技术和安全支付协议,有效防止了支付信息在传输过程中被窃取或篡改。同时,风控系统的建立能实时监测交易行为,及时发现异常交易并采取相应的防范措施。这些措施共同构建了安全的支付环境,使用户能够放心地进行电子商务交易。

防范金融风险是金融服务的另一项重要职责。通过监测和分析电子商务交易中的风险点,金融服务能够提前预警潜在的风险问题,并为企业提供相应的防范建议。这不仅有助于企业及时发现并解决潜在的风险问题,还能避免风险扩散造成的重大损失。

建立信任体系是促进电子商务交易顺利进行的关键。金融服务通过为电子商务用户提供信用评估、认证等服务,降低了信息不对称带来的交易风险。这为用户提供了可靠的交易信息,使用户能够更加信任电子商务平台,从而提高交易的意愿和频率。

(三)拓展市场空间与商业模式创新

在现代电子商务发展中,金融服务成为推动企业拓展市场空间和商业模式创新的重要动力。通过跨境支付和国际结算等服务,金融服务不仅为电子商务提供了便捷的交易工具,还帮助企业跨越地理和文化的障碍,进入更广阔的国际市场。

1.金融服务助力企业拓展市场空间

跨境支付和国际结算服务的完善,使得企业可以轻松地完成国际交易,从而扩大了市场份额。这些服务不仅降低了企业的交易成本,还提高了交易的便捷性和安全性。金融服务机构还通过提供市场调研、风险管理等支持,帮助企业更好地了解国际市场,提高国际竞争力。

2.金融服务促进商业模式创新

金融服务的个性化服务方案和创新性的交易模式,为电子商务企业提供了更多的商业机会。例如,金融机构可以为企业提供定制化的融资方案,支持其创新产品和服务的研发。同时,金融机构还可以利用大数据和人工智能等技术,为企业提供精准的营销和风险管理服务,帮助企业实现商业模式的创新。

3.金融服务支撑电子商务生态圈建设

金融服务的融资、保险、咨询等服务,为电子商务生态圈内的企业提供了全面的支持。这些服务不仅降低了企业的经营风险,还提高了企业的运营效率。

在电子商务生态圈中,金融服务机构、电商平台、物流企业等各方相互依存、相互促进,共同推动了电子商务的健康发展。

四、金融服务在电子商务中的挑战与对策

(一)主要挑战

当前金融服务在电子商务领域的应用虽取得显著成效,但仍面临着诸多挑战,主要集中在金融服务与电子商务的整合、信息安全与风险防控以及法律法规与监管体系等方面。

金融服务与电子商务的整合程度直接影响着电子商务的顺畅进行。当前金融服务在电子商务中的应用尚未实现全面整合,导致电子商务过程中的支付、结算、融资等环节存在诸多不便。例如支付手段单一,缺乏多样化的支付方式;结算周期长,资金回笼慢,影响企业的资金周转;融资难、融资贵,制约了电子商务企业的发展。为了解决这些问题,需要加强金融服务与电子商务的整合,推动支付、结算、融资等环节的便捷化和高效化。

电子商务环境下,金融服务面临着更为严峻的信息安全和风险防控挑战。用户数据泄露、网络诈骗等问题层出不穷,给用户和企业带来巨大损失。为保障用户信息和资金的安全,金融机构需要加强信息安全和风险防控能力,采用先进的加密技术、安全认证和风险控制措施,确保用户数据和资金的安全。同时还需加强用户教育,提高用户的安全意识和风险防范能力。

法律法规与监管体系的不完善也是金融服务在电子商务中面临的挑战之一。当前,针对金融服务在电子商务中的法律法规和监管体系尚不完善,导致金融服务的合规性和规范性无法得到保障。因此,需要加强法律法规的制定和完善,明确金融服务在电子商务中的法律地位和权利义务,为金融服务的合规性和规范性提供法律保障。同时,还需要加强监管力度,建立有效的监管机制,防范金融风险的发生。

(二)可采取的对策

在金融服务与电子商务的融合过程中,促进二者的整合至关重要。这不仅可提升电子商务的服务质量和用户体验,还能为金融机构创造新的业务增长点。二者的融合在第四小节将进一步做深入的探讨,以下先进行概述。

具体而言,金融服务机构应主动与电子商务平台合作,通过提供便捷的支付、结算和融资服务,降低交易成本,缩短交易周期,提高交易效率。电子商务平台也可以利用金融服务机构的专业知识和资源,为用户提供更为丰富和个性化

的金融产品和服务。金融机构与电子商务平台的合作还可推动金融服务的创新。例如,基于大数据和人工智能技术,金融机构可以分析用户的交易行为和消费习惯,为用户提供更为精准的金融产品和服务。金融机构还可以利用电子商务平台的用户资源,开展跨境支付、外汇兑换等业务,扩大业务范围。

随着电子商务的快速发展,信息安全和风险防控问题日益凸显。金融机构在提供金融服务时,必须采取有效的信息安全措施,确保用户信息的安全和隐私。金融机构应建立完善的信息安全体系,加强数据加密和传输安全,防止信息泄露和被盗用。金融机构应建立完善的风险防控机制,对用户的交易行为进行实时监控和风险评估,及时发现和防范潜在的风险。

第二节　电子商务支付结算

一、电子商务支付结算系统概述

(一)支付结算系统定义

支付结算系统是金融体系的重要组成部分,它通过电子手段实现支付和结算的一系列处理过程,确保资金的高效、安全和便捷流转。该系统不仅包括支付工具的选择、支付指令的发送,还涉及结算方式的确定等多个环节,是现代经济活动不可或缺的基础设施。

1.支付工具的选择

支付工具是支付结算系统的核心要素之一,它决定了资金流转的方式和速度。在现代金融体系中,支付工具种类繁多,包括传统的现金、支票、汇票等,以及现代的电子支付工具如银行卡、电子货币、移动支付等。这些支付工具各具特点,适用于不同的支付场景和需求,为经济活动提供了多样化的选择。

2.支付指令的发送

支付指令是支付结算系统的重要组成部分,它代表了支付者的意愿和指示。支付指令的发送可以通过多种方式实现,如银行转账、电子支付等。在发送支付指令时,支付者需要提供准确的收款人信息和支付金额,以确保资金能够准确无误地到达收款人的账户。

3.结算方式的确定

结算方式是支付结算系统的核心环节之一,它决定了资金的清算和结算方式。在现代金融体系中,结算方式主要包括实时结算和批量结算两种。实时结算是指资金在支付指令发出后立即完成清算和结算,而批量结算则是指将多个支付指令进行汇总后再进行清算和结算。不同的结算方式适用于不同的支付场景和需求,为经济活动提供了灵活多样的结算方式。

(二)电子商务支付结算系统的重要性

安全保障是电子商务支付结算系统的核心优势之一。该系统运用了多层加密技术,确保了交易数据在传输过程中的高度保密与完整性,有效防范了信息泄露与篡改的风险。同时,配合智能风险监测系统,能够实时识别并拦截潜在的安全威胁,为用户构建了一个安全可靠的交易环境。这不仅保护了消费者的合法权益,也增强了商家对于电子商务的信任与依赖。

在提升购物体验方面,电子商务支付结算系统充分尊重了消费者的个性化需求,提供了多样化的支付方式与灵活的结算选项。消费者可以根据自身实际情况选择最便捷的支付方式,如银行卡支付、第三方支付平台、移动支付等,从而提升了交易的便捷性与满意度。该系统还优化了结算流程,减少了烦琐的操作步骤,使购物过程更加顺畅与愉悦。这些举措不仅提升了消费者的购物体验,也促进了电子商务市场的繁荣与发展。

(三)支付结算系统的发展历程

初级阶段见证了支付结算的原始形态,主要依赖于纸质凭证如汇票、支票等进行资金转移。这一时期的支付过程烦琐,需经历手工填写、邮寄传递、银行审核等多个环节,不仅效率低下,而且容易受到人为错误的影响,导致交易延误或资金安全风险。随着电子商务的萌芽,传统支付方式的局限性日益凸显,难以满足快速发展的市场需求。

电子化阶段则是支付结算领域的一次重大变革。随着信息技术的蓬勃发展,网银、第三方支付平台等电子化支付工具应运而生,彻底颠覆了传统支付模式。用户可通过互联网或移动设备轻松完成资金划转,极大地提升了支付效率与便捷性。同时,电子化支付还降低了交易成本,减少了纸质凭证的使用,对环境保护也起到了积极作用。电子支付记录的可追溯性增强了交易透明度,为纠纷解决提供了有力依据。

智能化阶段则是当前支付结算系统发展的最前沿。人工智能、大数据等先进技术的融入,使得支付结算系统具备了更高的智能化水平。智能清算系统能够自动处理复杂的支付指令,优化资金流转路径,进一步提升支付效率。而基于大数据的风险识别机制,则能够实时监测交易行为,及时发现并防范潜在风险,保障资金安全。个性化支付解决方案的推出,也满足了不同用户群体的多样化需求,推动了电子商务支付结算系统的持续创新与发展。

二、电子商务支付模式

(一)线上支付模式

1.第三方支付平台

第三方支付平台作为电子商务支付领域的重要中介,通过构建独立的账户体系,实现了资金的安全托管与高效流转。买家在选购商品后,将资金转入第三方支付平台账户,待确认收货并满意后,平台再将款项释放给卖家。此模式不仅简化了支付流程,提升了用户体验,还通过技术手段有效保障了交易双方的资金安全。平台通常采取多重加密、实名认证等措施,降低了交易欺诈风险。同时,第三方支付平台与多家银行及金融机构合作,提供了广泛的支付渠道选择,增强了支付服务的兼容性和灵活性。然而,随着平台规模的扩大,如何平衡资金沉淀的利用与风险防控,成为其面临的重要课题。

2.网上银行支付

网上银行支付模式依托传统银行系统,实现了银行账户与电子商务交易的直接对接。买家通过网上银行界面,轻松完成从银行账户到卖家账户的资金划转,整个过程高效且安全。该模式借助银行长期积累的金融基础设施和风控体系,确保了支付过程的稳定性与安全性。然而,网上银行支付也面临着银行系统兼容性不足的问题,不同银行间的支付接口标准不一,可能增加用户操作的复杂度。网络安全威胁始终是网上银行支付需警惕的风险点,银行需持续投入资源加强系统防护,保障用户资金安全。

3.虚拟货币支付

虚拟货币支付作为新兴支付方式,以其匿名性、去中心化等特点吸引了特定用户群体。买卖双方通过虚拟货币交易平台进行货币兑换,进而完成支付过程。该模式在跨境支付、小额支付等领域展现出独特优势,降低了交易成本,提高了支付效率。然而,虚拟货币支付的合法性与监管问题仍存争议,各国对虚拟货币的法律地位、税收政策等存在差异,增加了虚拟货币支付的法律风险。同时,虚拟货币市场的波动性较大,价格波动可能给交易双方带来不可预测的经济损失。因此,在推动虚拟货币支付发展的同时,需加强国际合作,完善相关法律法规,确保支付市场的健康有序发展。

(二)移动支付模式

在电子商务支付模式的深入探索中,移动支付作为一股不可忽视的力量,正以其便捷性与高效性重塑着支付生态。其中,短信支付、扫码支付及近场通信支付(NFC)构成了移动支付的三大核心模式。

短信支付模式具有操作简便的特点,尤其在中低端手机用户群体中拥有广泛的应用基础。用户仅需通过手机接收并输入一次性验证码,即可完成支付流程,无需复杂的操作界面或高端设备支持,极大地降低了支付门槛,促进了电商交易的普及与深化。

扫码支付以其广泛覆盖的线下应用场景著称。无论是超市收银、餐厅点餐还是公共交通购票,二维码支付的身影无处不在。消费者通过智能手机扫描商家提供的二维码,迅速完成支付,不仅提升了支付效率,还增强了交易的灵活性与安全性,成为新零售时代不可或缺的支付手段。

近场通信支付则是利用手机内置的 NFC 芯片与 POS 机或其他 NFC 设备之间的短距离无线通信,实现了瞬间支付与身份验证,无需直接接触,极大提升了支付的便捷性与安全性。在智能手机普及与 NFC 技术不断成熟的背景下,NFC 支付正逐渐渗透到手机支付、交通卡充值及门禁管理等多个领域,展现出强劲的发展潜力。

(三)跨境支付模式

跨境汇款作为最传统的跨境支付方式之一,长期以来在国际贸易与个人资金转移中扮演着重要角色。该模式主要通过银行或其他金融机构进行,涉及资金从一国账户直接划拨至另一国账户的过程。其操作流程相对成熟,具有高度的安全性和可靠性,尤其是在大额资金转移时更为适用。

然而,跨境汇款也面临着显著的局限性。手续烦琐是其主要痛点之一,包括开户、审核、汇款等多个环节,耗时较长且需要提交大量文件资料。费用较高,涉及多重汇费、手续费及汇率转换成本,增加了交易成本。由于不同国家和地区的金融监管政策差异,跨境汇款还可能受到严格的监管限制,导致资金流动不畅。

随着电子商务的兴起,跨境支付平台应运而生,为跨境交易提供了更为便捷、高效的支付解决方案。这些平台利用互联网技术和先进的金融系统,实现了不同国家和地区之间的资金快速转移。相比跨境汇款,跨境支付平台具有以下几个显著优势:

首先,跨境支付平台提供友好的用户操作界面,支持多种支付方式和货币种类,降低了使用门槛。用户只需在平台上注册账号、绑定银行卡或第三方支付工具,即可轻松完成跨境支付。其次,借助先进的支付处理技术和全球支付网络,跨境支付平台能够实现资金的即时或快速到账,缩短了交易周期,提高了资金利用效率。最后,跨境支付平台具备完善的风险管理体系,通过大数据分析、人工智能等技术手段,对交易风险进行实时监控和评估,有效降低了欺诈和洗钱等非法活动的风险。

然而,跨境支付平台也需面对不同国家和地区的法律法规和货币政策的挑战。为了确保合规运营,平台需要不断适应和遵守各国监管要求,这增加了运营成本和时间成本。同时,货币汇率波动也是跨境支付平台需要关注的重要因素之一,其可能影响到交易双方的利益分配。

跨境虚拟账户支付模式是近年来兴起的一种新型跨境支付方式,其核心在于为买家在跨境支付平台上开设虚拟账户,并通过充值该账户完成支付。这种模式在资金管理、支付流程优化等方面展现出独特的优势。跨境虚拟账户为买家提供了一个集中管理跨境支付资金的平台,支持多种货币种类和支付方式。买家可以根据实际需求随时充值、提现或进行货币兑换,提高了资金使用的灵活性和便利性。通过跨境虚拟账户支付模式,买家也可以直接在平台上完成支付流程,无需跳转到其他支付工具或银行网站进行操作。这不仅简化了支付流程,还提高了交易的安全性和稳定性。跨境支付平台通过为买家提供虚拟账户服务,还可以更有效地进行风险防控。平台可以对虚拟账户进行实时监控和管理,及时发现并处理异常交易行为,降低欺诈和洗钱等风险的发生概率。

然而,跨境虚拟账户支付模式也面临着资金安全和风险防控的挑战。平台需要建立健全的安全保障体系和技术防范措施,确保虚拟账户资金的安全性和稳定性。同时还需加强与各国监管机构的合作与沟通,共同维护跨境支付市场的健康稳定发展。表 5-1 以 PingPong 平台为例,简要说明跨境支付的主要流程。

表 5-1 跨境支付的主要流程

步骤	细节
1	中国跨境卖家通过 PingPong 平台发起支付请求
2	PingPong 平台利用数字化技术聚合资金流、信息流
3	PingPong 通过合作银行及国际卡组进行支付处理
4	支付款项通过本地化清算通道快速到账,支持多种支付方式和币种交易
5	跨境支付交易费用降低,到账效率提升至秒级

三、支付结算系统技术架构

(一)系统总体架构

作为整个支付结算系统的基石,底层基础设施层集成了计算机网络、高性能存储设备与服务器集群,确保数据传输的安全性与高效性。同时,该层还部署了操作系统与数据库管理系统等基础设施软件,为上层应用提供稳定的数据存储与处理能力。通过精细的资源配置与负载均衡策略,底层基础设施层有效地保障了系统的高可用性与可扩展性。

中间件层则是技术架构中的桥梁,集成了多种用于提升系统性能与稳定性的中间件技术。其中,缓存系统通过减少对数据库的直接访问,显著加快了数据检索速度;消息队列则有效解耦了系统间的依赖关系,提高了系统的并发处理能力。这些中间件技术的应用,不仅优化了系统内部的数据流动与交互,还增强了系统面对高并发、大数据量处理场景的能力。

业务逻辑层是支付结算系统的核心,集中实现了用户管理、交易处理、结算管理等关键业务逻辑。该层通过精细的业务流程设计与严格的权限控制机制,确保了交易数据的准确性、完整性与安全性。同时,通过集成先进的加密与验证技术,业务逻辑层有效防范了各类潜在的安全风险,保障了用户资金与交易信息的安全。

展示层是用户与系统交互的直接界面,提供了网页端、移动端等多种形式的用户交互方式。通过简洁明了的界面设计与流畅的用户体验,展示层有效降低了用户的使用门槛,提升了用户满意度;通过集成智能推荐、数据分析等功能,为用户提供个性化的服务体验,进一步增强了用户黏性。

(二)关键技术组件

支付接口作为连接用户与支付系统的桥梁,其设计需兼顾通用性与灵活性。支付接口需支持多样化的支付方式(如银行卡支付、第三方支付平台、移动支付等)及终端类型(如 PC 端、移动端、IoT 设备等),确保无论用户采用何种方式发起支付请求,都能通过统一的标准接口接入系统。接口模块内部需实现支付请求的高效转换与传输,确保支付信息的准确性与安全性。同时,支付接口还需支持支付结果的实时反馈,包括支付成功、失败、待处理等多种状态,以便用户及时了解支付情况。

结算引擎是支付结算系统的核心,负责处理交易数据、应用结算规则,并生成结算结果。该组件通过复杂的算法与规则引擎,对海量交易数据进行高效处理,确保每一笔交易的准确性与及时性。结算引擎需支持多种结算模式(如 T+0、T+1、分账结算等),并可根据业务需求灵活配置结算规则。结算引擎还需具备强大的数据处理能力,以应对高并发交易场景下的性能挑战。通过集成智能分析技术,结算引擎还能实现对交易数据的深度挖掘,为业务决策提供有力支持。

风险管理是支付结算系统不可或缺的一部分,旨在识别与控制潜在的支付风险。该组件通过构建多维度的风险监控体系,实现对交易行为的实时监控与异常检测。风险管理组件利用大数据分析与机器学习技术,对交易数据进行深度挖掘,发现潜在的欺诈行为与异常交易模式。同时,该组件还具备灵活的风险应对机制,可根据风险等级自动触发相应的风险控制措施(如交易拦截、风险警示等),确保支付安全。风险管理组件还需与业务逻辑层紧密协作,为系统提供全面的安全保障。

数据分析与挖掘作为支付结算系统的智能化升级方向,其重要性日益凸显。该组件利用大数据技术,对支付结算过程中产生的海量数据进行深度挖掘与分析,揭示数据背后的隐藏规律与价值。通过构建数据仓库与数据分析平台,数据分析与挖掘组件可实现对支付数据的可视化展示、趋势预测与业务洞察等功能。分析结果不仅有助于优化系统性能、提升用户体验,还能为业务决策提供有力的数据支撑,推动电子商务支付结算系统的持续创新与发展。表 5-2 以稠州银行为例,概述其应用的新核心业务系统的技术组件。

表 5-2　稠州银行新核心业务系统技术组件

技术组件	描述
分布式技术	新核心系统采用分布式技术,提升系统效率和响应速度
微服务架构设计	系统基于微服务架构设计,增强系统的灵活性和可扩展性
国产化软硬件体系	新核心系统全面适配国产化的软硬件体系,实现自主可控

(三)数据安全与隐私保护技术

在数字化时代,数据安全与隐私保护已成为企业和组织不可忽视的重要任务。为了确保数据的安全性和隐私性,企业需要采用一系列先进的数据安全与隐私保护技术。

加密技术是数据安全的基础。通过使用先进的加密算法和技术,可以对敏感数据进行加密处理,确保数据在传输和存储过程中的安全。加密技术不仅可以防止数据被未经授权的第三方窃取,还可以确保数据在传输过程中的完整性和真实性。常见的加密算法包括对称加密算法、非对称加密算法以及公钥加密算法等。这些算法的选择和使用需要根据具体的应用场景和数据特性进行权衡和选择。

匿名化技术是保护用户隐私的重要手段。通过对数据进行匿名化处理,可以使数据无法直接关联到具体的用户,从而保护用户的隐私。匿名化技术可以通过数据脱敏、数据泛化等方式实现。在数据脱敏过程中,敏感数据被替换或删除,以确保数据无法被还原。在数据泛化过程中,数据被模糊化或泛化,以确保无法确定数据的具体来源和归属。这些措施可以有效地保护用户的隐私,同时满足数据分析和挖掘的需求。

访问控制技术是限制对敏感数据访问的重要手段。通过实施严格的访问控制策略,可以确保只有经过授权的用户才能访问敏感数据。访问控制技术可以通过身份验证、权限控制等方式实现。在身份验证过程中,用户需要提供有效的凭证来证明自己的身份。在权限控制过程中,用户只能访问被授权的数据和功能。这些措施可以有效地防止数据泄露和非法访问。

安全审计与日志记录是确保数据安全的重要措施。通过对系统操作进行安全审计和日志记录,可以追踪和记录用户的操作行为,以便后续分析和查找安全问题。安全审计和日志记录需要记录用户的行为、时间、地点等信息,并对这些信息进行存储和分析。通过对日志数据的分析,可以发现异常行为和安全漏洞,并及时采取措施进行修复。同时,安全审计和日志记录还可以为数据恢复和灾难恢复提供重要的支持。

四、支付结算流程与优化

(一)典型支付结算流程

支付结算作为电子商务交易中的重要环节,对于保障交易双方的权益、确保资金安全以及提升交易效率具有重要意义。一个典型的支付结算流程通常包括用户购物与下单、支付环节与支付方式选择、支付信息传输与处理以及结算结果反馈与订单状态更新等关键环节。

在用户购物与下单环节,电子商务平台为用户提供了丰富的商品信息和购物体验。用户通过浏览平台上的商品,选择合适的商品并填写订单信息,包括商品数量、收货地址、联系方式等。这一环节是交易流程的起点,也是用户与电子商务平台进行交互的初步阶段。

支付方式选择是支付结算流程中的核心环节。用户需要选择合适的支付方式来完成支付。目前,市场上存在多种支付方式,如网银支付、支付宝、微信支付等。这些支付方式各具特点,用户可以根据自己的需求和习惯选择最适合的支付方式。同时,为了确保支付安全,用户需要输入支付密码或进行生物识别验证,以验证身份信息的真实性。

支付信息传输与处理是支付结算流程中的关键环节。一旦用户完成支付,支付信息将通过电子商务平台传输至支付系统。支付系统会对支付信息进行处理,包括验证支付信息的真实性和合法性、扣除用户账户中的资金等。这一过程需要高效、准确且安全地完成,以确保交易双方的资金安全。

支付系统将结算结果反馈至电子商务平台,电子商务平台根据结算结果更新订单状态。如果用户支付成功,订单状态将变为已支付;如果支付失败,订单状态将变为未支付。这一环节是交易流程的终点,也是用户与电子商务平台进行交互的最后一个环节。通过这一环节,用户可以确认自己是否成功支付,并了解自己的订单状态。

(二)流程优化策略

在当前商业环境中,企业为了保持竞争力,必须不断优化业务流程,尤其是支付流程。一个高效、安全、便捷的支付流程对于提高客户满意度和忠诚度至关重要。因此,本文将从优化支付页面设计、提高支付安全性以及优化结算周期与资金利用效率三个方面,探讨支付流程的优化策略。

支付页面是客户完成购物流程的最后一环,其设计直接影响到客户的购物体验和支付转化率。为了简化支付步骤,企业应尽可能减少支付页面的跳转次数,让客户在一个页面上完成所有支付操作。同时,支付页面应提供清晰的支付指引和明确的支付金额,避免客户在支付过程中产生疑惑或误解。支付页面还应兼容多种设备和浏览器,确保客户在不同场景下都能顺利完成支付。

为了提高支付页面的易用性和用户体验,企业可以借鉴优秀的设计实践,如采用简洁的页面布局、清晰的按钮布局、友好的表单设计等。还可以通过 A/B 测试等方法,不断优化支付页面的设计,以提高支付转化率。

支付安全是客户选择支付方式时的重要考虑因素之一。为了提高支付安全性,企业应采用多种支付方式认证和加密技术,确保支付过程的安全性和数据的保密性。例如,可以采用双重身份验证、指纹识别等支付方式认证技术,以防止支付账号被盗用。同时,还可以采用 SSL/TLS 等加密技术,保护客户在支付过程中传输的数据不被窃取或篡改。

除了技术手段,企业还应加强内部管理,建立完善的支付安全机制和风险控制体系。例如,可以建立支付风险监测系统,实时监控支付交易情况,及时发现并处理异常交易。还可以加强员工培训,提高员工的安全意识和风险防范能力。

结算周期和资金利用效率是影响企业现金流的重要因素。为了优化结算周期和资金利用效率,企业可以采取多种措施:缩短结算周期,将结算周期从一周缩短到一天或两天,以加快资金回笼速度;优化资金调配,将资金投入到更有价值的项目中,提高资金利用效率;与支付机构合作,降低支付成本和手续费。

在优化结算周期和资金利用效率的过程中,企业应充分考虑自身的实际情况和经营需求。例如,对于小型企业来说,缩短结算周期可能会增加运营成本,因此需要权衡利弊并做出合理的决策。同时,企业还应加强财务管理和内部控制,确保资金的安全和合规使用。

(三)智能化与自动化技术应用

在智能化与自动化技术的推动下,电子商务平台的支付环节正经历着深刻的变革。通过人工智能技术,电子商务平台能够根据用户的购物习惯和偏好,智能推荐合适的支付方式,这不仅提升了用户的购物体验,还进一步促进了交易的成功率。同时,自动化技术的应用使得支付信息的自动传输、处理和反馈成为可能,大大提高了支付效率和准确性。对支付数据的深入分析和挖掘,正成为电子商务平台精准营销和运营支持的重要手段。通过对用户购物行为和市场趋势的洞察,电子商务平台能够更精准地满足用户需求,提升市场竞争力。

具体来看,在电子商务的各领域中,企业电子商务销售额的增长情况呈现出差异化态势(见图5-1)。在建筑业领域,虽然其电子商务销售额在近年来有所增长,但相较于其他行业,其增长幅度相对较小。而在批发和零售业领域,电子商务销售额则呈现出较为显著的增长趋势,这与其行业特性和市场需求密切相关。同时,制造业、采矿业以及住宿和餐饮业等领域的电子商务销售额也表现出强劲的增长势头。特别是在制造业领域,随着智能化和自动化技术的深入应用,其电子商务销售额的增长尤为突出。这不仅反映了制造业在数字化转型方面的积极成果,也预示着其在未来电子商务市场中的巨大潜力。教育、卫生和社会工作等领域的电子商务销售额虽然总体规模相对较小,但也呈现出稳步增长的态势。这些领域的电子商务发展起步较晚,但随着社会对数字化服务需求的不断提升,其市场前景同样值得期待。

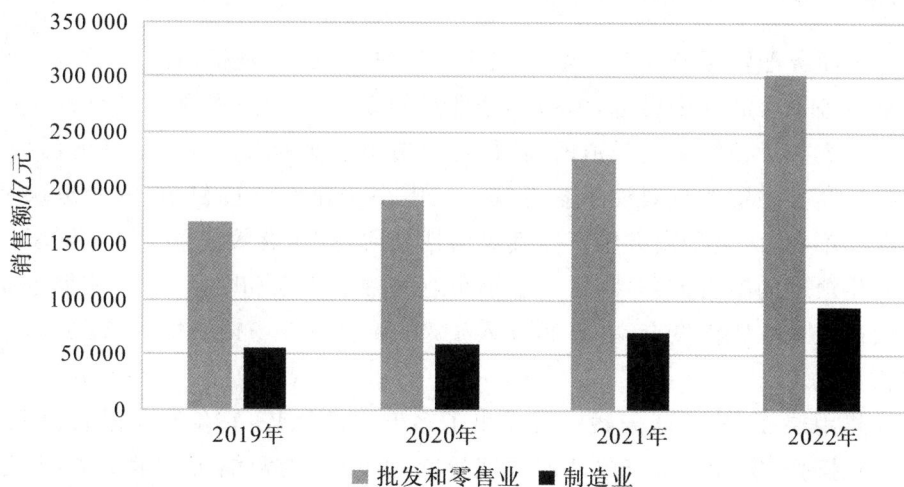

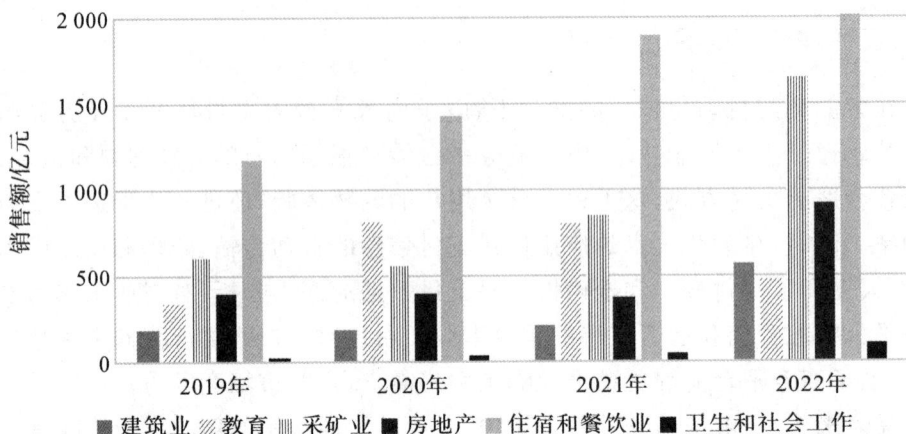

图 5-1　2019—2022 年全国企业电子商务销售额

数据来源：中经数据 CEIdata。

第三节　电子商务融资服务

一、电子商务融资服务概述

(一)电子商务融资服务定义

电子商务融资服务作为金融领域的一项重要创新,是指通过电子商务平台和金融服务平台的深度融合,为中小企业量身定制的线上融资解决方案。这一模式不仅突破了传统融资渠道的局限,还为中小企业的发展注入了新的活力。

电子商务融资的重要性不容忽视。在中小企业经营过程中,资金短缺是普遍存在的难题,而电子商务融资以其灵活性和便捷性,有效缓解了这一困境。它通过简化烦琐的融资流程,降低了中小企业的融资成本和时间成本,使得企业能够更快速地获取所需资金,并将其投入生产、研发和市场拓展中,从而加速企业的成长步伐。

在作用层面,电子商务融资展现出了多方面的优势:它优化了融资流程,通过线上化操作,实现了融资申请的快速提交和审批,大幅缩短了融资周期;它降低了中小企业的融资成本,通过减少中间环节和降低信息不对称,使得融资利率更为合理,减轻了企业的财务负担;它提高了融资效率,借助大数据和人工智能等先进技术,对企业信用进行精准评估,实现了融资资源的优化配置,为中小企业提供了更加高效、精准的融资服务。

(二)电子商务融资服务特点

电子商务融资服务以其独特的线上化、信息化与智能化特点,正逐步重塑传统融资模式,为企业融资带来了前所未有的便利与效率。

线上化特点深刻改变了企业融资的传统路径。在电子商务融资服务中,企业能够直接通过在线平台完成从融资申请到审核,再到放款的全过程,这一转变不仅极大地节省了企业的时间和成本,还打破了地域限制,使得融资活动不再受限于物理空间的束缚。企业主或财务负责人只需轻点鼠标,即可上传相关资料,系统自动流转至审核环节,随后快速获得反馈。这种全程无接触的融资方式,不仅提升了融资的便捷性,还加快了资金到位的速度,为企业的运营与发展提供了强有力的资金支持。

信息化特点则依托大数据、云计算等先进技术手段,实现了对企业信用状况的全面评估与风险控制的精准把控。电子商务平台通过收集和分析企业的财务数据、交易记录、信用评分等多维度信息,构建出详尽的企业信用画像。在这个过程中,大数据的广泛覆盖与云计算的高效处理能力发挥了关键作用,二者共同确保了信用评估的准确性和及时性。基于这些精准的数据分析,融资平台能够制定出更为科学合理的融资方案,有效降低融资风险,保障资金安全。

智能化特点则是电子商务融资服务的另一个亮点。通过引入智能算法和模型,融资平台实现了自动化审批和放款,极大地提高了融资效率。智能系统能够自动识别并处理融资申请中的关键信息,根据预设的规则和条件进行快速决策,从而减少了人为干预,降低了操作失误的风险。同时,智能系统还能根据市场变化和企业经营状况的实时数据,动态调整融资策略和条件,确保融资服务的灵活性和适应性。这种智能化的融资模式,不仅提升了企业的融资体验,还为金融机构提供了更为高效的业务处理手段,促进了金融服务的创新与发展。

(三)电子商务融资服务模式分类

电子商务融资服务作为现代金融与互联网技术深度融合的产物,其模式多样,各具特色,为不同市场参与者提供了灵活高效的融资解决方案。其中,B2B、B2C 及 C2C 融资模式构成了电子商务融资服务的主要框架。

B2B 融资模式聚焦于企业间的交易融资,通过电子商务平台搭建起供应链金融的桥梁。该模式充分利用了企业间的交易数据,为供应商提供基于应收账款、预付账款及库存等资产的融资服务。在 B2B 融资中,电子商务平台不仅作为交易中介,还扮演着信用评估与风险管理的重要角色,通过大数据分析与区块链技术,实现对融资项目的精准评估与快速放款,有效缓解了中小企业融资难、融资贵的问题。同时,B2B 融资模式促进了供应链上下游企业的紧密合作,增强了供应链的稳定性与竞争力。

B2C 融资模式则面向广大消费者,通过电子商务平台提供个人消费贷款、分期付款等融资服务。该模式依托电商平台积累的海量用户数据与消费行为分析,为消费者量身定制个性化的融资方案。B2C 融资不仅满足了消费者多样化的购物需求,还促进了消费市场的繁荣与发展。同时,电商平台通过引入第三方金融机构或自建金融板块,实现了融资服务的闭环管理,提高了融资效率与风险控制能力。

C2C 融资模式则是一种基于个人间借贷的电子商务融资方式,通过 P2P 网络借贷平台实现资金的直接对接。该模式打破了传统金融机构的垄断,为借贷双方提供了更加灵活便捷的融资渠道。C2C 融资平台通过严格的信用审核与风险控制机制,确保借贷双方的权益得到保障。同时,借助互联网技术的优势,C2C 融资实现了资金的高效配置与利用,促进了民间资本的流动与增值。

二、电子商务融资服务风险

(一)信用风险

借款人违约风险是电子商务融资服务中最为直接且显著的信用挑战。由于市场环境复杂多变,借款人可能因经营策略失误、市场竞争加剧、供应链中断等多种因素导致经营困难,进而无法按期偿还融资款项。这种违约行为不仅直接损害金融机构的资金安全,还可能引发连锁反应,影响整个融资市场的稳定。因此,金融机构在审批融资申请时,必须采取更为严格的评估措施,包括但不限于深入调查借款人的经营状况、市场地位、历史信用记录等,结合行业趋势和宏观经济环境进行综合考量,以科学预测其还款能力和潜在风险。

信息不对称风险则是电子商务融资服务中难以完全规避的固有问题。相较于传统金融模式,电子商务融资服务的线上操作特性使得金融机构难以直接接触到借款人的实际运营情况,难以获取全面、准确的第一手资料。这种信息不对称不仅增加了融资决策的难度,还可能诱导借款人采取隐瞒或虚假陈述等手段获取融资,进一步加剧信用风险。为有效应对这一挑战,金融机构需加强信息技术应用,建立健全的信息共享机制和风控模型,利用大数据分析、人工智能等技术手段,提升对借款人信息的挖掘能力和分析精度,以更全面地掌握其真实状况,为融资决策提供有力支持。

(二)市场风险

市场需求变化风险主要体现在电子商务市场的快速变动性上。随着消费者偏好、技术革新及政策导向的频繁调整,电子商务市场的竞争格局瞬息万变。这种不确定性不仅考验着借款企业的市场适应能力和创新能力,也对金融机构的信贷评估体系提出了更高要求。若金融机构未能准确预判市场趋势,盲目提供融资支持,一旦市场需求发生骤变,借款企业可能面临订单锐减、库存积压等困境,进而导致资金链断裂,难以按期偿还贷款。

价格波动风险则是电子商务融资服务中另一不可忽视的市场风险。在开放的市场环境中,融资价格往往受到多种因素的共同影响,包括但不限于市场供求关系、政策调控、国际经济形势等。这些因素的变化可能导致融资成本的大幅波动,给金融机构的资产负债管理带来挑战。为避免价格波动风险对融资业务造成不利影响,金融机构需密切关注国内外经济形势、政策导向以及行业发展趋势,综合运用利率风险管理工具,如利率互换、利率期权等,以有效对冲融资成本变动带来的风险。同时,金融机构还应加强与借款企业的沟通与协作,共同探索成本节约、效率提升的融资模式,以增强双方应对市场波动的能力。

(三)操作风险

在电子商务融资服务的广阔领域里,操作风险作为一类核心风险,其影响不容忽视。操作风险涵盖了从系统层面的技术故障到人为因素导致的各类失误,对融资服务的顺畅进行及资金安全构成了直接威胁。

系统故障风险是电子商务融资服务中的一大隐忧。融资交易高度依赖信息系统的稳定性和安全性,任何系统缺陷、软件漏洞或硬件故障都可能导致交易中断、延迟甚至数据丢失,进而影响到资金流转,损害客户信任。为此,金融机构必须建立健全的系统维护机制,实施定期的安全检查和应急演练,确保系统能够在高强度交易环境下持续稳定运行。同时,采用先进的加密技术和数据备份策略,以防范数据泄露和丢失风险,为融资服务提供坚实的技术支撑。

人为操作失误风险同样不容小觑。在复杂的融资服务流程中,员工素质、专业技能及操作规范直接决定了融资操作的准确性和可靠性。操作失误可能源于对业务流程的不熟悉、对政策规定的误解或疏忽大意等,进而引发资金错配、违规操作等问题。为降低这一风险,金融机构需加强员工培训和考核,提升员工的专业素养和责任意识。通过制定详尽的操作手册和流程指南,明确操作标准和步骤,确保员工能够准确、高效地完成融资服务。同时,建立严格的内部控制体系,对融资操作进行全面监控和审计,及时发现并纠正潜在的失误和违规行为,保障融资服务的安全性和合规性。

(四)法律与合规风险

合规风险作为电子商务融资服务的另一大风险点,其重要性不言而喻。合规不仅关乎金融机构的合法运营,更是维护其市场信誉与品牌形象的关键。在提供融资服务过程中,金融机构必须严格遵守国家法律法规、监管机构的指导意见及行业标准,确保所有业务操作均符合合规要求。这包括但不限于客户身份识别、反洗钱、数据保护、利率合规等多个方面。为此,金融机构应构建完善的合规管理体系,包括制定详细的合规政策、流程与操作指南,加强内部监督与审计,确保合规要求的全面贯彻落实。同时,通过建立与监管机构的良好沟通机制,及时获取监管动态,争取监管支持,也是金融机构有效管理合规风险的重要策略。

三、电子商务融资服务监管政策

(一)国内外监管政策概述

电子商务融资服务作为现代金融体系的重要组成部分,其监管政策在国内外均呈现出不同的特点与侧重点,旨在保障行业健康发展,维护市场稳定与消费者权益。在中国,电子商务融资服务的监管政策框架逐步完善,旨在构建一个既鼓励创新又规范有序的市场环境。随着互联网金融的兴起,监管部门如中国人民银行、国家金融监督管理总局等积极出台了一系列政策措施,以应对电子商务融资领域的新挑战。这些政策不仅要求金融机构和电子商务平台严格遵守《中华人民共和国商业银行法》《非银行支付机构网络支付业务管理办法》等法律法规,还强调了风险管理与合规经营的重要性。

具体而言,国内监管政策注重以下几个方面:一是强化金融机构与电子商务平台的资质审查与准入管理,确保市场参与者的合法性与专业性;二是建立健全风险评估与监测机制,利用大数据、人工智能等技术手段提升风险防控能力;三是推动信息披露与消费者权益保护,要求平台充分披露融资产品信息,明确风险提示,保障消费者知情权与选择权;四是严厉打击非法融资活动与欺诈行为,维护市场公平竞争秩序。

国内政策还鼓励金融机构与电子商务平台加强合作,共同探索适应电子商务特性的融资服务模式。例如通过供应链金融、区块链技术等手段,提高融资效率,降低融资成本,为中小企业提供更加便捷、高效的融资支持。这些举措不仅促进了电子商务融资服务的创新发展,也为实体经济转型升级提供了有力支撑。

相较于国内,国外电子商务融资服务的监管政策在保护消费者利益与隐私方面表现得更为突出。许多发达国家已经建立了较为完善的金融监管体系,通过立法和执法手段对电子商务融资服务进行全面监管。这些政策不仅要求金融机构和电子商务平台遵守反洗钱、反恐怖融资等国际准则,还强调了数据保护与用户隐私的重要性。

在监管实践上,国外政策注重以下几点:一是强化监管机构的独立性与权威性,确保监管措施的有效执行;二是推动监管科技(RegTech)的应用,利用技术手段提高监管效率与精准度;三是加强国际合作与信息共享,共同应对跨境融资服务中的风险与挑战;四是注重消费者权益保护,建立畅通的投诉与救济渠道,确保消费者在遇到问题时能够及时获得帮助。

一些国家还通过立法明确了电子商务融资服务的法律地位与业务范围,为行业发展提供了清晰的法律指引。例如,美国通过《统一商法典》等法律文件对电子商务融资服务进行了规范;欧盟则通过《支付服务指令》(PSD2)等法规推动了支付市场的开放与创新。这些立法措施不仅促进了电子商务融资服务的规范发展,也为消费者提供了更加安全、便捷的融资体验。

(二)监管政策对市场的影响

电子商务融资服务市场的健康发展,离不开监管政策的科学制定与有效实施。监管政策对市场的影响深远而多维,首要体现在对市场秩序的维护上。

在市场秩序方面,监管政策通过明确市场准入标准、强化信息披露要求以及加大执法力度,有效遏制了非法融资活动和欺诈行为。这些措施不仅降低了市场风险,还促进了市场的公平竞争。随着监管框架的不断完善,电子商务融资平台被要求严格遵守相关法律法规,确保交易的真实性和透明度,从而增强了市场参与者的信心,提升了整个行业的信誉度。同时,对违规行为的严厉打击,也起到了震慑作用,维护了市场的良好秩序。

监管政策在保护消费者权益方面发挥了关键作用。针对电子商务融资服务中可能存在的信息不对称、高风险等问题,监管部门通过加强风险管理、规范金融服务方式等手段,为消费者构建了多重保障。例如,建立投资者保护机制,明确投资者权益受损时的救济途径;推动金融知识普及教育,提升消费者的金融素养和风险意识。这些措施有效保障了消费者在电子商务融资服务中的合法权益,增强了消费者对市场的信任感,促进了市场的可持续发展。

监管政策还对金融机构和电子商务平台提出了更高要求,推动了其风险管理和内部控制水平的提升。随着市场环境的变化和监管要求的提高,金融机构和电子商务平台需要不断优化内部管理机制,加强风险控制能力,确保业务的合规性和稳健性。这包括建立健全风险管理体系、完善内部控制流程、加强合规文化建设等方面。通过提升服务质量和水平,金融机构和电子商务平台能够更好地满足市场需求,赢得消费者的青睐,从而推动整个行业的健康发展。

京东金融、蚂蚁集团与苏宁金融的电子商务融资服务

一、京东金融的供应链融资

京东金融在供应链融资领域,通过整合自身资源,创新性地推出了应收账款融资、存货融资、预付账款融资等多种融资模式。这些融资模式紧密围绕供应链中的各个环节,满足了不同企业在资金需求上的差异化。例如,对于资金流动性紧张的企业,京东金融提供应收账款融资,通过提前收回应收账款,解决企业资金短缺的问题。而存货融资则针对库存压力大的企业,通过质押库存货物获得融资,减轻库存压力。预付账款融资则针对采购方,通过提前支付货款,帮助采购方锁定货源,降低采购成本。

京东金融供应链融资服务的融资效果:通过供应链融资服务,京东金融为供应商和商家提供了及时、便捷的资金支持,有效解决了资金瓶颈问题。同时,由于融资方式灵活、利率优惠,降低了融资成本,提高了资金的使用效率。京东金融还提供了一站式金融服务,简化了融资流程,缩短了融资周期,进一步提升了融资效率。

京东金融供应链融资服务的风险控制:在风险控制方面,京东金融采取了多种措施来降低融资风险。首先,严格筛选融资对象,确保融资企业的信用记录和经营状况良好。其次,通过实时监控融资用途,确保资金用于企业的正常经营活动。最后,建立完善的风险管理制度,对融资过程进行全程监控,及时发现并化解潜在风险。这些措施的实施,有效地降低了融资风险,保障了资金的安全。

二、蚂蚁集团的跨境电商融资

蚂蚁集团跨境电商融资服务作为行业内的创新典范,深刻影响着跨境电商生态的金融支持力度与效率。其融资模式的核心在于对商家经营数据与信用记录的深度挖掘与利用,为平台上的跨境电商企业量身定制了无抵押、无担保的信用融资解决方案。

蚂蚁集团凭借其在金融科技领域的深厚积累,构建了一套高效、智能的融资评估体系。该体系通过大数据分析,全面评估商家的历史销售数据、库存周转、客户评价及外部信用评级等多维度信息,从而精准刻画商家的经营健康状况与还款能力。这种以数据为驱动的模式,不仅降低了传统融资过程中的信息不对称问题,还极大地简化了融资流程,使得跨境电商商家能够迅速获得与其经营需求相匹配的融资金额,有效缓解了资金压力。

蚂蚁集团的跨境电商融资服务,对于促进商家成长、增强市场竞争力具有显著作用。商家利用获得的融资资金，可以扩大产品线、优化库存管理、加强市场营销，进而提升销售额与市场份额。该服务还通过降低融资门槛与成本，减轻了商家的财务负担，使其能够更专注于业务本身的优化与创新。长远来看，这种融资模式的普及，有助于推动整个跨境电商行业的健康、可持续发展。

在提供融资服务的同时，蚂蚁集团高度重视风险控制工作。依托其先进的大数据风控模型与人工智能技术，蚂蚁集团能够对商家的融资申请进行全方位、多层次的风险评估与监测。通过对商家经营活动的实时追踪与异常行为预警，蚂蚁集团能够及时发现并应对潜在的风险点，确保融资资金的安全与稳定。这种智能化的风险管理机制，不仅提高了融资审批的效率与准确性，还增强了投资者与金融机构对跨境电商融资项目的信心。

蚂蚁集团跨境电商融资服务以其精准的融资模式、显著的融资效果与智能化的风险控制能力，为跨境电商商家提供了强有力的金融支持。该服务的成功实施，不仅促进了商家自身的快速发展与转型升级，还对整个跨境电商行业的金融生态产生了深远的影响。随着技术的不断进步与市场的持续拓展，蚂蚁集团的跨境电商融资服务有望在未来发挥更加重要的作用。

三、苏宁金融的绿色金融实践

苏宁金融的绿色金融实践以其创新性与实效性，成为行业内的典范。其绿色金融战略聚焦于绿色信贷与绿色债券两大核心融资模式，精准对接环保与节能产业的资金需求，为绿色经济的蓬勃发展注入了强劲动力。

绿色信贷作为苏宁金融绿色金融实践的重要组成部分，通过定制化融资解决方案，有效降低了绿色企业的融资成本与门槛。苏宁金融严格筛选融资项目，优先支持具有显著环保效益和可持续发展潜力的企业，确保每一笔信贷资金都能精准投放至绿色产业的关键环节。同时，通过灵活的还款安排和优惠的利率政策，进一步减轻了绿色企业的财务负担，加速了绿色技术的研发与应用步伐。

在绿色债券领域，苏宁金融凭借其在资本市场的深厚积累与广泛影响力，成功发行了多期绿色债券，为环保项目筹集了大量长期稳定的资金。这些绿色债券不仅丰富了资本市场的投资品种，也促进了投资者对绿色产业的关注与认可。苏宁金融在债券发行过程中，坚持高标准的信息披露与环保效益评估，确保了资金使用的透明性与有效性，为绿色产业的可持续发展奠定了坚实基础。

苏宁金融在绿色金融实践中始终将风险控制放在首位。通过建立完善的风险管理体系，对融资项目进行全方位、多维度的评估与监控，有效降低了绿色金融风险。同时，加强内部监管与外部合作，确保绿色信贷与绿色债券资金的安全、合规使用，为绿色金融的健康发展提供了有力保障。

资料来源：百度搜索。

第四节　电子商务与金融的融合创新

一、电子商务与金融融合的必然性

在电子商务与金融的融合过程中,其必然性体现在多个层面。这一融合趋势不仅满足了用户日益增长的便捷交易需求,优化了资源配置,还催生了新产业与新模式的发展。

随着网络技术的不断进步和消费者购物习惯的改变,电子商务已成为人们日常生活的重要组成部分。电子商务与金融的结合,使得消费者能够更加方便、快捷地完成交易,从而极大提高了购物体验和满意度。这种融合打破了传统金融服务的时空限制,为用户提供了更加灵活多样的支付方式,进一步推动了电子商务的繁荣发展。

同时,电子商务与金融的融合还有助于优化资源配置。通过高效的电子支付系统,资金流动更加迅速,提高了资金的利用效率。这种融合还降低了交易成本,使得商品和服务的价格更加透明,从而有助于增强整体经济活力。

更重要的是,电子商务与金融的融合催生了新产业、新模式的发展。随着移动支付的普及和互联网金融的兴起,越来越多的创新型企业开始涌现,推动了经济结构的调整和转型升级。这些新产业和新模式不仅为消费者提供更多的选择和便利,也为经济发展注入新的活力。

随着全球化的深入和科技的进步,跨境电商成为推动经济增长的重要力量。电子商务与金融的融合不仅为交易双方提供了更为便捷、高效的支付和结算方式,还通过大数据、人工智能等技术手段,为商家提供了更为精准的营销策略和风险控制方案。这种融合促进了贸易的快速发展,提高了金融服务的普惠性和可获得性,同时也带来了新的挑战,如数据安全、跨境监管等。因此,建议电商与金融机构加强合作,共同应对挑战,把握机遇。例如,可以通过加强数据共享,提高风险识别和防范能力;通过优化支付和结算流程,提升用户体验;通过创新金融产品和服务,满足多样化的市场需求。

二、电子商务与金融融合创新的路径

（一）技术创新路径

人工智能技术的引入，为电子商务与金融融合注入了前所未有的智能化活力。通过构建智能决策系统，金融机构能够基于海量交易数据与用户行为分析，实现信贷审批、风险评估等关键环节的自动化与智能化。在这一过程中，机器学习算法不断迭代优化，能够精准识别潜在信用风险，提高审批效率与准确性，有效降低不良贷款率。同时，智能推荐系统根据用户的购物习惯、偏好及金融需求，提供个性化金融产品与服务，增强用户黏性与满意度。在智能风控领域，人工智能通过实时监测交易行为，识别异常模式，有效防范欺诈与洗钱活动，保障交易安全与金融稳定。自然语言处理技术的应用，使得金融服务更加人性化，能够通过智能客服机器人提供 24 小时不间断的客户服务，解决用户疑问，提升服务体验。

大数据分析技术是电子商务与金融融合创新的另一大引擎。通过对电子商务平台积累的庞大交易数据进行深度挖掘与分析，金融机构能够洞悉市场趋势，把握消费者需求变化，为产品创新与市场策略调整提供数据支撑。例如，基于用户购买历史与浏览行为，金融机构可以预测未来消费热点，定制化推出符合市场需求的金融产品。大数据分析还能帮助金融机构识别潜在优质客户，实施精准营销，提高营销效率与转化率。在风险管理方面，大数据分析能够综合评估借款人的信用状况，构建全面的风险评估模型，为贷款决策提供科学依据。大数据分析还应用于欺诈检测，通过识别异常交易模式，及时预警并采取措施，保障金融安全。

云计算技术的广泛应用，为电子商务与金融融合提供了强大的技术支撑与资源保障。通过云计算平台，金融机构与电子商务平台能够实现数据的高效存储、处理与传输，降低 IT 成本，提升业务灵活性。在数据管理方面，云计算提供弹性可扩展的存储解决方案，能够应对海量数据的快速增长需求，确保数据的安全性与可用性。在业务处理层面，云计算平台支持大规模并发交易处理，提升系统响应速度与稳定性，满足用户对于高效金融服务的需求。云计算还促进了金融服务的创新与升级，通过云服务的形式，金融机构能够快速推出新型金融产品与服务，实现业务的快速迭代与优化。同时，云计算还推动了金融服务的普惠化，使得偏远地区与中小企业也能享受到高质量的金融服务，促进金融资源的均衡分配。

人工智能、大数据分析与云计算技术的应用，共同构建了电子商务与金融融合创新的技术体系,推动了金融服务的智能化、精准化与高效化发展。未来,随着技术的不断进步与应用场景的持续拓展,电子商务与金融的融合创新将迈向更加广阔的天地,为经济社会的全面发展注入新的活力。

(二)模式创新路径

当前,金融行业的创新正以前所未有的速度推进,其中,模式创新是尤为重要的一个方面。它不仅能推动金融服务的深化,还能为金融行业带来新的增长点。以下将详细探讨两种具有前瞻性的金融创新模式。

1.产业链金融模式

产业链金融是指基于电子商务产业链,通过金融服务平台的构建,为产业链上的企业提供全方位的金融服务。该模式以产业为基础,以金融服务为纽带,实现了产业与金融的深度融合。在具体操作中,金融机构可以针对产业链上的不同环节,提供定制化的金融服务产品,如订单融资、应收账款保理等。这种模式的优点在于,能够降低企业的融资成本,提高融资效率,同时也有助于金融机构更好地控制风险。随着电商平台的不断发展和完善,产业链金融模式将会得到更加广泛的应用。

2.跨境电商金融模式

在全球化的大背景下,跨境电商已经成为国际贸易的重要组成部分。跨境电商金融模式是指通过跨境电商平台,实现国际贸易与金融服务深度融合的运营模式。该模式能够打破地域限制,让买家和卖家在全球范围内进行交易,同时也为金融机构提供了新的业务机会。通过跨境电商金融模式,金融机构可以为企业提供跨境支付、融资、保险等一站式金融服务,降低企业的交易成本,提高交易效率。随着跨境电商的不断发展,跨境电商金融模式也将会得到更多的关注和应用。

(三)产品创新路径

在产品创新方面,电子商务行业正积极探索与金融的深度融合,通过推出供应链金融产品、跨境结算产品以及互联网金融产品等,以满足企业和个人日益增长的金融服务需求。

1.供应链金融产品

随着电子商务的快速发展,供应链金融逐渐成为企业资金流转的重要渠道。电子商务平台通过与金融机构合作,推出了一系列供应链金融产品,如供应链融资、供应链保险等。这些产品以供应链中的企业为核心,通过电子化的方式实现融资、保险等金融服务的便捷化。例如,供应商在电子商务平台上申请融资,平台会根据其订单情况、信用记录等信息进行风险评估,并为其提供相应的融资额度。这种融资方式不仅降低了企业的融资成本,还提高了供应链的运转效率。

2.跨境结算产品

随着跨境电商的兴起,跨境支付和结算的需求日益增长。电子商务平台通过与跨境支付机构合作,推出了跨境结算产品。这些产品能够实现跨境支付、结算的便捷化、高效化。例如,跨境支付平台能够支持多种货币结算,减少货币转换成本;同时,通过跨境支付技术,能够实现快速到账,提高资金流动性。这些跨境结算产品的推出,为跨境电商的发展提供了有力的支持。

3.互联网金融产品

电子商务平台还结合了互联网金融的特点,推出了网络贷款、网络理财等互联网金融产品(表5-3)。这些产品通过互联网平台实现了金融服务的普及化、大众化。例如,网络贷款平台能够为企业和个人提供贷款服务,降低了贷款门槛;网络理财产品则能够为用户提供多样化的理财选择,提高资金收益。这些互联网金融产品的推出,满足了用户多样化的金融需求,也促进了电子商务行业的发展。

表5-3 微众银行科技金融服务情况

服务名称	服务效果	详情
科创贷款产品	解决企业初创期、成长关键期融资需求	吸引超50万家科创企业申请,累计授信超3 100亿元
数字创投服务	满足科创企业股权＋债权多元融资需求	微创投平台服务企业主、投资人等近7 000人,对接181家企业客户匹配投资机构

三、电子商务与金融融合创新的挑战与对策

(一)主要挑战

在电子商务与金融融合创新的进程中,诸多挑战凸显了融合的复杂性和艰巨性。这些挑战不仅涉及法规环境、技术水平和安全保障等多个方面,还涉及市场、文化以及消费者接受度等多重因素的考量。

政策法规的滞后是影响电子商务与金融融合创新的一大障碍。在快速发展的金融科技领域,相关法律法规的出台往往滞后于市场的发展。这使得电子商务与金融的融合创新缺乏明确的法律指导和规范,容易导致法律纠纷和风险。同时,政策扶持力度有限,缺乏针对电子商务与金融融合创新的专项支持政策,也限制了融合创新的深入发展。

技术应用与整合难度是另一大挑战。电子商务与金融的融合需要借助先进的技术手段实现二者之间的深度整合。然而,技术更新换代速度快,需要不断投入研发和维护成本,以保持技术的先进性和稳定性。不同系统之间的数据共享

和互通存在障碍,导致整合过程复杂且耗时。这些技术问题限制了电子商务与金融融合创新的效率和效果。

安全隐患与风险防控是电子商务与金融融合创新不可忽视的问题。金融行业的敏感信息和客户数据需要得到严格保护。然而,电子商务与金融融合过程中可能存在数据泄露、丢失或被盗用的风险。二者融合创新也可能带来新的安全风险,如金融欺诈、网络攻击等。这些安全风险不仅损害客户的利益,也对金融机构和电子商务平台的声誉造成严重影响。

(二)应对策略与建议

1.加强政策法规建设

在电子商务与金融融合创新的过程中,政策法规的完善是保障其健康发展的关键。为此,政府应加强对电子商务与金融融合创新的研究,制定针对性的法律法规,明确二者融合的法律关系和责任主体。同时,应加大对电子商务与金融融合创新的扶持力度,出台专项支持政策,为二者的深度融合提供政策支持。政府还应加强对电子商务与金融融合创新的监管,确保其在合法合规的轨道上发展。

2.提升技术应用与整合能力

电子商务与金融的融合创新需要强大的技术支持和整合能力。企业应加大技术研发投入,提高自主创新能力,推动电子商务与金融的深度融合。同时,企业还应加强与科研机构和高校的合作,引进先进技术,共同研发新产品、新服务。在整合方面,企业应注重技术融合和业务协同,打造一体化的服务模式,提高服务效率和质量。企业还应加强人才培养和团队建设,打造一支具备较强技术实力和整合能力的工作团队。

3.加强安全隐患与风险防控

电子商务与金融融合创新在带来便利的同时,也带来了诸多安全隐患和风险。企业应建立完善的安全管理制度和流程,确保数据安全和系统稳定。同时,还应加强对员工的培训和管理,提高员工的安全意识和风险防范能力。企业与政府应共同建立安全风险防控机制,共同应对各种安全风险和挑战,确保电子商务与金融融合创新的稳定发展。

案例视窗

科技时代下电子商务与金融服务融合的启示

一、国内案例

在前一小节的案例中,我们讨论了京东金融、阿里巴巴和苏宁易购的融资服务。这些企业以电商为基础,将金融服务与电商紧密结合,实现了业务的快速增长和多元化发展。延续前面的分析,这里进一步介绍这三个企业在金融服务与电子商务通过信息化技术融合的营运特点。

京东金融在电商金融服务领域的表现尤为突出。作为京东集团的金融业务子公司,京东金融凭借其强大的电商背景,通过大数据和人工智能技术,实现了金融服务的个性化推荐和风险管理。其推出的白条、金条等消费金融产品,为用户提供了便捷的消费信贷服务,促进了电商交易的增长。同时,京东金融还通过京东众筹等平台,为创新项目和企业提供了融资服务,推动了电商与金融的深度融合。

阿里巴巴则通过搭建蚂蚁金服平台,将电商与金融服务紧密结合,形成了独特的商业模式。其支付宝产品不仅为电商交易提供了便捷的支付解决方案,还通过余额宝等金融产品延伸了服务范围。通过支付宝,用户可以轻松完成转账、缴费、购物等多种支付操作,并享受理财、保险等金融服务。蚂蚁金服还为小微企业和个人提供了贷款服务,降低了融资门槛和成本,促进了普惠金融的发展。

苏宁易购在电商金融服务领域也取得了显著成绩。苏宁易购将金融服务融入电商交易过程中,通过供应链金融、消费金融等产品,为商家和消费者提供一站式金融服务。其苏宁金融平台提供了贷款、理财、保险等多种金融产品,满足了用户多样化的金融需求。同时,苏宁易购还通过与金融机构合作,为用户提供更加便捷、安全的金融服务体验。

二、国外案例

在当前全球经济一体化的背景下,电子商务与金融服务的融合已成为行业发展的新趋势。国外多家企业凭借其在技术和市场上的优势,成功实现了电商与金融的深度结合,为行业提供了宝贵的经验。

亚马逊作为电商巨头,其在金融服务领域的布局堪称典范。亚马逊通过推出亚马逊支付、亚马逊贷款等金融产品,将电商与金融服务相融合,为用户提供了一站式的购物和金融服务体验。这种融合不仅提升了用户体验和忠诚度,还为亚马逊带来了可观的金融服务收益。亚马逊还利用其在电商平台上积累的数据资源,通过数据分析技术,为商家提供精准的市场预测和库存管理方案,帮助商家降低经营风险,提高运营效率。

eBay 作为全球最大的电商之一,其金融服务也相得益彰。eBay 通过提供买家保护、卖家资金支持等服务,为交易双方提供了安全的交易环境。这些服务不仅保障了交易双方的权益,还促进了电商交易的活跃程度。eBay 还通过金融服务提供了一系列增值服务,如保险、贷款等,进一步满足了用户的多元化需求。

三、启示与意义

在电子商务与金融融合的过程中,国内外成功案例的涌现为我们提供了诸多启示和借鉴意义。这些案例不仅揭示了电商与金融融合的发展潜力，还指出了融合创新的具体路径和关键要素。

电商与金融的融合创新路径具有巨大发展潜力。电商平台的庞大用户基础和交易数据为金融服务提供了丰富的信息来源和风控手段。通过电商平台，金融机构可以更加精准地定位目标客户，提供个性化的金融产品和服务。同时，电商平台也可以借助金融服务的功能，提高自身的用户黏性和竞争力。这种融合创新不仅促进了电商和金融的共同发展，还为用户带来了更加便捷、高效的金融服务体验。

数据技术与人工智能在金融服务中发挥着关键作用。电商平台通过大数据分析，可以深入了解用户的消费习惯、信用状况和风险偏好，从而为用户提供更加精准的金融服务。人工智能技术还可以用于金融产品的设计和优化，提高金融服务的效率和质量。这些技术的应用，使得金融机构能够更好地满足用户的多样化需求，提升金融服务的水平。

跨界合作与整合是实现电商与金融融合的重要途径。电商平台与金融机构之间的合作，可以实现资源共享、优势互补，共同推动电商与金融的融合创新。同时，跨界合作还可以带来新的商业模式和思维方式，为电商和金融的发展注入新的活力。

资料来源：百度搜索。

练习题

一、判断题

1.金融服务仅包括融资、投资、保险等方面。（　　　）

2.传统金融服务主要依靠线上渠道提供。（　　　）

3.电子商务发展不需要金融服务的支持。（　　　）

4.金融服务对电子商务发展没有影响。（　　　）

5.支付结算服务是金融服务在电子商务中的唯一应用场景。（　　　）

6.线上支付结算服务可以降低交易风险和成本。（　　　）

7.融资贷款服务可以帮助电商企业解决资金问题。（　　　）

8.投资理财服务可以帮助用户提高资金使用效率。（　　　）

9.电子商务支付结算系统没有安全保障。（　　　）

10.跨境支付平台的手续烦琐，费用较高。（　　　）

二、单选题

1.以下哪项不是金融服务在电子商务中的重要作用？（　　）

　A.促进交易达成　　　　　　　　　B.提升用户体验

　C.降低交易风险　　　　　　　　　D.增加交易成本

2.以下哪种支付方式属于移动支付模式？（　　）

　A.第三方支付平台　　　　　　　　B.网上银行支付

　C.短信支付　　　　　　　　　　　D.虚拟货币支付

3.电子商务融资服务主要针对哪些企业？（　　）

　A.大型企业　　　　B.中小企业　　　　C.外资企业　　　　D.国有企业

4.以下哪项不属于电子商务融资服务的风险？（　　）

　A.信用风险　　　　B.市场风险　　　　C.操作风险　　　　D.法律风险

5.以下哪项不属于电子商务与金融融合创新的技术路径？（　　）

　A.人工智能　　　　B.大数据分析　　　　C.云计算　　　　D.产业链金融

三、多选题

1.金融服务在电子商务中的重要作用包括哪些？（　　）

　A.促进交易达成　　　　　　　　　B.提升用户体验

　C.推动电子商务发展　　　　　　　D.增加交易成本

2.电子商务支付结算系统的发展历程经历了哪些阶段？（　　）

　A.初级阶段　　　　B.电子化阶段　　　　C.传统阶段　　　　D.智能化阶段

3.电子商务融资服务的主要模式包括哪些？（　　）

　A.产业链金融模式　　　　　　　　B.B2B融资模式

　C.B2C融资模式　　　　　　　　　D.C2C融资模式

4.电子商务与金融融合创新的主要路径包括哪些？（　　）

　A.技术创新路径　　　　　　　　　B.模式创新路径

　C.产品创新路径　　　　　　　　　D.法律法规路径

5.电子商务与金融融合创新面临的挑战包括哪些？（　　）

　A.政策法规滞后　　　　　　　　　B.市场竞争激烈

　C.技术应用与整合难度　　　　　　D.安全隐患与风险防控

四、简答题

1.简述金融服务在电子商务中的作用。

2.简述电子商务支付结算系统的重要性。

3.简述电子商务融资服务的风险类型。

4.简述电子商务与金融融合创新的意义。

五、论述题

1.论述金融服务对电子商务发展的影响。

2.论述电子商务与金融融合创新的挑战与对策。

3.论述人工智能技术在电子商务与金融融合创新中的应用。

第六章 数字贸易物流与供应链管理

知识图谱

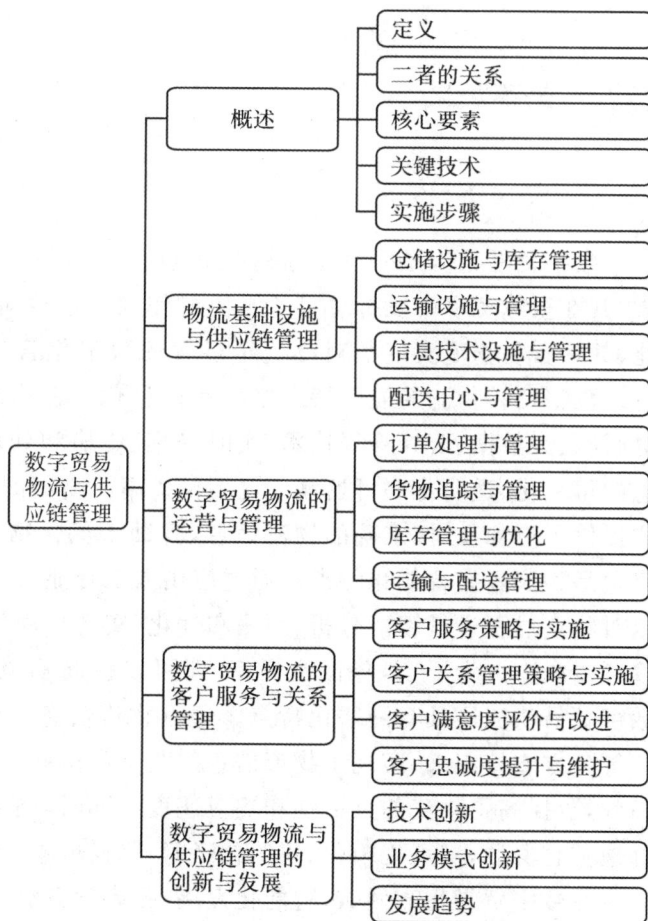

📋 **章节提要**

在当今竞争激烈的商业环境下,客户需求日益多样化和个性化,对供应链的管理提出更高的要求。因此,成功的物流与供应链管理策略是企业脱颖而出的关键因素。注重创新、实现供应链的优化和发展、提高智能化水平,提升供应链的运营效率准确性,都是数字贸易经济下企业须加强的策略方向。本章主要探讨数字贸易物流与供应链管理的概念、应用以及二者相辅相成的联系,包含了物流行业的基础设施与供应链管理架构、物流数字化转型的运营、客户服务与关系管理,以及数字贸易物流与供应链的创新与发展。

第一节 数字贸易物流与供应链管理概述

一、基本定义

(一)数字贸易物流

数字贸易物流是一种基于现代信息技术与数字技术相融合的新型物流模式,其在全球贸易中发挥着日益重要的作用。通过对传统物流模式的创新与优化,数字贸易物流实现了对物流全过程的数字化管理、智能化决策和高效化执行。数字贸易物流的显著特点之一是信息化。在物流过程中,通过采用先进的物联网、大数据、云计算等技术,实时采集、传输和处理物流信息,实现了物流信息的可视化、透明化和可追溯。这不仅提高了物流的透明度,也为物流企业和客户提供了更加及时、准确的物流信息,有助于优化物流决策,提高物流效率。数字贸易物流具有智能化特点。通过应用人工智能、机器学习等技术,物流系统可以对物流过程进行智能分析、预测和优化,实现自动化操作和智能化管理。这不仅可以减少人为干预,降低错误率,还可以提高物流的自动化水平,降低成本。数字贸易物流还具有网络化特点。通过物流信息平台,将供应商、物流企业、客户等各方连接起来,实现了物流信息的共享和协同。这使得物流流程更加流畅、高效,也提高了物流的灵活性和响应速度。同时,网络化也使得物流企业可以更好地整合资源,实现规模化、集约化经营,降低成本,提高竞争力。

在数字贸易物流领域,智能化发展、数字化升级以及网络化拓展已成为明显的趋势。随着技术的不断进步,尤其是人工智能和大数据技术的日益成熟,数字贸易物流正逐步实现智能化,这体现在智能调度系统的高效运用、智能配送路径的优化以及智能仓储管理的精细化上。智能化不仅提升了物流操作的自动化水平，还显著提高了物流效率和准确性。同时，数字化升级也在深刻改变着数字贸易物流的面貌。通过数字化手段，物流过程中的每一个环节都能得到精准管控和优化，从而实现了物流成本的降低和服务质量的提升。数字化工具如物联网设备和数据分析软件的应用，使得物流企业能够实时监控货物状态，预测运输需求，进而做出更为合理的物流规划。

网络化拓展则是数字贸易物流发展的另一重要方向。通过构建完善的物流网络体系，物流企业得以实现信息共享、资源共用和协同合作。这不仅优化了物流资源的配置，还加强了企业间的联系与互动，推动了整个物流行业的健康发展。特别是随着互联网技术的普及，越来越多的企业单位开始融入这一网络，形成了更为庞大的物流生态系统。例如，交通运输、仓储和邮政业以及科学研究和技术服务业中的企业单位，都在逐年增加对互联网的使用，这反映出网络化拓展在数字贸易物流中的深入影响。

（二）供应链管理

供应链的概念强调了产品流动的全生命周期管理，它要求企业在各个环节中紧密合作，确保信息的准确传递与资源的及时调度。在这个过程中，企业不仅要关注内部流程的顺畅，还需与供应商、分销商及最终消费者等外部合作伙伴建立稳定的合作关系，共同应对市场变化与不确定性挑战。数字技术的应用为供应链管理的精细化与智能化提供了有力支撑，通过实时数据收集与分析，企业能够更精准地预测市场需求、优化库存水平、提高生产效率，并快速响应市场变化。

供应链结构主要分为线性结构与网状结构两种。线性结构以其清晰明确的环节衔接顺序为特点，每个环节依次推进，形成一条有序的供应链条。这种结构在传统制造业中较为常见，有助于企业实现规模经济与流程标准化。然而，在快速变化的市场环境中，网状结构因其强调环节之间的交叉与互动而更具优势。网状结构打破了传统供应链的线性约束，促进了不同环节之间的信息共享与资源整合，使得企业能够灵活应对市场变化，实现供应链的快速响应与高效协同。这种结构尤其适用于复杂多变的市场环境，如跨境电商、智能制造等领域。

在供应链管理领域，制定合理的策略并明确目标是企业确保高效运作和持续发展的关键。供应链管理策略应依据企业的实际情况与市场需求进行精细化制定，可能包含对供应链各环节的精细化管控，以提升整体运作效率；加强与供应商、分销商等合作伙伴的协同创新，共同应对市场变化；利用现代技术如大数据、人工智能等进行智能化升级，提升供应链的响应速度和灵活性。

供应链管理的主要目标在于优化资源配置，确保原材料、人力、资金等能在供应链中高效流动，减少浪费。同时，通过流程优化和技术革新提高生产效率，以更快的速度响应市场需求;降低运营成本也是关键目标之一,包括减少库存积压、缩短物流周期、降低运输成本等;提升客户满意度是供应链管理的终极目标,通过提供高质量的产品和优质的服务来赢得客户的信任和忠诚,从而实现企业的可持续发展。这些策略与目标的制定和执行,需要企业不断根据市场变化进行动态调整和优化,以确保供应链始终保持在最佳状态。

在数字化贸易背景下,供应链管理面临着前所未有的挑战与风险,其中风险识别与应对成为保障供应链稳健运行的核心环节。供应链风险种类繁多,不仅涉及市场、物流及库存等传统领域的风险,还因数字技术的深度融入而产生了网络安全风险。市场风险源于市场波动、需求预测不准确及消费者行为变化,要求企业具备敏锐的市场洞察力和灵活的响应机制。物流风险则涉及运输延误、成本上升及供应链中断,需通过优化物流网络、采用智能调度系统来降低其影响。库存风险则要求企业精准把握库存水平,避免过度积压或短缺,利用大数据分析预测需求趋势,实现库存的最优配置。

二、数字贸易物流与供应链管理的关系

数字贸易物流与供应链管理作为现代企业管理的重要组成部分,其关系日益紧密。数字贸易物流通过引入信息技术手段,实现了物流过程的智能化、可视化和可追溯化,为供应链管理提供了强有力的支持。同时,供应链管理的优化也促进了数字贸易物流的进一步发展和完善。

数字贸易物流与供应链管理的关系主要体现在两个方面。首先,数字贸易物流与供应链管理是相互依存的。一方面,数字贸易物流为供应链管理提供了强大的技术支持和信息保障,使供应链各环节能够实时共享信息、协同作业,提高供应链的响应速度和灵活性。另一方面,供应链管理的优化也促进了数字贸易物流的发展和完善,为物流运作提供了更广阔的应用场景和更高的要求。其次,数字贸易物流与供应链管理在相互促进中共同发展。数字贸易物流通过引入信息技术手段,提高了物流运作的智能化和可视化水平,为供应链管理提供了更加精准和高效的信息支持。同时,供应链管理的优化也推动了数字贸易物流的进一步发展和创新,促使物流企业不断引入新技术、新模式,提升服务质量和竞争力。

以跨境电子商务为例,数字贸易物流与供应链管理的结合发挥了重要作用。跨境电商通过构建数字化供应链平台,实现了全球范围内的商品采购、仓储、运输和配送等环节的紧密协同。通过大数据分析和人工智能技术,跨境电商能够精准预测市场需求和库存水平,制定合理的采购计划和库存策略。同时,借助物联网和区块链等技术手段,跨境电商能够实现商品运输过程的实时监控和可追

溯化,提高物流运作的透明度和安全性。这些措施不仅提高了跨境电商的运营效率和客户满意度,也促进了整个供应链的持续优化和升级。

三、数字贸易物流与供应链管理的核心要素

(一)信息共享与协同机制

在数字贸易物流与供应链管理中,信息共享与协同机制的建立扮演着举足轻重的角色。信息共享不仅是提升供应链透明度的基石,更是驱动供应链高效运作的关键。通过构建全面的信息共享平台,企业能够实时交换订单信息、库存数据、物流追踪等关键数据,确保供应链各节点对运营状态有清晰、准确的认知。这种即时性不仅减少了信息不对称带来的决策滞后,还促进了资源的优化配置,有效降低了运营成本。

具体而言,信息共享机制要求供应链伙伴间建立互信基础,采用标准化的数据格式和安全的传输协议,确保信息的准确性和安全性。在此基础上,企业可以基于共享数据进行需求预测、生产计划调整及库存优化,实现供应链的精准管理。同时,信息共享还促进了供应链风险的共同识别与应对,增强了供应链的韧性和稳定性。

协同机制的建立则是实现供应链高效协同的保障。它要求供应链伙伴在战略层面达成共识,共同制定销售目标、库存管理策略及物流规划等。通过定期召开协同会议、建立联合工作小组等方式,加强沟通与协作,确保供应链各环节的无缝对接。协同机制不仅有助于减少冗余库存和缺货现象,提升客户满意度,还能促进供应链伙伴间的知识共享与创新能力提升,共同推动供应链的持续优化与升级。

(二)需求预测与计划管理

在数字贸易物流与供应链管理中,需求预测与计划管理的改进显得尤为重要。需求预测作为整个供应链管理的起始环节,其准确性直接关系到后续生产、库存以及销售计划的制定。企业需要通过精细化的生产计划来确保产品供应与市场需求同步,避免过剩或短缺的情况发生。采购计划的优化同样重要,它能够保障原材料的稳定供应,降低因市场波动带来的供应链风险。销售计划改进有助于企业更精准地把握市场脉动,提升客户满意度和市场份额。

(三)采购策略优化及供应商管理

在当前供应链竞争日益激烈的环境下,企业采购策略与供应商管理的优化

成为提升供应链效率与稳定性的关键路径。以物资集团为例,作为行业内的佼佼者,物资集团率先实施一系列创新举措,以应对市场挑战。在采购策略优化方面,物资集团通过精细化采购规划,科学设定采购批次与库存水平,有效降低了资金占用与库存积压风险,显著提升了采购效率与成本控制能力。此举不仅减少了资源浪费,还增强了企业的市场响应速度与灵活性。在供应商管理层面,物资集团实施了分级管理策略,通过构建全面、客观的供应商评价体系,对供应商绩效进行持续跟踪与评估。该策略推动物资集团与优质供应商的深度合作,激励供应商不断提升服务质量与效率。同时,物资集团还加强了与供应商的沟通与交流,建立了基于信任与共赢的合作关系,从而确保了供应链的稳定运行与风险防控能力。这一系列管理提升措施,不仅提升了物资集团自身的竞争力,也为整个供应链的协同发展奠定了坚实基础。

四、数字贸易物流与供应链管理的关键技术

借助信息科技,数字贸易物流的供应链管理可以通过物联网、大数据、人工智能、云计算等技术实现效率提升与作业优化。

物联网(Internet of things,IOT)技术作为数字贸易物流与供应链管理的核心技术之一,其应用与推广对提升供应链整体效能至关重要。物联网技术通过智能感知、识别技术与普惠通信手段,构建起物理世界与数字世界的桥梁,实现了物与物、人与物之间的无缝连接与智能交互。在物流领域,物联网技术的融入使得货物追踪与管理迈向了新高度。借助射频识别(RFID)标签、传感器等,物流企业能够实时获取货物的位置信息、状态参数及环境变化数据,进而实现精准调度与快速响应,显著提升了物流作业的透明度与效率。

在供应链管理中,物联网技术发挥了不可替代的作用。通过连接供应链上下游的各个环节,物联网技术促进了信息的高效共享与协同作业,使得供应链各环节能够基于实时数据做出快速决策,提高了供应链的响应速度与灵活性。物联网技术还有助于优化库存管理,减少库存积压与浪费,进一步降低了企业的运营成本。然而,物联网技术的推广与应用并非一帆风顺,标准不统一、数据安全性问题及高昂的实施成本是当前面临的主要挑战。为克服这些障碍,企业需加强技术研发力度,推动物联网标准的制定与统一,同时注重数据安全的保障措施,降低技术应用门槛,以促进物联网技术在物流与供应链管理中的广泛应用与深度融合。

大数据技术(big data)则通过复杂的数据处理算法,对来源于各个物流环节的海量数据进行系统性的梳理与提炼,揭示了物流作业过程中隐藏的规律与趋势,为企业决策者提供了数据驱动的决策依据。在物流决策方面,大数据分析能够精确评估不同物流路径的效能,动态调整运输策略,实现物流资源的优化配

置,有效缩短物流周期,提高载具装载率,从而在控制成本的同时提升整体物流效率。在供应链管理的更深层次应用中,大数据分析不仅帮助企业建立了高效的供应链风险预警机制,还能精准预测市场需求波动,实现库存水平的精细化调控。通过整合销售数据、库存状态、生产计划等多源信息,大数据分析能够生成精准的需求预测模型,助力企业实现供应链的"按需生产、零库存"管理目标,显著提升供应链的响应速度与灵活性。同时借助对供应链网络的深度洞察,大数据分析还能有效识别潜在的供应链断点与风险点,为供应链的稳健运行提供有力保障。

云计算(cloud computing)作为现代信息技术的核心基础设施,其高效、灵活、可扩展的特性为物流与供应链管理提供了强大的技术支撑。随着全球贸易环境的不断变化和市场竞争的日益激烈,提升云计算平台的服务能力,以应对复杂多变的物流与供应链管理需求,已成为行业发展的必然趋势。在物流领域,云计算平台的应用提升了物流效率与服务质量。通过集成物联网、大数据、人工智能等先进技术,云计算平台能够实现对物流信息的实时监控与智能分析,为物流企业提供精准的物流跟踪、库存预警、路径优化等服务。同时,云计算平台还支持多源异构数据的整合与共享,促进了物流企业与上下游合作伙伴之间的业务协同,降低了沟通成本,提升了整体供应链的响应速度。

五、数字贸易物流下供应链管理的实施步骤

(一)调研分析

在数字贸易物流与供应链管理的实施步骤中,调研分析扮演着至关重要的角色,它为后续策略的制定与执行奠定了坚实的基础。数据分析是该阶段的核心任务之一,通过全面收集并整理物流、供应链相关的历史数据,利用先进的数据分析工具进行深度挖掘,旨在揭示数据背后的隐藏规律和潜在问题,为项目的科学决策和精准施策提供强有力的数据支持。这一过程不仅包括对运输效率、库存周转率、成本结构等关键指标的量化分析,还涉及对异常数据点的识别与解释,以确保数据洞察的准确性和全面性。市场需求分析则是连接市场与内部运营的桥梁。通过对目标市场的深入洞察,企业能够准确把握客户需求的变化趋势,了解竞争对手的优劣势及市场动态,进而为制定差异化的市场策略和供应链优化方案提供依据。这一环节强调对客户需求进行细分和定位,同时关注新兴技术的应用和消费者行为的变化,以确保企业的市场响应能力和竞争优势。流程梳理与优化则是提升供应链效率与灵活性的关键环节。通过对现有物流、供应链流程的详细梳理,企业能够清晰识别各环节中的瓶颈、浪费及潜在风险点,进而提出针对性的优化建议。

(二)方案设计

在方案设计阶段,数字贸易物流与供应链管理的核心在于制定一套综合而前瞻性的实施蓝图。该方案需紧密贴合企业实际需求与行业发展趋势,旨在通过流程优化、系统集成及智能决策等多维度手段,全面提升供应链的敏捷性、透明度和智能化水平。

流程优化作为方案设计的基础,要求深入分析现有供应链的每一个环节,识别瓶颈与冗余,采用先进的业务流程管理方法,对物流作业、订单处理、库存管理等核心流程进行精细化改造。通过流程再造,实现作业流程的标准化、自动化与智能化,有效缩短供应链周期,降低运营成本。首先,系统集成是构建数字贸易物流供应链的关键环节。该阶段需打破各部门间的信息孤岛,实现 ERP、WMS、TMS、CRM 等关键系统的无缝对接,形成统一的数据平台。通过集成化的信息平台,实现供应链全链条信息的实时共享与协同,提升决策效率与准确性。引入云计算、物联网等先进技术,对物流运输、仓储管理等关键环节进行智能化改造,如应用智能仓储系统实现货物的自动化分拣与存储,利用物联网技术追踪货物状态,提升供应链的透明度和可追溯性。其次,智能决策是提升供应链管理水平的核心驱动力。通过大数据分析、人工智能算法等先进工具,对海量供应链数据进行深度挖掘与分析,预测市场趋势,评估供应链风险,为企业提供科学的决策支持。例如,运用机器学习算法优化库存策略,减少库存积压与缺货风险;通过人工智能辅助决策系统,快速响应市场变化,调整生产计划与物流布局。同时,建立智能预警系统,对供应链中的潜在问题进行实时监控与预警,确保供应链的稳健运行。

(三)落地执行

在数字贸易物流与供应链管理的实施步骤中,落地执行阶段的监控评估是确保项目成功落地的关键环节。过程不仅关乎方案的有效转化,更直接影响到项目的整体效能与持续优化。

实施部署阶段首要任务是将理论方案转化为具体可操作的行动计划。这要求项目团队对方案进行深度剖析,细化至每一项任务的具体执行步骤、所需资源及预期成果。通过制定详细的项目时间表,明确各阶段的里程碑与关键节点,确保项目进度的可控性。同时,建立项目组织架构,明确各任务负责人的角色与职责,形成跨部门、跨职能的协同机制。通过定期召开项目启动会议与进度汇报会,确保所有参与者对项目目标、任务分配及时间节点有清晰的认识,从而推动项目按计划有序进行。

为确保项目顺利推进,建立高效的项目监控系统至关重要。该系统应涵盖项目进度、成本、质量、风险等多维度指标,通过定期收集与分析数据,及时发现项目执行过程中存在的问题与偏差。利用项目管理软件(如 Jira、Trello 等)实现任务跟踪与进度可视化,便于团队成员实时掌握项目状态。同时,设立项目监控小组,负责定期审查项目报告,识别潜在风险与问题,并快速启动应急响应机制。对于发现的问题,项目团队需迅速组织讨论,分析原因,制定并实施调整方案,确保项目能够灵活应对外部环境变化,保持既定轨道前进。

项目结束后,进行全面的评估与优化工作是提升组织项目管理能力、促进未来项目成功的重要途径。评估工作应围绕项目目标达成度、过程管理效率、资源利用效率、客户满意度等多个维度展开,通过定量分析与定性评价相结合的方式,客观反映项目整体绩效。在评估过程中,注重收集项目参与者的反馈意见,特别是来自一线执行人员的宝贵经验,这些往往是优化方案的重要来源。基于评估结果,项目团队需深入总结项目执行过程中的成功经验与失败教训,提炼出可复制、可推广的最佳实践。同时,针对评估中发现的不足与问题,制定具体的优化策略与改进措施,为未来的项目提供有力支持。建立项目知识库,将项目文档、经验教训、优化方案等宝贵资源系统化存储,便于组织内部学习与传承,推动组织整体项目管理能力的持续提升。

第二节　物流基础设施与供应链管理

物流基础设施为现代物流体系的重要支撑,对于提升物流效率、降低物流成本具有至关重要的作用。在定义上,物流基础设施是指为物流活动提供基本条件和支撑的设施和装置。这些设施和装置涵盖了从商品的产地到消费者的整个流通过程,为物流活动提供了必要的硬件和软件支持。物流基础设施包括交通基础设施、仓储基础设施、信息基础设施等。

物流基础设施可以分为硬性基础设施和软性基础设施两大类。硬性基础设施主要包括交通设施、仓储设施、装卸设备等。其中,交通设施是物流活动的基础,包括铁路、公路、水路、航空等多种运输方式及其配套设施,如铁路站场、公路枢纽、港口码头等。仓储设施则用于存放和保管货物,包括仓库、货场、堆场等。装卸设备则用于货物的装卸、搬运和转运,如叉车、吊车、传送带等。软性基础设施则主要包括物流信息系统、物流服务平台、物流政策等。物流信息系统是物流活动的信息支撑,包括数据采集、处理、传输和共享等环节,为物流活动提供及时、准确的信息支持。物流服务平台则是为物流服务提供商和货主提供交易、结算、保险等一站式服务的平台,有助于降低物流成本和提高物流效率。物流政策则是政府对物流行业的支持和规范,包括税收政策、土地使用政策、交通政策等,为物流活动提供了良好的政策环境。

供应链管理作为现代企业运营的核心战略之一,其有效实施对于提升市场竞争力、增强客户满意度具有至关重要的作用。供应链不仅涵盖了从原材料获取到最终产品交付给消费者的全过程,还涉及这一过程中各环节的紧密连接与高效协作。供应链涵盖了原材料采购、生产制造、分销配送直至最终消费的所有环节,这些环节相互依存,共同构成了一个完整的产品或服务流通过程。而供应链管理,则是对这一系统内部物流、信息流、资金流进行全面规划、组织、协调与控制的过程,旨在通过优化资源配置,提升各环节间的协同效率,从而实现供应链整体性能的最大化。

其中,物流基础设施是供应链管理不可或缺的一环,对供应链的运作效率和稳定性产生深远影响。在效率提升方面,物流基础设施的现代化和智能化显著缩短了物资在供应链中的流通时间。在增强灵活性方面,一个健全的物流基础设施网络使供应链管理能够更敏捷地应对市场需求的变化。无论是季节性需求波动还是突发事件引起的市场震荡,完善的物流设施都能为供应链提供必要的弹性和快速调整的能力。这种灵活性确保了供应链的持续稳定运行,最大限度地减少了潜在风险。物流基础设施还促进了供应链各环节间的紧密协作。作为连接供应链上下游企业的桥梁,物流设施不仅实现了物资的高效流动,还加强了信息共享和资源整合。在效率提升方面,物流基础设施的现代化和智能化显著缩短了物资在供应链中的流通时间。例如,通过优化水路货运设施可以观察到2022 年 7 月至 12 月,水路货运量累计持续增长(见图 6-1),反映了物流效率的提高。这种提升直接降低了采购成本、库存持有成本和运输成本,从而增强了整体供应链的竞争力。

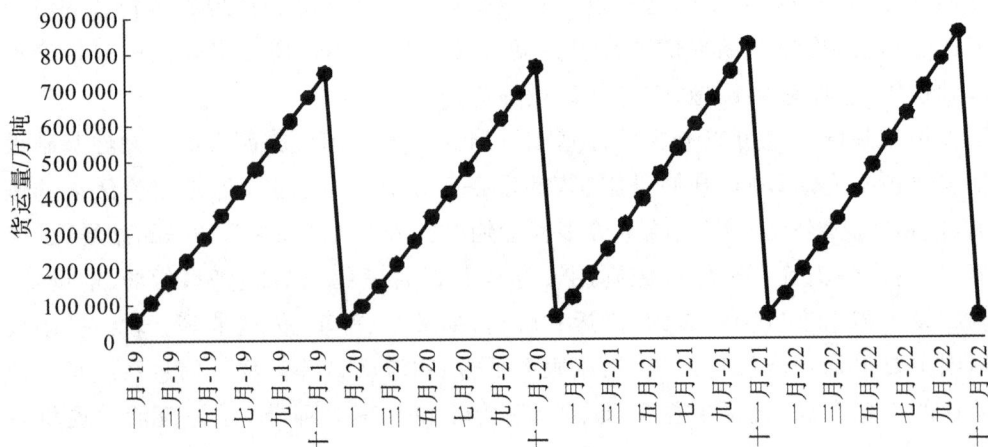

图 6-1　2019 年 1 月—2023 年 1 月全国水路货运量(累计)

数据来源:中经数据 CEIdata。

一、仓储设施与库存管理

(一)仓储与库存管理的基本概念

仓储管理是现代物流体系中不可或缺的一环,它涉及对仓库及仓库内物资的全方位管理。从物资的入库、出库、盘点、配送到库存的各个环节,仓储管理都扮演着至关重要的角色。其目标是在确保物资高效流转和存储的同时,尽可能地降低仓储成本,提高企业的整体运营效率。

在仓储管理中,入库是物资进入仓库的第一道关卡。通过对物资的验收、分类、编码、上架等操作,可以确保物资在仓库中的位置准确无误,便于后续的查找和出库。而出库则是物资离开仓库的最后一道关卡,通过出库操作可以确保物资按照订单要求准确地送达客户手中。盘点则是对仓库中的物资进行定期或不定期的清查,以确保账实相符,及时发现和解决库存差异。库存管理则是仓储管理的重要组成部分,它旨在控制库存水平,平衡供需关系,避免库存过多或过少导致的损失。库存计划是库存管理的起点,它根据企业的生产计划和市场需求,制定出合理的库存计划,确保库存水平能够满足生产需求。库存管理策略则是指如何管理库存,包括库存的存放、保管、盘点等方面,以确保库存的安全和完整。库存控制则是通过对库存的实时监控和调整,确保库存水平在合理范围内波动,避免库存积压和缺货。

在仓储与库存管理中,明确物资的需求预测、储存策略、库存周转周期等基本概念至关重要。这些基本概念可以为日常运营管理提供指导,帮助企业更好地控制库存,降低库存成本,提高运营效率。

(二)仓储与库存管理的优化策略

仓储与库存管理在现代企业运营中占据重要地位,优化其管理策略对于提升企业整体竞争力具有重要意义。

首先,在有限的仓库空间内,如何最大化地存储物资是仓储管理的核心问题。应对仓库进行合理规划,根据物资的种类、尺寸和流通频率等因素,制定科学的存储布局。同时,可采用高层货架等先进存储设备,充分利用垂直空间,提高存储容量。定期对仓库进行整理,清理呆滞物资,确保仓库空间得到合理利用。

其次,库存策略的制定直接影响到企业的资金占用和物资供应效率。应根据物资的需求情况、供应状况以及企业的财务状况等因素,制定合适的库存策略。例如,对于需求稳定、供应可靠的物资,可采用JIT(just-in-time)库存策略,减少库存积压,降低资金占用。而对于需求波动较大、供应不稳定的物资,则可设置安全库存,以保障企业的正常生产需求。

再次,物资的安全和质量是企业运营的重要保障。应加强仓库的安全管理,建立健全的安全制度,防止物资丢失、损坏或被盗。同时,应对物资进行定期盘点和检查,及时发现并处理存在的问题。对于易损、易腐等物资,应采取特殊的保管措施,确保其质量完好。

最后,员工是仓储与库存管理的执行者,其素质和能力直接影响到管理的效果。应加强员工的培训和教育,提高其对仓储与库存管理的认识和能力。培训内容应包括仓储管理知识、物资识别与分类、库存控制方法等方面。同时,应鼓励员工不断学习新知识、新技能,以适应企业发展的需要。

二、运输设施与管理

(一)运输与配送系统的组成与功能

在物流体系中,运输与配送系统扮演着至关重要的角色,其组成和功能直接关联到物流效率和成本控制。运输系统涵盖了铁路、公路、水路、航空及管道等多种运输方式,这些方式各具特色,适用于不同的物流需求。例如,铁路运输适宜长距离、大批量的货物运输,而航空运输则以其速度快、安全性高的特点,在急需补货或高价值商品运输中占据优势。

配送系统则是物流活动中的另一重要环节,包括仓储、包装、装卸及配送车辆等元素。仓储管理确保货物在储存过程中的安全与完整,同时通过科学的库存管理,减少资金占用和库存风险;包装保护商品免受损坏,提升品牌形象;装卸和配送车辆的高效运作,则是确保货物准时、准确送达客户手中的关键。

除了实现商品的空间位移,运输与配送系统还承载着库存管理和物流成本控制的重要功能。通过优化运输路径、提高车辆装载率、减少空驶时间等措施,有效降低物流成本,提升企业竞争力。同时,运输与配送系统还需灵活应对客户需求的变化,提供个性化的物流服务,以满足市场的多样化需求。

(二)高效运输与配送系统的构建

在构建高效运输与配送系统的过程中,首要任务在于优化运输网络。这要求企业深入分析物流需求与资源分布,通过精密规划运输线路、设立高效运作的节点以及灵活选择多样化的运输方式,从而构建一个成本低廉且效率卓越的物流网络。合理的运输网络布局不仅能减少运输里程,降低能耗与成本,还能显著提升货物流转速度,满足市场对生鲜产品等时效性要求极高的商品的需求。

引入先进技术是推动运输与配送系统升级的关键。以奇麟鲜品为例,该企业通过组建专业技术团队,深度融合物联网与大数据技术,实现了对冷链物流全链条的精准监控与科学管理。大数据分析的应用,使企业能够精准捕捉市场动态,预测消费者需求,为采购、生产及配送决策提供坚实的数据支持。而物联网技术的引入,则确保了生鲜产品在运输过程中的环境条件始终维持在最优状态,有效保障了产品的新鲜度与品质。

加强供应链上下游企业之间的协作与整合,是实现高效运输与配送系统不可或缺的一环。通过建立紧密的合作关系,企业间能够实现信息共享、资源共用,打破传统物流模式下的信息孤岛现象,提升整个供应链的透明度与协同效率。这种协作机制不仅有助于降低库存成本,减少资源浪费,还能快速响应市场变化,灵活调整运输与配送策略,确保货物准时、准确地送达客户手中。

三、信息技术设施与管理

(一)信息技术在物流基础设施中的应用

在信息技术飞速发展的背景下,物流基础设施的智能化、网络化已成为行业发展的重要趋势。物联网技术、大数据分析以及云计算技术等现代信息技术在物流基础设施中的广泛应用,为物流行业带来了前所未有的变革和机遇。

物联网技术作为物流信息化的重要手段,通过智能感知、识别、定位等技术手段,将物流信息实时采集并传输至物流信息平台。这一技术的应用使得物流过程中的各种数据得以实时更新和共享,从而大大提高了物流信息的透明度和准确性。同时,物联网技术还可以实现对物流设备的远程监控和调度,优化物流资源配置,提高物流运营效率。

大数据分析在物流领域的应用也日趋广泛。通过对海量物流数据的挖掘和分析,企业可以准确把握物流运营规律,优化物流路径,降低物流成本。大数据分析还可以帮助企业预测物流需求,提前做好物流规划,从而避免因货物积压或运输能力不足而导致的运营风险。

云计算技术为物流基础设施提供了强大的计算和存储能力。通过云计算技术,企业可以将物流信息集中存储在云端,实现数据的统一管理和共享。同时,云计算技术还可以提供灵活的资源配置和高效的计算能力,支持物流业务的快速响应和创新发展。例如,云计算技术可以支持物流信息系统的快速搭建和扩展,满足企业不断变化的业务需求。

(二)智能化技术在供应链管理中的实践

在供应链管理领域,智能化技术正逐步成为提升效率、降低成本、增强竞争力的关键手段。通过引入自动化设备和智能化系统,仓储管理实现了从人工操作到自动化、智能化的转变。自动分拣系统能够准确、高效地识别货物,并将其快速分拣到指定区域,提高分拣效率和准确性。智能搬运机器人则能够自主完成货物的搬运、码垛和出库等工作,减少了人力成本,提升了仓储作业的效率和安全性。库存实时监控系统能实时追踪货物的库存情况和位置,确保库存数据的准确性和实时性,为供应链管理提供有力支持。智能运输调度也是供应链管理中的重要环节。通过智能化技术,运输调度实现了从传统的经验式调度向数据驱动的智能调度的转变。智能路线规划系统能够根据实时交通信息、货物需求等因素,自动规划出最优的运输路线,减少了运输距离和时间成本。同时,运输资源优化配置系统能够根据货物的数量、体积、目的地等信息,合理分配运输资源,提高了运输效率。实时运输监控系统则能够实时追踪货物的运输情况,及时发现并处理异常情况,确保货物的安全到达。

智能化技术还能推动供应链协同管理的发展。通过信息共享平台,供应链各方能够实时共享订单、库存、物流等关键信息,减少了信息不对称和重复劳动。同时,业务协同系统能够实现业务流程的自动化和协同处理,提高了供应链的响应速度和灵活性。决策支持系统则能够根据历史数据和市场预测,为供应链管理者提供科学的决策依据,帮助他们做出更加准确、高效的决策。此外,信息技术也可互相融合,使产业发挥营运的综效,例如医用耗材管理也是近年热门的议题(见表 6-1)。

表 6-1　信息技术在医用耗材管理中的应用

技术类型	应用场景	效果
区块链＋IOT＋大数据	医疗耗材管理	实现数据资源化、产品化、资产化
射频识别(RFID)	医疗耗材数据获取	实时获取出入库、存量等信息
国家级区块链数据要素基础设施	数据流通	实现与国内数交所可信链接

资料来源:百度搜索。

四、配送中心与管理

在供应链管理下,配送中心的高效运作至关重要,其效率直接影响到整体物流速度和客户满意度。物流基础设施在提升配送中心效率方面发挥着至关重要的作用。例如,光谷货站、厦门高崎货站和苏州异地货站通过提高货物运输组织效率和优化国内货物运输链条,进一步提升了物流效率(见表 6-2)。这些货站的设施和功能不仅满足了客户的多样化需求,还提高了供应链的响应速度和灵活性。因此,建议企业在选择配送中心时,应充分考虑物流基础设施的完善程度,如货运站、仓库、交通网络等,以确保物流流程的顺畅和高效。同时,企业还应不断优化自身的物流网络,与物流基础设施紧密合作,以提高整体供应链的竞争力。

表 6-2 前置货站功能及优势情况

名称	地点	功能及优势
光谷货站	湖北省	空运进出口货物集散和分拨中心,年进出口货量可达数万吨,打破物理空间限制,实现空运货物高效通关
厦门高崎货站	福建省厦门市	国内物流运输服务,货邮收运时间缩短 30%,提高货物运输组织效率 20%以上
苏州异地货站	江苏省苏州市	优化国内货物运输链条,聚焦于连接国内机场,提高货运组织效率

资料来源:百度搜索。

在现代供应链管理体系中,配送中心作为物流网络的关键节点,不仅承载着物资的物理流转,更是信息流与资金流的重要交汇点,其角色与功能日益凸显,成为推动供应链高效、低成本运作的核心引擎。配送中心核心功能涵盖了物资的集中存储、高效分拣、灵活配送以及信息处理等多个方面。它不仅是一个物理空间上的集结点,更是供应链信息流、物流、资金流高效协同的关键平台。通过先进的仓储管理系统和智能分拣技术,配送中心能够迅速响应市场需求变化,实现库存的最优配置,减少积压与短缺,从而提升整个供应链的灵活性和响应速度。在供应链生态系统中,配送中心扮演着承上启下的关键角色。它紧密连接着上游供应商,通过及时准确的订单信息反馈,引导供应商合理安排生产计划,确保物料供应的及时性与稳定性。配送中心将处理好的货物迅速、准确地送达下游客户或零售商手中,保障销售环节的顺畅进行。这种高效的双向沟通机制,不仅提升了供应链的响应速度,还增强了供应链的稳定性与韧性。总归来说,配送中心在供应链主要有三个核心作用:

(1)提高物流效率:配送中心通过优化物流路径、实施标准化作业流程、引入自动化与智能化设备等手段,显著提升了物流作业的效率。例如,利用自动化分拣系统,可以实现订单的快速准确处理,减少人工错误与耗时,大大缩短了从订单接收到货物出库的时间周期。

(2)降低物流成本:通过规模效应与精细化管理,配送中心能够有效降低单位物流成本。集中存储与统一配送减少了运输次数与空驶率,降低了运输成本。同时,精准的库存控制与预测分析,减少了库存积压与过期损失,进一步压缩了库存成本。

(3)优化库存管理:配送中心作为供应链中的库存控制中心,通过实时库存监控系统与先进的分析工具,能实现对库存水平的精准控制。基于大数据分析与预测模型,配送中心能提前预测市场需求变化,调整库存结构,确保在满足客户需求的同时,最小化库存持有成本。

随着电子商务与互联网技术的飞速发展,配送中心的功能与角色也在不断进化。例如,通过与电商平台的深度融合,配送中心能够实现订单处理、库存管理、物流配送等全链条的数字化管理,进一步提升物流效率与服务质量。同时,基于大数据与人工智能技术的应用,配送中心还能够提供更加个性化、定制化的物流服务方案,满足日益多元化的市场需求。

第三节　数字贸易物流的运营与管理

一、订单处理与管理

(一)订单接收与确认

在商贸活动日益频繁的今天,订单接收与确认机制显得尤为重要。它是连接客户与企业的关键桥梁,是确保交易顺利进行的基石。订单接收与确认的流程包含线上、线下渠道以及订单确认与反馈。线上渠道指的是企业通过官方网站、电商平台等线上渠道接收客户订单。这些渠道通常具有便捷、高效的特点,能够吸引大量潜在客户。为了确保订单信息的准确性,企业会采用先进的订单处理系统,将客户填写的信息自动录入系统,并进行格式统一和数据校验。这样,不仅提高了订单处理效率,还减少了因人为因素导致的错误。线下渠道则是指企业将线下渠道如门店、电话订单等产生的订单信息纳入统一管理系统。这一过程涉及不同渠道的订单信息整合、数据转换以及同步更新等环节。通过采用先进的 IT 技术,企业能够实现线上线下订单的无缝对接,确保订单信息的实时性和准确性。在订单确认与反馈的流程,系统自动确认订单信息,并实时反馈给客户。这一环节对于提高客户满意度和忠诚度具有重要意义。通过及时反馈,客户能够了解自己的订单状态,从而更加放心地进行交易。同时,企业也能够根据客户的反馈,及时调整库存和生产计划,优化资源配置,提高运营效率。

(二)订单数据整合分析

在电子商务中,订单数据是企业运营的重要基石。通过对订单数据进行深入整合与分析,企业可以获取丰富的市场信息,优化运营策略,提升客户满意度和盈利能力。首先,数据清洗与整合是订单数据分析的基础。在接收到的订单数据中,常常存在重复、错误或缺失的数据,这些数据会严重影响分析的准确性和可靠性,因此需要对原始数据进行清洗和整合。数据清洗的主要任务包括去除重复数据、纠正错误数据、填补缺失数据等。同时，还需要对数据进行标准化处理，使数据具有统一的格式和单位，便于后续分析。数据整合则是将清洗后的数据按照分析需求进行归类和汇总，形成可用的数据集。在数据清洗与整合过程中，需要采用专业的数据处理工具和技术，如 Excel、Python 等。同时，还需要注意数据的时效性和准确性，确保数据能够及时反映市场情况。对于敏感数据，如客户隐私信息，需要采取严格的保护措施，防止数据泄露。其次，数据分析与挖掘则是订单数据整合与分析的核心环节。通过对订单数据的深入分析，可以了解客户的购买行为、产品销量趋势、市场需求变化等信息。这些信息对于企业制定营销策略、优化产品组合、提高客户满意度等具有重要意义。

在数据分析过程中，可以采用多种分析方法，如描述性统计、预测模型、聚类分析等。描述性统计可以概括数据的基本特征，如平均值、中位数、众数等；预测模型可以预测未来的市场趋势和客户需求；聚类分析则可以将客户分为不同的群体，针对不同群体制定不同的营销策略；还可以利用关联分析等方法，发现不同产品之间的关联关系，为企业的产品组合和推荐策略提供依据。

订单数据分析报告是数据分析成果的集中体现。一份优秀的订单数据分析报告应该能够清晰地展示数据分析的结果和结论，并为企业的决策提供有力的支持。在报告中，需要包括数据的来源、分析方法、分析结果以及建议等内容。同时，还需要注意报告的可读性和易理解性，确保非专业人士也能够理解报告的内容。除了报告，还需要建立预警机制，及时提示潜在的风险和机会。例如，当某个产品的销量突然下降时，预警机制可以及时提醒企业注意该产品的库存和市场情况，以便及时调整采购计划。同样，当客户的购买行为发生变化时，预警机制也可以及时提醒企业关注客户的需求变化，以便及时调整营销策略。

（三）订单处理效率提升策略

在数字贸易物流的核心环节——订单处理中，效率与准确性是驱动供应链高效运转的双引擎。订单处理流程包括精简非必要步骤，实现订单信息的即时录入与自动校验，减少人工干预，确保订单数据准确无误地流转至后续环节。同时，引入并行处理机制，对订单进行并行分配与调度，以缩短整体处理时间，加快订单响应速度。

积极引入自动化技术则是推动订单处理效率飞跃的关键。通过部署智能分拣系统，结合 RFID、机器视觉等先进技术，实现订单的自动识别、分类与分拣，大幅提高分拣准确率和效率。自动打包技术的应用，不仅能减轻员工劳动强度，还能根据货物特性进行定制化包装，保障货物安全，减少运输过程中的损耗。

加强员工培训与激励也是不可忽视的一环。定期对员工进行订单处理流程、自动化系统操作及客户服务礼仪等方面的培训,提升员工的专业技能和服务意识。同时,建立绩效考核与激励机制,激发员工工作积极性与创造力,形成良好的工作氛围,为订单处理效率的持续提升奠定坚实的人才基础。上述策略的综合实施,可以有效提升数字贸易物流中的订单处理效率,增强客户体验,促进供应链整体效能的优化。

二、货物追踪与管理

(一)货物追踪技术概述

货物追踪技术的定义在于其通过一系列技术手段和工具,对物流过程中的货物进行实时跟踪、监测和记录。这些技术能够实时获取货物的位置、状态、温度等关键信息,并通过数据传输和处理,将信息实时反馈给物流管理者和客户。这种实时的信息交流和共享,使得物流管理更加高效、准确和可靠。

货物追踪技术对于数字贸易物流具有重要作用。它能够有效提高物流效率。通过实时跟踪和监测货物,可以准确掌握货物的位置和状态,从而避免物流过程中的延误和错误。货物追踪技术能够减少货物丢失和损坏。通过技术手段对货物进行标识和跟踪,可以及时发现和处理货物的异常情况,减少货物的丢失和损坏。货物追踪技术还能够提升客户满意度。实时更新货物的物流信息,可以让客户随时了解货物的状态和预计到达时间,从而提高客户的满意度和信任度。最后,通过引入新的技术和工具,可优化物流管理流程,提高物流效率和服务质量,推动行业的创新和发展。

(二)实时货物信息获取与共享

实时货物信息的获取与共享是现代物流管理的关键环节,其重要性在于通过技术手段,实现货物在物流过程中的透明化和可视化,从而提高物流效率和协同性。

实时货物信息获取主要依赖于货物追踪技术(表6-3)。这种技术通过在货物上安装追踪设备,如GPS、RFID等,能够实时获取货物的位置、状态、速度等信息。货物追踪技术不仅提高了物流信息的准确性,还大大缩短了信息的更新时间。货物追踪技术还可以监测货物在运输过程中的温度、湿度等环境因素,确保货物在最佳条件下运输。通过实时货物信息获取,企业可以及时了解货物的在途情况,减少因信息滞后而带来的不确定性,从而更好地规划物流路线和调度运输资源。

表 6-3 实时货物追踪系统技术概览

技术名称	内涵
获取传感信息	通过物联网设备获取货物对应的传感信息
可靠性验证	基于设备可靠性验证规则筛选可靠传感信息
路线传感信息筛选	基于预计运输路线验证规则筛选出经过验证的信息
确定实际路线	根据所有路线传感信息和路径生成算法来确定

资料来源:百度搜索。

货物信息共享则是实时货物信息获取的重要环节。通过信息系统或应用程序,物流相关方可以实时获取货物的最新信息。这种信息共享不仅提高了物流协同效率,还降低了沟通成本。在传统的物流模式下,物流信息往往由多个环节传递,容易出现信息丢失和传递延迟的问题。而通过货物信息共享,物流相关方可以直接获取最新的货物信息,避免了信息传递的中间环节,提高了信息的准确性和及时性。货物信息共享还可以促进企业之间的合作和信任,从而建立长期稳定的合作关系。

(三)货物异常预警与应急处理

在物流运输过程中,货物异常是不可避免的,如何及时发现并处理异常情况,是物流运营中的重要环节。以下从异常预警机制、应急处理以及预防措施与改进三个方面讨论。

首先,货物追踪技术能实时监测货物的状态,包括位置、温度、湿度等关键信息。一旦发现异常,如货物丢失、损坏或温度偏离设定范围,预警机制将立即启动。通过数据分析,预警系统可以判断异常的严重程度和可能的影响范围,并及时向物流运营商、发货方和收货方发送预警信息。这种机制可以大大提高异常发现的及时性,减少损失。

其次,针对货物异常,物流运营商应制定详细的应急处理方案。当预警机制触发时,应立即启动应急预案,调动备用运输工具、调配库存等资源,以最快的速度恢复物流运作。同时,物流运营商还应与发货方和收货方保持密切联系,及时告知异常情况,并协商解决方案。在应急处理过程中,应确保货物的安全和完整,最大限度地减少损失。

最后,除了应急处理,物流运营商还应采取预防措施,避免异常情况的发生。例如,加强货物保管,优化运输路线,提高运输工具的可靠性等。同时,通过总结经验教训,不断改进货物追踪技术和物流管理流程,提高物流系统的稳定性和可靠性。物流运营商还应与发货方和收货方建立良好的合作关系,共同应对异常情况,减少损失。

三、库存管理与优化

(一)库存成本控制

在企业的成本控制体系中,库存成本控制占据重要位置。库存成本不仅包括原材料、零部件、半成品和成品等实物的成本,还包括与之相关的管理费用、仓储费用、保险费用等。其中,精细化管理、经济批量采购和库存周转优化是降低库存成本的有效方法(表6-4)。通过采用这些方法,企业可以更好地控制库存成本,提高企业的盈利能力和竞争力。

表6-4　库存管理策略的成本效益分析

策略	成本影响	效益影响
LM	精确掌握物资数量种类	降低仓储成本,耗费成本较高
EOQ	平衡订货与持有成本	降低总成本,但库存可能较高
ITE	减少库存持有成本和浪费	提高供应链响应速度,但风险较高

资料来源:百度搜索。

精细化管理(lean management,LM)是降低库存成本的重要手段。通过实时追踪库存数据,企业可以精确掌握各类物资的数量和种类,从而避免库存积压和短缺。企业还可以根据实际需求,合理安排库存结构和布局,减少库存占用空间,降低仓储成本。通过精细化库存管理,企业可以显著提高库存效率,降低库存成本。

经济批量采购(economic order quantity,EOQ)是降低采购成本的有效途径。通过准确预测未来需求,企业可以合理确定采购批量和频率,从而降低采购成本。在实施经济批量采购时,企业需考虑采购成本、运输成本、库存成本等因素,以实现总成本最小化。企业还可以与供应商建立长期合作关系,获得更优惠的采购价格和更好的服务。

库存周转优化(inventory turnover enhancement,ITE)是提高库存效率的关键,能加快库存周转速度,使企业减少资金占用和成本投入、提高库存效率。为了实现库存周转优化,企业需要加强销售预测和库存管理,确保库存能够满足市场需求。同时,企业还可以采用先进的库存管理技术和工具,如自动化仓库、条形码管理等,提高库存的准确性和效率。

(二)需求预测与库存规划

对于需求预测,运用科学的预测技术至关重要。趋势分析通过对历史销售数据进行深入研究,能够揭示产品需求的长期变化趋势。季节调整则有助于企业识别并应对因季节变化而引起的需求波动。回归分析能够量化多种因素对需求的影响,从而更准确地预测未来需求。这些技术的综合应用,将显著提高需求预测的准确度,为库存规划提供有力支撑。

在库存规划策略方面,企业应根据需求预测结果来合理规划库存。这包括确定各类产品的库存量、库存布局以及库存周转策略。通过精准把握各类产品的需求特点,企业可以制定更为合理的库存结构,避免库存积压或短缺的情况发生。同时,合理的库存布局有助于提高仓储效率和配送速度,进一步降低运营成本。

然而,市场环境和客户需求常有变化。因此,企业需要保持对市场的敏锐洞察,根据实际情况灵活调整库存策略和规划。例如,当市场需求出现大幅增长时,企业应及时增加库存量以满足客户需求;在市场需求萎缩时,则应适当减少库存以避免资源浪费。通过这种灵活的调整与优化,企业可以不断提升库存绩效,确保在激烈的市场竞争中保持领先地位。

需求预测与库存规划是企业运营管理中的关键环节。通过运用科学的需求预测技术、制定合理的库存规划策略以及根据市场变化进行灵活调整与优化,企业可以更有效地管理库存、降低成本并提升市场竞争力。

(三)库存风险防范措施

库存风险是企业运营过程中不可忽视的重要因素,其防范和管理对企业的稳定发展至关重要。为了有效降低库存风险,企业必须建立一套完善的风险防范体系,具体包括供应链风险识别、风险防范策略和应急处理机制三个方面。

供应链风险识别是库存风险防范的基础。企业需要全面梳理供应链流程,了解各个环节的潜在风险。在供应商方面,企业应建立稳定的供应商关系,对供应商的生产能力、质量水平、财务状况等进行全面评估,并设定合理的供应商评级标准。同时,企业还应密切关注市场动态,预测市场需求变化,以便及时调整生产计划,减少库存积压。

针对识别出的风险,企业应制定针对性的风险防范策略。多元化供应是降低供应商风险的有效手段。企业应积极寻找新的供应商,建立多元化的供应渠道,以降低对单一供应商的依赖。安全库存设置是防范风险的重要保障。企业应根据市场需求预测,设定合理的库存水平,确保在供应链中断时能够保持一定的库存量,满足客户需求。建立风险预警系统也是防范风险的重要手段。企业应定期评估供应链风险,一旦发现异常情况,及时采取措施,避免风险扩大。

在风险防范策略之外,企业还应建立应急处理机制,以应对突发情况。当供应链中断或市场需求发生剧变时,企业应迅速启动应急处理机制,调整生产计划,优化库存结构,降低库存风险。同时,企业还应与供应商、客户等利益相关方保持密切联系,及时沟通信息,共同应对风险。

四、运输与配送管理

(一)运输方式的选择与组合

针对具体的运输需求,采用单一的运输方式往往不是最优解,因此运输方式的组合策略显得尤为重要。对于需要快速响应且涉及长距离运输的情况,可以结合航空运输与水路或公路运输。例如,通过航空快速将货物运送至接近目的地的枢纽,再转接成本较低的水路或公路完成最后一程配送,从而在速度与成本之间找到平衡点。

铁路运输与公路运输的组合也是常见策略。铁路可以提供稳定且相对快速的长距离运输服务,而公路则能够在目的地进行更为精细的配送,实现"门到门"的服务。这种组合既保留铁路运输的大容量和较低成本的优势,又通过公路运输的灵活性满足了客户对配送的个性化需求。

在实际操作中,运输方式的选择与组合还需要根据实时的货运数据和市场状况进行调整。例如,根据货运量累计同比增速的变化,可以判断市场需求的走势,进而调整运输策略以适应市场变化。同时,货运量当期数据可以用来监控运输过程中的实际情况,确保运输计划的顺利执行(见图6-2)。通过综合运用实时数据,企业能够制定出更为精准和高效的运输方案,从而在激烈的市场竞争中占据优势地位。

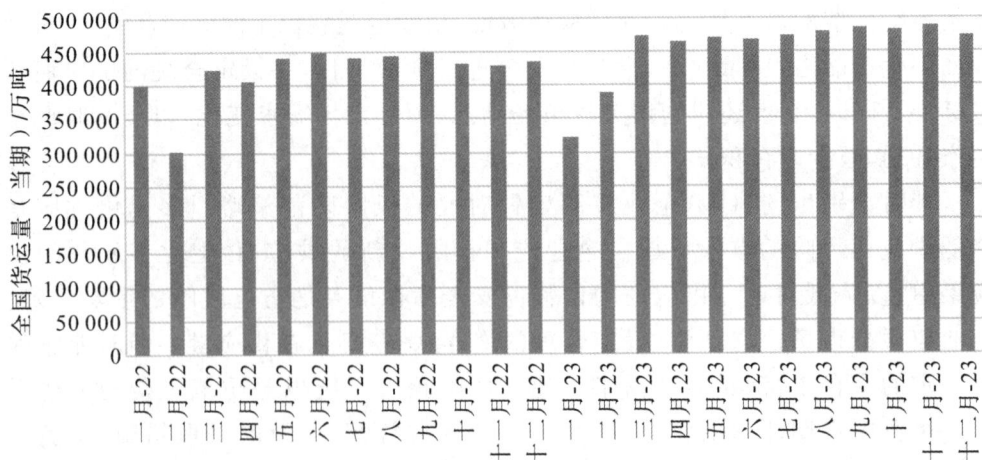

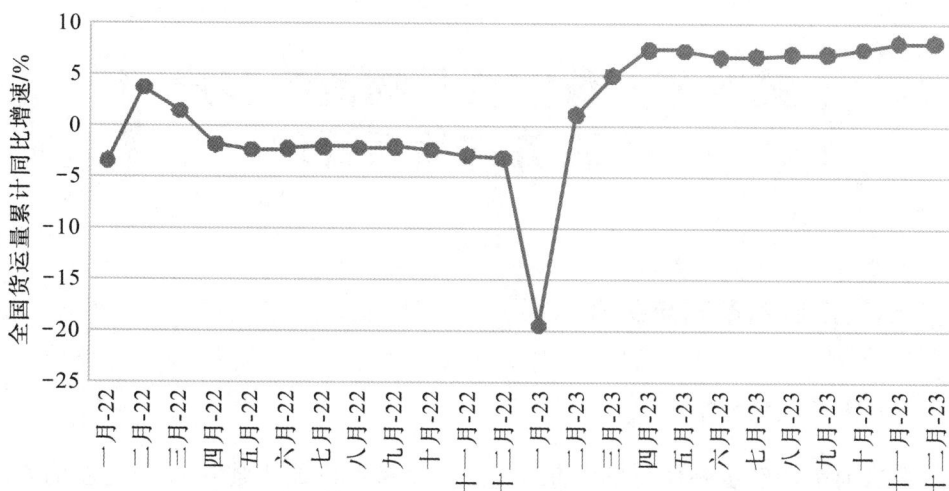

图 6-2　2022 年 1 月—2023 年 12 月全国货运量趋势

数据来源：中经数据 CEIdata。

（二）配送路线规划与优化

在物流配送体系中，配送路线的合理规划与优化是提升物流效率、降低运输成本的关键环节。配送路线规划涉及多个因素，包括客户需求、仓库位置、交通状况等，而优化方法则依赖于先进的优化算法和技术。

配送路线规划方面，企业需全面考虑客户需求，包括配送时间、地点、货物量等，以确保货物能够准确、及时地送达客户手中。同时，仓库位置的选择也至关重要，它直接影响到配送路线的长短和运输成本的高低。因此，企业应通过地理信息系统（Geographic Information System，GIS）等技术手段，对仓库位置进行合理布局，以减少配送距离和时间。交通状况的实时变化也是影响配送路线的重要因素，企业应利用实时交通信息，动态调整配送路线，以应对交通拥堵等突发情况。

在配送路线优化方面，企业可采用多种优化算法和技术。线性规划和整数规划是两种常用的优化方法，它们能够在满足一定约束条件的前提下，求解最优的配送路线。然而，这些传统方法在面对复杂问题时，计算量大且耗时较长。因此，启发式搜索算法如模拟退火算法、遗传算法等逐渐得到应用。这些算法能够在较短时间内找到近似最优解，从而提高配送效率。

配送路线规划与优化是物流配送体系中的重要环节。企业应全面考虑客户需求、仓库位置、交通状况等因素，合理规划配送路线。同时，采用先进的优化算法和技术，对配送路线进行优化，以降低运输成本、提高运输效率。

第四节 数字贸易物流的客户服务与关系管理

一、客户服务策略与实施

(一)客户需求分析

在当前全球经济一体化的背景下,数字贸易物流成为连接各国企业的重要桥梁。为了更好地满足客户的需求,深入分析客户的数字贸易物流需求尤为重要。

首先,客户对数字贸易物流的需求呈现出多样化特点。时效性是客户关注的重要因素之一,他们期望能够在最短的时间内收到货物,以减少库存和资金占用。因此,物流服务商需要提供快速、可靠的运输服务,如空运、快递等。成本也是客户考虑的重要因素之一,客户总是希望在保证服务质量和运输安全的前提下,降低物流成本。因此,物流服务商需要提供经济、实惠的运输方式,如海运、铁路等。服务品质同样不容忽视,客户期望得到周到的服务,如货物跟踪、信息更新、售后服务等。

其次,不同行业、不同规模的客户对数字贸易物流的需求存在差异。例如,电子行业对运输的时效性和安全性要求很高,而家具行业则更注重运输的便利性和成本。因此,物流服务商需要深入了解客户的需求,根据客户的行业特点和业务需求,提供定制化的物流服务,包括运输方式的选择、包装方式的设计、物流路径的优化等,以满足客户的个性化需求。

此外,客户需求会随着市场、政策等因素的变化而发生变化。例如,当市场需求增加时,客户可能要求物流服务商提供更多的运输服务;当政策调整时,客户可能需要更改运输路线或运输方式。因此,物流服务商需要密切关注客户需求的变化,及时调整物流服务策略,包括加强与客户的沟通、建立灵活的服务机制、提高物流系统的响应速度等,以满足客户的动态变化需求。

(二)服务质量提升

服务质量是现代物流服务的重要衡量标准,它直接关系到客户满意度和物流企业的竞争力。为了提升服务质量,物流服务提供者需要不断探索和优化服务流程、加强信息化管理以及提升员工素质。

优化服务流程是提升服务质量的关键环节。物流服务提供者需要对整个物流服务流程进行细致的分析和梳理，找出存在的问题和瓶颈，并采取相应的措施进行改进。例如，通过引入先进的物流技术和设备，提高物流作业的效率；通过优化配送路线和运输方式，降低物流成本；通过加强与其他物流企业的合作，实现资源共享和优势互补。同时，物流服务提供者还需要建立完善的客户服务体系，及时响应客户的需求和投诉，提高客户满意度。

信息化管理也是提升物流服务质量的重要手段。物流服务提供者需要建立完善的信息管理系统，实现物流信息的实时采集、传输和共享。通过信息化手段，物流服务提供者可以实时掌握货物的位置、状态和运输情况，提高物流服务的透明度和可靠性。同时，信息化管理还可以帮助物流服务提供者进行数据分析和挖掘，了解客户需求和趋势，为提供定制化物流服务提供有力支持。

员工则是物流服务的重要执行者，其素质直接影响到服务质量和客户满意度。因此，物流服务提供者需要加强员工培训和素质提升工作：通过定期的培训和教育，提高员工的服务意识和专业技能；通过激励机制和绩效考核，激发员工的工作积极性和创造力；通过企业文化和团队建设，增强员工的归属感和凝聚力。同时，物流服务提供者还需要注重员工的职业发展和个人成长，为员工提供更多的学习和发展机会，吸引和留住优秀人才。

二、客户关系管理策略与实施

随着信息技术的飞速发展，数字贸易物流已成为全球贸易的重要组成部分。在这个背景下，客户关系管理（Customer Relationship Management，CRM）在物流领域的应用日益重要，成为提升物流企业竞争力、优化客户体验的关键手段。

（一）客户关系管理的重要性

首先，CRM 通过系统化的客户研究，优化企业组织体系和业务流程，提高客户满意度。在数字贸易物流中，这种满意度不仅体现在物流服务的时效性、准确性上，还包括服务的个性化、便捷性等方面。其次，通过 CRM，物流企业可以为客户提供更加精准、高效的服务，从而增强客户的依赖感和忠诚度。这种忠诚度是物流企业长期发展的基石，有助于企业在激烈的市场竞争中保持优势。最后，CRM 系统能够帮助物流企业更好地了解客户需求和市场动态，从而优化资源配置，提高运营效率。在数字贸易物流中，这种优化不仅体现在物流资源的配置上，还包括信息资源的整合和利用。

（二）客户关系管理的应用策略

首先，物流企业应结合自身实际情况，建立适合自身发展的 CRM 系统。该系统应涵盖客户信息管理、销售自动化、市场营销自动化、客户服务与支持等多个模块,实现客户信息的全面整合和高效利用。其次,在数字贸易物流中,客户需求日益多样化。物流企业应利用 CRM 系统对客户需求进行深入分析,提供个性化的服务方案。例如,根据客户的订单历史、偏好等信息,推荐合适的物流方案和服务。CRM 系统也应具备良好的互动与沟通功能,使物流企业能够及时了解客户需求和反馈,调整服务策略,并通过多渠道的沟通方式(如电话、邮件、社交媒体等),提高客户参与度和满意度。最后,在数字贸易物流中,大数据和人工智能技术的应用已成为趋势。物流企业应充分利用这些技术,对 CRM 系统进行智能化升级。例如,利用大数据分析客户需求和市场趋势,利用人工智能技术提高客户服务的智能化水平。

(三)面临的挑战与解决方案

数字贸易物流中的客户关系管理主要面临以下几方面的问题:第一,数据安全与隐私保护,CRM 系统涉及大量客户信息,如何确保数据安全和隐私保护成为一大挑战。第二,技术更新与人才短缺,随着技术的不断发展,物流企业需要不断更新 CRM 系统,但面临技术人才短缺的问题。第三,客户需求日益多样,如何提供满足客户需求的个性化服务成为难题。

在解决方案上,首先须建立完善的数据安全管理制度和技术防护措施,确保客户信息安全。其次是加大人才培养力度,通过校企合作、职业培训等,培养具备数字化技能和管理能力的物流人才。最后要通过持续优化服务流程,提高服务效率和质量,满足客户多样化需求。

三、客户满意度评价与改进

(一)满意度评估指标构建

在评估数字贸易物流服务的效果时,满意度评估指标体系是不可或缺的重要工具。该体系通过构建一系列具体、可衡量的指标,对物流服务进行全面、客观的衡量,从而为客户提供一个直观的参考依据。以下将介绍满意度评估指标体系中的三个关键:客户满意度指标、服务质量指标和服务效率指标。

客户满意度是衡量物流服务成功与否的核心指标。为了全面反映客户对物流服务的满意度,需要从多个维度进行评估。整体满意度是衡量客户对物流服务总体印象的指标,它综合了服务质量、服务效率等多个方面的评价。服务质量满意度则关注客户对物流服务质量的感受,包括运输过程中的货物安全性、准确性等。服务效率满意度则主要反映客户对物流服务响应速度、处理效率等方面的评价。

为了确保客户满意度指标的有效性,需要定期进行客户满意度调查。通过问卷调查、电话访问等方式,收集客户对物流服务的意见和建议,及时发现并改进服务中的不足。同时,还可以利用客户满意度数据进行客户分类,针对不同客户群体提供差异化服务,提高客户满意度。

服务质量是衡量物流服务水平的重要指标。为了确保运输准确性,物流企业需要建立完善的物流跟踪系统,实时掌握货物的运输情况,确保货物按时到达。同时,还需要加强物流人员的培训,提高他们的专业素质和服务意识,减少由人为因素导致的货物损坏或丢失。

服务效率则是反映物流服务水平的重要指标。物流速度直接影响客户的满意度和忠诚度,因此,物流企业需要不断优化物流网络布局,提高物流效率。响应速度则反映了物流企业对客户需求的响应效率,它直接影响客户的服务体验。因此,物流企业需要建立完善的客户服务体系,及时响应并快速处理客户的需求。

(二)影响因素剖析及优化

在深入探究客户满意度影响因素及优化策略时,我们必须全面考虑多个方面,包括服务人员态度、服务流程烦琐程度、物价水平以及竞争环境等。这些因素共同作用,对客户的满意度产生深远影响。

服务人员态度是影响客户满意度的关键因素。服务人员的专业性和热情度直接影响客户对企业的印象。为提升客户满意度,企业应加强对服务人员的培训,提高他们的专业素养和服务意识。同时,建立有效的激励机制,激发服务人员的积极性和创造力,使他们在服务过程中更加主动、热情地为客户提供帮助。

服务流程烦琐程度也是影响客户满意度的重要因素。过于复杂或耗时的服务流程会降低客户的满意度。因此,企业应不断优化服务流程,简化操作步骤,提高服务效率。还可以通过引入自动化、智能化技术等手段,进一步降低服务成本,提高客户满意度。

物价水平对客户满意度的影响同样不可忽视。企业应根据市场需求和竞争状况,合理定价,确保产品物价与产品质量和服务水平相匹配。同时,企业还可以通过提供优惠活动、积分换购等方式,降低客户购买成本,提高客户满意度。

(三)满意度提升策略制定

在当前竞争激烈的市场环境中,提升客户满意度已成为企业持续发展的关键。为实现这一目标,需从多维度出发,构建全面且高效的客户满意度提升策略。聚焦于服务质量的提升,通过引入先进的物流管理系统和技术,确保运输过程中的准确性与货物安全性,从根本上解决客户对于物流服务的担忧,从而提升整体服务体验与满意度。

提升服务质量方面,企业可加大对物流基础设施的投资,优化仓储布局与配送网络,利用大数据分析预测物流需求,实现资源的精准配置。同时,加强员工培训,提升其专业技能与服务意识,确保在货物处理、包装、运输等各环节都能达到高标准,减少货物损坏与丢失的风险,进一步增强客户对服务质量的信任与认可。

提升服务效率则要求企业不断优化物流服务流程,采用自动化、智能化技术提升作业效率。例如,通过引入智能分拣系统、无人驾驶车辆等先进设备,缩短货物处理时间,提高配送速度。建立高效的客户响应机制,利用 AI 客服、在线客服系统等工具,实现快速响应客户需求,及时解决客户问题,提升客户满意度与忠诚度。

加强沟通交流则是连接企业与客户的重要桥梁。企业应建立多渠道的客户沟通平台,包括电话、邮件、社交媒体等,确保客户能够便捷地与企业取得联系。同时,定期收集客户反馈,进行深入分析,了解客户真实需求与期望,据此调整服务策略,提供更加贴心、个性化的服务。通过持续的沟通交流,建立稳定的客户关系,增强客户黏性,实现企业与客户的共赢发展。

四、客户忠诚度提升与维护

(一)忠诚度概念及价值

在当今竞争激烈的市场环境中,客户忠诚度已成为企业持续发展和竞争优势的关键因素。

忠诚度是客户对品牌或产品的忠诚程度,表现为客户对品牌或产品的信任、偏好和持续消费的行为表现。它是客户在长期购买和使用过程中,对产品或品牌产生的情感认同和归属感。忠诚度高的客户不仅会反复购买该品牌或产品,还会向亲朋好友推荐,从而增加品牌或产品的曝光度和市场份额。

在数字贸易物流领域,客户忠诚度的重要性尤为突出。由于数字贸易物流行业的特殊性,客户需要经常与企业进行交互和沟通,因此客户体验和服务质量成为影响客户忠诚度的关键因素。高忠诚度的客户不仅会带来稳定的订单和收入,还会成为企业的品牌代言人,吸引更多的潜在客户。因此,数字贸易物流企业应该注重提升客户忠诚度,通过提供优质的服务和产品,建立良好的客户关系,实现企业的可持续发展。

(二)忠诚度的影响因素

在数字贸易物流服务领域,客户忠诚度的建立与维持对于企业的长期发展和市场份额的稳固至关重要。服务质量是影响客户忠诚度的首要因素,在数字贸易物流服务中,客户对服务效率、准确性、可靠性以及服务水平协议等方面的要求极高。如果企业能够提供高效、准确、可靠的物流服务,并且能够满足客户的个性化需求,那么客户对企业的满意度就会提高,进而转化为忠诚度。例如,在物流配送环节,准时送达、货物无损、信息跟踪等细节都能够提升客户的满意度和忠诚度。服务质量的提升则需要企业加强内部管理,优化服务流程,提高员工的业务能力和服务意识。企业还需要与合作伙伴建立良好的合作关系,确保供应链的顺畅和稳定,从而为客户提供优质的服务。

客户满意度是忠诚度的前提。客户对产品或服务的满意度受到多种因素的影响,如产品价格、品质、外观等。如果客户对产品或服务的满意度达到一定的水平,他们就会产生忠诚度,继续购买该产品或服务。提高客户满意度的关键在于了解客户的需求和期望,并尽力满足。企业可以通过市场调研、客户反馈等方式获取客户的需求信息,然后针对客户的需求进行产品改进和服务优化。企业还可以通过价格策略、促销活动等方式提高客户的满意度,从而增强客户的忠诚度。

(三)忠诚度提升策略

在数字贸易物流行业中,忠诚客户的培育是确保企业长期发展的关键。为了实现这一目标,企业需制定一套全面的忠诚度培育策略。首先,在数字贸易物流领域,高效、准确、可靠的物流服务是赢得客户信任的根本。企业应不断提升物流服务质量,确保货物安全、准时地送达客户手中。企业还应积极优化服务流程,减少客户等待时间。通过这些措施,企业能够满足客户的实际需求,提高客户满意度,从而为忠诚度的培养奠定坚实基础。

其次,加强品牌传播也是关键。品牌是企业形象的象征,也是客户选择的重要依据。企业应通过多渠道宣传和推广,提高品牌知名度和美誉度。例如,企业可以参加行业展会、举办产品发布会等,向目标客户展示企业的实力和服务。同时,还可以利用社交媒体、网络平台等新媒体渠道,扩大品牌影响力。通过这些努力,企业能够在客户心中树立良好的品牌形象,增强客户的信任感和归属感。

再次,建立客户关系管理是忠诚度培育的重要环节。企业应建立客户关系管理系统,对客户信息进行收集、整理和分析,了解客户的需求和偏好。通过数据挖掘和数据分析,企业可以发现潜在客户的需求,为客户提供个性化的服务。同时,企业还应及时回应客户的反馈和投诉,解决客户的问题,提高客户满意度。这些措施有助于增强客户的黏性,提高客户的忠诚度。

最后,实行客户忠诚计划是提升客户忠诚度的有效手段。企业可以设立积分、优惠、会员等忠诚计划,对客户的消费行为进行奖励。例如,客户在购买产品或服务时可以积累积分,积分可以用于兑换礼品或享受优惠。这种奖励机制可以激发客户的购买欲望,提高客户的忠诚度。企业还可以定期举办会员活动,邀请忠诚客户参加,增强客户的归属感和忠诚度。

案例视窗

客户服务经营策略

一、顺丰与阿里巴巴的成功

作为国内物流行业的佼佼者,顺丰速运在客户服务策略上的创新和完善,堪称业界典范。顺丰通过引入先进的数字化技术,实现对物流信息的全面优化和管理。具体而言,顺丰建立了完善的物流信息系统,实现了对货物从寄出到签收的全程实时追踪。这一举措不仅提高了物流效率,还大大提升了客户的满意度和信任度。在员工培训方面,顺丰同样不遗余力。顺丰注重提升员工的职业素养和服务技能,通过定期培训和考核,确保员工能够提供高质量的服务。这种注重员工素质的做法,为顺丰赢得了良好的口碑和客户忠诚度。顺丰还不断完善售后服务体系,为客户提供全方位的赔付和补救措施。当货物出现问题时,顺丰能够迅速响应并给予客户合理的解决方案,从而有效维护了客户的权益和利益。

阿里巴巴在数字贸易物流方面的表现同样出色。通过整合物流资源,阿里巴巴构建了高效的物流网络。阿里巴巴利用自身的平台优势,将众多物流企业和资源聚集在一起,实现了资源的优化配置和共享。这使得阿里巴巴在物流速度和效率上具有明显优势,能够满足客户的多样化需求。阿里巴巴还注重提供个性化的物流服务。通过了解客户需求和偏好,阿里巴巴能够为客户提供定制化的物流解决方案。这种个性化的服务方式,不仅提高了客户的满意度,还增强了客户的黏性。阿里巴巴积极与国际物流企业合作,共同提升物流效率和服务质量。这种开放合作的态度,使得阿里巴巴能够吸收国际先进的物流技术和管理经验,不断提升自身的竞争力。

二、京东物流的反思

在另一个物流业的出色案例中,京东物流的数字化转型也一度备受瞩目。然而,在数字贸易物流的实践中,京东物流也遇到了挑战。京东物流的物流服务未能充分满足客户的个性化需求,缺乏灵活性和定制化服务,导致客户满意度下降。京东物流的物流信息更新不及时,客户无法实时掌握物流动态,进一步降低客户体验。问题的根源在于京东物流在数字化转型过程中,未能充分考虑客户需求和体验,导致服务质量与客户需求脱节。

资料来源:百度搜索。

第五节　数字贸易物流与供应链管理的创新与发展

一、数字贸易物流与供应链管理的技术创新

在数字贸易物流行业中,技术创新是推动发展的关键驱动力。这些变革不仅提升了行业的效率,也为客户提供了更为便捷、高效的服务。

(一)物联网在供应链中的应用

智能化追踪与监控是物联网在供应链中的核心应用之一。通过在物资、产品和设备上嵌入传感器和识别码,物联网可以实时获取它们的位置、状态、温度等关键信息。这些数据被传输到云端或数据中心,进行实时监测和分析。这不仅提高了供应链的可见性,还使得管理人员能够及时发现和解决潜在的问题,从而避免延误和损失。

智能化识别与分拣是物联网在供应链中的另一个重要应用。通过物联网技术,可以自动识别和分拣物资,从而降低了人工干预的成本,提高了物流效率。物联网技术利用 RFID、条形码、图像识别等技术,对物资进行快速、准确的识别和分类。这种自动化的分拣系统不仅提高了分拣的准确性,还降低了人力成本,提高了物流效率。

智能化分析与预测是物联网在供应链中的更高层次应用。通过对物联网收集的大量数据进行分析和处理,可以发现隐藏在数据中的规律和趋势。这些规律和趋势可以为供应链决策提供有力的支持。例如,通过对历史数据的分析,可以预测未来的需求变化,从而提前调整生产计划,减少库存,降低运营成本。

(二)大数据与智能分析

智能分析是大数据技术在供应链管理中应用的另一大亮点。通过应用复杂的算法与模型,智能分析技术能够深入挖掘供应链数据背后的价值,揭示运营中的潜在问题与改进空间。例如,基于历史销售数据与物流轨迹分析,可优化库存管理策略,减少过剩库存与缺货风险;对供应链网络的布局与运输路径进行智能规划,实现成本的显著降低与效率的大幅提升。智能分析还能助力企业精准预测市场需求变化,灵活调整生产计划与资源分配,进一步提升供应链的整体竞争力。

预测与预警系统的构建，则是大数据与智能分析技术在供应链管理领域的又一重要应用。该系统能够基于海量历史数据与实时数据流，运用先进的预测算法，对市场趋势、物流瓶颈、供应链风险等潜在问题进行早期识别与预警。这不仅有助于企业提前采取措施，避免潜在损失，还为企业战略调整与资源调配提供了宝贵的缓冲时间。

(三)区块链技术对供应链透明度的提升

区块链在管理学的应用为供应链透明度带来显著提升。其通过独特的去中心化、不可篡改和可追溯等特性，使得供应链中的信息得以更加真实、透明地展现，从而降低了信任风险，提高了整体效率。

区块链技术通过其不可篡改和分布式的特点，实现了供应链中交易记录的追溯和透明化。这一特性使得供应链中的每一个环节都变得可追踪，从而确保了数据的真实性和可靠性。通过区块链技术，企业可以实时查看供应链中的各种信息，包括原材料的来源、生产过程、物流运输等，从而实现对供应链的全面监控。这种实时记录的方式，不仅提高了信息的准确性，还优化了供应链的各个环节，提高了整体效率。

区块链技术通过去除中间环节和建立信任机制，降低了供应链中的信任风险。在传统的供应链模式中，由于信息的不对称和传递的延迟，企业之间往往存在信任问题。而区块链技术通过其去中心化的特性，使得供应链中的各个节点都可以直接进行交易，从而消除了中间环节，降低了交易成本。同时，区块链技术的不可篡改性使得交易记录无法被篡改，从而保证了交易的真实性和可靠性，增强了企业之间的信任。

区块链技术还能通过智能化管理提高供应链效率，降低运营成本。区块链技术可以实现供应链的自动化管理，通过智能合约和算法自动执行交易和结算，从而减少了人为干预和错误。区块链技术还可以优化供应链流程，减少不必要的浪费和损耗，实现供应链的优化升级。

二、数字贸易物流与供应链管理的业务模式创新

(一)B2B、B2C 与 C2C 模式下的供应链管理

在探讨供应链管理的多元化模式时，B2B、B2C 与 C2C 三大模式成为不可或缺的重要分析对象。每种模式均具备独特的特点和优势，同时也对供应链管理提出了不同的要求与挑战。

B2B 模式下的供应链管理注重的是企业间的协作与整合。在此模式下，供

应链中的各个节点企业通过建立紧密的合作伙伴关系,共同分享资源、降低成本、提高效率。B2B供应链管理的关键在于信息的共享与协同。企业需要构建高效的信息系统,确保供应链各环节之间的信息流通畅通无阻,从而实现供应链的透明化和可视化管理。B2B供应链管理还需要注重供应商关系管理,通过建立长期稳定的合作关系,提高供应链的稳定性和可靠性。

B2C模式下的供应链管理则更加注重消费者的需求和行为。企业需要通过精准的市场调研和预测,把握消费者的需求和偏好,从而制定出符合市场需求的销售策略。B2C供应链管理的关键在于快速响应和个性化服务。企业需要建立灵活的供应链体系,能够快速响应市场的变化,同时提供个性化的产品和服务,以满足消费者的多样化需求。

C2C模式下的供应链管理则需要构建安全的交易平台和良好的用户体验。由于C2C交易的主体是消费者,因此平台需要提供安全的交易环境和完善的售后服务,以保障消费者的权益。同时,C2C供应链管理还需要加强质量监控和售后服务,确保交易商品的质量和服务的可靠性。C2C平台还需要通过数据分析和挖掘,了解消费者的需求和行为,为卖家提供更好的营销策略和服务。

(二)跨境电商与全球供应链协同

作为一种新兴的国际贸易模式,跨境电商正以其独特的优势迅速崛起。通过电子商务平台,企业能够突破地域限制,直接接触到全球范围内的消费者,从而拓展市场、增加销售。跨境电商的发展,不仅降低了企业的进入门槛,还为消费者提供了更多的选择和便利。在这种模式下,企业可以更好地了解市场需求,优化产品设计,提高响应速度,从而更好地满足消费者的需求。

全球供应链协同是现代企业竞争力的关键所在。在全球化的背景下,企业面临来自全球的竞争和挑战,如何高效地管理供应链,降低成本,提高质量,成为企业生存和发展的关键。全球供应链协同通过信息共享、风险共担和利益共赢,实现了供应链的整合和优化。这种协同模式不仅提高了供应链的响应速度和灵活性,还降低了库存成本,提高了企业的竞争力。

跨境电商为全球供应链协同提供了有力支持。跨境电商平台的出现,使得企业可以更加便捷地连接到全球供应商和采购商,从而扩大了市场范围(表6-5)。跨境电商平台提供了丰富的信息资源和交易工具,帮助企业更好地了解市场需求,优化库存管理,提高运营效率。跨境电商平台还提供了风险控制和金融服务等支持,帮助企业降低交易成本,提高交易安全性。

表 6-5　泉州跨境电商企业品牌出海情况

企业名称	品牌数量	品牌出海时间	利润率提升情况
通沃网络	十几个	2022 年之后	30%～50%
嗒嗒科技	接近 30 个	2022 年底	3%～5%

资料来源：百度搜索。

三、数字贸易物流与供应链管理的发展趋势

(一)智能化与自动化

在当前全球贸易与供应链体系中,智能化与自动化的融合正成为推动行业发展的关键力量。智能化与自动化技术的应用,为贸易物流与供应链管理带来了新的发展机遇,同时也带来了更高的挑战。

智能化技术是智能化与自动化发展的核心。通过人工智能、机器学习等先进技术,可以实现对物流与供应链管理的智能决策、智能调度和智能监控。在物流方面,智能化技术可以实时分析物流数据,优化物流路径,提高物流效率,降低物流成本。例如,通过大数据分析,可以预测货物需求,提前规划物流路线,避免拥堵和延误。同时,智能化技术还可以实现智能分拣、智能装卸和智能包装,减少人工操作,提高物流速度和准确性。

自动化装备是智能化与自动化发展的重要支撑。随着技术的进步,自动化装备在贸易物流中的应用越来越广泛。自动化分拣系统可以实现对货物的快速、准确分拣,提高分拣效率;自动化装卸系统可以完成货物的自动装卸,减轻人力劳动;自动化包装系统则可以根据货物的大小和形状进行自动包装,提高包装效率和美观度。这些自动化装备的应用,不仅提高了物流速度,还降低了人工误差,提升了物流服务质量。

(二)数字孪生与虚拟供应链的可能性

在当前复杂多变的商业环境中,数字孪生与虚拟供应链正逐步成为企业优化供应链管理的重要工具。这一组合技术的运用,不仅提升了供应链的灵活性和响应速度,还为供应链管理带来了前所未有的可能性和价值。

数字孪生技术,作为当今数字化转型的重要一环,其核心在于通过数字化手段,将实体物流或供应链模型完整地复制到虚拟环境中。这种复制不仅仅是简单的数据复制,而是对实体供应链的各种参数、运行状态和影响因素进行深度模拟和预测。这种模拟和预测能力使数字孪生技术成为构建虚拟供应链的重要基石。通过数字孪生技术,企业可以在虚拟环境中对供应链的各个环节进行详细

的模拟和测试。这包括供应商、生产商、物流商、客户等各个环节的协同和互动。这种模拟和测试，可以帮助企业发现供应链中的潜在风险和问题，从而在实际运营中避免或减少风险的发生。

基于数字孪生技术，企业可以创建出与实体供应链高度相似的虚拟供应链模型。这种虚拟供应链模型不仅可以模拟供应链的运行情况，还可以进行各种场景的模拟和预测。通过这些模拟和预测，企业可以更好地了解供应链的运行规律，优化供应链的策略和决策。在虚拟供应链中，企业可以实时地查看供应链的运行情况，包括货物的位置、库存的数量、运输的状态等，从而更快地响应市场的变化，调整供应链的策略。同时，虚拟供应链还可以帮助企业进行各种模拟和优化，如物流路径的优化、库存的优化等，从而降低成本，提高供应链的效率。

（三）供应链管理的全球化与标准化

在全球化趋势的背景下，供应链管理的全球化与标准化成为行业发展的重要方向。全球化趋势使得供应链网络跨越国界，变得更加复杂和多变。企业需要在全球范围内采购原材料、生产产品、配送货物，以实现成本的优化和市场的快速响应。然而，这一过程中也面临着诸多挑战，如贸易壁垒、文化差异、语言障碍等。为应对这些挑战，企业必须加强全球供应链的协调和管理，提高供应链的灵活性和适应性。

标准化发展是提高贸易物流与供应链管理效率和质量的关键。通过制定和实施统一的国际标准，可以消除贸易壁垒，降低交易成本，提高贸易效率。这些标准包括数据交换格式、贸易规则、物流设施标准等。数据交换格式的标准化使得企业能够快速、准确地交换信息，减少沟通成本和时间；贸易规则的标准化则有助于规范贸易行为，减少贸易争端；物流设施标准的统一则可以提高物流效率，降低物流成本。

全球化与标准化在供应链管理中相互促进。全球化推动了标准化的进程，而标准化又促进了全球化的发展。通过采用国际标准，企业可以更好地融入全球市场，实现资源的优化配置。同时，全球化也为标准化的实施提供了更广阔的市场和更强大的推动力。

案例视窗

供应链金融与数字贸易物流的融合

一、供应链金融在数字贸易的作用

在数字贸易的蓬勃发展中，供应链金融作为一股不可忽视的力量，正深刻改变着企业间的资金流动与贸易模式。其首要价值体现在优化资金周转上。以东莞中行的"融易信"项目为例，该项目通过为科技产业链上的上游供应商提供基于核心企业信用的全线上化融资服务，有效解决了供应商资金周转难题。这一模式加快了资金在供应链中的流通速度，还降低了企业的资金占用成本，提高了资金使用效率，为数字贸易中的企业注入了强劲的资金活力。降低交易成本是供应链金融在数字贸易中的另一显著成效。通过整合贸易流程中的支付、结算和融资环节，供应链金融实现了流程的标准化、自动化，减少了人工操作，降低了操作风险与交易成本。数字技术的融入，如区块链、大数据等，使得融资过程更加透明化、可追溯，提升了融资效率，加速了贸易进程，为数字贸易的参与者创造了更为便捷、高效的交易环境。提升竞争力则是供应链金融赋予数字贸易企业的长远优势。通过提供定制化的融资解决方案和优质的金融服务，供应链金融帮助企业在激烈的市场竞争中脱颖而出。它使得企业能够更快地响应市场变化，抓住商业机遇，同时也有能力进行技术创新和业务拓展，从而扩大市场份额，提升品牌影响力。

二、金融科技对供应链金融的推动

金融科技正深刻改变着供应链金融的运作模式，极大地推动了其效率与风控水平的提升。首先，金融科技通过大数据、人工智能等技术手段，为供应链金融提供了更为智能的风险评估与控制手段。大数据的广泛收集与处理，使得金融机构能够更为准确地掌握供应链中企业的运营情况，包括资金流、物流、信息流等关键数据。这些数据为风险评估提供了丰富的依据，使得金融机构能够更为准确地评估企业的信用状况，从而降低风险。

其次，金融科技推动了供应链金融融资产品的多样化。传统的供应链金融融资产品主要集中在应收账款、存货等抵质押融资上，而金融科技则提供了更为丰富的融资方式。例如，通过区块链技术实现供应链的数字化，企业可以利用其在供应链中的信用记录进行融资。金融科技还推动了供应链金融与保险、证券等金融产品的融合，为企业提供了更为多元化的融资选择。

最后，金融科技还通过优化金融服务流程，提高了供应链金融的服务质量和效率。通过线上化、自动化等技术手段，金融机构可以更为便捷地处理供应链中的融资、结算等业务，降低了操作成本和时间成本。同时，金融科技还提供了更为便捷的金融服务渠道，如移动银行、在线融资等，使得企业能够更为便捷地获取金融服务（实例见表6-6）。

表 6-6　金融科技在供应链金融中的应用

金融机构	科技应用	具体应用
浦发银行	区块链技术	推出"浦链e融"平台,实现核心企业信用穿透,为供应链末端中小企业解决融资需求
上海华瑞银行	区块链、人工智能	采用获得国家发明专利的创新技术,实现业务全流程数据真实有效,降低业务风险

资料来源:百度搜索。

练习题

一、判断题

1.数字贸易物流是指传统物流模式与现代信息技术相结合的新型物流模式。(　　)

2.供应链管理主要关注产品从原材料采购到最终产品交付给消费者的全过程。(　　)

3.数字贸易物流与供应链管理是相互独立、互不相关的。(　　)

4.仓储管理仅涉及物资的入库和出库操作。(　　)

5.物联网技术可以实现对物流设备的远程监控和调度。(　　)

二、单选题

1.以下哪项不属于数字贸易物流的显著特点?(　　)

　　A.信息化　　　　　B.智能化　　　　　C.人工化　　　　　D.网络化

2.以下哪种供应链结构更适用于复杂多变的市场环境?(　　)

　　A.线性结构　　　　B.网状结构

3.以下哪项不属于数字贸易物流与供应链管理的核心要素?(　　)

　　A.信息共享与协同机制　　　　　B.需求预测与计划管理

　　C.物流成本控制

4.以下哪种技术可以实现货物的自动识别、分类与分拣?(　　)

　　A.物联网技术　　　B.大数据分析　　　C.智能分拣系统

5.以下哪项不属于客户满意度评估指标?(　　)

　　A.客户满意度指标　　　　　B.服务质量指标

　　C.物流成本指标

三、多选题

1. 数字贸易物流的特点包括哪些？（　　　）

   A. 信息化　　　　　B. 智能化　　　　　C. 网络化　　　　　D. 不可追溯性

2. 供应链管理的主要目标包括哪些？（　　　）

   A. 优化资源配置　　　　　　　　B. 提高生产效率

   C. 提升运营成本　　　　　　　　D. 降低客户满意度

3. 以下哪些技术属于数字贸易物流与供应链管理的关键技术？（　　　）

   A. 物联网　　　　　B. 大数据　　　　　C. 人工智能　　　　　D. 云计算

4. 以下哪些因素会影响客户满意度？（　　　）

   A. 服务人员态度　　　　　　　　B. 服务流程烦琐程度

   C. 物价水平　　　　　D. 竞争环境

5. 以下哪些因素会影响客户忠诚度？（　　　）

   A. 服务质量　　　　　B. 客户满意度

   C. 品牌形象　　　　　　　　　　D. 客户忠诚计划

四、简答题

1. 简述数字贸易物流与供应链管理的关系。

2. 简述物联网技术在供应链管理中的应用。

3. 简述客户关系管理（CRM）的重要性。

4. 简述数字贸易物流与供应链管理的创新趋势。

5. 简述供应链金融在数字贸易中的作用。

第七章 电子商务的企业品牌价值

知识图谱

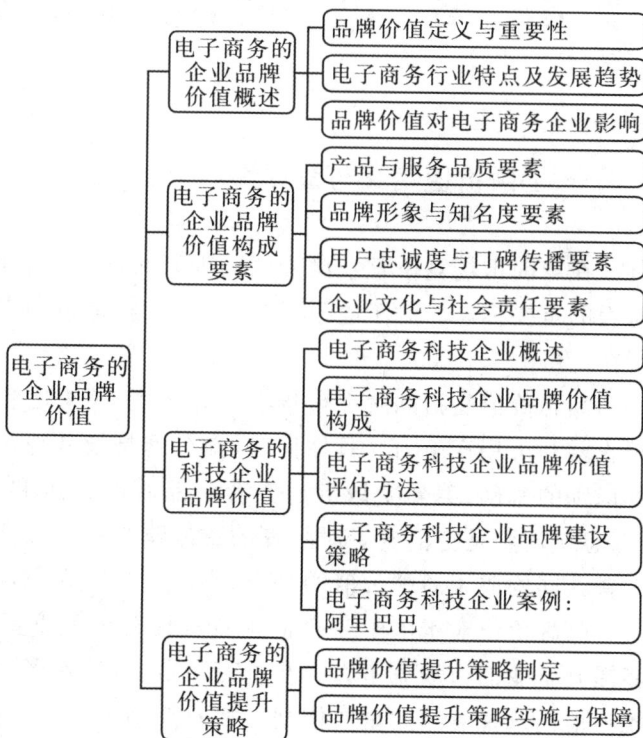

📋 **章节提要**

　　本章主要介绍电子商务的企业品牌价值、构成要素,以及品牌价值的提升策略。第一节概述品牌价值的定义与重要性。品牌价值对于电子商务企业而言,能提升市场竞争力,吸引投资与合作,并促进市场拓展。第二节介绍电子商务企业品牌价值的构成要素,包括产品与服务品质、品牌形象与知名度、用户忠诚度与口碑传播等。第三节针对电子商务利用新技术的特性,探讨其科技企业的品牌价值。最后一节讨论电子商务企业品牌价值提升策略,如明确品牌定位与核心价值主张、加强产品创新和服务优化、构建线上线下融合营销体系,以及培育独特企业文化和履行社会责任。随着电商行业的不断发展,跨境电商、农村电商等新领域逐渐崛起,不同的市场对于品牌价值的影响也有所不同。未来可进一步探讨新领域电子商务企业品牌价值的评估方法和提升策略,助力企业的实践和发展。

第一节　电子商务的企业品牌价值概述

一、品牌价值定义与重要性

　　在当前市场竞争日益激烈的商业环境中,品牌价值成为衡量一个企业成功与否的重要标志。对于电子商务企业而言,品牌价值更是其生存和发展的关键所在。

　　品牌价值是指品牌在市场上的知名度、美誉度和忠诚度,以及由此带来的超额收益和市场竞争力。具体而言,知名度是指品牌在消费者中的认知程度,是品牌识别的基础;美誉度是指消费者对品牌的评价和喜好程度,是品牌忠诚的基石;忠诚度则是指消费者对品牌的重复购买和偏好程度,是品牌价值的核心。这三者共同构成了品牌价值的基石,决定了品牌在市场上的地位和竞争力。

　　品牌价值对于电子商务企业而言具有至关重要的意义。首先,品牌价值能够提升企业的市场竞争力。在电商平台上,消费者面临着众多的商品选择,品牌成为他们选择商品的重要依据。拥有高品牌价值的商品往往能够获得消费者的信任和认可,从而在竞争中脱颖而出。其次,品牌价值能够吸引和留住顾客。通过品牌建设,企业可以塑造出独特的品牌形象和风格,吸引消费者的关注和喜爱。同时,品牌忠诚度的提高也能够让消费者在购买时更倾向于选择该品牌,从而为企业带来长期稳定的收益。最后,品牌价值还能够为企业带来超额收益。

品牌价值的提升不仅可以增加商品的销售量,还可以提高商品的售价,从而为企业带来更高的利润。

　　电子商务行业具有市场空间大、竞争激烈、创新性强等特点。随着技术的不断进步和消费者习惯的改变,电子商务行业将继续保持快速发展。在这个背景下,电子商务企业需要不断提升自身的品牌价值,以适应市场的变化和满足消费者的需求。一方面,企业需要加强品牌建设和维护,提高品牌知名度和美誉度;另一方面,企业还需要不断创新,推出符合消费者需求的新产品和服务,以保持品牌活力和竞争力。

二、电子商务行业特点及发展趋势

　　电子商务行业作为依赖于网络技术的新兴产业,具有独特的行业特点和发展趋势。电子商务行业的特殊性主要体现在其对网络技术的依赖、市场空间大、交易便捷以及个性化服务等方面。电子商务依托于互联网平台,突破了地域限制,使得商家可以跨越时空进行交易,极大地拓展了市场空间。电子商务也提供了便捷的交易方式,消费者可以随时随地进行购物,大大提高了交易效率。电子商务还能根据消费者的需求和偏好,提供个性化的服务,满足消费者的多元化需求。

　　然而,电子商务行业的发展也面临着诸多挑战。物流配送是电子商务的重要环节之一,配送效率和服务质量直接影响消费者的购物体验。售后服务也是电子商务行业需要重视的问题,如何处理消费者的投诉和退换货问题,是电子商务企业需要面对的重要课题。

　　随着技术的不断进步和消费者习惯的改变,电子商务行业将持续快速发展。其中,智能化和个性化是未来的重要发展方向。智能化技术可以提高物流配送效率,降低运营成本,提高服务质量。个性化服务则可以根据消费者的需求和偏好,提供更加精准的产品和服务,提高消费者的满意度和忠诚度。

三、品牌价值对电子商务企业影响

　　品牌价值在电子商务企业中的作用日益凸显,它不仅是企业实力的一种体现,更是推动企业持续发展的关键因素。以下将详细分析品牌价值如何提升电子商务企业的市场竞争力,吸引投资与合作,以及促进市场拓展。

　　品牌价值能够显著提升电子商务企业在市场上的竞争力。通过提高品牌知名度和美誉度,品牌价值可以形成差异化竞争优势,使企业在众多竞争对手中脱颖而出。当消费者面临众多选择时,他们更倾向于选择自己熟悉且信任的品牌,这有助于提高企业的市场份额和销售额。同时,品牌价值还可以增强企业的定价能力,使企业能够在保持市场份额的同时,获得更高的利润空间。

品牌价值高的电子商务企业更容易吸引投资与合作。投资者在选择投资对象时,往往会关注企业的品牌价值。一个具有高昂品牌价值的企业,通常意味着其在市场上具有较高的知名度和美誉度,以及强大的市场竞争力和盈利能力。这些优势可以降低投资者的风险,提高其投资回报率。品牌价值还可以作为企业进行合作时的重要筹码,有助于企业与其他企业建立合作关系,共同开拓市场。

品牌价值还有助于电子商务企业拓展市场。随着全球化的发展,企业面临着越来越激烈的市场竞争。在这种情况下,品牌价值成为企业拓展市场的重要武器。通过提高品牌知名度和美誉度,企业可以将自己的产品和服务推广到更广泛的市场,吸引更多的潜在客户。同时,品牌价值还可以增强企业的品牌形象和口碑传播,使企业在市场上获得更高的认可度和信任度,从而进一步拓展市场份额。

第二节　电子商务的企业品牌价值构成要素

一、产品与服务品质要素

在竞争激烈的市场环境中,产品和服务品质是决定企业成败的关键因素。产品品质和服务品质共同构成了消费者对品牌的整体评价,进而影响其购买决策和忠诚度。以下将详细分析产品品质和服务品质对企业的重要性及其实践应用。

产品品质是企业赢得市场的基石。产品品质包括产品的功能、性能、外观等方面,是企业竞争的核心。产品功能指产品能满足消费者需求的实用性,是产品的基本属性。产品性能则指产品在特定条件下的表现,如耐用性、稳定性等。产品外观则是产品的外在形象,能够吸引消费者的眼球,提高产品的附加值。优质的产品能够满足消费者的需求,提升消费者的满意度,进而促进口碑传播,为企业带来更多的客户。

服务品质是影响消费者忠诚度的关键因素。服务品质包括售前咨询、售后服务等方面,是企业与消费者之间的桥梁。售前咨询能够帮助消费者了解产品的特点和优势,引导其做出购买决策。售后服务则能够解决消费者在使用过程中遇到的问题,提高其使用体验。优质的服务能够增强消费者的信任感,提高其对品牌的忠诚度,进而形成品牌口碑。

在产品品质和服务品质的实践中,企业需要关注以下几个方面。首先,要重视产品质量,建立完善的质量管理体系,确保产品质量的稳定性。其次,要加强售前咨询和售后服务,提高服务水平,满足消费者的需求。最后,要注重品牌形象的塑造,提高品牌的知名度和美誉度,为企业的发展奠定坚实的基础。

二、品牌形象与知名度要素

在品牌构建与塑造的过程中,品牌形象与知名度是两个至关重要的要素。它们共同构成了品牌在市场中的影响力,决定了品牌在消费者心中的地位。

品牌形象作为品牌文化的外在表现,是品牌个性和风格的重要体现。它包括品牌的文化内涵、价值观等深层次的内容。一个具有独特品牌形象的品牌,能够在众多品牌中脱颖而出,吸引消费者的注意。品牌形象的塑造需要企业长期的投入和精心的维护,通过广告、公关、产品等多方面的努力,将品牌的个性和价值传递给消费者,形成消费者对品牌的认同和忠诚。

品牌知名度也是品牌成功的关键因素之一。知名度高的品牌,往往能够获得更多的消费者信任和选择。在消费者的购买决策过程中,品牌知名度往往成为消费者选择的重要依据。因此,提高品牌知名度,是企业品牌建设的重要任务之一。企业需要加强品牌的宣传和推广,通过广告、促销等手段,让更多的消费者了解品牌,增强品牌知名度和认知度。

品牌形象与知名度是品牌建设的两个重要方面。它们相互依存、相互促进,共同构成了品牌在市场中的竞争力。企业需要注重品牌形象的塑造和知名度的提升,以打造具有独特个性和高知名度的品牌,赢得消费者的信任和忠诚。

三、用户忠诚度与口碑传播要素

在用户行为研究中,用户忠诚度作为衡量品牌健康度与市场渗透力的关键指标,其重要性不言而喻。用户忠诚度可体现在消费者的重复购买行为上,这是最直接且量化的评估方式。例如,在汽车行业中,消费者首次购车后若再次选择同一品牌或厂家的车型,便是对其品牌忠诚度的有力佐证。通过持续监测并分析消费者的重复购买率,企业能够精准把握市场反馈,优化产品与服务,进而巩固并提升品牌忠诚度。

口碑传播作为非传统营销手段,其影响力在新媒体时代尤为凸显。品牌口碑的塑造与传播,不再单纯依赖于大规模广告投放,而是更加依赖于消费者之间的自发推荐与评价。TikTok 等社交媒体平台上,拥有庞大粉丝基础和高互动率的达人,成为品牌口碑传播的重要推手。他们以独特的内容和视角,向粉丝传递品牌信息,引发共鸣,促使粉丝成为品牌的传播者。这种基于用户真实体验的口碑传播,具有极高的可信度和感染力,能够有效提升品牌知名度和美誉度,进而吸引更多潜在顾客。

用户忠诚度与口碑传播是相辅相成的两个方面。企业需从多方面入手,如优化产品质量、提升服务体验、强化品牌情感连接等,以增强用户忠诚度。同时,积极利用社交媒体等渠道,构建良好的口碑传播生态,让品牌声音更加响亮、更加深入人心。

四、企业文化与社会责任要素

在电子商务行业的快速发展浪潮中,企业文化与社会责任作为两大核心要素,正日益成为驱动企业可持续发展的双轮。企业文化作为企业的精神内核,不仅塑造了员工的价值观与行为模式,还深刻影响着品牌的市场定位与价值主张。电子商务企业应致力于构建积极向上的文化氛围,强调创新精神、团队协作与卓越客户服务,以激发团队活力,促进业务稳健增长。

同时,社会责任的承担已成为衡量现代企业成功与否的重要标尺。在环境保护、公益事业等领域积极作为,不仅能够彰显企业的社会责任感,更能在消费者心中树立起正面、可信的品牌形象。以逸仙电商为例,其凭借在可持续发展领域的杰出表现荣获 ESG 可持续发展案例奖项,正是对企业在环境保护、社会责任等方面不懈努力的高度认可。这一案例不仅展示了电子商务企业如何通过实际行动践行社会责任,也为整个行业树立了标杆,推动了更多企业加入社会公益事业的行列中来。

企业文化与社会责任相辅相成,共同构成了电商企业稳健前行的坚实基石。未来,随着社会对可持续发展要求的不断提高,电子商务企业需持续深化企业文化建设,强化社会责任担当,以更加开放、包容、负责任的姿态,推动行业的健康、可持续发展。

第三节　电子商务的科技企业品牌价值

一、电子商务的科技企业概述

(一)行业现状及发展趋势

电子商务在全球范围内持续扩大,市场规模逐年增长,并展现出稳健的发展趋势。这一现象的背后,是数字化、网络化、智能化技术的快速发展,以及消费者购物习惯的不断变化。

在市场规模方面,电子商务以其便捷、高效、跨地域的特点,吸引了大量消费者和商家。尤其是在全球疫情的推动下,线上购物成为消费者的重要选择,电子商务市场规模得到了爆发式增长。预计未来几年,这一市场规模仍将继续扩大,展现出巨大的市场潜力。

在竞争格局方面,电子商务行业内的企业竞争异常激烈。科技企业在其中扮演着重要角色,通过技术创新、优化用户体验等手段,不断提升自身竞争力。同时,传统企业也在积极转型,通过线上线下融合、数字化转型等方式,进军电子商务领域。这种竞争格局不仅促进了行业的快速发展,也提升了整个行业的水平。

电子商务行业将继续朝着智能化、个性化、社会化方向发展。随着大数据、人工智能、物联网等技术的不断发展,电子商务将变得更加智能化和自动化,能够更好地满足消费者的需求。同时,电子商务也将更加注重个性化服务和社会化营销,通过数据分析、社交媒体等手段,为消费者提供更加个性化、定制化的服务。随着跨境电子商务的不断发展,电子商务也将成为全球贸易的重要组成部分,为企业提供更广阔的发展空间。

（二）科技企业在电子商务中的角色

在电子商务的迅猛发展中,科技企业扮演着至关重要的角色,它们通过技术创新、用户体验优化和数据分析与营销等多方面的努力,不断推动着行业的进步和发展。

技术创新是科技企业推动电子商务发展的重要动力。科技企业不断引入新技术、开发新应用,为电子商务行业注入了新的活力和创新力量。例如,云计算技术的广泛应用,使得电子商务平台可以更加高效地处理海量数据和交易,提升了系统的稳定性和可靠性。同时,物联网技术的不断发展,也为电子商务提供了更多的可能性,如智能物流、智能客服等,进一步提升了用户的购物体验。

用户体验优化是科技企业关注的重要方面。在电子商务领域,用户体验的好坏直接影响到用户的购买意愿和忠诚度。因此,科技企业注重通过优化网站设计、提高页面加载速度、改善购物流程等方式,来提升用户满意度。这些努力不仅可以提高用户的购物体验,还可以增强用户的黏性和忠诚度,促进企业的长期发展。

数据分析与营销是科技企业实现精准营销的重要手段。科技企业利用大数据和人工智能技术,对用户数据进行深入分析,了解用户的购物习惯、兴趣爱好和消费需求,从而制定更加精准的营销策略。这种精准营销不仅可以提高营销效率,还可以降低营销成本,提高企业的盈利能力。

二、电子商务科技企业品牌价值构成

(一)品牌知名度与美誉度

在电子商务科技企业的运营中,品牌知名度和美誉度是构建品牌价值的重要支柱,二者相辅相成,共同影响着企业的市场表现和长期发展。

品牌知名度是企业品牌价值的基础,它代表了消费者对企业品牌的认知程度。在信息爆炸的时代,消费者面对琳琅满目的产品时,往往更倾向于选择自己熟悉的品牌。因此,电子商务科技企业需要通过广泛的宣传和市场推广,提高品牌的曝光度和认知度,使品牌在众多竞争对手中脱颖而出。这不仅可以吸引更多用户的关注和购买,还可以增强用户对企业的信任感和忠诚度。

品牌美誉度则是消费者对企业品牌的评价和口碑,它体现了品牌在用户心中的形象和信誉。电子商务科技企业需要注重产品的质量和服务的体验,通过提供优质的产品和服务,赢得用户的认可和好评。同时,企业还需要关注用户反馈,及时解决用户的问题和投诉,以提升用户满意度和忠诚度。这些积极的用户评价和口碑可以形成品牌美誉度,吸引更多用户的关注和购买,从而进一步推动企业的发展。

(二)用户忠诚度与口碑传播

在电子商务科技企业的运营中,用户忠诚度与口碑传播是品牌价值的重要体现。这两方面相辅相成,共同构成了品牌在市场中的竞争力。

在用户忠诚度方面,其代表了用户对品牌的忠诚程度和购买意愿。电子商务科技企业通过提供优质的产品和服务,以及良好的客户服务,可以建立用户忠诚度。这种忠诚度不仅促使用户重复购买,还能促使用户将品牌推荐给其他人。用户忠诚度的提升,意味着企业可以稳定地获取用户,并通过用户口碑传播吸引更多潜在客户。为了建立用户忠诚度,企业需要关注用户需求,持续优化产品和服务,提供差异化的价值。同时,还需要加强客户关系管理,通过数据分析和营销策略,提高用户满意度和忠诚度。

在口碑传播方面,其是用户对品牌评价和传播的重要方式。在电子商务科技领域,用户评价和口碑对品牌的影响日益显著。用户通过社交媒体、购物平台等渠道分享购物体验、评价产品性能,这些信息对其他用户的购买决策产生重要影响。因此,企业需要重视用户口碑的维护,提供优质的产品和服务,让用户在使用产品后能够满意并愿意分享。同时,还需要加强品牌形象的塑造和传播,提高品牌知名度和美誉度,为口碑传播打下良好的基础。

(三)创新能力与技术实力

在电子商务科技企业的价值评估中,创新能力与技术实力是不可或缺的两大要素,它们在提升企业品牌价值方面发挥着至关重要的作用。

创新能力是电子商务科技企业品牌价值的核心竞争力。在市场竞争日益激烈的背景下,企业需要不断创新以保持竞争优势。这种创新不仅体现在产品和服务上,还涉及商业模式、营销策略等多个方面。企业通过深入了解消费者需求,结合市场趋势和前沿技术,不断推出具有竞争力的新产品和服务,从而满足用户的多样化需求,提升品牌的市场占有率。同时,创新能力也是企业持续发展的关键,它使企业能够不断适应市场变化,保持活力,实现可持续发展。

技术实力是电子商务科技企业创新能力的保障。在电子商务领域,技术更新迅速,企业需要不断投入研发,以保持技术领先地位。技术实力不仅体现在产品研发上,还体现在系统的稳定性、安全性以及用户体验等方面。通过拥有先进的技术和专业的技术团队,企业可以更加高效地处理海量数据,提供更加智能化、个性化的服务,从而提升用户体验。技术实力还可以帮助企业降低成本,提高运营效率,进一步提升品牌的市场竞争力。因此,电子商务科技企业需要不断加强技术投入,提升技术实力,以支撑企业的创新发展。

(四)企业文化与社会责任

在电子商务科技企业中,企业文化不仅是企业内部的工作氛围,更是品牌的灵魂。企业文化通过塑造企业的价值观和行为准则,为员工提供一个共同的精神家园,引导员工在工作中追求共同的目标和愿景。健康、积极的企业文化能够吸引和留住优秀人才,增强员工的归属感和忠诚度,从而提升企业品牌的凝聚力和向心力。企业文化还能够促进企业内部的沟通与协作,提高企业的整体效率和创新能力。

电子商务科技企业作为社会的一分子,肩负着对社会的责任和义务。积极履行社会责任,如参与公益活动、保护环境、保障员工权益等,不仅能够提升企业的品牌形象和声誉,还能够赢得更多用户的信任和支持。在竞争激烈的市场中,企业社会责任已成为企业品牌价值的重要组成部分。通过积极履行社会责任,企业可以展现出自身的实力和担当,树立良好的企业形象,从而吸引更多的合作伙伴和消费者。同时,企业还可以通过社会责任的履行,促进社会的和谐与进步,实现企业与社会的共赢。

三、电子商务科技企业品牌价值评估方法

(一)市场调研与数据分析法

在品牌建设及优化的过程中,市场调研和数据分析是不可或缺的环节。它们为企业提供了深入了解市场需求、消费者偏好及竞争对手动态的重要信息,为制定有效的品牌战略提供了有力的数据支持。

市场调研主要通过问卷调查、访谈等方式进行。问卷调查能够广泛收集消费者的意见和建议,了解他们对品牌的认知度、满意度以及需求变化。通过问卷调查,企业可以掌握消费者的购买习惯、偏好以及未来的购买意向,从而为企业调整产品策略、优化服务提供依据。访谈则可以深入了解消费者的心理需求,挖掘他们更深层次的需求,为品牌创造独特的差异化竞争优势。

数据分析则是将收集到的数据进行处理和分析,以揭示市场的规律和趋势。通过数据分析,企业可以了解品牌在市场中的表现,识别出消费者的需求变化,从而及时调整品牌战略,满足消费者的需求。同时,数据分析还可以帮助企业了解竞争对手的动态,为制定有效的竞争策略提供依据。

在市场调研和数据分析的过程中,企业需要注重数据的准确性和可靠性。只有准确的数据才能为企业提供正确的决策依据。可靠的数据则需要通过科学的调研方法和严谨的数据分析来获得。企业还需注重数据的时效性,及时将数据转化为有用的信息,以应对市场的变化。

(二)竞争对手比较法

在品牌价值评估的过程中,竞争对手比较法是一种有效的分析方法。该方法通过对比企业与竞争对手在品牌知名度、市场份额等方面的差异,以揭示企业品牌在市场中的相对价值。以下是具体的分析内容。

1.选定竞争对手

为了确保评估的准确性,选择与自己企业相类似的竞争对手进行比较分析至关重要。在选择竞争对手时,需要考虑以下因素:竞争对手的产品或服务应与本企业的产品或服务具有高度相似性,以便比较品牌在市场中的影响力;竞争对手的品牌价值应具有一定的可比性,以便评估结果的准确性;竞争对手的市场地位应与本企业相当,以便更好地反映品牌在市场中的竞争力。

2.比较分析

在选定竞争对手后,需要对其品牌进行详细的比较分析。首先,要对品牌知名度进行评估。通过对消费者对品牌的认知度、忠诚度等方面的调查,可以了解

品牌在市场中的影响力。其次,要对市场份额进行分析。市场份额是品牌在市场中的占有率,可以反映品牌的市场竞争力。通过与竞争对手的市场份额进行比较,企业可以了解自身品牌在市场中的地位。最后,要对品牌的差异化和优势进行分析。通过对比品牌的特点、优势等方面,企业可以了解自身品牌的独特之处,从而为企业制定品牌建设策略提供有力支持。同时,该方法也有助于企业发现自身存在的不足,以便及时改进。

(三)专家评价法

在品牌价值评估的过程中,专家评价法扮演着至关重要的角色。这种方法依赖于行业专家和营销专家的专业知识和经验,对品牌进行全面的分析和评价,从而得出品牌价值的评估结果。邀请专家是实施专家评价法的关键步骤。这些专家通常来自行业内具有深厚经验和专业知识的资深人士,或是在营销领域具有显著成就的专业人士。他们的专业知识和经验是评价品牌的重要依据,能够为评估提供有力的支持和指导。在邀请专家后,需要让他们对品牌进行详细的了解和评估。专家评价主要基于品牌的影响力、创新能力等方面进行综合评价。在评估过程中,专家会根据自己的专业知识和经验,对品牌的各个方面进行深入的分析和评估,从而得出品牌价值的评估结果。

在专家评价法中,专家的评价是客观、公正、专业的。他们不受任何利益关系的影响,只根据自己的专业知识和经验对品牌进行评价。同时,专家评价法也注重团队的协作和合作,将多个专家的意见进行综合和平衡,从而得出更加准确和全面的评价结果。

(四)品牌价值评估模型

1.品牌价值评估模型的维度

电子商务的科技企业品牌价值评估模型可以通过四个维度来构建,即品牌知名度、品牌忠诚度、品牌联想度和品牌成长力。

(1)品牌知名度:反映消费者对企业品牌的认知程度,包括品牌曝光度、品牌口碑等。

(2)品牌忠诚度:衡量消费者对企业品牌的忠诚程度,包括复购率、推荐率等因素。

(3)品牌联想度:指消费者对企业品牌形象的感知,包括品牌形象、品牌文化等因素。

(4)品牌成长力:评估企业品牌未来的发展潜力,包括市场份额、创新能力等因素。

2.模型指标体系

(1)品牌知名度指标:搜索引擎指数、社交媒体关注度、媒体报道数量等。

(2)品牌忠诚度指标:复购率、客户满意度、口碑传播率等。

(3)品牌联想度指标:品牌形象认知度、品牌文化认同度、品牌口碑等。

(4)品牌成长力指标:市场份额、营收增长率、研发投入占比、专利数量等。

3.品牌价值评估模型的应用

(1)数据收集:通过问卷调查、网络爬虫、企业财报等途径,收集相关指标数据。

(2)数据处理:对收集到的数据进行清洗、整理和标准化处理,确保数据的一致性和可比性。

(3)指标权重确定:采用层次分析法、主成分分析法等方法确定各指标的权重。

(4)品牌价值计算:根据各指标权重和得分,计算电子商务科技企业的品牌价值。

四、电子商务科技企业品牌建设策略

(一)品牌定位与差异化竞争

1.精准定位

精准定位是品牌成功的基石。企业需要深入分析市场,明确目标客户群体,并据此确定品牌的市场定位。这包括了解消费者的需求、偏好和购买行为,以及竞争对手的品牌定位。通过精准定位,企业能够确保品牌信息准确传达给目标消费者,从而提高品牌的知名度和认可度。例如,某高端化妆品品牌通过定位在高端市场,强调产品的品质和效果,成功吸引了追求高端护肤的消费者。在精准定位的基础上,企业还需注重品牌形象的塑造。品牌形象是消费者对品牌的整体印象,包括品牌名称、标志、广告等。企业应通过统一的品牌形象和宣传,加强品牌的识别度和记忆度,从而增强品牌的市场竞争力。

2.差异化竞争

差异化竞争是企业获取竞争优势的重要手段。在激烈的市场竞争中,企业需要不断创新,提供独特的产品和服务,以满足消费者的个性化需求。这包括产品创新、服务创新、营销创新等多个方面。通过差异化竞争,企业能够吸引消费者的注意力,提高品牌的忠诚度和美誉度。例如,某智能手机品牌通过推出具有独特功能的产品,如全面屏、高清拍照效果等,成功吸引了消费者的关注,并在市场上取得了良好的口碑。差异化竞争还体现在企业的营销策略上。企业应通过个性化的营销手段,与消费者建立紧密的联系,了解他们的需求和反馈,从而提供更好的产品和服务。这包括社交媒体营销、定制化服务等多种方式。

(二)品牌传播与推广手段

在当今激烈的市场竞争中,品牌传播与推广已成为企业构建市场优势、深化消费者认知的关键环节。这一策略的制定与执行,需紧密围绕多媒体宣传、内容营销与活动营销三大核心要点展开。

1.多媒体宣传的立体化布局

品牌需充分利用线上线下多元化的媒体渠道,形成全方位、立体化的宣传网络。线上方面,社交媒体平台如抖音、微博等成为品牌与用户直接互动的重要窗口,通过精准定位与创意内容,能够有效触达目标消费群体。同时,新闻发布与广告投放的结合,进一步提升了品牌曝光度与公信力。线下层面,则可通过户外广告、门店活动等形式,强化品牌在地域市场的渗透力,构建线上线下联动的传播矩阵。

2.内容营销的精准发力

内容营销作为品牌传播的核心策略之一,要求企业深入理解用户需求与兴趣点,创作并发布高质量、有价值的内容。如兴长信达品牌通过深入研究市场趋势与消费者心理,创作出既体现品牌价值又贴近用户生活的内容,有效提升了用户的参与度和互动性。持续产出高质量内容,是私域运营长期性的内在要求,有助于品牌在用户心中建立稳定而积极的形象。

3.活动营销的创意驱动

活动营销作为品牌传播的重要手段,通过举办各类创意活动,能够迅速吸引公众关注,提升品牌形象与市场份额。大王椰等品牌通过发起"拍出你的热爱"抖音挑战赛等互动活动,将品牌理念与"热爱"精神深度融合,激发了用户的参与热情,实现了品牌价值的长效传播。同时,创新品牌营销打法,如"寻木之旅"全新品牌文化 IP 的发布,不仅丰富了品牌文化内涵,也进一步增强了品牌的识别度与吸引力。

(三)品牌合作与联盟策略

在跨境电商的迅猛浪潮中,品牌合作与联盟策略成为企业拓展国际市场、提升品牌影响力的关键路径。通过行业内合作,企业能够携手志同道合的伙伴,共同探索市场潜力,实现资源共享与优势互补。正如阿里巴巴 1688 跨境平台所展示的,其高效的数字化供应链系统不仅精准匹配海量货品与海外买家,还促进了供应链上下游企业的紧密合作,共同提升响应速度与服务质量,进而增强品牌在国际市场的竞争力。

　　跨行业联盟则为企业开辟了新的增长维度。通过与不同行业的企业建立战略联盟,可以激发创新灵感,共同研发出具有差异化竞争优势的新产品。这种跨界合作不仅丰富了产品线,还拓宽了品牌的市场边界,为企业带来新的增长点。跨行业联盟还有助于企业学习借鉴其他行业的先进理念和技术,推动自身业务的持续优化与升级。

　　国际化合作则是企业提升品牌全球影响力的重要途径案例(表7-1)。通过积极参与国际交流与合作,企业能够深入了解不同国家和地区的市场需求、文化习俗及法律法规,为精准制定市场策略提供有力支撑。与国际先进企业和技术的交流互动,也有助于企业引进高端人才、先进技术和管理经验,加速品牌国际化进程,提升在全球市场的竞争地位。

表 7-1　盒马与"丝路电商"合作的预期成果

合作内容	成　果
加大伙伴国商品采购	与 29 个国家建立贸易合作,年度采购额超 40 亿元人民币
建设国际直采供应链	在智利、越南等地建立农业直采基地
带动伙伴国数字化转型	帮助印尼提升山竹生产效率,并开展数字经济研学
创新消费场景	设立线上主题区与线下专区,推广伙伴国特色商品

(四)品牌危机管理与应对策略

　　在品牌管理中,危机管理是一个至关重要的环节。品牌危机不仅会严重影响企业形象和信誉,还会冲击企业的市场份额,阻碍其长期发展。因此,建立一套完善的品牌危机管理机制至关重要。

　　危机预警是品牌危机管理的第一步,其目标是及时发现并预测潜在的品牌危机。为了实现这一目标,企业应建立一套完善的危机预警机制。这一机制应包括信息收集、分析和评估三个环节。在信息收集方面,企业应通过多种渠道收集与品牌相关的信息,包括媒体报道、消费者反馈、行业动态等。在分析和评估环节,企业应对收集到的信息进行分类、整理和分析,以识别潜在的品牌危机。一旦发现潜在的危机,企业应立即启动危机应对计划,确保在危机发生前采取有效的预防措施。

　　在危机应对方面,企业应制定详细的危机应对方案。这一方案应包括危机发生时的应对措施和责任人,以确保危机得到及时有效的处理。在危机应对方案中,企业应明确危机发生后的组织架构和指挥体系,以便在危机发生时能够迅速做出决策。企业还应制定具体的应对措施,如危机沟通策略、产品召回计划、消费者赔偿方案等,以应对不同类型的危机。在制定应对措施时,企业应充分考虑消费者的利益和需求,以最大程度地降低危机对消费者的影响。

在危机处理后,企业应积极采取补救措施,恢复品牌形象和信誉。这一环节是危机管理的最后一步,但同样重要。在危机过后,企业应通过公开道歉、赔偿损失等方式向消费者表达歉意和诚意,以重建消费者对品牌的信任。企业还应通过媒体和公关活动向公众传递企业的积极形象和价值观,以恢复品牌的声誉和形象。在恢复品牌形象的过程中,企业应注重与消费者的沟通和互动,倾听消费者的意见和建议,以改进产品和服务。

五、电子商务科技企业案例:阿里巴巴

(一)品牌发展历程

阿里巴巴的品牌之旅始于创始人马云及其团队对电子商务领域的深刻洞察与不懈探索。在创立淘宝之前,马云历经数次创业尝试,每一次的挫败都成为他宝贵的学习经验。正如他所言,成功的因素虽多却难以复制,而失败的经验则能有效避免重蹈覆辙。正是这份对失败的深刻反思与坚持,为阿里巴巴的诞生奠定了坚实的基础。

初期创业阶段,阿里巴巴以打造诚信体系为核心竞争力,逐步在电子商务领域崭露头角。面对当时互联网环境的复杂性与不确定性,阿里巴巴通过创新性的商业模式,如 B2B 市场平台,为中小企业提供了前所未有的交易机会。马云团队深刻理解到,在虚拟的网络世界中,建立信任是交易成功的关键。因此,阿里巴巴致力于构建一套完善的信用评价体系,有效降低了交易风险,吸引了大量用户的关注与参与。

快速发展阶段,阿里巴巴凭借敏锐的市场洞察力与卓越的技术实力,不断拓宽业务领域,提升服务质量。第三方支付平台支付宝的推出,彻底改变了电子商务的支付格局,为用户提供了更加安全、便捷的支付体验。同时,阿里巴巴还积极布局物流领域,通过整合资源、优化流程,显著提升了物流效率与服务质量。这些创新举措不仅增强了用户黏性,也为阿里巴巴赢得了市场的广泛认可与好评。

成熟稳定阶段,阿里巴巴已经发展成为全球领先的电子商务企业,其品牌影响力与市场地位日益稳固。面对日益激烈的市场竞争与快速变化的市场环境,阿里巴巴始终保持敏锐的市场洞察力与高度的创新精神,不断升级平台功能与服务质量,以满足用户日益增长的需求。阿里巴巴还积极拥抱新技术,如人工智能、大数据等,通过技术创新推动产业升级,为全球用户提供更加智能化、个性化的服务体验。展望未来,阿里巴巴有望在 AI 时代再创辉煌,成为更好地服务全球用户的一流和智慧的平台企业。

(二)品牌价值塑造及影响

在现代商业环境中,品牌价值是企业核心竞争力的重要组成部分。阿里巴巴作为中国电子商务行业的领军企业,在品牌价值塑造及影响方面表现出色,为整个行业树立了典范。

阿里巴巴通过提供优质的电子商务服务,赢得了广大用户的信赖和好评。其平台上的商品种类丰富、质量可靠,为用户提供了便捷的购物体验。同时,阿里巴巴注重诚信体系的建设,通过严格的商家审核和信用评价机制,确保了平台上的交易安全可靠。阿里巴巴还加强品牌建设,通过广告宣传、公益活动等方式,提升了品牌知名度和美誉度。这些努力共同塑造了阿里巴巴极具价值的品牌形象。为了进一步提升品牌价值,阿里巴巴还注重技术创新和研发投入。通过不断推出新的产品和服务,满足了用户的多样化需求,保持了市场领先地位。同时,阿里巴巴还注重与国内外知名品牌的合作,通过联合营销、品牌授权等方式,提升了品牌的知名度和影响力。

阿里巴巴的品牌价值对其业务发展产生了积极的影响。品牌价值吸引了大量用户和投资者,推动了企业的快速发展。品牌价值也提升了整个电子商务行业的知名度,使得更多的人开始关注和接受电子商务这种购物方式。最后,品牌价值还为企业带来了更多的商业机会和合作伙伴,促进了企业的长期发展。

(三)创新实践与技术应用

阿里巴巴在电子商务领域展现出了卓越的创新能力和技术应用实力。其通过不断引入新技术、新模式,成功推动了电商行业的革新,为用户提供了更加便捷、高效的购物体验。

在创新实践方面,阿里巴巴推出了一系列颇具创意的电商模式。其中,直播带货和短视频营销尤为引人注目。直播带货通过直播形式向消费者展示商品,实现了线上购物与线下体验的完美结合,极大地提升了消费者的购物体验。而短视频营销则通过短视频平台,以更加生动、形象的方式展示商品,吸引了大量年轻用户。这些创新模式的推出,不仅为阿里巴巴带来了可观的收益,也为其在电商领域树立了领先地位。

在技术应用方面,阿里巴巴在人工智能、大数据、云计算等领域投入了大量研发力量。通过人工智能技术的应用,阿里巴巴实现了智能客服、智能推荐等功能,为消费者提供了更加个性化的服务。大数据技术的运用,则让阿里巴巴能够更好地了解用户需求,优化商品推荐算法,提高用户满意度。云计算技术的应用,则为阿里巴巴提供了强大的数据处理和存储能力,确保了平台的稳定运行和高效响应。

阿里巴巴的创新实践和技术应用,不仅提升了自身的竞争力,也为整个电商行业注入了新的活力。未来,随着技术的不断进步和市场的不断拓展,阿里巴巴将继续保持其领先地位,推动电商行业的持续发展。

（四）展望与挑战

在未来的数字化时代,阿里巴巴将继续发挥其品牌优势和技术实力,引领行业发展。以下是阿里巴巴的未来展望以及面临的挑战与应对策略。

在未来展望方面,阿里巴巴将继续深化其品牌影响力。作为一家拥有全球影响力的企业,阿里巴巴将不断拓展国际市场,加强与全球合作伙伴的战略合作,推动品牌和业务的全球化发展。同时,阿里巴巴也将通过不断提升产品质量和服务水平,增强用户对品牌的信任度和忠诚度,进一步提升品牌的市场竞争力和影响力。

然而,阿里巴巴也面临着诸多挑战。市场竞争激烈是其中之一。随着互联网技术的不断发展和市场的不断开放,越来越多的企业开始进入电商领域,竞争日益激烈。为了保持竞争优势,阿里巴巴需要不断创新,加强技术研发和人才引进,不断提升自身的创新能力和技术实力。阿里巴巴还需要加强对用户需求的洞察和把握,通过数据分析和用户反馈,不断优化产品和服务,满足用户多样化的需求。

除了市场竞争,阿里巴巴还面临着用户需求多样化的挑战。随着消费者需求的不断变化和升级,阿里巴巴需要不断推出新的产品和服务,以满足用户的多元化需求。为此,阿里巴巴将加强与合作伙伴的合作,共同打造更加完善的生态系统,提供更加全面、便捷、个性化的服务,也将加强用户体验和售后服务,提升用户满意度和忠诚度。

六、电子商务科技企业案例:京东

（一）品牌核心竞争力

在当前电商行业竞争激烈的背景下,京东作为一家知名电商平台,凭借其独特的品牌核心竞争力在市场中占据了一席之地。以下将围绕用户体验、物流速度以及商品品质三个方面,对京东品牌的核心竞争力进行详细分析。

用户体验是京东品牌核心竞争力的重要组成部分。京东注重提升用户体验,通过不断优化网站设计和购物界面,使用户在浏览和购物过程中更加便捷。其简洁明了的页面设计,使用户能够快速找到所需商品,减少了购物时间。同时,京东还提供了丰富的商品选择,满足了用户多样化的需求。京东对购物流程的持续优化,如快速结账、多样化的支付方式等,也提升了用户的购物体验。在用户反馈方面,京东积极收集用户意见,通过不断优化和改进,提升了用户满意度。这种以用户为中心的理念,使得京东在电商行业中保持了较高的用户黏性和忠诚度。

物流速度是京东品牌核心竞争力的另一大优势。京东拥有完善的物流体系,通过自主研发和技术创新,不断提高物流效率。其"211限时达"等服务,使得用户在下单后能够快速收到商品,甚至实现了当日配送。这种高效的物流体验,不仅提升了用户的购物满意度,还增强了用户对京东的信任度和忠诚度。在物流技术方面,京东不断投入研发,采用先进的物流技术和设备,如自动化仓库、智能分拣系统等,提高了物流效率,降低了物流成本。这些优势使得京东在电商行业中具有较强的竞争力。

商品品质是京东品牌核心竞争力的基石。京东对商品品质进行严格把控,确保所售商品均为正品。其通过与品牌厂商合作、建立严格的供应商审核机制以及定期抽检等方式,确保了商品的质量和安全。同时,京东还为用户提供了完善的售后服务,如退货、换货等,让用户购物无忧。这种对商品品质的承诺和完善的售后服务,使得京东在消费者心中树立了良好的品牌形象和口碑。

(二)京东物流体系建设与优势

京东物流体系的建设在电商领域尤为突出,它通过高效、快速、准确的物流服务,为商家和消费者之间搭建了坚实的桥梁。以下将从物流网络覆盖、自动化与智能化,以及跨界合作与整合三个方面对京东物流体系进行详细分析。

1.物流网络覆盖

京东物流体系覆盖了全国各个地区,其物流网络布局完善,能够确保商品及时送达。京东通过不断优化物流路线,提高物流效率,使得商品在运输过程中的时间大大缩短。京东还通过在全国范围内设立多个物流中心,实现了商品的快速分拣和配送。这种物流网络布局不仅提高了京东的物流效率,也为其在电商领域的竞争提供了有力的支持。

2.自动化与智能化

京东物流体系在自动化与智能化方面有着显著的优势。通过引入先进的物流技术和设备,京东实现了物流作业的自动化和智能化。例如,京东利用机器人技术实现自动分拣、搬运等作业,大大提高了物流中心的作业效率。同时,京东还通过数据分析技术,对物流信息进行实时监控和优化,使得物流过程更加高效、准确。这种自动化与智能化的物流模式,不仅降低了人力成本,也提高了京东的物流竞争力。

3.跨界合作与整合

京东还积极与多家企业开展跨界合作,共同建设物流体系。通过整合各方资源,京东实现了优势互补,提高了整个物流体系的效率和稳定性。例如,京东与航空公司合作,开展航空物流业务,使得商品能够快速送达远程地区。京东还与快递公司合作,实现了物流的最后一公里配送。这种跨界合作与整合的模式,使得京东在物流领域具备了更强的实力和竞争力。

(三)京东科技创新与智能化发展

京东作为中国电商巨头,其科技创新与智能化发展在业界具有显著的影响力。特别是在人工智能、大数据以及技术研发与创新投入方面,京东取得了令人瞩目的成就,为电商行业的智能化转型树立了标杆。

1.人工智能技术应用

京东在人工智能领域的探索与应用尤为突出。通过人工智能技术,京东在电商、物流、金融等多个领域实现了显著的效率提升和用户体验优化。在电商领域,京东利用人工智能技术实现商品推荐、智能客服等功能,根据用户的购物习惯和喜好,为用户推荐更加精准的商品。在物流方面,京东利用人工智能技术优化配送路径、提高仓储效率,实现了快速、准确的物流配送。这些人工智能技术的应用,不仅提高了京东的运营效率,也为用户提供了更加便捷、个性化的服务。

2.大数据分析与应用

京东注重大数据的收集、分析和应用。通过收集用户行为数据、消费习惯等信息,京东能够进行深度分析和挖掘,发现用户的潜在需求和消费趋势。这些数据分析结果不仅用于商品推荐和营销策略的制定,还用于供应链的优化和管理。通过大数据分析,京东能够更好地把握市场动态,及时调整库存和营销策略,提高商品的销售效率和用户的满意度。

3.技术研发与创新投入

京东在技术研发和创新投入方面一直保持着高强度的投入。公司拥有一支庞大的研发团队,致力于新技术的研究和应用。通过不断的技术创新,京东在物流、电商、金融等领域取得了多项专利和核心技术。这些技术不仅为京东的业务提供了有力的支持,也为行业的智能化转型提供了技术保障。同时,京东还积极与高校、科研机构等合作,推动技术创新和产业升级,为行业的发展贡献自己的力量。

(四)京东未来战略规划与布局

在探讨京东未来的战略规划与布局时,有必要从多个维度进行深入剖析,以期为其未来发展提供有价值的参考。京东作为中国电商巨头,正积极应对市场变化,不断拓展国际市场、深化智能化发展,并多元化布局以强化其在多个领域的竞争力。

在国际市场拓展方面,京东通过海外布局和跨境合作,积极拓展国际市场。其通过跨境电商平台,将中国商品推向海外市场,同时也在海外设立仓储和物流中心,以提高配送效率和服务质量。京东还积极与国际知名品牌合作,引入优质商品,满足国内消费者的多元化需求。这种跨境合作不仅促进了国际贸易的发展,也为京东带来更多的业务增长点和市场份额。

在智能化发展方面,京东继续深化智能化技术的应用,通过引入更多先进技术和设备,提高运营效率和用户体验。例如,京东在仓储和物流领域引入了自动化设备和机器人,实现了货物的自动分拣和运输,提高了物流效率。同时,京东还利用大数据和人工智能技术,对用户需求进行精准分析,为用户提供更加个性化的商品推荐和购物体验。这种智能化技术的应用不仅提高了京东的运营效率,也增强了其市场竞争力。

在多元化布局方面,京东将电商、物流、金融、科技等多个领域纳入其战略范畴,通过多元化布局实现业务互补和协同发展。例如,京东电商平台为物流业务提供了稳定的货源和配送需求,而物流业务的快速发展又促进了电商业务的扩张。同时,京东金融为用户提供了便捷的支付和融资服务,增强了用户的黏性和忠诚度。这种多元化布局不仅提高了京东的整体竞争力,也为其未来的发展奠定了坚实的基础。

七、电子商务科技企业案例:拼多多

(一)品牌崛起背景及原因

拼多多作为近年来迅速崛起的电商平台,其发展历程备受关注。拼多多成立于 2015 年,正值移动互联网红利期,用户规模庞大,手机购物成为趋势。这一时期,消费者对价格敏感度较高,且喜欢尝试新的购物方式。同时,国家政策对电子商务创新发展给予大力支持,为电商平台的崛起提供了有利环境。

拼多多成功的关键在于其独特的社交电商模式。这一模式将社交元素与电商相结合,通过拼团、砍价等玩法,满足了消费者追求性价比和社交分享的需求。拼团模式使得消费者能够以更低的价格购买到商品,而砍价模式则让消费者在购物过程中享受到砍价的乐趣,增强了消费者的参与感和满意度。这种模式不仅吸引了大量消费者,也吸引了众多商家入驻,进一步丰富了平台商品种类,提升了平台竞争力。

拼多多还注重产品创新,不断推出新的产品和服务。例如,拼多多推出"拼多多果园"等互动游戏,通过种植、浇水等互动环节,让消费者在享受游戏乐趣的同时,也能获得免费水果等实物奖励。这种创新的营销方式不仅增加了用户黏性,也提升了用户忠诚度。

拼多多还通过大数据分析,精准定位用户需求,为用户提供个性化的商品推荐和服务。拼多多通过分析用户购物行为、浏览记录等数据,可以了解用户的购物偏好和需求,从而为用户推荐更加符合其需求的商品和服务。这种个性化的推荐方式不仅提高了用户的购物体验,也提升了平台的销售额和转化率。

(二)社交电商模式创新点

拼多多作为中国电商行业的新兴力量,其在社交电商领域的创新模式值得深入探讨。以下将分别从拼团模式和砍价模式两个方面,对拼多多的创新点进行详细阐述。

1.拼团模式

拼团模式是拼多多最为核心的创新之一。在拼多多平台上,消费者可以通过拼团的方式,以更低的价格购买商品。这种模式的优势在于,通过社交网络的传播,拼多多能够迅速聚集大量消费者,形成规模效应,从而降低成本,提高利润。同时,拼团模式还激发了消费者的购物热情,增加了消费者的购买动力。对于商家而言,拼团模式可以帮助其快速扩大销量,提高品牌知名度,是一种有效的营销策略。在拼团模式的实施过程中,拼多多注重用户体验和商品质量。平台会对商家进行严格筛选,确保商品质量符合标准。拼多多还提供了完善的售后服务,让消费者购物无忧。这些措施为拼团模式的成功提供了有力保障。

2.砍价模式

砍价模式是拼多多的另一种创新模式。在砍价模式下,消费者可以通过邀请好友帮忙砍价,降低商品价格。这种模式的优势在于,通过社交分享,消费者可以扩大自己的社交圈子,同时享受到更低的价格。对于商家而言,砍价模式可以帮助其吸引更多的潜在客户,提高商品曝光率。砍价模式的成功离不开拼多多的社交属性。在拼多多平台上,用户可以轻松邀请好友一起砍价,这种互动方式增强了用户之间的黏性。同时,拼多多还提供了丰富的砍价活动,让消费者有更多的机会享受到优惠。这些措施使得砍价模式在拼多多平台上得到了广泛应用。

(三)拼多多在下沉市场的品牌影响力

在探讨拼多多这一电商平台时,其在下沉市场的品牌影响力是一个不可忽视的方面。拼多多通过精准的市场定位,针对下沉市场进行了深度的布局和策略调整,成功地在这一市场中占据了一席之地。

下沉市场是指二三线城市及以下的地区,这些地区的消费者对价格敏感,对性价比的追求尤为突出。拼多多正是抓住了这一市场特点,通过提供高性价比的产品和服务,满足了消费者的需求。例如,拼多多通过社交电商的模式,让消费者在购买商品时能够与亲朋好友分享,从而降低了购买成本,提高了性价比。同时,拼多多还推出了一系列优惠活动,如团购、砍价等,进一步刺激了消费者的购买欲望。

在下沉市场中,品牌的影响力是消费者选择产品的重要因素之一。拼多多通过广告宣传、线下活动等方式,逐渐提升了自己的品牌知名度和美誉度。在广告宣传方面,拼多多注重在主流媒体和社交媒体上进行广告投放,吸引了大量消费者的关注。同时,拼多多还举办了一系列线下活动,如拼多多小镇、拼多多集市等,让消费者在参与活动的过程中更加深入地了解拼多多,增强了品牌的认知度和好感度。

拼多多在下沉市场的市场份额逐渐增长,成为该市场的主要玩家之一。这一成绩的背后,是拼多多对下沉市场的深入了解和精准定位,以及其在产品质量、价格、服务等方面的不断优化和创新。未来,拼多多将继续深耕下沉市场,进一步扩大品牌影响力,实现更加长远的发展。

(四)挑战与机遇

在当前电商市场的竞争中,拼多多面临着诸多挑战。首要的挑战来自市场竞争的激烈。中国电商市场已经趋于饱和,各大电商平台之间的竞争异常激烈,特别是在用户增长和市场份额方面。拼多多需要不断创新,以吸引新用户并保持现有用户的活跃度。

另一个挑战是用户增长放缓。随着市场的逐渐饱和,新用户的增长速度正在放缓。这意味着拼多多需要更加努力地挖掘潜在用户,同时提高现有用户的复购率。为了实现这一目标,拼多多需要不断优化其产品和服务,提高用户满意度和忠诚度。

拼多多还面临着合规风险。在电商行业中,商品的质量和知识产权问题一直是一个敏感的话题。拼多多需要加强对其平台上商品的质量监管,确保所有销售的商品都符合相关法规和标准,以避免因商品质量问题而引发的负面舆论和法律纠纷。

尽管面临诸多挑战,拼多多也面临着许多机遇。随着消费者对性价比和社交分享的需求不断增强,拼多多的团购和社交电商模式具有很大的发展潜力。通过不断优化产品和服务,提高用户满意度和忠诚度,拼多多可以进一步扩大其用户基础,提高市场份额。

拼多多还可以利用技术创新来提升其品牌价值和市场份额。例如,引入人工智能技术,更好地了解用户的购物习惯和需求,为其提供更加个性化的推荐和服务;利用大数据分析来优化供应链管理,降低成本,提高盈利能力。

第四节　电子商务的企业品牌价值提升策略

一、品牌价值提升策略制定

(一)明确品牌定位与核心价值主张

在电子商务领域,品牌定位与核心价值主张是关乎企业长远发展的关键要素。一个清晰且精准的品牌定位,不仅能够帮助企业在激烈的市场竞争中脱颖而出,还能为消费者提供明确的购物导向。而核心价值主张,则是品牌向消费者传达的独特价值,是吸引消费者并促进品牌忠诚度形成的核心。

品牌定位需要基于深入的市场分析。这包括了解目标市场的消费者需求、购物习惯、消费心理等,以及竞争对手的品牌定位、产品特点、市场策略等。通过这些分析,企业可以明确自己的市场定位,找到与消费者需求相契合的切入点,从而打造出具有吸引力的品牌形象。

在品牌定位的基础上,企业需要提炼出核心价值主张。核心价值主张是品牌与消费者之间的连接点,是消费者选择该品牌的关键因素。它可以是优质商品、优质服务、独特风格等,但必须是能够满足消费者需求并引起消费者共鸣的。同时,核心价值主张还需要具有差异化,以区别于竞争对手,提升品牌辨识度。

为了实现差异化竞争,企业需要注重品牌形象的塑造和核心价值主张的传达。在品牌形象塑造方面,企业需要注重品牌文化的培育,通过品牌故事、品牌理念等方式,让消费者了解品牌的内涵和价值。在核心价值主张的传达方面,企业需要通过各种渠道和方式与消费者进行沟通,让消费者了解并认同品牌的价值。同时,企业还需要不断创新和改进,以适应市场的变化和消费者的需求,保持品牌的活力和竞争力。

(二)加强产品创新和服务优化

产品创新是企业发展的核心动力。产品是企业与消费者之间的桥梁,也是企业获得市场份额的关键。为了满足消费者不断变化的需求和偏好,企业必须不断推出符合市场需求的新产品。这要求企业具备敏锐的市场洞察力,能够及时捕捉市场变化,把握消费者的需求趋势。同时,企业还需要加大研发投入,提升产品的功能和性能,以满足消费者日益增长的需求。

服务优化是提升消费者满意度的关键。在市场竞争中,产品的质量和性能固然重要,但服务同样不容忽视。周到的售前、售中和售后服务能够确保消费者购物过程的顺畅和满意,从而提升消费者对品牌的信任度和忠诚度。为了实现这一目标,企业需要建立完善的服务体系,加强员工培训,提升服务水平。同时,企业还需要建立有效的客户反馈机制,及时收集和处理消费者的反馈意见,不断改进服务质量。

客户关系管理是企业维护品牌形象和口碑的重要途径。在现代社会中,消费者的口碑对企业的发展至关重要。因此,企业必须建立完善的客户关系管理系统,及时收集和处理消费者的反馈,不断改进产品和服务质量。同时,企业还需要积极与消费者进行互动,增强消费者的参与感和归属感,从而提升品牌形象和口碑。

(三)构建线上线下融合营销体系

线上营销是融合营销体系的重要组成部分。利用社交媒体平台,企业可以发布产品信息、品牌形象、促销活动等,吸引粉丝关注和互动,提高品牌曝光度。同时,通过社交媒体的数据分析,企业可以了解消费者的需求和偏好,进行精准营销。搜索引擎营销也是线上营销的重要手段。通过关键词优化、广告投放等方式,企业可以提高网站在搜索引擎中的排名,吸引更多潜在客户。电子邮件营销也是一种有效的线上营销方式,通过发送邮件向客户传递产品信息、优惠活动等,促进客户购买和复购。

线下体验是线上营销的延伸和补充。通过举办产品发布会、展览会等线下活动,企业可以让客户亲自体验产品,感受产品的品质和特点,从而建立信任感和忠诚度。线下活动还可以加强企业与客户的互动和沟通,了解客户需求和反馈,为产品改进和营销策略提供有力支持。

结合线上和线下营销手段,可以形成融合营销体系。通过线上线下互动,企业可以更好地了解客户需求和偏好,提供个性化的产品和服务。同时,线上线下互动还可以提高品牌曝光度和知名度,吸引更多潜在客户。融合营销还可以提高客户的忠诚度和满意度,促进企业的长期发展。

(四)培育独特企业文化和履行社会责任

在当今竞争激烈的电子商务环境中,企业文化和社会责任已成为企业核心竞争力的重要组成部分。本节将详细阐述电子商务企业如何培育独特企业文化和履行社会责任,以塑造企业品牌形象并提升市场竞争力。

1.建设企业文化

企业文化是企业灵魂和精神内核的体现,它不仅能够引导员工的行为和价值观,还能增强企业的凝聚力和向心力。电子商务企业应建立积极向上的企业文化,强调价值观、使命和愿景的塑造。企业应明确自身的使命和愿景,将其融入到企业的发展战略和日常运营中,使员工能够清晰地理解企业的目标和愿景,并为之奋斗。企业应倡导创新、诚信、客户至上等价值观,通过员工培训、文化活动等方式将其深入人心,使员工能够在工作中自觉遵守并践行这些价值观。

2.履行社会责任

电子商务企业应积极履行社会责任,关注环境保护、公益事业等方面。在环境保护方面,企业应注重绿色生产、节能减排,减少对环境的污染和破坏。在公益事业方面,企业可以通过捐赠资金、物品、志愿服务等方式参与公益活动,回馈社会,树立企业的良好形象。企业还应关注员工福利和劳动权益,保障员工的合法权益,提高员工的幸福感和归属感。

二、品牌价值提升策略实施与保障

(一)制订详细实施计划和时间表

在制定电子商务企业品牌建设的实施计划和时间表时,需充分考虑到品牌建设的复杂性和长期性,以及市场环境的变化和竞争对手的动态。因此,一个详细且可行的实施计划和时间表是确保品牌建设成功的关键。

要明确品牌建设的目标。这些目标应该是具体、可衡量和可实现的,如提高品牌知名度、塑造品牌形象、提升品牌忠诚度等。这些目标将有助于指导整个品牌建设过程,并为后续的评估和调整提供依据。

要将整体实施计划分解为若干个小任务。每个小任务都应该具有明确的目标、负责人和完成时间。通过将这些小任务分配到具体的部门和个人,可以确保计划的有效执行。同时,这些小任务的完成情况也可以作为评估整个品牌建设进度的重要指标。

根据小任务的复杂性和难易程度,制定详细的时间表。这个时间表应该包括每个小任务的开始和结束时间,以及关键节点的具体时间。通过制定时间表,可以确保计划按照时间节点推进,并及时发现和解决潜在的问题。同时,这个时间表也可以作为部门和个人工作的参考,帮助他们更好地安排自己的工作。

(二)加强组织领导和团队建设

在品牌建设过程中,加强组织领导和团队建设至关重要。一个高效、专业的团队是品牌成功的基石,能够确保品牌建设的各项工作得以有序进行。

建立健全组织机构是品牌建设的前提。企业必须成立专门的品牌建设团队,负责品牌价值的提升工作。这个团队应具备专业的品牌建设知识和技能,能够制定科学的品牌战略和计划,并有效执行。同时,团队内部应明确职责和分工,确保每个成员都清楚自己的任务和责任,避免出现工作重叠和效率低下的问题。

加强团队合作是品牌建设的关键。团队合作能够提高团队整体的执行力和创新能力,使品牌建设更加高效。企业应注重培养团队成员之间的合作精神和信任感,鼓励团队成员积极交流、分享经验和知识。同时,应建立有效的沟通机制,确保团队成员之间的信息畅通,及时解决工作中遇到的问题。

培训和提高员工素质也是品牌建设的重要环节。员工是企业与消费者之间的桥梁,他们的业务素质和沟通能力直接影响着品牌形象的塑造和传播。因此,企业应加强对员工的培训和教育,提高员工的业务素质和沟通能力。通过定期的培训和学习,员工能了解品牌的核心价值、市场定位和消费者需求,从而更好地服务于品牌建设工作。同时,企业应鼓励员工自我学习、自我提升,为品牌建设源源不断地提供人才支持。

(三)完善内部管理制度和流程

在现代企业管理中,完善的内部管理制度和流程是企业品牌建设的重要基础。本节将围绕建立健全管理制度、优化流程以及加强监管和督导三个方面,详细探讨如何完善企业的内部管理制度和流程。

1.建立健全管理制度

管理制度是品牌建设的基石,它规范了品牌建设的行为和准则。建立健全的管理制度,首先要明确品牌建设的目标和战略,然后根据这些目标和战略,制定具体的品牌建设规范。这些规范应涵盖品牌命名、品牌标识、品牌传播、品牌维护等多个方面,以确保品牌建设的一致性和协调性。同时,企业还应建立完善的品牌管理制度,明确各部门在品牌建设中的职责和权限,确保品牌建设工作的有序进行。

2.优化流程

流程优化是提高品牌建设效率的关键。在品牌建设过程中,企业应深入分析现有流程,找出瓶颈和浪费,然后进行优化。优化流程可以通过简化流程、缩短决策周期、提高执行效率等方式实现。例如,在品牌传播环节,企业可以通过整合传播渠道、优化传播内容、提高传播效率等方式,降低传播成本,提高品牌知名度。

3.加强监管和督导

加强监管和督导是确保品牌建设工作顺利进行的重要手段。企业应建立完善的监管机制,对品牌建设工作进行定期检查和评估,确保各项工作按照规范进行。同时,企业还应加强督导力度,对发现的问题及时整改,防止问题扩大化。企业还可以建立品牌建设绩效考核机制,将品牌建设成果与员工绩效挂钩,激励员工积极参与品牌建设。

(四)建立持续改进和评估机制

在品牌建设的持续过程中,建立一套科学的评估机制和持续的改进计划是至关重要的。这不仅有助于企业实时掌握品牌的发展状况,更有助于在问题出现时及时进行调整,从而确保品牌始终朝着正确的方向发展。

收集反馈意见是品牌建设的基础。企业需要通过多种渠道收集来自不同利益相关方的反馈,如顾客满意度调查、员工满意度调查、市场调研等。这些反馈意见能够真实反映品牌建设的效果和存在的问题,为企业提供宝贵的改进依据。同时,企业还需要关注社交媒体、新闻报道等公开信息,以了解公众对品牌的评价和态度。

评估效果是品牌建设的重要环节。企业需要定期对品牌建设的效果进行评估,以了解品牌知名度、品牌形象等方面的指标是否达到预期目标。评估结果可以为企业提供宝贵的参考,帮助企业调整品牌策略,优化品牌建设方案。同时,评估还可以帮助企业发现品牌建设中的不足之处,为后续的改进提供借鉴。

持续改进是品牌建设的核心。根据评估结果和反馈意见,企业需要针对存在的问题进行改进。例如,如果品牌知名度不高,企业可以加大广告投放力度,提高品牌曝光率;如果品牌形象不佳,企业可以调整品牌形象策略,提升品牌形象。通过持续的改进,企业可以不断提高品牌的价值和竞争力,使品牌在激烈的市场竞争中立于不败之地。

练习题

一、判断题

1.品牌价值仅指品牌在消费者中的认知程度。(　　　)

2.电子商务企业需关注售后服务。(　　　)

3.电子商务科技企业无需关注企业文化建设。(　　　)

4.品牌知名度高意味着品牌美誉度也高。(　　　)

5.品牌危机管理也需要在危机发生时采取措施。(　　　)

二、单选题

1.电子商务行业的特点不包括哪一项？（   ）

    A.市场空间大   B.交易便捷   C.线下体验丰富   D.个性化服务

2.电子商务企业品牌价值构成要素不包括哪一项？（   ）

    A.产品与服务品质   B.品牌形象与知名度

    C.用户忠诚度与口碑传播   D.员工数量

3.电子商务科技企业品牌价值评估方法不包括哪一项？（   ）

    A.市场调研与数据分析法   B.竞争对手比较法

    C.专家评价法   D.媒体报道数量

4.阿里巴巴早期以什么为核心竞争力？（   ）

    A.技术创新   B.低价策略   C.诚信体系   D.广告投放

5.京东物流体系的优势不包括哪一项？（   ）

    A.物流网络覆盖广   B.自动化与智能化程度高

    C.价格低廉   D.跨界合作与整合

三、多选题

1.电子商务科技企业品牌价值构成要素包括哪些方面？（   ）

    A.品牌知名度与美誉度   B.用户忠诚度与口碑传播

    C.创新能力与技术实力   D.企业文化与社会责任

2.拼多多社交电商模式的创新点包括哪些方面？（   ）

    A.拼团模式   B.砍价模式   C.社交分享   D.限时抢购

3.电子商务企业品牌价值提升策略包括哪些方面？（   ）

    A.明确品牌定位与核心价值主张

    B.加强产品创新和服务优化

    C.构建线上线下融合营销体系

    D.培育独特企业文化和履行社会责任

4.电子商务企业品牌价值提升策略实施与保障包括哪些方面？（   ）

    A.制定详细实施计划和时间表   B.加强组织领导和团队建设

    C.完善内部管理制度和流程   D.建立持续改进和评估机制

5.以下哪些是拼多多面临的挑战？（   ）

    A.市场竞争激烈   B.用户增长大幅增加

    C.合规风险   D.产品种类单一

四、简答题

1. 简述电子商务行业的特点及发展趋势。
2. 简述电子商务企业品牌价值对电子商务企业的影响。
3. 简述拼多多社交电商模式的创新点。
4. 简述电子商务企业品牌价值提升策略。
5. 简述品牌价值提升策略实施与保障。

五、论述题

1. 论述电子商务科技企业品牌价值构成要素之间的关系。
2. 论述拼多多在下沉市场取得成功的原因。

第八章　新科技于电子商务的应用

知识图谱

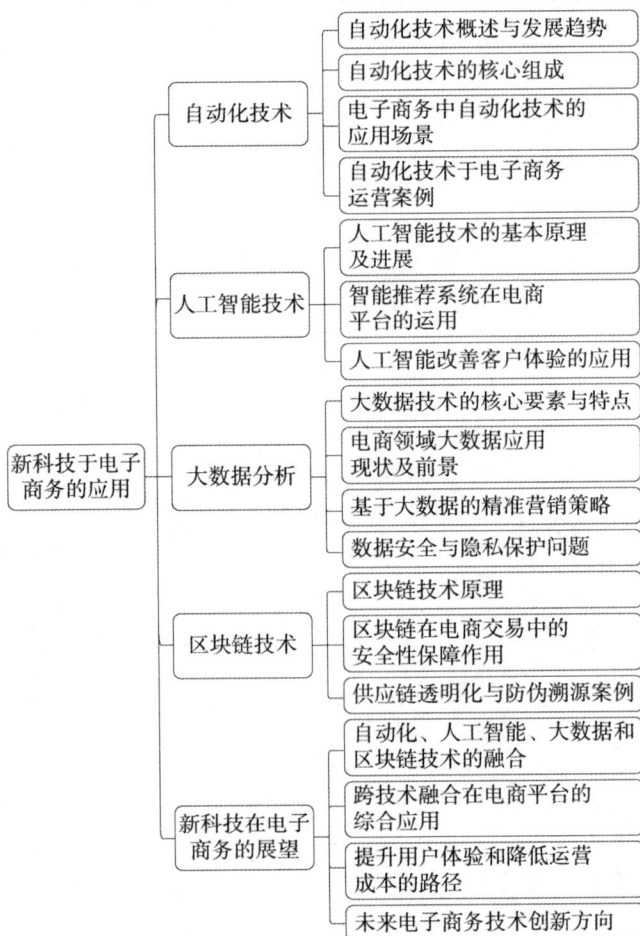

📑 **章节提要**

　　随着互联网技术的迅猛发展,新科技的浪潮不断涌动,深刻地影响着我国各行各业的变革与发展。在这其中,电子商务作为数字经济的重要力量,无疑成为最大的受益者之一。首先,本章将深入探讨近年来新兴科技在电子商务领域的广泛应用,主要包括自动化技术、人工智能、大数据以及区块链等方面。我们将详细介绍这些新兴科技在电子商务中的应用情况,分析它们如何推动电子商务的创新发展。自动化技术的应用,使得电子商务的运营流程更加简化,大大提高了工作效率;人工智能技术的融入,使得电商企业能够更好地理解消费者需求,实现精准营销;大数据技术的运用,帮助电商企业挖掘潜在商机,提升市场竞争力;区块链技术的引入,则为电子商务交易的安全性提供了有力保障。其次,本章还将探讨这些新兴科技如何提升用户体验。通过智能化推荐、个性化定制、高效物流配送等手段,电子商务为消费者带来了前所未有的购物体验,满足了消费者多样化、个性化的需求。借助这些先进技术,电商企业可以降低成本、提高效益,实现可持续发展。最后,本章展望新科技在电子商务领域的机遇与挑战。未来,随着技术的不断进步和应用场景的不断拓展,电子商务将迈向更加智能化、个性化、高效化的新时代。消费者将享受到更加丰富、便捷、安全的购物体验,而电商企业则需要不断创新商业模式,紧跟市场需求的变化,以实现自身的可持续发展。

第一节　自动化技术

一、自动化技术概述与发展趋势

　　自动化技术是现代工业发展的重要基石,其核心价值在于通过引入先进的控制系统、传感器、执行器等设备,实现生产、管理、服务等各个方面的自动化运行和智能控制。这一技术的出现,不仅极大地提高了生产效率,还显著改善了生产质量,降低了人工成本,推动了工业社会的快速进步。

　　自动化技术的实现过程,实际上是信息的实时采集、处理和控制的过程。通过传感器对生产现场的各种参数进行实时采集,然后将这些数据传输到控制系统中进行分析和处理,最后由执行器根据控制系统的指令进行相应的操作。这一系列的动作都是在自动化系统的控制下完成的,无须人工干预,从而实现了生产过程的自动化。

自动化技术不仅可以在生产领域发挥作用,还可以广泛应用于管理、服务等领域。例如,在企业管理中,自动化技术可以实现数据的自动采集、处理和存储,提高管理效率和准确性;在服务领域,自动化技术可以为客户提供更加便捷、高效的服务体验,提升客户满意度。

自动化技术作为现代社会的重要组成部分,其发展历程经历了从初期阶段到成熟阶段的不断演进。这一技术自工业革命时期诞生以来,便在生产线上发挥着重要作用,随着科技的不断进步,其应用领域也在不断扩展。工业革命时期,自动化设备和控制系统逐渐进入人们的视野。这些设备主要用于生产线的自动化,通过减少人力操作,提高生产效率。在这一阶段,自动化技术主要应用于工业领域,为工业生产带来了巨大的变革。

随着科技的进步,自动化技术逐渐应用于更多的领域。在物流领域,自动化技术实现了货物的自动分拣、仓储和运输,提高了物流效率;在交通领域,自动化技术应用于智能交通控制系统,使得交通更加流畅;在医疗领域,自动化技术被用于手术辅助、药物配送等环节,提高了医疗服务的效率和质量。这些应用不仅降低了人力成本,还提高了工作的准确性和效率。

二、自动化技术的核心组成

自动化技术是现代工业生产中的重要组成部分,其核心组成要素是控制系统、传感器与执行器,以及数据分析与处理技术。这些组成部分协同工作,使生产设备能够自动地执行各种任务和操作,从而提高生产效率、降低劳动强度和减少人为错误。

控制系统作为自动化技术的大脑,其重要性不言而喻。控制系统通过发送指令和控制信号,对设备进行精确的控制和调节。它根据预设的程序和参数,实时地监测设备状态和环境变化,并根据这些信息调整控制策略,使设备在最佳状态下运行。控制系统的稳定性和可靠性直接关系到整个自动化系统的稳定性和可靠性,因此其设计和实现需要高度的专业知识和技能。

传感器与执行器是连接控制系统和设备的桥梁。传感器能够实时采集设备状态、环境信息等数据,并将这些数据转换为控制系统能够理解的信号。执行器则根据控制系统发出的指令进行相应的操作,如开关设备、调整参数等。传感器和执行器的精度和响应速度直接影响到自动化系统的控制精度和反应速度,因此它们的选择和使用需要谨慎考虑。

数据分析与处理技术是自动化技术的重要组成部分。通过对传感器采集的数据进行处理和分析,可以提取出有用的信息和特征,用于优化生产过程和控制系统。数据分析技术可以帮助企业发现生产过程中的异常和问题,并及时采取措施进行调整和优化。同时,数据分析还可以为企业的决策提供支持,帮助企业更好地把握市场趋势和客户需求。

三、电子商务中自动化技术的应用场景

在电子商务中,自动化技术的应用日益广泛,其覆盖领域涵盖了从订单处理到客户服务,再到营销推广等多个方面。

1.订单处理自动化

订单处理是电子商务业务的核心环节之一,其效率直接影响到客户体验和企业的运营效率。自动化技术的应用,使得订单的处理过程更加高效、准确。企业可以通过订单自动化系统,实现订单的自动接收、处理、分拣、打包和配送。这不仅减少了人工干预,降低了错误率,还显著提高了订单处理速度,缩短了交付周期,提升了客户满意度。同时,自动化系统还能实时跟踪订单状态,为企业提供实时的订单数据,有助于企业更好地管理库存和预测需求。

2.客户服务自动化

随着电子商务的快速发展,客户服务需求也日益增长。为了提高客户服务的效率和质量,许多企业开始引入自动化客户服务系统。这些系统利用人工智能技术,如自然语言处理和机器学习,能够自动识别客户的问题和需求,并提供相应的解决方案。通过聊天机器人等技术,企业可以实现 24 小时不间断的客户服务,降低了人工成本,提高了客户满意度。自动化客户服务系统还能记录客户的交互数据,为企业提供宝贵的客户反馈,有助于企业改进产品和服务。

3.营销推广自动化

在电子商务领域,营销推广是吸引和留住客户的关键。然而,传统的营销推广方式往往效率低下,且难以精准定位目标客户。自动化营销推广系统可以根据用户的行为和兴趣,自动推送个性化的营销信息。这些信息可以通过电子邮件、短信、社交媒体等多种渠道发送给用户,提高了营销信息的触达率和转化率。自动化营销推广系统还能实时分析用户反馈和营销数据,为企业提供决策支持,帮助企业不断优化营销策略,提高营销效果。

四、自动化技术于电子商务运营案例

在当前电商行业中,自动化技术的应用已经渗透到各个环节,显著提升了电商运营的效率。以下介绍几个代表性的案例,展现自动化技术在电商运营中的实际作用。

(一)仓储物流自动化案例

1.亚马逊仓储物流系统

亚马逊通过构建高度集成的仓储物流系统,实现了从订单接收到商品出库的全流程自动化。该系统利用先进的机器人技术,如 Kiva 机器人,能够准确快速地完成货物的分拣、搬运与存储,显著缩短了订单处理时间。同时,亚马逊还运用大数据分析预测库存需求,优化库存布局,减少库存积压与缺货情况,进一步提升了运营效率与顾客体验。其智能配送网络覆盖全球,结合先进的物流算法,确保商品能够以最优路径、最短时间送达消费者手中。

2.京东智能物流系统

京东智能物流系统则以其"亚洲一号"智慧物流园为代表,展现了自动化技术在仓储物流领域的深度应用。该物流园集自动化立体仓库、智能分拣中心、智能配送站于一体,通过部署自主研发的"天狼"等自动化分拣系统,实现了包裹的高速精准分拣。京东还利用物联网、人工智能等技术,对物流全过程进行实时监控与智能调度,有效提升了物流作业的透明度与灵活性。特别是在"最后一公里"配送环节,京东采用无人机、无人车等创新配送方式,进一步缩短了配送时间,拓宽了服务范围,为用户带来了更加便捷、高效的物流服务体验。

(二)数据分析与挖掘自动化案例

在电子商务领域,数据分析与挖掘自动化已成为驱动业务增长、优化运营策略的关键力量。以下以阿里巴巴与拼多多的实际案例,探讨如何通过数据智能实现商业价值的最大化。

1.阿里巴巴数据分析与挖掘应用

阿里巴巴依托其庞大的电商生态系统,构建了高度集成的数据分析与挖掘平台。该平台能够实时收集来自市场、用户、商品及交易等多维度的海量数据,通过先进的算法模型进行深入挖掘。在商品推荐方面,阿里巴巴利用用户行为数据和偏好分析,实现个性化商品推荐,显著提升了用户购买转化率和满意度。同时,在供应链管理上,通过对物流数据的实时监测与分析,阿里巴巴能够优化库存布局,提高物流效率,降低运营成本。阿里巴巴还利用大数据分析预测市场趋势,指导商家进行精准营销和商品布局,助力商家实现业绩稳步增长。

2.拼多多数据驱动运营策略

拼多多作为社交电商的佼佼者,其成功在很大程度上得益于数据驱动的运营策略。拼多多通过深度挖掘用户社交关系链,结合用户购物行为数据,构建出独特的社交推荐机制。该机制不仅促进了用户间的商品分享与购买,还增强了用户黏性和平台的社交属性。在商品定价方面,拼多多运用大数据分析技术,结合商品成本、市场需求及用户购买力等因素,实施动态定价策略,有效吸引了价格敏感型消费者。同时,拼多多还利用数据分析优化广告投放,实现精准营销,提高了广告ROI。拼多多还通过数据分析监控平台健康度,及时发现并解决运营中的问题,保障了平台的持续稳健发展。

(三)客户服务自动化案例

在数字化转型的浪潮中,客户服务自动化成为企业提升服务效率与顾客体验的关键。以下聚焦美团智能客服系统与腾讯客户服务机器人,探讨它们在客户服务领域的创新应用。

1.美团智能客服系统

美团凭借其强大的技术实力,推出了AI智能客户服务助手。该系统不仅具备出色的语义理解能力,能够精准捕捉并响应用户的多样化需求,还通过深度学习不断优化服务策略,确保每位用户都能获得个性化的服务体验。在服贸会现场,美团展示的新一代AI数字人多模态交互系统更是引人注目,它以AI为驱动,使数字人能够深入理解用户的复杂需求与情感波动,从而提供更加智能、精准且富有人情味的交互服务,极大提升了用户满意度。

2.腾讯客户服务机器人

作为互联网行业的领军企业,腾讯在客户服务自动化领域同样展现出非凡实力。其客户服务机器人融合了自然语言处理、机器学习等先进技术,能够24小时不间断地为用户提供咨询解答、业务办理等服务。该机器人通过不断学习用户习惯与反馈,持续优化服务流程与话术,确保服务的高效与准确。腾讯还注重人机协同,将机器人服务与人工客服相结合,构建起全方位、多层次的客户服务体系,为用户提供更加贴心、全面的服务体验。

(四)营销自动化案例

在探讨自动化技术在电子商务中的具体应用时,营销自动化作为提升市场效率与客户体验的关键策略,展现了其不可或缺的价值。以下介绍社交媒体营销自动化与邮件营销自动化的应用实践与成效。

1.社交媒体营销自动化

随着社交媒体的蓬勃发展,企业纷纷将营销触角延伸至这一领域。社交媒体营销自动化通过集成智能算法与数据分析技术,实现了内容发布的精准定时、用户互动的即时响应及广告投放的动态优化。以某知名电商平台为例,其构建了自动化的社交媒体内容管理系统,根据用户画像和互动历史,智能推荐个性化商品信息。同时,利用AI助手监控社交媒体平台上的用户反馈,快速响应评论与咨询,有效提升了用户满意度与品牌忠诚度。该平台还借助大数据分析,不断优化广告投放策略,确保广告资源能够精准触达目标用户群体,实现了 ROI 的最大化。

2.邮件营销自动化

邮件营销作为传统而有效的营销手段,在自动化技术的加持下焕发了新生。通过构建邮件营销自动化系统,企业能够根据用户行为、购买历史及偏好,自动触发个性化的邮件推送。以一家国际时尚品牌为例,其邮件营销系统能够自动识别新用户注册、购物车遗弃、购买后回访等多个用户生命周期节点,并据此发送相应的欢迎邮件、促销提醒、满意度调查及再次购买邀请等。这些邮件不仅内容定制化程度高,还融入了动态内容与个性化推荐,有效提升了邮件的打开率与转化率。该系统还具备强大的数据分析功能,能够实时跟踪邮件营销效果,为企业提供优化建议,助力其持续优化营销策略,实现精准营销。

(五)支付与结算自动化案例

在电子商务的迅猛发展中,支付与结算的自动化不仅极大地提升了交易效率,还为用户带来了前所未有的便捷体验。以下分别以支付宝智能支付系统与微信支付结算自动化系统两个案例介绍自动化技术在支付领域的革新与应用。

1.支付宝智能支付系统

支付宝作为国内电子支付的领军者,其智能支付系统的创新与发展,深刻改变了消费者的支付习惯,推动了电子商务行业的整体进步。

支付宝智能支付系统依托于先进的加密技术和风险防控体系,确保了每一笔交易的安全性与稳定性。通过人脸识别、声纹识别等生物识别技术,用户可以在无需携带任何物理介质的情况下,快速完成支付验证,极大地提升了支付的便捷性和安全性。同时,支付宝还建立了实时风险监控机制,对异常交易行为进行即时预警和拦截,有效保障了用户的资金安全。

支付宝智能支付系统广泛应用于线上线下各种支付场景,无论是线上购物、转账汇款,还是线下餐饮、交通出行,用户均可通过支付宝轻松完成支付。特别是在电子商务领域,支付宝凭借其强大的支付能力和丰富的应用场景,成为众多电商平台的首选支付工具,极大地促进了电子商务的繁荣与发展。

支付宝智能支付系统还融入了智能化服务理念,通过大数据分析和机器学习技术,对用户的支付行为进行深度挖掘和分析,进而提供个性化的支付服务和推荐。例如,基于用户的消费习惯和支付偏好,支付宝可以智能推荐更适合的支付方式和优惠活动,进一步提升用户的支付体验和满意度。

2.微信支付结算自动化系统

微信支付作为腾讯公司旗下的重要支付品牌,其结算自动化系统同样在电子商务领域发挥着重要作用,为用户和商家带来了诸多便利。

微信支付结算自动化系统支持多种支付方式,包括扫码支付、公众号支付、小程序支付等,用户可以根据不同的支付场景选择合适的支付方式。同时,微信支付还提供了快速结算服务,商家可以在交易完成后立即收到款项,极大地提高了资金流转效率。微信支付还支持跨境支付功能,为国际贸易提供了便利。

微信支付结算自动化系统为商家提供了全面的账户管理功能,包括交易记录查询、资金对账、退款处理等。商家可以实时查看交易数据和账户余额,实现对资金的有效监控和管理。同时,微信支付还提供了智能化的风控服务,帮助商家识别并防范潜在的交易风险。

微信支付结算自动化系统不仅是一种支付工具,更是一座连接商家与用户的桥梁。通过微信支付,商家可以开展各种营销活动,如红包发放、优惠券推送等,吸引用户关注和消费。同时,微信支付还构建了庞大的商业生态体系,包括公众号、小程序、企业微信等,为商家提供了丰富的营销渠道和获客方式。这些举措不仅提升了商家的经营效率和盈利能力,还促进了电子商务行业的整体发展。

第二节　人工智能技术

一、人工智能技术的基本原理及进展

人工智能(artificial intelligence,AI)作为现代信息科技的重要组成部分,其基本原理的深入研究和技术的快速发展为电子商务领域带来了前所未有的创新。以下将详细探讨人工智能技术的基本原理及其近年来的发展进展。

人工智能技术的基本原理主要基于计算机科学、数学、控制论等多学科理论与技术。神经网络作为人工智能技术的核心之一,通过模拟人类神经系统的结构和功能,实现对信息的处理和决策。神经网络的构建需要大量的数据和学习算法,通过不断的学习和训练,神经网络可以逐渐提升对复杂问题的处理能力。深度学习是神经网络的进一步发展,它利用多层的神经网络模型,对输入数据进行更深入的挖掘和分析,从而提高识别的准确性和预测的精度。自然语言处理则使得计算机能够理解和处理人类的语言,为电子商务中的智能客服、智能推荐等应用提供了可能。

近年来,人工智能技术在多个领域取得了显著的进展。在图像识别方面,深度学习技术使得计算机在图像识别方面的能力得到了大幅提升,可以准确地识别出图像中的物体、人脸等。在语音识别方面,语音识别技术的准确率已经达到了很高的水平,可以实现与人类的自然交互。智能推荐技术也取得了显著的进展,通过分析用户的行为和偏好,可以为用户提供更加个性化的推荐服务。这些技术的突破为电子商务提供了更多的应用场景和解决方案,使得电子商务能够更好地满足用户的需求,提升用户体验。

二、智能推荐系统在电商平台的运用

在电商平台运营中,智能推荐系统的应用已逐渐成为提升用户体验和驱动销售增长的关键因素。该系统依托大数据和人工智能技术,深入分析用户行为,通过实时反馈与调整以及跨渠道整合等功能,为用户提供精准、个性化的商品推荐,提升用户体验和销售业绩。

智能推荐系统的核心价值在于其个性化推荐能力。系统通过分析用户的购物历史、搜索记录、浏览行为,以及用户反馈等多维度数据,构建精细的用户画像。基于这些用户画像,系统能够智能匹配用户需求和商品特性,从而为用户提供个性化的购物推荐。这种精准推荐不仅提高了用户的购物满意度,也有效提升了平台的销售转化率。

同时,智能推荐系统具备实时反馈和调整的功能。系统能够追踪用户的实时行为,如点击、浏览、购买等,并根据这些行为数据动态调整推荐策略。例如,当某一类商品的点击率或购买率下降时,系统会自动减少该类商品的推荐频次,反之则增加推荐。这种动态调整机制确保了推荐的时效性和准确性。

智能推荐系统还能实现跨渠道的推荐服务整合。无论是在网页端、移动APP还是社交媒体平台,系统都能追踪并整合用户的行为数据,从而在各个渠道上提供一致的推荐体验。这种跨渠道的整合能力不仅提升了用户购物的便捷性,也加强了用户对电商平台的忠诚度和黏性。

三、人工智能改善客户体验的应用

在当今数字化时代,人工智能正以前所未有的方式重塑各行各业,尤其在提升客户体验方面展现出了巨大的潜力。电商平台作为连接消费者与商家的桥梁,通过集成 AI 技术,实现了服务模式的深刻变革。

1.智能客服的革新

楚烟信息公司集智攻关,成功推出了"知音云客服"智能客服系统,这一创新举措不仅构建了包含广泛业务范畴的智能问答库,还实现了客户服务的 24 小时不间断响应。该系统通过深度学习用户咨询习惯与需求,能够精准匹配并即时回复用户疑问,极大地提升了服务效率与客户满意度。智能客服的引入,有效缓解了人工客服的压力,使得商家能够集中资源于更高价值的客户服务任务上,从而实现了客户体验与运营效率的双重提升。

2.智能搜索的精准化

电商平台利用 AI 技术优化搜索功能,通过复杂的语义分析算法理解用户查询背后的真实意图,结合商品信息、用户偏好等多维度数据,提供更为精准的搜索结果。智能联想、个性化推荐等功能的加入,更是进一步缩短了用户从搜索到购买的路径,提升了用户体验的流畅度与满意度。这种基于 AI 的智能搜索机制,不仅提高了用户的购物效率,也促进了平台商品的有效曝光与销售转化。

3.智能化营销的精准触达

在营销领域,AI 技术的应用使得营销活动更加个性化、精准化。通过大数据分析用户的浏览行为、购买记录及兴趣偏好,电商平台能够构建出详细的用户画像,并据此推送定制化的营销信息。这种"千人千面"的营销策略,有效降低了营销信息的冗余与打扰,提高了信息的接受度与转化率。同时,AI 技术还能够实时监测营销活动的效果,进行动态调整与优化,确保营销资源的最大化利用与营销效果的最大化实现。

表 8-1 及表 8-2 汇总了人工智能改善客户体验的应用概念,以及亚马逊 AI 技术在电子商务中的落实。

表 8-1　人工智能改善客户体验的应用概念

AI 技术应用	具体案例
AI 购物助手 Rufus	用生成式 AI 帮助用户做购买决定,比如推荐送给妈妈的礼物
AI 购物向导	提供不同产品类型的关键信息和受欢迎的品牌、特点,帮助用户找到需求产品
ReviewHighlights	整合客户评论,帮助用户了解产品的好评、差评
生成式 AI 列表工具	帮助卖家制作产品详细信息页面,节省时间、精力和费用
AI 销售助理 ProjectAmelia	为卖家提供销售建议和信息,如 T 恤图案主题及库存情况

表 8-2　亚马逊 AI 技术在电子商务中的落实

应用环节	AI 技术应用案例	效果
购买环节	对话式 AI 导购 Rufus	提供个性化购买推荐,简化购物流程
销售环节	AI 销售助理(ProjectAmelia)	为卖家提供销售建议和信息,优化销售策略
物流配送	机器人与 AI 结合的自动化包装	提高包装效率,减少塑胶材料使用
物流配送	AI 驱动的机械臂进行分拣和配送	提升分拣和配送速度,优化物流流程

第三节 大数据分析

一、大数据技术的核心要素与特点

在大数据技术蓬勃发展的当今时代，其核心要素与特点显得尤为突出。大数据技术以其强大的数据处理能力，应对着日益增长的数据量挑战。无论是结构化数据，还是非结构化数据，如社交媒体文本、图像和视频等，大数据技术均能实现高效处理，从而满足了各行业对数据的深度挖掘需求。

大数据技术另一显著特点在于其处理速度之快。传统的数据处理方法往往难以应对实时性要求高的场景，而大数据技术则能迅速完成数据的采集、存储、分析和可视化，为决策者提供即时且准确的信息支持。

大数据技术还具备处理多种数据类型的能力。在多元化的数据环境下，大数据技术能够整合并分析来自不同渠道和格式的数据，从而揭示出更为全面的信息洞察。这种跨类型的数据处理能力，使得大数据技术在解决复杂问题时表现出色。

大数据技术的高价值性不容忽视。通过对海量数据的深入挖掘和分析，大数据技术能够发现数据背后的关联和规律，进而提炼出有价值的信息。这些信息对于企业决策、市场预测以及科学研究等领域均具有重要意义，是推动社会进步和发展的重要力量。

大数据技术的核心要素与特点包括数据量大、速度快、种类多以及价值高。这些特点共同构成了大数据技术的独特优势，使其在当代社会中发挥着举足轻重的作用。

在电子商务领域，自动化、人工智能、大数据和区块链等技术的应用正引领着行业的变革。从亚马逊的案例中（见表8-3），我们可以看到AI与机器人的协作在订单处理中实现了人与机器的高效配合，缩短了处理时间，提升了客户满意度。人工智能在计算机视觉和对话式购物助手等方面的应用，不仅优化了包装材料，还提高了购物和配送效率。大数据的应用则帮助企业更好地理解消费者需求，实现精准营销。尽管区块链技术在电商领域的应用尚处于初级阶段，但其在商品溯源、防伪和交易透明度等方面的潜力不容忽视。建议电商企业加大在自动化、人工智能和大数据等关键技术上的投入，以提高运营效率，降低成本，并提升客户体验。同时，也应关注区块链等新兴技术的发展，积极探索其在电商领域的应用,以抢占市场先机,实现可持续发展。

表 8-3　亚马逊电子商务的大数据技术应用

技术应用	具体案例	效果
AI 与机器人协作	亚马逊运营中心使用机器人与员工协作进行订单处理	订单处理时间缩短,支持更多当日达
计算机视觉	自动包装系统使用纸质材料代替塑胶材料	减少塑胶袋使用
AI 系统	对话式购物助手 Rufus、视觉辅助包裹提取(VAPR)解决方案	提升购物体验和配送效率

二、电商领域大数据应用现状及前景

在电商领域,大数据应用正以其强大的数据处理和分析能力,深度改变着电商平台的运营模式。其中,个性化推荐、精准营销、库存管理及用户体验优化,是大数据在电商领域最为显著的应用。

在个性化推荐方面,电商平台通过大数据技术,对用户行为、购物习惯、兴趣爱好等数据进行深入分析,进而为用户推荐符合其个性化需求的商品。这种推荐方式不仅提高了用户的购物体验,还显著提升了电商平台的销售额。例如,通过用户浏览记录、购买记录等数据,电商平台可以为用户推送相似的商品或搭配,激发用户的购买欲望。

精准营销是大数据在电商领域的另一重要应用。电商平台通过大数据技术,对用户进行细分,为不同的用户群体制定不同的营销策略。这种营销方式不仅提高了营销效果,还降低了营销成本。例如,电商平台可以通过用户画像,了解用户的购物偏好、购买力等信息,然后为其推送个性化的广告和促销信息,从而提高转化率。

在库存管理方面,电商平台通过大数据技术,对销售数据进行分析,预测未来销售趋势,从而优化库存管理。这种管理方式不仅降低了库存成本,还提高了库存周转率。例如,电商平台可以通过销售数据了解哪些商品热销、哪些商品滞销,然后根据这些信息调整库存,避免库存积压和缺货现象。

用户体验优化也是大数据在电商领域的重要应用之一。电商平台通过大数据技术,分析用户反馈和行为数据了解用户在购物过程中的痛点和需求,然后针对这些问题进行优化。例如,电商平台可以通过用户反馈,了解用户对商品质量、物流速度等方面的评价,然后针对这些问题进行改进,提高用户满意度。同时,电商平台还可以通过用户行为数据,了解用户的购物习惯和需求,然后为其提供更加便捷的购物体验。

三、基于大数据的精准营销策略

大数据在现代营销中发挥着越来越重要的作用,其为企业提供了前所未有的客户洞察和预测能力。通过大数据技术,企业可以深入了解客户需求,实现精准营销,提高营销效果和转化率。以下分析亚马逊的营销策略,探讨其如何利用大数据技术实现精准营销。

亚马逊作为全球领先的电商平台,积累了大量的用户数据,包括用户的购物记录、浏览历史、搜索记录等。通过对这些数据进行分析,亚马逊可以深入了解用户的购物行为和偏好,从而为用户推荐符合其需求的商品。

在个性化推荐方面,亚马逊采用了协同过滤算法,通过分析用户的购物记录和浏览行为,找出与其兴趣相似的用户,然后将这些用户喜欢的商品推荐给目标用户。亚马逊还采用了基于内容的推荐算法,根据用户浏览的商品属性,推荐与之相关的商品。这些个性化推荐大大提高了用户的购物体验,提高了购买转化率。

在广告投放方面,亚马逊也充分利用了大数据技术。通过分析用户的购物历史和浏览行为,亚马逊可以精准地定位到潜在用户,并为其投放相关的广告。这种精准广告投放不仅提高了广告的曝光率,还提高了广告的点击率和转化率。

四、数据安全与隐私保护问题

在电子商务平台的运营中,数据安全与隐私保护是核心问题,直接关系到用户的信任度和商家的经营安全。电商平台应强化数据安全与隐私保护的措施,为用户提供安全可靠的交易环境。

在数据安全方面,电商平台需建立完善的数据安全管理体系。这包括加强数据加密技术的运用,对敏感数据如用户个人信息、交易记录等进行加密存储和传输,确保数据在传输过程中不被窃取或篡改。同时,电商平台应实施严格的访问控制机制,对数据的访问权限进行细粒度的划分,确保只有授权人员才能访问到敏感数据。电商平台还应定期进行漏洞扫描和修复,及时发现并修复潜在的安全漏洞,防止黑客利用漏洞进行攻击。

在隐私保护方面,电商平台应遵循合法、正当、必要的原则收集和使用用户数据。在用户注册和使用平台时,电商平台应明确告知用户数据的收集、使用、存储和共享方式,并获得用户的明确同意。电商平台应建立完善的隐私保护制度,对用户数据进行严格的保护和管理,防止数据被非法获取、滥用或泄露。同时,电商平台还应提供便捷的数据删除和注销服务,让用户能够随时删除或注销自己的账户和数据。

政府也应在数据安全和隐私保护方面发挥积极作用,通过制定和完善相关法规政策,为电商平台提供法律保障和监管支持。例如,加大对违法行为的处罚力度,提高违法成本;建立数据安全和隐私保护的标准和规范,推动电商行业的健康发展。

第四节　区块链技术

一、区块链技术原理

区块链技术是近年来备受关注的一种新型数据库技术,它以去中心化、分布式账本和加密技术为基础,旨在解决传统中心化交易模式中存在的一些弊端。区块链技术的出现,不仅为金融行业带来了全新的变革,还在其他领域展现了广泛的应用前景。

区块链技术定义了一种全新的数据存储和传输方式。它摒弃了传统的中心化数据存储模式,通过分布式账本将数据分散存储在各个节点上。这种分布式的存储方式,不仅提高了数据的安全性和可靠性,还使得数据更加透明和可追溯。同时,区块链技术还采用了加密技术,确保了数据在传输和存储过程中的安全。

区块链技术具有多个显著的特点。去中心化的特性使得区块链网络中的各个节点都能够平等地参与数据的存储和更新,避免了单一节点控制数据的可能。区块链技术采用了先进的加密算法和分布式账本技术,使得数据在传输和存储过程中具有极高的安全性,难以被篡改或攻击。区块链技术的透明度也非常高,所有交易信息都记录在区块链上,任何人都可以查看和验证。区块链技术还具有不可篡改的特点,一旦数据被记录在区块链上,就无法被修改或删除,从而确保了数据的真实性和可信度。

区块链技术的工作原理在于链式数据结构和加密技术。区块链是由一个个区块组成的链式结构,每个区块都包含了一定数量的交易信息。这些区块按照时间顺序连接在一起,形成了区块链。在区块链中,每个节点都保存着完整的区块链数据,当有新的交易发生时,各个节点会共同验证交易的有效性,并将其记录在区块链上。同时,区块链技术还采用了加密技术来保障数据传输和交易的安全。

二、区块链在电商交易中的安全性保障作用

区块链技术在电商交易中的应用,为电商行业的安全性提供了有力的保障。以下从三个方面详细阐述区块链在电商交易中的安全性保障作用。

1.保障交易安全

区块链技术通过分布式账本和加密算法,确保了交易数据的真实性和不可篡改性。这种技术特点使得电商交易过程中的欺诈行为难以得逞,从而保障了交易的安全进行。同时,智能合约的引入,使得交易双方可以在预设的条件下自动执行交易规则,减少了人为干预的风险,进一步提高了交易的安全性。

2.保障数据安全和隐私

区块链技术在数据传输和存储过程中采用了加密技术,使得数据在传输过程中难以被窃取或篡改。同时,区块链的分布式存储特点,使得数据在多个节点上都有备份,即使某个节点受到攻击,数据也不会丢失。这种数据安全机制为用户提供了更好的数据保护,避免了用户信息被泄露或滥用的风险。

3.提高电商平台的可信度

区块链技术的透明性和不可篡改性,使得电商平台的交易记录可以公开查看,从而提高了平台的可信度。消费者可以通过查看交易记录,了解商品的真实性和交易历史,从而更加信任电商平台。同时,区块链技术的去中心化特点,使得电商平台无法单方面篡改交易数据,从而保证了交易的公正性和可信度。这种信任机制的建立,有助于电商平台的长期发展,吸引更多的消费者和商家加入。

三、供应链透明化与防伪溯源案例

在供应链透明化与防伪溯源的实践中,多个电商平台已经取得了显著的成果。这些平台利用区块链技术,成功打造出了商品溯源系统,为消费者提供了商品从生产到销售的全程透明化服务。

京东的品质溯源系统,就是一个典型的案例。该系统利用区块链技术,详细记录了商品的来源、生产及流通环节。这些重要信息被上传至区块链,利用其去中心化、数据不可篡改的特性,确保了信息的真实性和可信度。消费者只需通过扫码,就能轻松查询到商品的完整溯源信息,这大大增强了消费者的购买信心。

同样值得关注的还有阿里巴巴的正品溯源平台。该平台也运用了区块链技术,专注于商品的防伪和溯源。在这里,每一件商品的生产和流通信息都被详细记录,并可供消费者随时查询。这种透明化的管理方式,不仅保障了消费者的购物权益,也有效打击了假冒伪劣产品。

苏宁易购的溯源系统同样出色。该平台主要将区块链技术应用于食品、药品等关键商品的溯源管理上。通过上传商品检验、检测数据至区块链，确保了数据的真实性和可靠性。这种科技手段的应用，无疑为消费者提供了更为安全、健康的购物体验。

这些电商平台通过运用先进的区块链技术，成功打造出了各具特色的商品溯源系统。这些系统不仅提高了供应链的透明度，也为消费者提供了更加安全、可靠的购物环境。

第五节　新科技在电子商务中的展望

一、自动化、人工智能、大数据和区块链技术的融合

在未来电子商务的宏伟蓝图中，自动化、人工智能、大数据与区块链技术的深度融合将成为不可逆转的趋势，它们将携手重塑电商行业的格局，推动其向更加高效、智能、透明的方向发展。

(一)跨部门融合：技术壁垒的消融与生态的共荣

随着技术的不断成熟与融合，电子商务领域的传统部门界限将逐渐模糊。自动化技术将渗透到仓储、物流、客服等多个环节，实现流程的自动化与智能化改造。人工智能技术则以其强大的学习能力与决策能力，成为跨部门协作的核心引擎。它不仅能优化库存管理、智能推荐商品，还能通过情感分析提升客户服务质量。同时，大数据技术将构建起横跨各部门的数据网络，实现数据的实时共享与深度挖掘，为决策提供全面、精准的数据支持。区块链技术则以去中心化、不可篡改的特性，为交易安全、供应链管理等领域提供坚实保障，进一步促进电商生态的共荣与发展。

(二)智能化发展：AI 驱动下的电商新纪元

AI 在电商领域的智能化进程中扮演着举足轻重的角色。通过深度学习、自然语言处理等先进技术，AI 能够深入理解消费者需求，实现个性化推荐与精准营销。在供应链管理方面，AI 将通过分析历史数据与实时信息，预测市场需求变化，优化库存布局与配送路线，降低运营成本。AI 还将赋能于售后服务，利用智能客服系统快速响应消费者问题，提升消费者满意度与忠诚度。在这一过程

中,AI的持续学习与迭代能力将确保电商企业能够灵活应对市场变化,保持竞争优势。

(三)数据分析能力提升:洞察未来的钥匙

大数据技术的广泛应用,将极大提升电子商务领域的数据分析能力。从消费者行为分析到市场趋势预测,从产品优化到营销策略调整,大数据技术都能提供有力的数据支撑。通过构建复杂的数据模型与算法,电商企业能够深入挖掘数据背后的价值,发现隐藏的市场机会与潜在风险。同时,大数据技术还将助力电商企业实现精细化运营,通过数据驱动的决策方式,提升运营效率与盈利能力。在这个过程中,数据的安全性与隐私保护也将成为电商企业必须重视的问题,通过加密技术、访问控制等手段确保数据的安全流转与合法使用

二、跨技术融合在电商平台的综合应用

跨技术融合已经成为电商平台发展的重要趋势,它通过将不同的技术整合在一起,实现各种功能的互补和优化,从而提高电商平台的运营效率和用户体验。在电商平台中,智能化客户服务、自动化物流分拣,以及区块链溯源系统是跨技术融合的典型应用案例。

智能化客户服务是电商平台利用人工智能技术,实现用户服务的自动化和智能化。通过智能客服机器人,电商平台能够提供24小时不间断的服务支持,及时响应用户的需求和问题。智能客服机器人能够识别用户的语音和文字,进行自然语言处理,理解用户的意图,并给出相应的回答或建议。这大大提高了用户的服务体验,减少了人工客服的工作负担,降低了人力成本。同时,智能客服机器人还能通过数据分析和挖掘,了解用户的行为和喜好,为用户提供更加个性化的服务。

自动化物流分拣是电商平台利用自动化技术,实现物流环节的自动化操作。通过引入自动化设备,如机器人、自动化分拣线等,电商平台能够实现对货物的快速、准确分拣和打包,大大提高了物流效率。自动化物流分拣不仅降低了人工成本,减少了人为错误和货物损坏的风险,还缩短了货物送达时间。同时,自动化物流分拣还能实现与库存系统的无缝对接,实时更新库存信息,避免了库存积压和缺货现象的发生。

区块链溯源系统是电商平台利用区块链技术,建立产品溯源体系的重要应用。区块链技术具有去中心化、不可篡改、透明公开等特点,能够保证产品信息的真实性和可追溯性。通过区块链溯源系统,消费者可以追踪产品的生产、流通等各个环节,了解产品的来源、生产过程、质量等信息,增强了对产品的信任感。

同时,区块链溯源系统还能帮助电商平台对产品质量进行监管,防止假冒伪劣产品的出现,保护消费者的权益。

三、提升用户体验和降低运营成本的路径

在电商行业的发展历程中,如何有效地提升用户体验和降低运营成本一直是企业不断探索和追求的目标。为了达成这一目标,企业需要关注以下三个方面:优化用户界面、加强互动交流和提高物流效率。

(一)优化用户界面,提升用户购物体验

用户界面是电商平台的门面,其设计的合理性直接影响用户的购物体验。电商平台应遵循简洁、直观、友好的设计原则,避免过于复杂和烦琐的操作流程。例如,通过简化购物流程,让用户能够迅速找到所需商品并完成购买;同时,提供清晰的商品分类和搜索功能,以便用户能够快速定位到目标商品。电商平台还可以利用大数据分析技术,根据用户的购物历史和浏览行为,为用户推荐个性化的商品和服务,从而提升用户的购物体验。

(二)加强互动交流,满足用户需求

互动交流是电商平台与用户建立联系的重要渠道。电商平台应提供多样化的互动方式,如线上活动、用户评论等,以便用户能够及时反馈自己的需求和意见。通过这些反馈,电商平台可以了解用户的需求和偏好,从而优化商品和服务,提升用户满意度。同时,电商平台还可以利用这些反馈数据,进行精准营销和个性化推荐,提高用户的购买转化率。

(三)提高物流效率,降低运营成本

物流效率是电商平台运营效率的重要组成部分。为了提高物流效率,电商平台可以采用自动化技术和人工智能技术来优化物流过程。例如,通过自动化分拣系统和智能仓储系统,可以大大提高货物的分拣和存储效率;通过智能路径规划和配送算法,可以优化配送路线,提高配送效率。这些技术的应用不仅可以提高物流效率,还可以降低运营成本,为企业创造更大的利润。

四、未来电子商务技术创新方向

在电子商务技术的未来发展中,多个创新方向已初现端倪,预示着行业的深刻变革。

　　智能化推荐系统正逐渐成为电商平台的核心竞争力。这些系统通过深度学习和用户行为分析,能够精准捕捉消费者的偏好与需求,进而提供个性化的购物建议。这种智能推荐不仅提升了用户体验,更在无形中增强了平台的用户黏性和转化率。

　　虚拟现实(virtual reality,VR)技术的融入,为电子商务带来了前所未有的沉浸式体验。借助 VR 技术,消费者可以在虚拟环境中浏览商品,享受逼真的试穿、试用体验,这无疑极大地丰富了购物的感官体验,并有望带动销售量的显著提升。

　　与此同时,智能供应链管理正成为行业新的增长点。通过整合人工智能、大数据分析等先进技术,智能供应链能够实时监控库存、预测市场需求,并优化物流配送路径,实现运营效率的整体提升。这不仅有助于降低企业运营成本,更能提高市场响应速度和客户满意度。

　　智能化推荐系统、虚拟现实体验以及智能供应链管理,共同构成了未来电子商务技术创新的三大支柱方向。这些创新不仅将深刻改变消费者的购物方式,更将推动整个电子商务行业迈向更加高效、智能的新阶段。

练习题

一、判断题

1.自动化技术只应用于工业生产领域。(　　　)

2.人工智能技术只能用于图像识别。(　　　)

3.大数据技术只能处理结构化数据。(　　　)

4.区块链技术不能解决所有安全问题。(　　　)

5.未来电子商务无法完全取代实体店。(　　　)

二、单选题

1.自动化技术的核心组成要素不包括哪一项?(　　　)

　　A.控制系统　　　　　　　　　　B.人工智能

　　C.传感器与执行器　　　　　　　D.数据分析与处理技术

2.在电商平台中,智能推荐系统主要依靠什么技术?(　　　)

　　A.自动化技术　　B.大数据技术　　C.人工智能技术　　D.区块链技术

3.大数据技术在电商领域最显著的应用不包括哪一项？（　　）

　　A.个性化推荐　　　　B.精准营销　　　　C.库存管理　　　　D.交易安全

4.区块链技术最核心的特点是什么？（　　）

　　A.去中心化　　　　B.加密技术　　　　C.透明性　　　　D.不可篡改

5.未来电子商务技术创新方向不包括哪一项？（　　）

　　A.智能化推荐系统　　　　　　　　B.物联网技术

　　C.虚拟现实体验　　　　　　　　　D.智能供应链管理

三、多选题

1.自动化技术在电子商务中的应用场景包括哪些方面？（　　）

　　A.订单处理自动化　　　　　　　B.客户服务自动化

　　C.营销推广自动化　　　　　　　D.仓储物流自动化

2.人工智能技术在电商平台中的应用包括哪些方面？（　　）

　　A.智能客服　　　B.智能搜索　　　C.智能化营销　　　D.智能推荐系统

3.大数据技术在电商领域的主要特点包括哪些方面？（　　）

　　A.数据量大　　　B.速度慢　　　　C.种类多　　　　D.价值高

4.区块链技术在电商交易中的安全性保障作用包括哪些方面？（　　）

　　A.保障交易安全　　　　　　　B.保障数据安全和隐私

　　C.提高电商平台的可信度　　　D.优化库存管理

5.未来电子商务技术创新方向包括哪些方面？（　　）

　　A.智能化推荐系统　　　　　　B.虚拟现实体验

　　C.智能供应链管理　　　　　　D.5G技术

四、简答题

1.简述自动化技术在电子商务中的应用优势。

2.简述人工智能技术在电商平台中的应用价值。

3.简述大数据技术在电商领域的主要应用场景。

4.简述区块链技术在电商交易中的安全性保障作用。

5.简述未来电子商务技术创新方向。

第九章 电子商务风险管理与法规遵循

📋 知识图谱

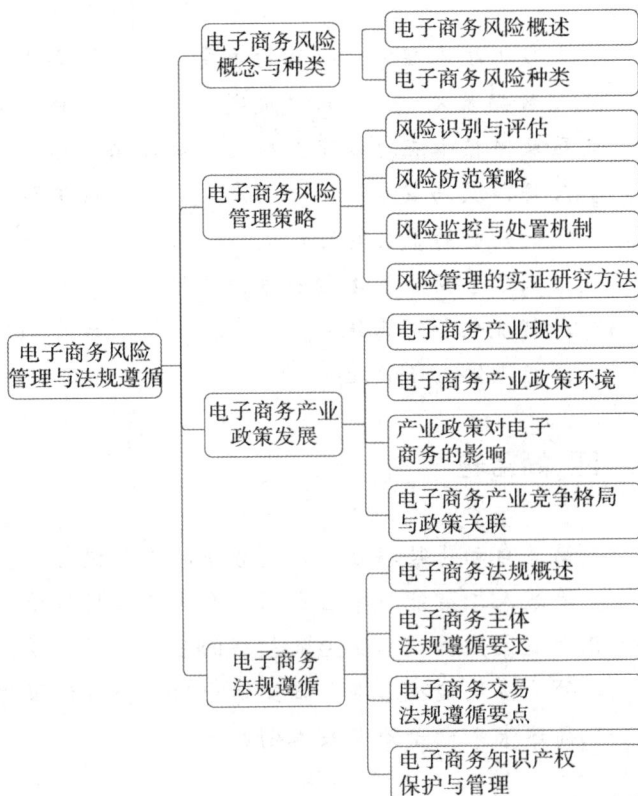

章节提要

随着互联网的飞速发展,电子商务已成为全球经济的重要组成部分。然而,电子商务的快速发展也伴随着一系列的风险和挑战,如信息安全、交易诚信、消费者权益保护等。本章探讨电子商务领域中的风险管理与法规遵循问题。第一节从电子商务风险的概念与种类出发,分析风险管理的策略,并探讨电子商务产业政策的发展以及法规遵循的重要性。第二节讨论电子商务的风险管理策略。第三节介绍近年来政府的电子商务产业政策。第四节探讨企业应遵循的电子商务相关法规。总体而言,电子商务风险管理与法规遵循是电子商务健康发展的基石。未来,企业应加强风险管理并遵循相关法规要求,确保电子商务活动的合法性和安全性,政府也应继续完善电子商务产业政策,为电子商务的持续发展提供有力支持。

第一节 电子商务风险概念与种类

一、电子商务风险概述

(一)电子商务风险定义

在电子商务领域,风险是贯穿始终且无法完全规避的重要因素。电子商务风险是指在进行电子交易和商务活动中,由于各种不确定性因素,如技术故障、安全漏洞、法律政策变化等,导致潜在损失或危害的可能性。这种风险的存在,不仅影响着电子商务的正常运行,还可能对企业的经济利益、声誉乃至生存造成重大影响。

电子商务风险具有多样性。在电子商务的各个环节中,都可能遇到不同类型的风险。例如,在交易过程中,可能面临欺诈、虚假交易等信用风险;在数据传输过程中,可能遭遇黑客攻击、信息泄露等安全风险;在支付环节,可能遇到支付失败、资金被盗等资金风险。这些风险种类繁多,且相互关联,给电子商务活动带来了极大的挑战。

电子商务风险具有复杂性。由于电子商务涉及的技术领域广泛,如信息技术、网络安全、电子支付等,这些技术的复杂性和不稳定性使得电子商务风险难以预测和防范。电子商务的全球化特性也增加了风险的复杂性,企业需要面对不同国家、地区的法律、文化、市场等风险。

电子商务风险还具有不确定性。由于电子商务的快速发展和变化,新的风险不断涌现,而旧的风险也在不断变化。这使得企业很难准确预测和评估风险,从而制定有效的风险应对策略。

(二)电子商务风险的重要性

电子商务作为当今全球经济的重要组成部分,其重要性不言而喻。然而,随着电子商务的快速发展,其面临的风险也日益突出。电子商务风险对于商务活动的顺利进行、企业的经济损失以及企业声誉等方面都具有重要影响。

电子商务风险可能导致交易中断和数据泄露等问题,严重影响商务活动的顺利进行。在电子商务过程中,交易双方需要通过网络进行信息传输和交易确认,如果网络出现安全问题或信息被窃取,就可能导致交易中断或数据泄露。这将导致企业无法按时完成交易,影响客户满意度,甚至可能导致客户流失。同时,数据泄露还可能引发信息泄露、身份盗窃等安全风险,进一步损害企业的利益。

电子商务风险可能导致企业遭受经济损失。电子商务涉及的资金流动和交易规模庞大,一旦遭受黑客攻击或欺诈行为,就可能导致资金被盗或损失。电子商务交易中的欺诈行为也层出不穷,如虚假交易、虚假支付等,这些行为都可能给企业带来经济损失。

电子商务风险还可能损害企业的声誉。在电子商务环境中,企业的声誉和形象对于吸引和保持客户至关重要。如果企业的电子商务系统存在安全风险或客户数据被泄露,将对企业造成极大的信任危机。一旦客户失去信任,企业的市场竞争力将受到严重影响,甚至可能导致企业倒闭。

(三)电子商务风险的成因

在电子商务的风险构成中,其成因呈现出多元化的特点,主要包含技术因素、安全因素和法律政策因素三个方面。

在技术因素方面,电子商务的技术复杂性使得其存在技术漏洞、故障或缺陷的风险。电子商务平台需要依赖计算机系统和网络进行交易,如果这些系统或网络出现崩溃、故障或不稳定,将导致交易无法进行,给用户和企业带来损失。电子商务中的数据交换和信息传输存在被黑客攻击的风险,如数据窃取、篡改和破坏等。电子商务的技术更新迅速,企业需要不断投入资金进行技术升级和维护,以适应市场的变化和技术的变化。

在安全因素方面,网络安全风险是电子商务风险的重要成因。随着电子商务的不断发展,网络安全威胁也日益增多。钓鱼网站、木马病毒等恶意软件的出现,使得用户的个人信息和支付信息面临泄露的风险。电子商务的匿名性也为不法分子提供了可乘之机,使得网络欺诈行为更加难以被追踪和打击。

在法律政策因素方面,法律政策的变化或漏洞也可能导致电子商务风险的出现。电子商务的法律法规尚不完善,许多电子商务行为缺乏明确的法律规范,导致企业和用户之间的权益纠纷难以解决。政策调整也可能对电子商务产生重大影响,如税收政策、市场准入政策等的变化,都可能给企业带来合规风险和经营风险。

二、电子商务风险种类

(一)电子商务交易风险

1.交易安全风险

钓鱼网站与假冒商品是电子商务交易中常见的风险。钓鱼网站通过精心伪装,模仿真实商家的网站,诱导用户输入个人信息,从而窃取用户资金或个人信息。同时,假冒商品也层出不穷,通过伪造品牌标识、虚假宣传等手段欺骗消费者。这些行为不仅损害了消费者的经济利益,还破坏了电子商务市场的信誉和秩序。

病毒与恶意软件也是电子商务交易中的一大威胁。用户在下载文件、点击链接或打开邮件时,可能会误中病毒或恶意软件。这些恶意程序会偷偷监控用户行为、收集用户信息,甚至篡改用户数据,给用户的交易安全带来严重威胁。为了防止这种情况的发生,用户应该安装防病毒软件、及时更新操作系统和软件、不轻易点击未知链接或下载未知文件。

第三方支付平台在电子商务交易中发挥着重要作用,但也存在一定的风险。平台安全漏洞、用户账号被盗用、资金被非法转移等问题时有发生。为了保障交易安全,用户应该选择信誉良好的支付平台、定期更换密码、绑定手机等安全措施。同时,商家也应该加强账户安全管理、定期进行风险评估和监控交易活动。

2.交易欺诈风险

虚假交易与诈骗是较为隐蔽的欺诈方式。诈骗分子通过技术手段假冒公司行政部的邮箱,以调薪、领福利等名义,发送"钓鱼网站",套取员工的身份信息、银行卡账号及密码,通过 POS 机刷卡,转走被害人银行卡现金。这种诈骗方式隐蔽性强,员工难以察觉,一旦得手,损失往往较大。

钓鱼邮件与短信也是常见的交易欺诈手段。不法分子通过发送伪装成正规商家或银行的邮件或短信,诱骗用户点击恶意链接或下载恶意文件,进而获取用户的敏感信息或资金。这些邮件和短信通常伪装得十分逼真,用户难以分辨真伪。

抢购骗局与虚假促销则是利用用户的抢购心理进行欺诈。不法分子通过虚假促销、抢购骗局等手段欺骗用户,使用户在抢购过程中泄露个人信息或支付风险,或者根本无法获得所购买的商品。这种欺诈行为不仅损害了用户的利益,也破坏了市场的公平竞争环境。

3.交易纠纷风险

除了商品质量与服务问题,退换货难题也是电子商务交易中常见的纠纷之一。在电子商务交易中,由于商品的退换货涉及商品的质量、退换货的运费、商家的退换货政策等因素,往往比较复杂。一些商家为了降低成本,设置了苛刻的退换货条件,如要求消费者承担退换货的运费、要求商品必须保持原包装等,这给消费者带来了极大的不便。一些商家在处理退换货请求时,态度消极、拖延处理,甚至拒绝退换货,也加剧了消费者的不满和纠纷。

电子商务交易的法律责任不明确也是交易纠纷风险增加的重要原因。电子商务交易的复杂性导致法律责任不明确,如在出现纠纷时难以确定责任方或难以追究责任方的法律责任。这增加了交易纠纷的风险和难度,使得消费者在权益受到侵害时难以维权。电子商务交易的法律环境也在不断变化,新的法律法规和司法解释不断涌现,这也给电子商务交易的法律责任带来了不确定性。

(二)电子商务支付风险

1.支付系统安全风险

在电子商务的快速发展中,支付系统作为其重要组成部分,承载着资金流转的重任,其安全性至关重要。然而,由于技术漏洞、网络安全风险以及系统维护风险等多方面的因素,电子商务支付系统面临着严峻的安全挑战。

技术漏洞风险是不容忽视的问题。电子商务支付系统由复杂的代码和算法构成,技术限制和设计缺陷在所难免。这些漏洞一旦被黑客发现并利用,便可能导致用户支付信息泄露,甚至造成资金损失。例如,一些支付系统存在漏洞,使黑客能够通过攻击系统漏洞来窃取用户的支付密码或资金。

网络安全风险是电子商务支付系统面临的另一大挑战。网络环境中的不安全因素众多,如病毒、木马等恶意程序,以及网络钓鱼等诈骗手段。这些恶意程序和网络钓鱼行为能够窃取用户的支付信息,或篡改交易数据,导致资金被非法转移。同时,用户在使用公共网络时,也面临着网络攻击的风险,进一步增加了支付系统的安全风险。

系统维护风险也是影响电子商务支付系统安全的重要因素。支付系统在运行过程中,需要进行维护和升级,以确保系统的正常运行和数据的安全。然而,在系统维护和升级期间,如果措施不当或操作失误,便可能导致系统崩溃或数据丢失,给用户带来损失。系统维护和升级期间,系统可能无法正常运行,也会对用户的使用造成不便。

2.支付欺诈风险

支付欺诈风险在电子商务领域尤为显著,主要涉及虚假交易、盗刷以及恶意拒付等几个方面。虚假交易是电子商务中的一大风险点,操纵者通过制造虚假的交易活动,误导市场,营造出交易活跃或价格变动的假象,从而诱使消费者进行不真实的交易。这种虚假交易不仅损害了消费者的利益,也破坏了市场的公平竞争环境。盗刷风险则源于用户支付信息的泄露,黑客利用窃取的支付信息进行非法交易,导致用户资金受损。这种风险不仅给用户带来经济损失,还可能导致用户对电子商务的信任度下降。恶意拒付风险则是用户在收到商品后,以商品质量问题或欺诈行为为由恶意拒绝支付,给商家带来经济损失和声誉损害。为了防范这些支付欺诈风险,电子商务平台和支付机构需要加强风险控制,提高交易安全性,保护用户的资金安全。

3.跨境支付风险

货币转换风险是跨境支付中无法避免的问题。跨境支付涉及不同国家的货币,而货币之间的汇率是不断波动的。汇率的波动可能受到国际政治、经济等多种因素的影响,具有较大的不确定性。当用户进行跨境支付时,需要将资金从一种货币转换为另一种货币,而在这个过程中,汇率的波动可能导致用户的资金价值发生变化,从而给用户带来损失。不同国家和地区的货币存在不同的支付习惯和结算方式,这也可能给用户带来额外的成本和风险。

法律法规风险是跨境支付面临的另一大挑战。不同国家和地区的法律法规差异较大,对于跨境支付的法律要求和监管标准也存在差异。如果跨境支付不符合当地法规要求,可能会面临法律纠纷和罚款等风险。例如,一些国家可能对外汇交易进行限制或监管,要求跨境支付必须经过特定的支付机构或符合特定的条件。不同国家之间的法律冲突也可能导致跨境支付的合法性受到质疑。

跨境合作风险也是跨境支付中需要关注的重要方面。跨境支付涉及不同国家和地区的支付机构、银行、清算机构等多个参与方,需要各方之间的合作和协调。如果支付机构或银行之间的合作出现问题,如资金清算不及时、账户被冻结等,可能导致用户的资金无法及时到账或遭受损失。跨境支付还需要遵守国际支付标准和规则,如 SWIFT 等,需要各方之间的合作和协调。如果国际支付标准或规则发生变化,可能会给跨境支付带来额外的风险和成本。

(三)电子商务物流风险

1.物流信息泄露风险

信息安全问题在物流行业中尤为突出,其涉及物流信息的安全传输、存储和处理等环节。物流信息通常包括用户资料、交易详情、商品信息等重要数据,这些数据一旦泄露或被不当利用,将带来严重的后果。

物流信息泄露的风险主要来源于物流系统的漏洞、员工操作不当以及外部攻击。物流系统可能存在漏洞,这些漏洞可能为不法分子提供可乘之机,他们可以通过这些漏洞侵入系统,窃取或篡改物流信息。员工操作不当也是导致物流信息泄露的重要原因之一。员工可能因疏忽或不当操作导致信息泄露,如将含有敏感信息的邮件发送给错误的收件人,或在公共场所使用不安全的网络连接等。外部攻击也是物流信息泄露不可忽视的风险。黑客或病毒可能会利用漏洞攻击物流系统,导致信息泄露或系统瘫痪。

物流信息泄露的影响和危害十分严重。它可能导致用户隐私被侵犯。用户资料、交易详情等敏感信息被泄露给不法分子,会导致用户受到骚扰或诈骗。物流信息泄露还可能对交易安全构成威胁。不法分子可以利用窃取的信息进行欺诈或盗窃,给企业和用户带来经济损失。物流信息泄露还可能影响电子商务平台的声誉和信任度,使用户对平台的信任度降低,进而影响平台的运营和发展。

因此,为了保障物流信息的安全,企业需要采取一系列措施来降低信息泄露的风险。例如,加强物流系统的安全防护,定期进行安全检查和漏洞修复;加强员工培训,提高员工的信息安全意识和操作技能;建立完善的信息安全管理制度和应急响应机制,确保在发生信息泄露时能够及时响应和处理。同时,企业还需要加强与相关机构的合作,共同打击网络犯罪活动,维护物流信息的安全和稳定。

2.物流延误与货物丢失风险

在物流行业中,物流延误和货物丢失风险是两大不可忽视的问题。它们不仅会影响货物的及时送达,还可能对供应链的整体效率以及企业的声誉造成严重的负面影响。

物流延误的原因多种多样,其中天气原因是一个不可忽视的因素。在极端天气条件下,如暴雨、雪灾、大风等,道路可能会被封锁,导致车辆无法通行,从而引发物流延误。交通拥堵也是导致物流延误的常见原因之一。在交通高峰期,道路拥堵严重,车辆行驶缓慢,物流车辆难以按时到达目的地。物流系统错误或人为因素也可能导致物流延误。例如,分拣错误、装载失误、信息录入错误等都可能导致货物被延误。

除了延误风险,物流过程中还存在货物丢失风险。在货物的运输、装卸、中转等环节,由于操作不当或人为原因,货物有可能被误放、遗失或被盗。这些情况不仅会导致货物丢失,还可能引发客户的不满和投诉,甚至影响企业的信誉和声誉。

物流延误和货物丢失对企业的影响是巨大的,它们会导致客户满意度降低。客户期望按时收到货物,但如果货物被延误或丢失,客户就会对服务产生不满,甚至可能取消订单。这会导致企业失去客户，影响销售业绩。物流延误和货物丢失还可能导致交易纠纷增加。当货物延误或丢失时，客户可能会要求退款或赔偿，这会增加企业的运营成本和法律风险。最后，物流延误和货物丢失还可能影响电子商务平台的运营效率和声誉。如果电商平台频繁出现物流问题，客户就会对其失去信任，导致平台流量减少，影响电商平台的运营和发展。

3.物流损坏与退货风险

在电子商务的运营过程中，物流是连接卖家与买家的关键环节。然而，物流过程中出现的商品损坏和退货问题，却常常给电商平台带来不小的挑战。这些问题不仅影响了用户的购物体验，还可能增加电商的运营成本和经济损失。

物流过程中的商品损坏是一个不可忽视的问题。由于搬运、包装和运输等环节的不当操作，商品在物流过程中很容易受到损坏。这些损坏不仅降低了商品的价值，还可能影响用户的购物心情和信任度。当用户收到损坏的商品时，他们往往会选择退货或要求赔偿，这将对电商造成直接的经济损失。

退货风险也是电商平台面临的一个重要问题。由于物流损坏导致的退货，不仅增加了电商的运营成本，还可能影响用户的购物体验和满意度。如果用户频繁退货，他们可能会对电商的信誉产生负面影响，进而影响其他用户的购买决策。这将对电商的销售额和利润造成双重打击。

物流损坏和退货风险对电商平台的影响是多方面的。它们会影响用户的购物体验。当用户购买商品后，他们期望能够收到完好无损的商品。如果商品在物流过程中损坏，用户会感到不满和失望，这将影响他们的购物体验和忠诚度。物流损坏和退货风险会增加电商的运营成本。电商平台需要投入更多的人力和物力来处理退货和赔偿问题，这将增加他们的运营成本和时间成本。物流损坏和退货风险还可能影响电商的销售额和利润。如果用户因为物流问题而选择在其他平台上购买商品，这将导致电商的销售额下降和利润减少。

(四)电子商务技术风险

1.系统漏洞与黑客攻击风险

为了防范系统漏洞和黑客攻击风险，企业应采取一系列的安全措施。要加强系统的安全维护，及时修复已知的安全漏洞，减少黑客的攻击机会。要加强用户的安全教育，提高用户的安全意识，避免点击不明链接和下载未知文件。此外，加密敏感数据，防止数据泄露和篡改，也是保护用户隐私和资金安全的重要措施。

2.数据泄露与隐私保护风险

数据泄露风险体现在电子商务活动的各个环节中，从数据的收集、传输到存储，每一步都存在潜在的安全漏洞。数据在传输过程中可能因网络攻击、恶意软件或病毒等外部威胁导致泄露。同时,企业内部的员工也可能因疏忽、不当操作或恶意行为造成数据泄露。这些数据泄露事件不仅可能导致用户的个人信息泄露,还可能对企业的商业机密和声誉造成重大损失。

隐私保护风险则是电子商务活动中另一个重要的关注点。用户在使用电子商务服务时,需要提供大量的个人信息,如姓名、地址、支付方式等。这些信息的泄露将导致用户的隐私被侵犯,进而引发各种安全问题。然而,由于技术限制和政策不完善等原因,电子商务网站在隐私保护方面面临诸多挑战。例如,数据加密技术的不完善、隐私政策的模糊以及数据共享的不透明等,都可能导致用户的隐私泄露。

因此,电子商务企业必须采取有效的安全措施来应对数据泄露与隐私保护风险,包括加强网络安全防护、完善数据加密技术、建立严格的隐私政策,以及加强员工培训等。只有这样,电子商务企业才能确保用户数据的安全和隐私,赢得用户的信任,从而推动电子商务的健康发展。

3.技术更新与兼容性风险

技术更新风险主要体现在电子商务系统需要不断更新以跟上市场和技术的变化方面。随着电子商务规模的不断扩大和用户需求的不断提升,电子商务系统需要具备更高的性能、更强的安全性和更丰富的功能。然而,技术更新往往伴随着新的技术风险和未知因素。例如,新的技术可能存在漏洞或缺陷,导致系统安全受到威胁;新的技术也可能与现有系统不兼容,导致数据迁移困难或系统崩溃。这些风险需要电子商务企业在更新技术前进行充分的测试和评估,确保新技术与现有系统的兼容性和安全性。

兼容性风险则主要源于电子商务系统需要与其他信息系统或设备进行交互和数据交换。然而,由于技术标准不统一、软件升级不同步等原因,电子商务系统与其他系统之间的兼容性问题时有发生。例如,不同支付系统之间的兼容性问题可能导致支付失败或用户资金损失;不同数据库之间的兼容性问题可能导致数据丢失或数据不一致。这些兼容性问题不仅会影响电子商务系统的正常运行,还可能导致用户流失和信任危机。因此,电子商务企业需要在系统设计和开发过程中充分考虑兼容性问题,采用标准化的技术和数据格式,确保本系统与其他系统之间的顺畅交互和数据交换。

(五)电子商务法律风险

1.法律法规缺失与滞后风险

在电子商务的快速发展中,法律法规的完善成为一个重要的议题。然而,由于电子商务的特性,如跨地域、匿名性、交易速度快等,使得相关法律法规的制定和更新面临诸多挑战。法律法规的缺失和滞后,不仅可能损害消费者的合法权益,也可能阻碍电子商务的健康发展。

电子商务的快速发展使得许多新兴业务形态层出不穷,然而,相关的法律法规却未能及时跟上。这导致在电子商务的某些领域,存在法律空白和监管漏洞。例如,跨境电子商务的快速发展,使得商品的流通跨越了国界,但相关的税收、海关、消费者保护等法律法规却未能完全到位。这不仅可能导致消费者的权益受损,也可能引发国际贸易纠纷。电子商务中的电子支付、网络安全等也缺乏有效的法律保障,给电子商务的发展带来了很大的不确定性。

除了法律法规的缺失,法律法规的滞后也是一个重要的问题。电子商务的发展速度非常快,新的技术、新的商业模式不断涌现,但相关的法律法规往往滞后于实际的发展。这导致一些新的违规行为无法得到有效打击和惩罚,给电子商务市场带来了不公平竞争和混乱。例如,一些电商平台利用大数据进行不正当竞争,但相关的法律法规却未能及时跟进,导致这些行为得不到有效的制约。法律法规的滞后也可能导致一些创新业务受到限制或阻碍,不利于电子商务的健康发展。

2.知识产权保护风险

知识产权保护是电子商务行业的重要议题,涉及商品和服务的原创性、创新性和独特性。然而,由于电子商务平台的开放性和便捷性,知识产权保护面临着诸多挑战和风险。

知识产权侵权风险是电子商务平台面临的主要风险之一。电子商务平台上存在着大量的商品和服务提供方,其中一些可能存在知识产权侵权行为。这些侵权行为主要包括销售假冒产品、盗用他人商标、未经授权使用他人专利和版权等。这些行为不仅损害了知识产权持有人的经济利益,也破坏了市场的公平竞争秩序。知识产权持有人往往需要花费大量时间和精力进行维权,而电子商务平台则可能因未能有效防止侵权行为而承担法律责任。

知识产权维权难也是电子商务平台面临的重要挑战。由于电子商务平台上的商品和服务提供方众多,维权方需要花费大量时间和精力进行证据收集、投诉举报等工作。同时,电子商务平台也需要投入大量资源来审核和删除侵权商品和服务,以维护平台的声誉和合法性。然而,由于技术难度和成本问题,电子商务平台往往难以完全杜绝侵权行为的发生,这也给知识产权持有人带来了困扰。

3.跨国法律冲突风险

适用法律选择困难是电子商务跨国法律冲突的主要体现。电子商务活动涉及多个国家或地区的法律,包括合同法、消费者权益保护法、知识产权法等多个领域。这些法律之间存在差异,有时甚至相互冲突。当电子商务交易发生纠纷时,应适用哪国法律成为一个棘手的问题。这不仅增加了交易双方的法律风险,也影响了电子商务的效率和可预测性。

跨国法律执行难题也是电子商务跨国法律冲突的重要挑战。在电子商务交易中,交易双方往往位于不同的国家或地区,这给法律执行带来了很大的困难。跨境取证、法律程序复杂、判决承认与执行等问题都可能导致法律执行效果不佳。不同国家的法律执行标准和执行力度也存在差异,这使得跨国法律执行更加困难。

为了解决电子商务跨国法律冲突的问题,国际社会已经采取了一些措施。例如,制定国际公约和示范法,推动国际法律标准的统一;加强国际合作,建立跨境法律执行机制;发展电子仲裁和在线争端解决机制等。然而,这些措施仍然不足以完全解决电子商务跨国法律冲突的问题。未来,需要进一步加强国际合作和协调,推动国际法律体系的完善和发展,以更好地应对电子商务跨国法律冲突的挑战。

(六)电子商务信誉风险

1.商家信誉受损风险

在电子商务和市场经济日益发展的今天,商家信誉已成为企业宝贵的无形资产,是吸引消费者、保持市场竞争力的关键因素。然而,商家信誉的维护并非易事,它需要商家在多个方面付出努力,特别是在宣传、产品质量以及服务态度等方面。一旦这些环节出现问题,商家的信誉将面临严重的风险。

虚假宣传是商家信誉受损的主要原因之一。在信息爆炸的时代,消费者往往通过商家的宣传信息来了解产品。如果商家为了吸引消费者而夸大产品功效、性能或提供不实信息,消费者在购买后就会发现实际情况与宣传不符,产生失望和不满。这种不满情绪不仅会直接导致消费者退货、退款,还会通过社交媒体等渠道传播,对商家的信誉造成不可挽回的损害。

产品质量是商家信誉的基石。如果商家销售的产品存在质量问题或不符合宣传承诺,如假冒伪劣、以次充好等,消费者将不会再次购买该产品,甚至会对商家的所有产品产生怀疑。这种信任危机将严重影响商家的长期发展,甚至可能导致企业倒闭。

服务态度也是商家信誉的重要组成部分。在购物过程中,消费者不仅关注产品的质量和价格,还非常看重商家的服务态度。如果商家在服务过程中态度恶劣、效率低下,如对待客户傲慢、投诉处理不及时等,消费者就不会选择再次光顾该商家,甚至可能将这种不愉快的购物经历告诉其他人。这将对商家的声誉造成严重的损害,进而影响其销售业绩和市场占有率。

2.平台信誉受损风险

在电子商务平台运营中,平台信誉是至关重要的资产。它不仅影响着消费者的购买决策,还关系到商家的入驻意愿和合作稳定性。然而,平台信誉并非一蹴而就的,而是需要通过长期的努力和积累才能建立起来的。以下是对平台信誉受损风险的详细分析。

平台在监管商家和产品方面存在着一定的风险。如果平台对商家和产品的审核不严格,或者缺乏有效的监管机制,就容易导致假冒伪劣、欺诈行为等违法违规行为在平台上泛滥。这些行为不仅损害消费者的权益,还会对平台的信誉造成严重的打击。一旦平台被贴上"不诚信"的标签,就难以摆脱这一负面形象,影响其他商家的入驻意愿和消费者的购买决策。

平台在数据处理和用户隐私保护方面也面临着严峻的挑战。在收集、使用和保护用户数据的过程中,如果平台存在漏洞或不当行为,如数据泄露、非法获取等,就会导致用户的个人信息和交易数据被泄露或滥用。这不仅会侵犯用户的隐私权,还会降低用户对平台的信任度。一旦用户失去了对平台的信任,就会选择离开该平台,从而导致平台用户数量的减少和交易量的下降。

平台在交易安全方面也存在着一定的风险。如果平台在支付安全、信息安全等方面存在漏洞或不足,就会导致消费者在购买过程中受到经济损失或个人信息被泄露。这不仅会损害消费者的权益,还会对平台的信誉造成严重的打击。因此,平台需要采取有效的措施来保障交易的安全性,如加强支付安全、信息加密等。

3.消费者信任危机风险

消费者权益受损是消费者信任危机风险的核心。在电子商务平台上,消费者面临着诸多购物风险,如虚假宣传、商品质量问题、退货退款难等。这些问题的解决,直接关系到消费者的购物体验和权益保障。然而,由于电商平台的监管不力和商家诚信缺失,消费者权益受损的现象时有发生。这导致消费者对电商平台的信任度降低,甚至产生怀疑和抵触情绪。

在消费者权益受损的情况下,消费者往往会选择通过维权来解决问题。然而,维权过程往往复杂而耗时,给消费者带来额外的负担。一些电商平台对消费者的投诉和维权反应不够迅速,处理不够公正,导致消费者的维权效果不佳。这进一步加剧了消费者对电商平台的信任危机。

负面舆论传播是消费者信任危机风险的另一个重要方面。在社交媒体和互联网的推动下,消费者的购物体验和评价可以迅速传播。当消费者遇到不良商家或平台时,他们会在网络上发表负面评价,并分享自己的购物经历。这些负面评价会迅速传播,引起公众的关注和支持。

负面舆论的传播不仅会影响被曝光的商家和平台,还会对整个电商行业造成负面影响。公众对电商平台的信任度会进一步降低,购物意愿也会减弱。这会导致电商平台的销售额下降,商家利润减少,甚至可能引发商家的退店潮。

第二节　电子商务风险管理策略

一、电子商务风险识别与评估

(一)风险识别方法与流程

在电子商务风险识别的过程中,采用合理的方法和流程至关重要,它直接影响到风险识别的准确性和有效性。以下将详细阐述三种主要的风险识别方法,以及一个风险识别的标准流程。

1.问卷调查法

这是一种高效且经济的方法,通过设计问卷,向商家和消费者收集关于电子商务风险的感知和认知。问卷设计应确保问题具有针对性、全面性和客观性,以便收集到有价值的数据。数据分析是问卷调查的关键环节,通过对数据的统计和分析,可以识别出主要的风险因素,并对其进行排序和分类。

2.访谈法

访谈法具有深入、灵活的特点,能够揭示出问卷调查难以发现的风险点。通过与商家和消费者进行面对面的交流,可以了解他们在电子商务交易过程中的实际经历和感受,以及他们对风险的看法和态度。访谈过程应注意保持客观和中立,避免引导被访者产生偏见或误解。

3.案例分析法

案例分析法是通过分析历史上发生的电子商务风险事件,来揭示风险的成因、特点和规律。这种方法具有直观性和借鉴性,可帮助企业更好地了解风险,增强风险意识。在案例分析过程中,应注重分析风险事件的起因、过程和结果,以及企业采取的风险管理措施和效果。

4.风险识别流程

首先,明确风险识别的目标,即要识别哪些风险;其次,制订风险识别计划,包括识别方法、时间表和资源分配等;再次,选择适合的风险识别方法,进行数据的收集和分析;复次,整理和分析数据,识别出潜在的风险点;最后,记录风险识别结果,为后续的风险评估和管理提供依据。

(二)风险评估指标体系构建

指标体系结构由一级指标、二级指标和三级指标构成,形成层次分明、逻辑清晰的指标体系。一级指标包括市场风险、财务风险、运营风险等,用于全面反映企业的风险状况。二级指标和三级指标则进一步细化,具体衡量企业的各项风险。

在指标权重确定方面,采用专家打分、层次分析法等方法,根据指标的重要性和关联性,确定各指标的权重。这有助于反映指标在整体风险评估中的重要性,使评估结果更加准确。

风险评估方法选择方面,采用定量评估与定性评估相结合的方式。通过收集和分析相关数据,运用风险评估模型进行计算和分析,得出风险评估结果。这种方法既考虑了风险的客观性,又考虑了风险的主观性,使评估结果更加全面和客观。

二、电子商务风险防范策略

(一)技术防范手段

加密技术是数据安全的核心保障。通过对数据进行加密处理,将原始数据转化为难以解读的密文,从而保护数据在传输和存储过程中的安全性。加密技术的关键在于密钥的复杂性和保密性,以及加密算法的安全性。为了确保数据传输的安全,企业应采用先进的加密技术,如 RSA、AES 等,并定期更换密钥,以确保破解的难度。

防火墙技术是保护网络安全的第一道屏障。防火墙通过设置安全规则,过滤不安全的数据和访问请求,防止黑客利用漏洞进行攻击。防火墙技术可以分为包过滤防火墙、状态检测防火墙和应用层防火墙等。企业应根据自身的安全需求和网络环境,选择合适的防火墙技术,并进行合理配置和管理。

漏洞扫描与修复是确保系统安全的重要环节。通过定期对系统进行漏洞扫描,可以发现并修复潜在的安全漏洞,防止黑客利用漏洞进行攻击。漏洞扫描与修复工作应定期进行,并及时更新扫描工具和漏洞补丁,以确保系统的安全性。企业还应建立安全漏洞管理流程,对发现的漏洞进行及时报告、评估和修复。

(二)管理防范手段

1.权限管理

权限管理是实现数据安全的核心措施。通过合理设置不同权限级别,可以确保只有经过授权的人员才能访问和操作特定数据。在权限管理中,应遵循最小权限原则和按需知密原则,即员工只能获取完成工作所需的最小权限,且不能访问与其工作无关的数据。还应定期对权限进行审查和更新,及时撤销不再需要的权限,以降低潜在的安全风险。

2.监控与日志分析

监控与日志分析是发现潜在安全威胁的重要手段。通过建立完善的监控机制,可以实时监控系统的运行状态,捕捉异常行为并触发警报。同时,对系统日志进行定期分析,可以发现潜在的安全漏洞和攻击痕迹,及时采取措施进行修复和防范。在监控与日志分析中,应注重数据的收集、存储和分析,确保数据的完整性和可追溯性。

3.安全培训与教育

安全培训与教育是提高员工安全意识的重要途径。定期的安全培训可以使员工了解最新的安全威胁和防范技巧,提高应对风险的能力。同时,还应加强安全意识的宣传和教育,让员工充分认识到信息安全的重要性,自觉遵守各项安全规定和操作规程。在安全培训与教育中,应注重实际效果和持续改进,确保培训内容与实际工作紧密结合。

(三)法律法规遵守与合规性检查

在电子商务活动中,法律法规的遵守和合规性检查是确保业务健康发展的基石。在遵守法律法规方面,电子商务企业应全面了解并遵循国家关于电子商务的法律法规,如《中华人民共和国电子商务法》《消费者权益保护法》等。这些法律法规不仅规范了电子商务行为,还明确了企业的权利与义务。企业应建立健全内部管理制度,确保员工知法、懂法、守法,同时加强对合作伙伴的监管,共同维护良好的市场秩序。

合规性检查与审计是确保业务合规的重要手段。企业应定期对电子商务活动进行合规性检查,包括商品发布、交易行为、信息保护等方面。同时,还应建立内部审计机制,对业务流程、财务状况等进行全面审计,确保业务操作符合相关法规要求。在发现问题时,应及时整改,避免违规行为带来的法律风险。

依法保护与维权是电子商务企业应尽的社会责任。企业应依法保护消费者的合法权益,如知情权、选择权、隐私权等。在交易过程中,应明确交易规则,确保消费者清晰了解商品信息、价格、退换货政策等。同时,企业还应积极维护自身权益,对恶意攻击、虚假评价等行为进行维权,维护良好的市场形象。

三、电子商务风险监控与处置机制

(一)风险监控指标体系设计

在电子商务领域,构建一套完善的风险监控指标体系对于保障企业运营安全、提升市场竞争力具有重要意义。指标体系设计应全面、细致，能够反映企业运营状况的各个方面。以下是对几个关键指标的深入分析。

市场份额波动是衡量电子商务企业竞争力的重要指标。通过对企业市场份额的定期监测，可以了解企业在市场中的位置，以及与其他竞争者的差距。市场份额的增长意味着企业产品或服务在市场上的接受度提高，有利于增强企业的品牌影响力和市场份额。市场份额的波动也反映了市场需求的变化和竞争对手的策略调整，企业需要及时调整策略以应对市场变化。

用户流量统计是评估网站运营效果的重要工具。通过统计用户流量，可以了解用户的访问行为、浏览偏好等信息，进而优化网站布局和产品设计，提高用户体验。访问量反映了网站的知名度和吸引力，而浏览量和跳出率则反映了用户对网站内容的兴趣和满意度。企业应注重提升用户体验，降低跳出率，提高用户黏性和转化率。

产品质量与安全性是电子商务企业的生命线。企业应建立完善的产品质量控制体系，确保产品符合相关标准和要求。同时，企业还应加强安全防范措施，防止黑客攻击和数据泄露等事件的发生。一旦发生产品质量或安全问题，企业应及时采取措施进行处理，以避免对消费者造成损失，并维护企业的声誉和信誉。

物流配送效率是影响电子商务企业客户满意度的重要因素。企业应选择可靠的物流合作伙伴，确保产品能够及时准确地送达消费者手中。同时，企业还应加强物流信息化建设，提高物流效率，降低物流成本。在物流配送过程中，企业还应注意保护消费者的隐私和权益，确保商品在运输过程中的安全。

商家诚信评估是维护电子商务平台声誉和消费者利益的重要手段。企业应建立完善的商家信誉评估体系，对商家的经营行为进行监督和评价。对于存在诚信问题的商家，企业应及时采取措施进行处理，并向消费者提供优质的售后服务。同时，企业还应加强与商家的沟通与合作，共同维护良好的商业环境。

（二）实时监控与预警系统建设

为了及时发现并应对风险，需要设定合理的预警阈值。预警阈值的设定应基于历史数据和经验，并考虑市场变化的因素。当数据超过预警阈值时，预警机制将被触发，企业可以迅速采取应对措施。

多元监控手段也是必不可少的。除了网站监控，还需要关注社交媒体、用户反馈等渠道的信息。通过全面收集和分析这些信息，可以更加准确地把握市场动态和风险趋势。

加强部门间的协作与沟通也是至关重要的。只有各部门之间保持畅通的信息交流和协作，才能确保风险信息的及时传递和处置。同时，还需要不断总结和改进监控与预警系统，提高风险识别的准确性和效率。

(三)风险处置流程与应对策略

在风险管理过程中,一个有效的风险处置流程是确保组织能够及时识别、评估、应对和监控风险的关键。以下是风险处置流程的五个主要步骤以及相应的应对策略。

第一,风险评估与识别是风险管理的首要步骤。在这一过程中,组织需要运用各种工具和技术对风险进行全面的评估和识别。具体而言,这包括确定风险的性质、来源、潜在影响以及发生的可能性。通过这一步骤,组织可以更加清晰地了解自身面临的风险,为后续的风险应对提供有力支持。

第二,应急响应计划的制定是风险处置流程的重要环节。根据风险评估的结果,组织需要制定相应的应急响应计划,明确在风险发生时如何迅速、有效地进行应对。这包括确定处置流程、责任人和时间节点,以确保在紧急情况下能够迅速采取行动。同时,应急响应计划还需要考虑资源的调配和协调,以确保在处置过程中能够得到足够的支持。

第三,风险控制措施的实施是降低风险的关键步骤。在确定了风险后,组织需要采取相应的控制措施来降低风险。这些措施可能包括暂停交易、下线产品、封禁商家等。在实施这些措施时,组织需要充分考虑措施的可行性和有效性,并确保它们与风险的程度和性质相匹配。

第四,后续跟踪与反馈是风险处置流程的重要组成部分。在风险被处置后,组织需要对处置结果进行跟踪和反馈,以确保风险得到彻底解决。这包括对用户满意度进行调查,对风险点进行复查,以及收集和分析相关数据,以便对未来的风险进行更好的预测和应对。

第五,总结经验教训是风险管理的持续改进过程。在每次风险处置后,组织都需要对风险处置过程进行总结和反思,以识别存在的问题和不足。通过总结经验教训,组织可以不断优化风险管理系统,提高未来应对风险的能力。

四、电子商务风险管理的实证研究方法

(一)实证研究方法论

在电子商务风险管理研究领域,实证研究方法论被视为一种科学、客观且可验证的研究方法。这种方法论强调以实际数据为基础,通过严谨的数据收集、分析和解释过程,来揭示电子商务风险的本质和规律。

实证研究方法论的核心原则是实证主义。实证主义认为,只有那些可以通过观察和经验验证的知识才是有意义的。在电子商务风险管理研究中,这意味

着研究者需要基于实际数据来验证假设和理论,而不是仅仅依赖于主观臆断或理论推测。通过实证研究方法,研究者可以收集到大量关于电子商务风险的数据,通过数据分析和统计模型,揭示出风险的关键因素和相互作用,从而为制定有效的风险管理策略提供科学依据。

在实证研究中,定量分析和定性分析是两种常用的研究方法。定量分析通过统计方法和数学模型对数据进行处理和分析,以揭示数据之间的关系和规律。这种方法具有客观性强、可重复验证等优点,能够精确地描述电子商务风险的大小和变化趋势。然而,定量分析往往忽略了数据背后的深层次原因和情境因素,因此需要结合定性分析来弥补这一不足。定性分析则通过深入访谈、案例分析等方法来获取深入、详细的信息,能够揭示出电子商务风险的本质和深层次原因。这种方法具有灵活性强、能够深入挖掘等优点,但主观性较强,难以进行大规模的数据分析。

实证研究方法论在电子商务风险管理研究中具有重要的作用。通过实证研究方法,研究者可以基于实际数据来揭示电子商务风险的本质和规律,为制定有效的风险管理策略提供科学依据。同时,结合定量分析和定性分析两种方法,可以更加全面地了解电子商务风险的全貌,提高风险管理的准确性和有效性。

（二）数据采集、处理与分析方法

在实证方法中,数据采集、处理与分析是不可或缺的环节,它们共同构成了研究的基石。

在数据采集方面,问卷调查是电子商务领域主要的数据收集方式。通过精心设计问卷,我们能够系统性地收集到大量关于研究对象的数据。问卷设计遵循了科学性、全面性和易操作性的原则,以确保数据的准确性和可靠性。除了问卷调查,我们还采用了访谈和观察等方法,以获取更为深入和具体的信息。访谈是与受访者进行深入交流的过程,通过观察受访者的行为和态度,我们可以获取更为真实和详细的数据。观察法则是在实际环境中对研究对象进行观察,以获取更为直观和生动的数据。

在数据处理方面,则需要对收集到的数据进行严格的清洗、整理和分析。清洗过程包括去除重复、错误或缺失的数据,以确保数据的准确性和完整性。整理过程则涉及数据的格式化、归类和排序,以便后续的数据分析。在数据分析过程中,可运用统计分析方法,如描述性统计、回归分析等,以揭示数据之间的关系和规律。这些统计方法能够帮助我们更好地理解数据,从而得出更为准确和有意义的结论。

（三）研究假设与模型构建

在研究电子商务风险时,提出合理的假设和构建科学的模型是至关重要的。

例如,建立假设:电子商务风险的因素主要包括网站安全性、用户信任度、交易安全等。这些因素对电子商务的发展至关重要,直接影响用户的购物体验和信任度。网站安全性是用户购物时最关心的问题之一,如果网站存在安全漏洞或遭受黑客攻击,用户的个人信息和资金安全将受到严重威胁,进而影响用户对该网站的信任度和购物意愿。因此,假设这些因素对电子商务风险具有显著影响。

为了验证这些假设,须进一步构建数学模型。模型以电子商务风险为因变量,以网站安全性、用户信任度、交易安全等因素为自变量,通过回归分析等统计方法,揭示这些自变量对因变量的影响程度。同时还须设置控制变量,如用户年龄、性别、购物经验等,以排除其他因素对结果的干扰。

在模型构建过程中,应注重模型的简洁性和可操作性。例如可采用结构方程模型来进行分析,该模型可以处理多个自变量和因变量之间的关系,同时考虑变量的测量误差和潜在变量,使模型更加符合实际情况。我们还利用 SPSS 等统计软件对模型进行了实证分析和验证,以确保模型的准确性和可靠性。

案例视窗

赛维时代的风险管理策略

在跨境电商这片竞争激烈的蓝海中,赛维时代凭借其出色的业务模式、强大的供应链管理以及高效的风险控制策略,成为行业内的佼佼者。以下对赛维时代进行分析,包括业务内容、风险管理策略以及风险分析结果等方面。

在业务内容方面,赛维时代主要从事跨境电商业务,其业务范围广泛,涵盖了多个电商平台和销售渠道。公司主要销售各类目商品,包括服装、电子产品、家居用品等,这些商品在跨境电商市场上具有较高的需求度和竞争力。通过多元化的商品选择和优质的客户服务,赛维时代在跨境电商市场上建立了良好的品牌形象和口碑。

在业务模式方面,赛维时代注重自营与平台相结合的运营模式。公司通过自营的方式,直接控制商品的质量和价格,提高盈利能力;公司通过平台的方式,吸引更多的商家入驻,丰富商品种类,提升平台流量和活跃度。这种自营与平台相结合的业务模式,使得赛维时代在跨境电商市场上更具灵活性和竞争力。

在风险管理方面,赛维时代采取了多项有效的措施,以确保公司的稳健运营。以下是其主要的风险管理策略。

(1)供应链风险管理

赛维时代注重与供应商的合作关系,建立了稳定的供应链体系。公司通过与多个供应商建立长期合作关系,确保商品的质量和供应的稳定性。同时,公司还建立了完善的供应链管理制度,对供应商进行定期的评估和考核,以确保供应链的可靠性和安全性。赛维时代还注重物流环节的风险控制,通过与多家物流公司合作,建立了多元化的物流渠道,以降低物流风险。

(2)市场风险管理

在跨境电商业务中,市场风险是不可避免的。为了降低市场风险,赛维时代注重市场调研和数据分析。公司通过收集和分析市场数据,了解消费者的需求和喜好,以便及时调整商品策略和营销策略。公司还注重品牌建设,通过提升品牌形象和知名度,增强消费者对品牌的信任度和忠诚度。同时,赛维时代还注重多元化市场布局,通过进入不同的市场和地区,分散市场风险。

(3)财务风险管理

在财务管理方面,赛维时代注重资金的安全和稳定。公司通过建立完善的财务管理制度,加强资金监管,确保资金的安全和合规使用。同时,公司还注重成本控制,通过优化采购、仓储、物流等环节,降低成本,提高盈利能力。赛维时代还注重财务风险管理,通过建立风险预警机制,及时发现和应对潜在的财务风险。

(4)法律与合规风险管理

在跨境电商业务中,法律与合规风险也是不容忽视的。为了确保业务的合法性和合规性,赛维时代注重法律与合规风险管理。公司通过建立完善的法律与合规体系,加强员工的法律意识和合规意识,确保业务活动符合当地的法律法规和规章制度。公司还注重与当地政府和监管机构的沟通和合作,了解政策变化和监管要求,以及时调整业务策略。

总的来说,赛维时代在风险管理方面取得显著的成效,以下是其近年财务的成效(表9-1)。

(1)营业总收入的持续增长

近年来,赛维时代的营业总收入实现了持续增长。在2024年第一季度,公司的营业总收入达到了68.02亿元,同比增长3.63%。这一增长主要得益于公司业务的不断拓展和市场份额的提升。通过不断优化商品结构、提升服务质量,以及加强市场营销等措施,赛维时代在跨境电商市场上取得了良好的业绩。

(2)资产负债率的逐步降低

尽管在业务快速扩张的过程中,公司的资产负债率有所上升,但赛维时代已经意识到了风险管理的重要性,并积极采取措施降低资产负债率。在2024年第一季度,公司的资产负债率已经降低到了5 150.37%,同比减少了54.38个百分点。这一降低主要得益于公司加强资金监管、优化资本结构以及提高盈利能力等措施的实施。

（3）流动比率的改善

流动比率是衡量公司短期偿债能力的重要指标。在2024年第一季度,赛维时代的流动比率为1.89,虽然同比下降了42.43%,但仍然保持了较为稳健的水平。这一改善主要得益于公司加强现金流管理、提高资金利用效率,以及优化负债结构等措施的实施。通过保持稳定的现金流和较低的短期负债,赛维时代能够更好地应对市场波动和不确定性带来的挑战。

（4）所有者权益的稳步增长

在风险管理的推动下,赛维时代的所有者权益实现了稳步增长。在2024年第一季度,公司的所有者权益为24.16亿元,同比增长了0.08%。这一增长主要得益于公司盈利能力的提升和股东权益的增加。通过加强风险管理、提高盈利能力,以及优化资本结构等措施,赛维时代为股东创造了更多的价值。

赛维时代作为跨境电商行业的头部企业,在业务内容、风险管理策略以及实证研究成果等方面都取得了显著的成就。通过不断优化业务模式、加强风险管理以及积极拓展市场等措施,赛维时代在跨境电商市场上保持了良好的竞争力和盈利能力。

表 9-1　赛维时代财务绩效指标(2021 年—2024 年第一季度)

指标/亿元	2024Q1		2023		2022		2021	
	数值	同比/%	数值	同比/%	数值	同比/%	数值	同比/%
营业总收入	68.02	+3.63	65.64	+33.70	49.09	−11.78	55.65	—
资产负债率/%	5 150.37	+54.38	3 336.10	−13.08	3 838.06	—	—	—
流动比率(一)	1.89	−42.43	3.28	−17.68	3.98	—	—	—
资产总计	49.83	+37.53	36.23	+53.41	23.62	+5.30	22.43	—
流动资产合计	39.90	+53.88	25.93	+49.62	17.33	+9.76	15.79	—
负债合计	25.66	+112.32	12.09	+33.41	9.06	−7.27	9.77	—
流动负债合计	21.16	+167.28	7.92	+81.77	4.35	−8.33	4.75	—
所有者权益(或股东权益)合计	24.16	+0.08	24.14	+65.85	14.56	+15.00	12.66	—

资料来源:百度搜索。

第三节 电子商务产业政策发展

一、电子商务产业现状

(一)产业规模与增长

电子商务产业现状方面,产业规模与增长情况呈现出蓬勃发展的态势。近年来,电子商务产业在全球范围内迅速崛起,并逐渐渗透到各个行业领域。在产业规模上,电子商务已经成为全球经济的重要组成部分,其交易额和市场份额持续增长。同时,电子商务产业的增长势头也非常强劲,保持着稳步增长的趋势。这主要得益于技术的不断创新和市场的不断扩大。技术方面,互联网、移动智能、大数据等新兴技术的快速发展为电子商务提供了广阔的空间和机遇。市场方面,消费者对线上购物的接受度越来越高,线上购物已经成为一种普遍的消费方式。这些因素共同推动了电子商务产业的快速增长。

(二)主要市场参与者

在电子商务产业中,主要市场参与者涵盖了平台企业、物流企业和支付企业。这三者共同构成了电子商务生态系统,推动着行业的持续发展。

平台企业是电子商务市场的核心,它们通过构建在线交易平台,为卖家和买家提供便捷的交易场所。近年来,科学研究和技术服务业中的电子商务平台数量逐渐增多,这得益于电子商务的快速发展和市场需求的不断增长。以电子商务采购为例,科学研究和技术服务业中的企业单位数在过去几年中呈现出波动增长的趋势,反了电子商务在该行业中的普及程度。

物流企业在电子商务中扮演着重要角色。它们负责将商品从卖家传递到买家手中,确保交易的顺利完成。随着电子商务规模的扩大,物流需求也在不断增长,推动了物流企业的快速发展。

支付企业则提供了安全、便捷的支付结算服务,为电子商务交易提供了有力保障。随着支付技术的不断创新和支付方式的多样化,支付企业在电子商务中的地位越来越重要。

(三)消费者行为及市场趋势

在电子商务产业的现状中,消费者行为和市场趋势是值得重点关注的两大要素。在消费者行为方面,现代消费者越来越注重平台的安全性和便捷性。他们更倾向于选择那些能够保障交易安全、提供便捷购物体验的平台。同时,消费者对商品品质的要求也日益提高,他们愿意为高品质的商品支付更高的价格。为了满足消费者的需求,电商平台需要不断提升自身的安全性和便捷性,同时加强商品品质管控,确保所售商品的质量。市场趋势也呈现出多元化和个性化的特点。随着技术的不断进步和市场的变化,电子商务产业也在不断创新和发展。多元化和个性化的服务成为电商平台吸引用户的重要手段。电商平台需要根据用户的不同需求,提供更加个性化的服务和产品,以满足用户的多样化需求。

二、电子商务产业政策环境

(一)国家层面政策支持

在国家层面政策支持与引导方面,针对电子商务产业的发展,我国实施了一系列税收优惠政策和资金支持。税收优惠方面,电子商务产业享受着增值税减免、所得税优惠等一系列政策,这些政策有效地降低了企业的税负,促进了产业的健康发展。资金支持方面,国家设立了电子商务发展专项资金,该资金主要用于电子商务领域的贷款贴息、资金补贴等,为电子商务企业提供了有力的资金支持。此外,国家还积极鼓励跨界融合,推动电子商务与工业互联网、文化旅游等领域的深度融合,以拓展电子商务的应用领域,提升产业附加值。在此背景下,宿迁市商务局电商处处长王有为也提到了促进跨境电商与产业带深度融合,打造完整的跨境电商产业链和生态圈的重要性。

(二)地方政府配套政策

在政策支持方面,多地政府通过税收减免、资金扶持等措施,鼓励电子商务企业做大做强。这些政策的实施,有效降低电子商务企业的运营成本,促进了企业的快速发展。

在实施情况方面,地方政府通过组织各类电子商务活动,如峰会、展览会等,为电子商务企业提供了展示产品和交流经验的平台。这些活动不仅加强了企业之间的合作,还促进了电子商务技术的创新和推广。同时,地方政府还加强了与跨境电子商务平台的合作,推动了跨境电子商务的发展。

(三)行业监管与法规体系

电子商务行业的健康发展离不开有效的行业监管和健全的法规体系。国家通过加强电子商务立法,构建完善的法规体系,以保障电子商务市场的公平、公正和透明。电子商务法的出台,为电子商务行业的健康发展提供了法律保障,明确了电子商务活动的法律地位、权利和义务。同时,国家还制定了网络安全法、个人信息保护法等法律,加强了对电子商务活动中信息安全和隐私保护的监管。

在加强法规建设的同时,国家还强化了行业监管。通过建立电子商务统计体系、检测体系等,对市场进行实时监测,及时发现和纠正违法违规行为。对于售卖假冒伪劣产品的行为,国家采取严厉的惩罚措施,保护消费者权益,维护市场秩序。此外,国家还鼓励有资质、规范的第三方评估机构和认证机构发展,提高电商企业的可信度和信誉度,促进电子商务良性健康发展。

三、产业政策对电子商务的影响

(一)税收优惠政策的激励效应

税收优惠政策对电子商务产业的投资吸引具有显著影响。通过降低企业所得税、增值税等税收负担,政府为电子商务企业创造了更加优厚的投资环境。这种税收优惠政策不仅吸引了大量新进入的电子商务企业,也鼓励了现有企业增加投资,以抓住市场机遇。在税收优惠政策的激励下,电子商务产业的投资规模不断扩大,为产业快速发展提供强大的资金支持。

税收优惠政策在促进电子商务企业创新方面也发挥了积极作用。技术创新和模式创新是电子商务产业发展的重要动力。政府通过提供税收减免、研发费用加计扣除等优惠政策,鼓励企业加大研发投入,推动技术创新和模式创新。这些政策不仅降低了企业的创新成本,还提高了企业的创新能力和竞争力。在税收优惠政策的激励下,电子商务企业不断推出新产品、新服务和新模式,满足了消费者的多样化需求,推动了产业的快速发展。

税收优惠政策还鼓励电子商务企业扩大规模和市场份额。政府通过提供税收减免、税收优惠等政策措施,降低了企业的运营成本,提高了企业的盈利能力。这使得电子商务企业有更多的资金用于扩大生产、增加市场推广和品牌建设等方面,从而提升企业的市场份额和竞争力。在税收优惠政策的支持下,电子商务企业得以快速扩大规模,实现跨越式发展。

(二)创新驱动政策的实施成果

创新驱动政策在电子商务产业中起到了显著的推动作用,其成果主要体现在技术创新提升、模式创新涌现以及整体竞争力增强三个方面。

在技术创新提升方面,创新驱动政策为电子商务企业提供了强有力的支持。

政策鼓励企业加大研发投入,进行技术创新和实践。这不仅促进了电子商务技术的不断进步,还推动了相关技术的研发和应用。例如,人工智能、大数据、云计算等先进技术在电子商务中的广泛应用,极大地提升了电子商务的效率和用户体验。

模式创新涌现是创新驱动政策带来的又一重要成果。政策鼓励企业打破传统模式,进行模式创新。这种创新不仅体现在电子商务的业务模式上,还体现在企业的组织架构、管理模式等方面。众多创新性的电子商务模式如平台经济、共享经济等不断涌现,为电子商务产业注入了新的活力。

通过实施创新驱动政策,电子商务产业的整体竞争力得到了显著提升。在国际市场上,电子商务企业凭借技术创新和模式创新等优势,获得了更多的竞争优势。同时,国内电子商务市场的竞争也日益激烈,推动了整个产业的不断发展和进步。这种竞争不仅促进了企业的快速成长,还提升了整个产业的水平。

(三)市场准入与退出机制调整

在电子商务产业的快速发展过程中,市场准入与退出机制的调整对电子商务产业的影响日益显著。政府通过降低市场准入门槛,为电子商务市场注入了新的活力。随着电子商务平台的不断开放和政策的放宽,越来越多的企业能够轻松进入电子商务领域,使得市场竞争更加激烈。这一变化有助于推动电子商务产业的创新,提高产品质量和服务水平,从而满足消费者多样化的需求。

市场准入门槛的降低意味着企业需要较少的资本和门槛来进入市场。这使得小型企业和创业者有更多机会参与竞争,从而提高了市场的多样性和创新性。同时,这也促进了电子商务行业的竞争,促使企业不断优化自身,提高产品质量和服务水平。

然而,市场退出机制的完善也是必不可少的。政府需要建立有效的监管机制,对违规行为进行严厉打击,确保市场的公平竞争和消费者的权益。对于经营不善的企业,政府也需要引导其有序退出市场,避免造成资源浪费和市场混乱。在加强市场监管方面,政府需要加强对电子商务平台的监管,确保平台的合规运营和信息的真实性。政府还需要建立完善的法律法规体系,为电子商务产业的健康发展提供有力的法律保障。

四、电子商务产业竞争格局与政策关联

(一)竞争格局概述与政策因素

电子商务作为现代商业模式的重要组成部分,其竞争格局日益呈现出多元化、差异化的特点。随着技术的不断进步和市场需求的不断变化,众多电商平台

纷纷通过创新商业模式、提升用户体验、加强品牌建设等方式,争夺市场份额。在此过程中,电子商务产业也面临着来自多方面的竞争压力和挑战。

在竞争格局方面,电子商务产业的多元化和差异化发展趋势日益明显。不同电商平台在商品品类、服务质量、物流配送等方面形成了各自的竞争优势,满足了消费者的多样化需求。同时,电商平台之间的竞争激烈,也推动了产业的快速发展和转型升级。传统行业的数字化转型也对电子商务产业形成了竞争压力,推动了产业向更高水平发展。

在政策因素分析方面,政府对于电子商务产业的支持力度不断加大。政府通过制定税收优惠政策、提供资金支持、加强市场监管等措施,为电商企业创造了良好的发展环境。同时,政府还积极推动电子商务与实体经济融合发展,促进了电子商务产业的转型升级。然而,政策执行力度和效果对产业竞争格局也产生了重要影响。政策执行不力或效果不佳,可能导致市场无序竞争、资源浪费等问题,影响产业的健康发展。

(二)龙头企业优势与政策扶持关系

在电子商务产业中,龙头企业拥有显著的市场优势。它们凭借资金、品牌和技术等综合实力,占据市场的领先地位。这些龙头企业通过不断提升技术水平、优化用户体验、拓展市场份额,保持了持续的竞争优势。同时,这些龙头企业在产业内也扮演着引领和示范的角色,推动整个产业向更高水平发展。

政府对于电子商务产业龙头企业的扶持力度不断增强。政府通过提供资金支持、税收优惠、市场监管等政策支持,帮助龙头企业解决在发展中遇到的资金、技术、市场等难题。这些政策降低了企业的经营成本,提高了企业的竞争力。政府还可通过加强与龙头企业的合作与交流,了解企业的发展需求和困难,制定更加针对性的政策措施,以促进产业的健康发展。

值得注意的是,政策扶持与龙头企业的发展是相互促进的。政府通过政策扶持,促进了龙头企业的发展,而龙头企业的发展又带动了整个产业的升级和转型。龙头企业通过技术创新和模式创新,推动产业向高端化、智能化方向发展,为整个产业带来了新的增长点和动力。

案例视窗

产业政策在电子商务中的应用

一、成功案例

在全球跨境电商的浪潮中,亚马逊平台以其卓越的服务和强大的技术实力脱颖而出,成为跨境电商的领军企业。该平台在全球范围内拥有庞大的用户群体,为卖家提供了广阔的市场空间。通过不断优化物流体系、加强知识产权保护等措施,亚马逊成功吸引了大量商家入驻,推动了跨境电商的快速发展。亚马逊还注重技术创新,通过大数据、人工智能等技术手段,为卖家提供更加精准的市场分析和营销策略,帮助卖家提高了销售额。

此外,电商产业园区的建设是推动电商产业发展的重要载体。以杭州为例,该城市在电商产业方面具有得天独厚的优势,如地理位置优越、人才资源丰富等。为了充分发挥这些优势,杭州市政府积极推动电商产业园区的建设和发展。通过提供优惠政策、搭建服务平台等措施,杭州成功吸引了大量电商企业和相关服务商入驻电商产业园区,形成完整的电商产业链,不仅促进了电商产业的集聚发展,还推动当地经济的快速增长。

二、政策执行问题与改进措施

跨境电商政策在实施过程中,面临政策落实不到位、执行力度不够以及政策内容不够完善等问题。政策落实到位是政策执行的关键,但由于各部门之间协调配合不够,导致政策在执行过程中难以全面覆盖,政策效应打折扣。同时,政策内容不够完善也是一大问题,政策制定往往滞后于跨境电商发展的新形势和新问题,导致政策无法适应实际需求。

针对政策落实不到位、执行力度不够的问题,需要加强政策宣传和培训,提高政策透明度和执行力。通过举办政策宣讲会、培训班等方式,让政策更加深入人心,提高企业和个人的政策知晓率和利用率。同时,要加强政策执行的监督和评估,建立科学的评估机制,及时发现和解决问题,确保政策真正落到实处。

针对政策内容不够完善的问题,需要进一步完善政策内容,制定更加精准和有效的政策措施。例如,推动数据安全、知识产权保护、市场公平竞争、境内外消费者权益保护等方面的法律法规建设,为跨境电商提供更加完善的法律保障。同时,要密切关注跨境电商发展的新趋势和新问题,及时调整政策,保持政策的时效性和前瞻性。

三、国内外政策对比与借鉴

国内外在电子商务领域的政策制定上,均展现出对电商产业发展的重视和关注。然而在具体政策的实施和侧重点上,国内外政策却存在一定的差异。

在国内政策方面,我国高度重视电商产业的发展,将其作为国家战略的重要组成部分。政府不仅制定了一系列电商发展规划,明确了电商产业的发展方向和目标,还加强了对电商产业的政策扶持,如税收优惠、资金扶持等。我国还注重电商创新人才的培养,通过高校教育、职业培训等方式,培养了一批批具有创新能力的电商人才。在优化电商发展环境方面,政府通过加强对电商平台的监管、打击电商违法行为,保护消费者的合法权益,为电商产业的健康发展提供了良好的环境。

在国外政策方面,许多国家也重视电商产业的发展,但更加注重电商法规的建设。他们制定了严格的电商法规,保护了消费者的合法权益,促进了电商市场的公平竞争。同时,他们也鼓励电商技术创新和模式创新,为电商产业的发展注入了新的活力。一些国家还加强了对电商平台的监管,确保电商市场的健康有序发展。

在国内外政策的对比中,我们可以看到国内外政策各有其优点和特色。我们可以借鉴国外的电商法规建设经验,加强我国电商法规的制定和完善,保护消费者的合法权益。同时,我们也可以借鉴国外在电商技术创新和模式创新方面的经验,推动我国电商产业的创新发展。结合我国的实际情况,制定适合我国国情的电商产业政策,推动我国电商产业的健康、快速发展。

资料来源:"数字赋能、品牌'出海'……完整跨境电商产业链服务经济'新'发展",《百家号》,2024 年 11 月 01 日。

"声纳|抓住机遇做强跨境电商",《钱江晚报》,2024 年 10 月 31 日。

第四节 电子商务法规遵循

一、电子商务法规概述

(一)电子商务法规的定义与重要性

电子商务法规是指一系列涉及电子商务活动的法律法规,旨在规范电子商务行为,保护消费者权益,促进电子商务健康发展。这些法律法规涵盖了电子商务的各个方面,包括电子合同的签订、电子支付的安全、电子信息的保护、网络知识产权的维护等。电子商务法规的制定旨在保障电子商务的公平、公正和诚信,防止网络欺诈、虚假宣传等不法行为的发生。

电子商务法规在电子商务领域具有重要地位。它是电子商务活动的基本准则,为电子商务的健康发展提供了法律保障。在电子商务活动中,各方当事人的权利和义务需要得到明确和保障,电子合同的签订、履行和争议解决需要遵循一定的法律规则。电子商务法规的制定和实施,可以保障电子商务活动的正常进行,促进电子商务的健康发展。

电子商务法规也是消费者权益的重要保障。在电子商务活动中,消费者往往处于弱势地位,容易受到欺诈、虚假宣传等不法行为的侵害。电子商务法规的制定和实施,可以保障消费者的知情权、选择权、公平交易权等合法权益,提高消费者的信任度和满意度。同时,电子商务法规还可以促进电子商务市场的良性竞争,提高企业的服务质量和信誉度,为消费者提供更加优质的商品和服务。

(二)国内外电子商务法规体系

在国内电子商务法规体系中,主体法律以《电子商务法》为统领,辅以《网络安全法》和《消费者权益保护法》等法律,构成了相对完善的法规体系。这些法律不仅规定了电子商务的基本行为规范和交易规则,还明确了电商平台、商家、消费者等各方的权利和义务,为电子商务的健康发展提供了坚实的法律保障。

而在国外电子商务法规体系中,各国家和地区的法律制定因国情和历史文化差异而有所不同。如欧洲的《通用数据保护条例》(GDPR)强调了个人数据保护的重要性,美国的《数字经济法案》则更加注重电子商务的创新和发展。这些法规体系在保障消费者权益、规范电子商务行为等方面发挥着重要作用,也反映了不同地区的法律文化和经济水平。

对比国内外电子商务法规体系,我们可以发现二者在保护消费者权益、规范电子商务行为等方面具有共性,但在具体规定和实施细节上存在差异。这些差异反映了不同地区的法律文化和监管策略,也为我们提供了相互借鉴和学习的机会。

二、电子商务主体法规遵循要求

(一)电子商务平台运营者法规责任

在电子商务的快速发展中,平台运营者的角色日益重要,其承担的法律责任也愈发清晰。为了确保电子商务平台的合法运营,平台运营者必须严格遵守相关法律法规,切实履行自身的法规责任。

在资质与许可方面,电子商务平台运营者须具备相应的资质和许可,确保平台的合法运营。这包括但不限工商注册、税务登记、ICP备案等。这些资质的获取不仅有助于平台树立良好的企业形象,更是平台合法运营的法律基础。平台运营者还应定期更新这些资质,确保其有效性。

知识产权保护是电子商务平台运营者的重要责任。平台运营者需建立知识产权保护机制,打击侵权行为,维护知识产权所有人的合法权益。具体来说,平台运营者应对上传的商品信息进行严格审查,确保商品不侵犯他人的知识产权。平台还应建立投诉处理机制,及时处理知识产权侵权投诉,保护知识产权所有人的合法权益。

交易安全保障责任也是电子商务平台运营者不可忽视的重要方面。平台运营者需承担交易安全保障责任，确保用户交易过程的安全性和稳定性。这包括建立完善的交易制度、加强资金监管、保障交易信息的安全传输等。通过这些措施，平台运营者可以有效地降低交易风险，保障用户的资金安全。

信息安全与隐私保护也是电子商务平台运营者的重要职责。平台运营者应加强对用户信息的保护，确保用户信息安全不受泄露和滥用。具体来说，平台运营者应采取加密技术、访问控制等措施保护用户信息的安全。同时，平台还应建立完善的隐私政策，明确收集、使用用户信息的目的和范围，保障用户的隐私权。

（二）电子商务经营者合规义务

在电子商务的快速发展中，电子商务经营者的合规义务显得尤为重要。

首先，主体登记与许可是电子商务经营者合法经营的基础。电子商务经营者必须依法进行主体登记，取得相关许可，才能在网上开展经营活动。这一要求有助于维护市场秩序的稳定，保障消费者的合法权益。在登记过程中，电子商务经营者应提供真实、准确的信息，并按照规定及时更新相关信息。

其次，税收合规也是电子商务经营者应遵守的重要法律义务。电子商务的特殊性使得税收征管更加复杂，电子商务经营者应严格遵守税收法规，按时缴纳税款。税务部门也应加强监管，确保税收的公平和合法。

再次，广告合规则是电子商务经营者必须重视的方面。电子商务经营者应确保发布的广告内容真实、合法，不夸大其词，不欺骗消费者。同时，电子商务经营者还应遵守广告法的相关规定，如广告标识、广告内容等，以确保广告的合法性和合规性。

最后，产品质量与安全是电子商务经营者的核心责任。电子商务经营者应确保销售的产品质量符合国家标准和行业标准，不销售假冒伪劣产品。同时，电子商务经营者还应建立完善的产品质量管理体系，对产品进行严格的质量把关，确保产品的安全和可靠性。

（三）消费者权益保护法在电子商务的应用

在电子商务的快速发展中，消费者权益保护法规的适用和执行显得尤为重要。在电子商务环境中，消费者面临着诸多挑战，如信息不对称、交易不平等、售后服务难以保障等。电子商务经营者须严格遵守消费者权益保护法规，确保消费者的合法权益得到保障。

知情权是消费者在交易过程中的基本权利之一。在电子商务中，消费者无法直接接触商品,因此电子商务经营者应提供详尽的商品信息,包括商品的名称、规格、性能、价格、生产者、有效期等。同时,电子商务经营者应确保所提供的信息真实、准确,不得夸大其词或误导消费者。在选择商品时,消费者有权自主选择购买,电子商务经营者应尊重消费者的选择权,不得强制消费者购买其不需要的商品。

公平交易权是消费者在交易过程中的重要保障。电子商务经营者应提供合理的价格,确保价格公平、透明,不得利用虚假信息或价格欺诈手段误导消费者。同时,电子商务经营者应确保计量准确,不得使用虚假计量器具或故意损害消费者的利益。在交易过程中,电子商务经营者应遵循自愿、平等、公正的原则,不得利用优势地位进行不公平交易。

售后服务是电子商务中不可或缺的一环。消费者在购买商品后,有权享受相应的售后服务,如退货、换货等。电子商务经营者应建立完善的售后服务体系,确保消费者的权益得到保障。在退货、换货过程中,电子商务经营者应提供便利的服务,及时处理消费者的投诉和请求。电子商务经营者应建立有效的消费者投诉渠道,接受消费者的监督和反馈。

三、电子商务交易法规遵循要点

(一)电子合同的合法性与有效性

电子合同的合法性与有效性是保障其在实际应用中发挥法律效力的重要基础。在公证处的见证下,当事人可通过在线方式签订电子合同,这一过程通过电子签名、时间戳、数字证书等技术手段,确保了合同签署各方的身份真实、意愿明确。这些技术手段的应用不仅防止了合同被篡改或伪造,还将签约过程中的关键数据实时保存至公证处系统,实现了数据的固化存储与全程留痕,从而形成了完整的证据链,有效降低了金融纠纷的合同履约和金融债权风险。

在合同形式上,民法典确认了电子数据交换、电子邮件等能有形表现内容并随时调取的数据电文均视为书面形式。同时,对电子合同的成立条件及时间、交付与履行等方面也做出了明确规定。这些法律条款的明确,使得电子合同在形式上具备了与传统合同同等的法律效力。

(二)电子支付的安全与规范

在电子支付的快速发展中,安全与规范是核心问题。电子支付的安全性直接关系到用户的资金安全和支付信息的保密性,而规范性则影响着整个支付行业的健康发展。

电子支付应严格遵守国家支付安全标准。这一标准是由国家相关监管机构制定的,旨在保障支付过程中的资金安全和信息保密。电子支付系统需具备完善的安全防护措施,包括数据加密、身份验证、风险控制等,以有效防止支付信息被篡改、窃取或泄露。电子支付机构还需建立完善的安全管理体系,确保支付系统的稳定运行和支付安全。

电子支付应按照规定的清算规则进行清算。清算规则的明确和统一,可以保障资金流动的准确性和效率。电子支付机构应建立完善的清算系统,确保各参与方之间的资金清算准确无误,避免出现资金错账、漏账等问题。同时,电子支付机构还应加强风险管理,防范清算风险,保障资金安全。

第三方支付平台作为电子支付的重要参与者,其合规性和风险控制能力直接影响着整个支付系统的稳定和用户权益的保障。监管部门应加强对第三方支付平台的监管,要求其遵守相关法律法规和监管要求,建立健全风险管理体系和内部控制制度,保障用户资金安全和支付服务的合规性。

(三)跨境电子商务交易的税收与监管

在税收政策方面,跨境电子商务交易应遵循国家税收政策,确保税收的合法性和公平性。在电子商务快速发展的背景下,税收政策的制定和更新需要与时俱进,以适应电子商务的新特点和新模式。例如,针对跨境电子商务的税收征管,国家税务部门应加强与国际税收组织的合作,共同研究制定跨境电子商务的税收政策和征管规则。税务部门还应加强对跨境电子商务企业的税收监管,确保税收的合法性和公平性。

在海关监管方面,跨境电子商务交易应符合海关监管要求,确保进出口商品的合法性和安全性。海关作为国家的重要监管机构,承担着进出口商品的监管和检验任务。在跨境电子商务交易中,海关应加强对进出口商品的监管和检验,确保商品的质量和安全符合国家标准和法律法规的要求。海关还应加强对跨境电子商务企业的监管和风险管理,防止违法违规行为的发生。

在跨境电子商务交易的税收与监管中,政府和企业的合作也是至关重要的。政府应加强对跨境电子商务的监管力度,制定和完善相关法律法规和政策,为跨境电子商务的发展提供有力的法律保障。同时,政府还应加强与国际组织和跨国企业的合作,共同应对跨境电子商务面临的挑战和问题。企业则应积极配合政府的监管要求,加强内部管理,提高合规意识,共同维护跨境电子商务的健康发展。

四、电子商务知识产权保护与管理

(一)电子商务中的知识产权侵权行为

未经授权使用知识产权是电子商务中最为常见的侵权行为之一。在电子商务环境中,知识产权的持有者往往难以有效控制其专利、商标、著作权等知识产权的使用。一些商家在未经授权的情况下,擅自使用他人的专利技术或设计,制造并销售侵权产品。还有些网站或平台提供侵权内容的下载或传播,严重侵犯了知识产权持有人的合法权益。

假冒商品销售也是电子商务中常见的侵权行为。电子商务平台上的商品种类繁多,消费者难以辨别真伪。一些不法商家利用这一点,将假冒商品冒充品牌产品并以低价销售。这种行为不仅侵犯了品牌持有人的商标权,还欺骗了消费者,损害了消费者的利益。同时,假冒商品的销售也会破坏品牌形象,降低品牌的市场竞争力。

电子商务中知识产权侵权行为的监管面临诸多挑战。由于电子商务的跨地域性和匿名性,追踪和识别侵权行为人变得更为困难。电子商务平台的经营者往往难以确定侵权产品的来源和销售渠道,难以采取有效的措施进行打击。电子商务平台在监管知识产权方面也可能存在疏忽或不足。一些平台为了追求利益,忽视了对知识产权的保护,允许侵权产品的销售和传播。这些行为为侵权行为提供了温床,加剧了知识产权的侵害。

(二)知识产权保护的法律措施

在法律措施方面,知识产权保护的法律体系不断完善。各国政府制定了专利法、商标法和著作权法等法律法规,对知识产权进行保护。这些法律不仅规定了知识产权的保护范围,还明确了侵权行为的认定与处罚。例如,对于专利侵权,法律规定了侵权人的法律责任和赔偿方式,为权利人提供了法律保障。在商标法方面,商标是商品的重要标识,对于商标的侵权行为,法律也予以了严格的打击。著作权法保护了作者的创作成果,规定对盗版、复制等侵权行为进行处罚。

除了法律措施,技术手段在知识产权保护中也发挥着重要作用。电子商务平台的出现为知识产权侵权提供了便捷的渠道,但同时也为知识产权保护提供了新的技术手段。例如,数据加密技术可以有效地保护商业秘密和个人隐私,防止信息被窃取或篡改。身份认证技术可以确保交易双方的真实性和可信度,防止虚假交易和欺诈行为。访问控制技术则可以限制未经授权的访问和使用,保护知识产权的安全性和隐私性。大数据分析和人工智能技术也可以用于知识产权保护。通过分析大量的数据和信息,可以实时监测和识别知识产权侵权行为,为权利人提供及时的维权服务。

(三)电子商务平台在知识产权管理中的角色与责任

在电子商务的快速发展中,知识产权的保护成为一个备受关注的问题,电子商务平台在知识产权管理中扮演着监管者的角色。根据相关法律法规,电子商务平台有责任建立和执行知识产权保护措施。电子商务平台还需要与知识产权持有人建立紧密的合作关系。通过加强与知识产权持有人的沟通与合作,电商平台可以更有效地识别和处理侵权问题。这不仅可以保护知识产权持有人的合法权益,也可以提高电商平台的信誉度,吸引更多消费者使用。

电子商务平台在加强知识产权保护的同时,也需要注重用户体验的维护。合理设置投诉流程、及时处理用户反馈,可以在保护知识产权和提供良好用户体验之间取得平衡。例如,电商平台可以建立快速响应机制,对于用户举报的侵权商品,迅速进行审核和处理,确保平台的商品和服务符合知识产权要求。

练习题

一、判断题

1.电子商务风险不能完全通过技术手段规避。(　　　)

2.电子商务风险对企业的影响包括但不限于经济损失。(　　　)

3.电子商务风险主要来源于技术因素。(　　　)

4.电子商务风险管理的目标是完全消除风险。(　　　)

5.电子支付的安全性完全取决于支付平台的技术实力。(　　　)

二、单选题

1.以下哪项不属于电子商务交易风险?(　　　)

  A.交易安全风险   B.物流信息泄露风险

  C.交易欺诈风险   D.交易纠纷风险

2.以下哪项不属于电子商务支付风险?(　　　)

  A.支付系统安全风险   B.支付欺诈风险

C.跨境支付风险　　　　　　　　　　D.物流延误风险

3.以下哪项不属于电子商务物流风险?(　　　)

A.物流信息泄露风险　　　　　　　　B.物流延误与丢失风险

C.数据泄露与隐私保护风险　　　　　D.物流损坏与退货风险

4.以下哪项不属于电子商务技术风险?(　　　)

A.系统漏洞与黑客攻击风险　　　　　B.数据泄露与隐私保护风险

C.物流延误与丢失风险　　　　　　　D.技术更新与兼容性风险

5.以下哪项不属于电子商务法律风险?(　　　)

A.法律法规缺失与滞后风险　　　　　B.知识产权保护风险

C.跨国法律冲突风险　　　　　　　　D.物流损坏与退货风险

三、多选题

1.电子商务风险的成因主要包括哪些方面?(　　　)

A.技术因素　　　　B.安全因素　　　　C.法律政策因素　　D.自然灾害

2.电子商务平台运营者需要承担哪些法规责任?(　　　)

A.资质与许可　　　　　　　　　　　B.知识产权保护

C.交易安全保障　　　　　　　　　　D.信息安全与隐私保护

3.电子商务经营者需要遵守哪些合规义务?(　　　)

A.主体登记与许可　　　　　　　　　B.税收合规

C.广告合规　　　　　　　　　　　　D.产品质量与安全

4.电子合同具备哪些法律特征?(　　　)

A.合法性　　　　　B.有效性　　　　　C.可追溯性　　　　D.可篡改性

5.电子支付的安全性需要哪些保障措施?(　　　)

A.遵守国家支付安全标准　　　　　　B.按照规定的清算规则进行清算

C.加强第三方支付平台监管　　　　　D.提高用户安全意识

四、简答题

1.简述电子商务风险的概念及重要性。

2.简述电子商务风险管理的策略。

3.简述电子商务产业政策的现状及影响。

4.简述电子商务法规遵循的要点。

5.简述电子商务知识产权保护的法律措施。

五、论述题

1.结合实际案例,论述电子商务风险管理的重要性。

2.试述我国电子商务产业政策的发展趋势。

3.论述电子商务法规对电子商务发展的影响。

4.论述电子商务知识产权保护面临的挑战及应对措施。

第十章　电子商务的可持续经营发展

知识图谱

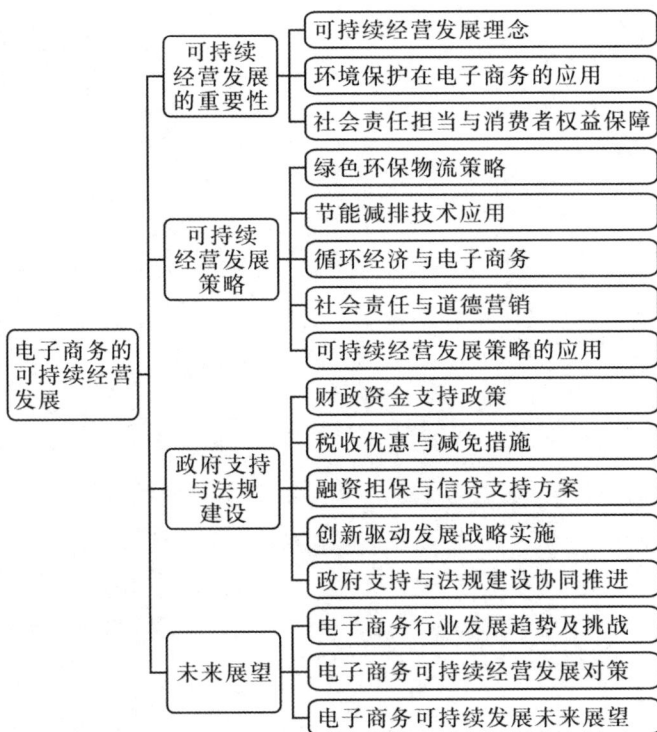

📑 **章节提要**

　　本章作为本书的终篇,将重点探讨电子商务的可持续经营发展,分析其在现代经济中的重要性,提出实现可持续经营发展的策略,并考察政府支持与法规建设的作用,以及未来该领域的发展趋势。在 21 世纪全球化的经济背景下,电子商务正改变着我们的商业模式和消费习惯。电子商务的快速发展也带来环境、社会和经济问题,包括能源消耗、废物产生、数据安全、市场不公平竞争等。为了实现可持续经营发展,电子商务企业需要采取一系列的策略。政府在电子商务的可持续经营发展中也扮演着重要的角色,可以通过制定相关法律法规和政策措施,引导和规范电子商务行业的可持续发展。未来,电子商务势必在可持续经营发展方面面临许多挑战。例如,环保技术研发需要大量的资金和时间;绿色消费理念推广需要社会的共同努力;行业标准和规范的制定和实施需要各方利益的平衡和协调。因此,我们需要持续关注和研究电子商务的可持续经营发展问题,为行业的未来发展提供有力的支持。

第一节　可持续经营发展的重要性

一、可持续经营发展理念

(一)可持续经营的定义及内涵

　　在当前全球经济一体化的背景下,企业的经营方式正面临前所未有的挑战。为实现长期发展,企业必须注重可持续经营,即在保持经济效益的同时,注重环境保护、社会责任和资源配置。可持续经营不仅是一种经营理念,更是一种战略选择,它要求企业在经营活动中充分考虑环境、社会和资源三个方面的平衡,实现经济效益、社会效益和生态效益的协调统一。

　　经济效益是可持续经营的基础。企业必须保持盈利能力,确保经营活动的正常运转。在追求经济效益的同时,企业应注重成本控制和风险管理,提高资源利用效率,减少浪费和损耗。社会效益是可持续经营的重要保障。企业应该关注员工权益、社区发展和公共福利,通过提供优质的产品和服务,创造就业机会,促进社会和谐。同时,企业还应积极参与公益事业,为社会做出贡献。生态效益是可持续经营的核心目标。企业必须遵循自然规律,保护环境,合理利用资源,减少污染和废弃物排放。通过绿色生产、循环利用和生态设计等方式,企业可以降低对环境的影响,实现经济效益和生态效益的良性循环。

(二)电子商务与可持续发展的关系

电子商务通过减少中间环节,降低了商品的流通成本,提高了交易效率。在传统商业模式中,商品需要经过多层代理和分销才能到达消费者手中,而电子商务则直接实现了生产者与消费者的对接,减少了中间环节,降低了商品的流通成本。这种成本降低的效果不仅促进了产业的发展,也为消费者带来了实惠。同时,电子商务的高效性也降低了资源的浪费,使得商品能够更快地满足消费者的需求,避免了库存积压和过剩生产。

电子商务在推动绿色低碳发展方面也发挥了重要作用。通过电子商务平台,企业可以更加便捷地推广环保产品和低碳技术,提高消费者的环保意识。同时,电子商务也促进了绿色物流的发展,通过优化配送路线、减少运输次数和空驶率,降低了物流过程中的碳排放。电子商务还可以促进二手商品的流通,减少资源的浪费和环境的污染。

电子商务与可持续发展协同推进,通过减少中间环节、降低成本、提高效率以及促进绿色低碳发展等方式,为可持续发展注入了新的活力。

(三)实现电子商务可持续发展的途径

电子商务平台是电子商务交易的重要载体,其功能和服务的完善直接关系到消费者的购物体验和商家的经营效益。具体而言,电子商务平台应该加强技术创新,提升平台的稳定性和安全性,保障消费者的购物安全;通过数据分析、精准营销等手段,提高平台的运营效率,为商家提供更加便捷、高效的服务。

同时,电子商务企业应强化培养可持续发展意识。作为经济发展的重要推动力量,电子商务企业应该承担起社会责任,将可持续发展理念贯穿于经营活动中,通过优化供应链管理、推广绿色包装等方式,减少环境污染和资源浪费,促进可持续发展。

建立完善的法律法规体系也是保障电子商务可持续发展的重要手段。政府应制定和完善电子商务相关法律法规,明确电子商务的经营规范、法律责任等,为电子商务的健康发展提供法律保障;也应加大对违法行为的打击力度,维护市场秩序和消费者权益。

二、环境保护在电子商务的应用

(一)绿色物流体系建设

在绿色物流体系中,节能技术的应用尤为关键。物流环节涉及运输、仓储、装卸等多个环节,这些环节都是能源消耗的大户。因此,推广节能技术对于降低物流成本、提高物流效率具有重要意义。例如,采用高效节能的运输工具,如新能源车辆,可以显著减少能源消耗和排放。智能化物流管理系统的应用也可以优化运输路线,减少空载率,提高物流效率。

减排措施的落实也是绿色物流体系建设的重要一环。通过优化运输方式、减少运输距离、加强尾气处理等措施,可以降低物流过程中的碳排放,减少对环境的污染。例如,鼓励企业采用铁路和水路等低碳运输方式,减少公路运输的比重,可以显著降低碳排放。加强货物的包装和装卸作业,减少货物在运输过程中的损耗和浪费,也是减排的重要途径。

(二)节能减排技术应用推广

在电子商务行业,节能减排技术的应用和推广是实现绿色低碳发展的关键。这一技术的推进,不仅需要政策的引导和支持,还需要企业自身的技术创新和消费者的积极响应。

1.清洁能源应用

清洁能源的应用是节能减排的重要手段。在电子商务平台上,众多企业开始积极推广清洁能源的应用,如太阳能、风能等。这些清洁能源具有可再生、无污染的特点,能够显著降低电子商务运营中的碳排放。例如,一些电商平台在数据中心的建设中,大量采用太阳能和风能发电,实现了能源的绿色转型。电商平台还积极推广绿色包装和绿色物流,通过使用环保材料和减少运输过程中的碳排放,进一步降低电子商务的碳足迹。

2.节能技术应用推广

节能技术的应用也是节能减排的重要途径。在电子商务平台上,节能产品的推广和销售具有得天独厚的优势。电商平台可以通过大数据分析,精准推送节能产品给有需求的消费者,提高节能产品的市场占有率。同时,电商平台还可以对节能产品进行宣传推广,提高消费者的节能意识,促进节能产品的普及。电商平台还可以利用自身的影响力,推动供应链企业采用节能技术和产品,从而带动整个产业链的节能减排。

3.环保法规遵守与执行

在节能减排技术应用的过程中,环保法规的遵守和执行是必不可少的。电商平台作为重要的市场主体,必须严格遵守环保法规,确保自身的运营活动符合环保要求。同时,电商平台还应该加强环保监管,对违规行为进行严厉打击,确保节能减排技术的合规应用。电商平台还应该积极参与环保公益活动,推动社会环保意识的提高,为电子商务行业的可持续发展贡献力量。

(三)环保理念融入产品设计生产

在现代工业生产中,环保理念已经成为产品设计和生产的重要指导原则。将环保理念融入产品设计和生产过程中,不仅能减少对环境的污染,还能提高企业的社会责任感,满足消费者的环保需求。

1.环保材料使用

在产品设计和生产过程中,选用环保材料是减少产品对环境污染的重要手段。环保材料通常指可降解、可再生、低污染的材料,如可降解塑料、环保涂料、绿色包装等。这些材料在使用过程中不会对环境造成太大的污染,且在使用后能够被自然降解或回收利用,减少对环境的压力。使用环保材料还能够提高企业的生产效率,降低生产成本,提高企业的竞争力。在选用环保材料时,企业需要注重材料的性能和质量,确保产品在使用过程中不会出现质量问题。同时,企业还需要注重材料的可回收性,尽可能选择易于回收和再利用的材料,减少对环境的污染。

2.环保技术创新

环保技术创新是企业提高产品环保性能的重要手段。通过创新技术,企业可以开发出更加节能、环保的产品,满足消费者的环保需求。例如,开发节能型家电、低碳型汽车、环保型建筑材料等,这些产品在使用过程中能够减少能源的消耗和废弃物的排放,对环境造成的污染也会大大减少。在环保技术创新方面,企业需要加强研发投入,注重技术创新和人才培养。通过与科研机构、高校等合作,共同研发新技术、新材料,提高企业的技术水平和创新能力。同时,企业还需要注重知识产权保护,保护自己的技术成果,防止被他人侵犯。

三、社会责任担当与消费者权益保障

(一)企业社会责任履行情况

近年来,随着企业社会责任意识的逐渐提高,各行业的企业在追求经济效益的同时,也越来越注重履行社会责任。电子商务行业作为现代经济的重要组成部分,更是将社会责任视为企业发展的重要组成部分。

在环保责任履行方面,电子商务企业积极落实环保责任,推动绿色电商的发展。这些企业通过优化包装,采用可回收、可降解的包装材料,减少了包装废弃物的产生。同时,企业通过加强对仓储和物流环节的环保管理,提高了资源利用效率,降低了对环境的污染。一些企业还积极推广绿色消费理念,鼓励消费者选择环保产品,共同促进环保事业的发展。

在产品质量控制责任履行方面,电子商务企业深知产品质量是企业的生命线,因此注重产品质量控制。通过加强源头管控,严格筛选供应商,确保产品的质量和安全。同时,还完善了质量检测机制,对产品进行全面的质量检测,确保产品符合相关标准和要求。这些措施有效地提高了产品的质量水平,保护了消费者的权益。

在安全生产责任履行方面,电子商务企业严格遵守安全生产规定,加强员工安全培训,确保生产过程中的安全稳定。通过定期开展安全检查、演练等活动,提高员工的安全意识和应急处理能力,有效地防范了安全事故的发生。

为了评估电子商务企业履行社会责任的效果,需要进行全面的评估,内容包括环保效果、产品质量提升、安全生产情况等。通过评估,可以发现存在的问题和不足,进而制定改进措施,推动企业社会责任的持续改进。同时,也可以为其他企业提供有益的借鉴和参考。

(二)消费者权益保护政策法规解读

在消费者权益保护方面,政策法规的制定和执行是确保市场秩序和消费者合法权益的重要保障。针对电子商务这一特殊领域,国家制定了一系列法律法规,对电子商务经营者的行为进行了规范,以强化消费者权益保护。

在消费者权益保护法方面,其规定了消费者的基本权利,包括知情权、选择权、监督权等。这些权利在电子商务中同样适用,消费者有权要求经营者提供真实、准确、完整的商品或服务信息,有权自主选择商品或服务,并有权对经营者的行为进行监督。消费者权益保护法还规定了经营者的义务,包括诚信经营、保障消费者安全、保护消费者个人信息等。这些义务在电子商务中同样具有约束力,经营者必须严格遵守,否则将受到法律的制裁。

在电子商务法规方面,相关法律法规对电子商务平台的责任进行了明确。电子商务平台作为商品或服务的交易场所,应当对平台内经营者的信息进行审查核验,确保经营者主体信息的真实有效。同时,电子商务平台还应当督促经营者亮照、亮证经营,保障消费者的知情权。电子商务法规还对产品信息披露、交易安全保障等方面做出了具体规定,以保护消费者的合法权益。

在政策法规执行与监管方面,各级市场监管部门对电子商务经营活动进行了严格监管。他们通过定期开展检查、加强日常监管等方式,对电子商务平台及经营者的行为进行监督。同时,市场监管部门还建立了投诉举报机制,接受消费者的投诉举报,对违法行为进行查处。这些措施有效地维护了市场秩序和消费者的合法权益。

(三)诚信经营体系建设举措汇报

在诚信经营体系建设方面,电子商务企业采取了多种举措来推广诚信经营理念并加强诚信经营体系建设。在诚信经营理念推广方面,企业通过开展诚信经营培训、研讨会等活动,引导员工树立正确的价值观和经营理念,提高员工对诚信经营的认识和重视程度。这些培训活动不仅有助于提升员工的职业素养,还有助于营造企业内部良好的诚信文化氛围。

在诚信经营体系建设举措方面,企业制订了详细的诚信经营体系建设方案。这些方案包括完善内部管理制度、加强员工培训、建立诚信奖惩机制等多个方面。通过完善内部管理制度,企业可以规范员工行为,防止不诚信行为的发生。加强员工培训,可以提升员工的诚信意识和专业能力,使员工更好地履行诚信经营职责。建立诚信奖惩机制,则可以对员工的诚信行为进行激励和约束,确保诚信经营体系的有效运行。

电子商务企业注重诚信经营体系的实施效果。通过对员工诚信意识、客户满意度、企业形象等方面的监测和评估,企业可以及时发现并解决存在的问题,不断优化诚信经营体系,提高诚信经营水平。

第二节 可持续经营发展策略

本节介绍电子商务可持续经营发展的策略与应用。首先介绍绿色环保物流策略、节能减排技术应用,以及循环经济与电子商务的结合,同时强调社会责任与道德营销的重要性,包括合法经营、道德营销和积极履行社会责任。在策略应用的部分,本节分别探讨绿色电子商务平台、电商企业节能减排实践和消费者参与电子商务可持续经营。

一、绿色环保物流策略

在物流流程的优化方面,合理的物流流程可以减少不必要的环节和损耗,从而提高物流效率。这包括对物流路径的规划和优化,以及货物的有效装载和卸载等。通过对物流流程的全面梳理和重新设计,可以消除冗余环节,减少重复劳动,从而降低物流成本,同时减少对环境的污染。优化物流流程还可以提高企业的响应速度,更好地满足客户需求。

绿色包装材料的使用是绿色环保物流策略的另一个重要方面。传统的包装材料往往会对环境造成严重的污染,如塑料、泡沫等难以降解的材料。而环保包装材料,如可降解材料、回收材料等,可以减少包装废弃物对环境的影响。因此,企业应积极采用环保包装材料,减少包装废弃物的产生。还可以通过包装设计优化,减少包装材料的用量,降低包装成本。

节能减排物流设备的使用也是绿色环保物流策略的重要组成部分。电动车辆、太阳能发电系统等节能减排设备在物流领域的应用日益广泛,它们不仅可以降低物流过程中的能耗和碳排放,还可以减少对环境的污染。企业应积极引进这些先进的设备,并加强对员工的培训和管理,确保其能够充分发挥节能减排的作用。

二、节能减排技术应用

智能化技术在电子商务领域的应用,主要体现在大数据、云计算等技术的深度融合。通过数据分析,企业能够更准确地掌握市场动态,优化供应链管理,减少库存积压和物流损耗。同时,云计算技术的广泛应用使得电商平台能够灵活调度资源,实现服务器的高效利用,从而减少能源消耗。例如,通过预测用户购物行为,电商平台可以合理调整服务器负载,避免能源浪费。

清洁能源技术在电子商务领域的应用主要体现在数据中心和物流配送环节。数据中心是电商平台的核心,其能源消耗巨大。采用太阳能、风能等清洁能源技术,可以有效降低数据中心的碳排放。在物流配送环节,推广使用电动车辆、太阳能货车等清洁能源交通工具,也能显著减少碳排放。

节能降耗技术在电子商务领域的应用同样广泛。例如,采用高效节能空调、LED 照明等节能设备,可以显著降低数据中心的能耗。在包装材料上,使用可回收材料、减少包装体积等策略,也能有效降低能耗和废弃物产生。

三、循环经济与电子商务

循环经济模式是一种全新的经济发展模式,它强调资源的循环利用和污染的减少。在电子商务领域,这种模式的实施主要体现在产品设计、物流配送、包装以及回收等环节。在产品设计阶段,企业应考虑产品的可回收性和再利用性,减少产品生命周期中的能源消耗和废弃物产生。在物流配送方面,电子商务企业应通过优化物流网络,减少运输距离和运输成本,同时提高配送效率。在包装环节,企业应使用可回收或可降解的包装材料,减少环境污染。

在电子商务平台上,资源整合利用成为促进循环经济的重要手段。通过电子商务平台,企业可以更加便捷地获取消费者的需求信息,实现精准营销和个性化服务。同时,电子商务平台还可以整合闲置资源和二手商品信息,促进资源的循环利用。这种资源的整合和再利用,不仅可以降低企业的成本,还可以提高资源的利用效率,减少对环境的压力。

为了推动电子商务行业的环保发展,传播环保理念显得尤为重要。电子商务企业应积极宣传环保理念,引导消费者和商家关注环保问题,推动行业的绿色转型。例如,企业可以通过电子商务平台宣传环保产品和绿色消费方式,鼓励消费者购买环保产品。同时,企业还可以通过公益活动和社会责任等方式,积极参与环保事业,提高企业的社会形象。

四、社会责任与道德营销

合法经营、合规管理是电子商务企业生存的基础。电子商务企业需要严格遵守国家的法律法规,确保企业经营活动的合法性和合规性。这包括电子商务平台的运营、商品的销售、税费的缴纳等各个环节。同时,电子商务企业还需要建立完善的合规管理制度,确保企业员工能够遵守法律法规,防范法律风险。合法经营、合规管理不仅能够保护企业的合法权益,还能够为消费者提供良好的购物环境,增强消费者的信任。

道德营销与宣传是电子商务企业树立良好形象的重要手段。电子商务企业需要坚持诚信经营,不夸大宣传、不虚假承诺,为消费者提供真实、准确的商品信息。电子商务企业还需要尊重消费者的隐私权和知情权,不泄露消费者的个人信息,不进行恶意营销。电子商务企业还需要积极参与社会公益事业,为社会做出贡献,提升企业的社会形象。道德营销与宣传能够为企业树立良好的品牌形象,增强消费者的信任度和忠诚度,促进企业的长期发展。

积极履行社会责任是电子商务企业不可推卸的义务。电子商务企业需要积极参与社会公益事业,为社会做出贡献。例如,通过电商平台销售农产品,帮助农民脱贫致富;通过捐款捐物,支持教育、医疗等公益事业。电子商务企业还需要关注员工的成长和福利,为员工提供良好的工作环境和发展机会。积极履行社会责任能够增强企业的社会责任感,提升企业的社会形象,为企业的长远发展奠定坚实的基础。

五、可持续经营发展策略的应用

(一)绿色电子商务平台

绿色电子商务平台的建设与发展,旨在解决农产品流通中的诸多难题,促进环保理念的传播与实践。贵州电商云便是这一领域的佼佼者。其建设初期,针对贵州农特产品"出山"面临的状况和难题,如山高路长、物流费高、电商化程度低、融资难等,贵州电商云进行了深入的调研与分析。在明确问题后,贵州电商云依托多彩贵州网的优势资源,通过电商平台将贵州的农特产品推向全国市场。在这一过程中,贵州电商云注重环保理念的传播,通过优化物流流程、采用环保包装材料等措施,降低了物流过程中的碳排放,减少了环境污染。同时,电商平台的运营也提高了农特产品的知名度和附加值,促进了当地经济的发展。贵州电商云的成功实践,为绿色电子商务平台的建设提供了有益的借鉴和参考。

(二)电商企业节能减排实践

在电商企业的节能减排实践中,华为与联想等企业不仅成为中国经济的代表,更在全球环保事业中发挥着重要作用。这些企业在其发展过程中,深刻认识到节能减排的重要性,将其作为企业社会责任的重要组成部分。以华为为例,该企业通过广泛应用节能技术,不断优化产品设计和生产流程,大幅降低了能耗和碳排放量。华为还积极推动绿色供应链管理,要求供应商和合作伙伴遵守环保标准,共同推动绿色生产。这些举措不仅有助于保护环境,还提高了企业的竞争力和可持续发展能力。华为和联想等企业的实践证明,电商企业可以在追求经济效益的同时,实现环保和社会效益的共赢。

(三)消费者参与电子商务可持续经营

消费者参与是实现电子商务可持续经营的关键因素之一。消费者的购物习惯、消费偏好以及环保意识对电子商务的发展具有深远的影响。为了推动电子商务的可持续经营,消费者需要以更加积极的方式参与到电子商务活动中来。

消费者参与方式多样化,其中,通过参与绿色环保活动、选择绿色商品等方式是消费者为电子商务可持续经营贡献力量的重要途径。例如,消费者可以选择购买可回收包装的商品,这样不仅可以减少废弃物的产生,还可以降低企业的包装成本。消费者还可以参与环保活动,如垃圾分类、旧物回收等,这些活动都有助于减少环境污染,推动电子商务的可持续发展。

平台在推动消费者参与方面扮演着重要角色。平台可以通过教育和引导消费者,提高消费者的环保意识和参与度。具体来说,平台可以通过发布环保信息、提供绿色商品选择等方式,引导消费者选择环保的商品和服务。同时,平台还可以设立环保奖励机制,鼓励消费者参与环保活动,提高消费者的环保积极性。

平台还可以通过技术创新和优化服务,降低消费者参与环保活动的成本。例如,平台可以开发智能垃圾分类系统,帮助消费者快速准确地分类垃圾;平台还可以提供便捷的回收服务,让消费者更加方便地参与旧物回收活动。这些创新和服务不仅可以提高消费者的参与度,还可以提升平台的品牌形象和竞争力。

消费者参与是电子商务可持续经营的重要基础。平台需要加强对消费者的教育和引导,提高消费者的环保意识和参与度。平台还需要不断创新和优化服务,降低消费者参与环保活动的成本,推动电子商务的可持续发展。

第三节　政府支持与法规建设

一、财政资金支持政策

专项资金支持是财政资金支持政策的重要组成部分。政府通过设立专项资金,用于支持电子商务企业在网站建设、营销推广、市场拓展等方面的投入。这不仅减轻了企业的经济负担,还促进了企业在技术研发和市场拓展方面的积极性。

补贴与奖励政策也是财政资金支持政策的重要措施。政府对电子商务企业给予补贴和奖励,旨在鼓励其进行技术创新、模式创新和内容创新。这些补贴和奖励不仅可以直接降低企业的运营成本,还可以提高企业的盈利能力,从而激发企业的创新活力。

投资引导基金也是财政资金支持政策的重要手段。政府设立投资引导基金,可以吸引社会资本投入电子商务领域,支持电子商务企业的创业和发展。这不仅可以拓宽企业的融资渠道,还可以降低企业的融资风险,推动企业的快速发展。

二、税收优惠与减免措施

税收优惠与减免措施是支持电子商务行业发展的重要政策手段。电子商务企业在运营过程中,可以享受到多种税收优惠。首先,政府对电子商务企业免征或减征增值税,是降低企业运营成本、提升其竞争力的重要举措。其次,电子商务企业还可以享受到所得税的减免,从而增加企业的盈利空间。此外,政府还对电子商务企业给予税费减免,如免征印花税、城市维护建设税等,这些税费的减免可以有效降低企业的运营成本。除了直接的税收优惠外,政府还允许电子商务企业进行税收抵扣,如研发经费加计扣除、固定资产加速折旧等,这些政策能够进一步降低企业的税负。总的来说,税收优惠与减免措施为电子商务企业的发展提供了有力的支持。

三、融资担保与信贷支持方案

在融资担保与信贷支持方面,政府采取多项措施以缓解电子商务企业的资金压力。为了提供融资担保支持,设立融资担保基金,为电子商务企业提供融资担保支持,降低其融资风险。具体而言,政府通过融资担保基金,为电子商务企业的贷款提供担保,从而降低银行的风险,使其更愿意向电子商务企业提供贷款。同时,政府还引导金融机构为电子商务企业提供优惠贷款,如降低贷款利率、延长贷款期限等。例如,山西省商务厅联合国家开发银行山西省分行、中国进出口银行山西省分行等多家银行,设立了支持数字贸易企业的专项贷款,首期金额达到 35 亿元,利率低于贷款市场报价利率(LPR),为电子商务企业提供了有力的资金支持。政府还简化了融资流程,提高了融资效率,为电子商务企业提供了更加便利的融资环境。这些措施的实施,有助于缓解电子商务企业的资金压力,促进其快速发展。

四、创新驱动发展战略实施

在当前全球电子商务迅猛发展的背景下,创新驱动发展战略的实施对于电子商务行业来说至关重要。以下从技术创新、模式创新和内容创新三个方面,阐述如何推动电子商务行业的创新发展。

(一)鼓励技术创新

技术创新是电子商务行业发展的核心动力。政府应加大对电子商务企业的支持力度,鼓励其在云计算、大数据、人工智能等关键技术领域进行研发和应用。云计算技术可以为企业提供高效的数据存储和处理能力,降低运营成本;大数据技术则能够深入挖掘用户数据,为企业提供更精准的营销策略;人工智能技术则可以应用于智能客服、智能推荐等场景,提升用户体验。通过技术创新,企业可以不断提升自身竞争力,适应市场的变化。

(二)鼓励模式创新

模式创新是电子商务行业发展的重要推手。政府应鼓励企业探索跨境电商、农村电商等新型商业模式,推动电子商务与实体经济的深度融合。跨境电商可以打破地域限制,将产品推向全球市场;农村电商则可以解决农产品销售难题,促进农村经济发展。通过模式创新,企业可以开辟新的市场空间,实现快速增长。

（三）鼓励内容创新

内容创新是电子商务行业吸引用户的关键。政府应支持电子商务企业加强创意设计，开发具有特色的文化产品，提升产品附加值。同时，还应鼓励企业利用互联网平台推广传统文化，增强品牌的文化内涵。通过内容创新，企业可以吸引更多用户，提升品牌影响力。

案例视窗

国联股份的可持续经营

在电商物流服务领域，国联股份作为头部企业之一，凭借其强大的物流体系和先进的技术支持，占据了较大的市场份额，成为众多电商平台的信赖合作伙伴。

一、主营业务

国联股份主要从事电商物流服务，包括仓储、配送、售后等各个环节。其仓储服务覆盖全国主要城市，拥有大型现代化仓库和先进的仓储管理系统，能够为客户提供安全、高效的仓储服务。配送服务则通过自有物流网络和合作物流公司，实现全国范围内的快速配送。国联股份还提供售后服务，如退换货处理、订单跟踪等，以满足客户的多样化需求。

二、市场份额

在电商物流服务领域，国联股份凭借其强大的物流体系和优质的服务，赢得了众多客户的信赖和好评。根据相关数据，国联股份在电商物流服务领域的市场份额逐年提升，已成为行业内的佼佼者。这主要得益于国联股份在物流网络、技术、服务等方面的不断投入和创新，以及与客户建立的长期合作关系。

三、竞争优势

（一）完善的物流体系

国联股份拥有完善的物流体系，包括仓储、配送、售后等各个环节。其仓储服务覆盖全国主要城市，拥有大型现代化仓库和先进的仓储管理系统，能够为客户提供安全、高效的仓储服务。配送服务则通过自有物流网络和合作物流公司，实现全国范围内的快速配送。这种完善的物流体系，使得国联股份能够为客户提供一站式服务，提高客户满意度。

（二）先进的技术支持

国联股份在物流技术方面有着强大的研发能力，能够不断推出新的物流解决方案，提高物流效率。例如，国联股份引入了自动化分拣系统、智能仓储系统等先进技术，实现了物流作业的自动化和智能化。国联股份还积极运用大数据、云计算等技术,对物流数据进行深入分析,为客户提供更加精准的物流服务。

（三）优质的服务

国联股份一直以客户为中心,注重服务质量的提升。其客户服务团队经过专业培训,能够为客户提供及时、专业的服务。国联股份还提供了多种增值服务,如订单处理、包装、代收货等,以满足客户的多样化需求。这种优质的服务,使得国联股份在客户中树立了良好的口碑,也为公司的发展奠定了坚实的基础。

（四）品牌影响力

作为电商物流服务领域的头部企业,国联股份在行业内具有较高的知名度和影响力。其品牌形象和服务质量得到了广大客户的认可和信赖,这也使得国联股份在业务拓展和客户开发中具有一定的优势。国联股份还积极参与行业标准的制定和推动,为行业的发展做出了积极的贡献。

四、可持续发展策略

（一）优化物流网络

随着电商行业的不断发展,物流需求也在不断增长。为了满足客户的需求,国联股份需要不断优化物流网络,提高物流效率。国联股份可以通过在全国主要城市建立物流中心、增加物流节点等方式,进一步缩短配送距离,提高配送速度。

（二）提升自动化程度

随着技术的不断进步,自动化和智能化已成为物流行业的发展趋势。国联股份可以加大在自动化和智能化方面的投入,引入更多的自动化设备和智能系统,提高物流作业的自动化和智能化水平。不仅可提高物流效率,还可降低人力成本,提高公司的盈利能力。

（三）加强技术研发

技术研发是国联股份保持竞争优势的关键。国联股份可以加强技术研发,不断推出新的物流解决方案和服务,满足客户的需求。例如,国联股份可以研究物联网技术、区块链技术等新兴技术,将其应用于物流领域,提高物流的透明度和可追溯性。

（四）拓展业务领域

除了电商物流服务外,国联股份还可拓展其他业务领域,如供应链管理、金融服务等。通过拓展业务领域,国联股份可以为客户提供更全面的服务,增加公司的收入来源。国联股份还可通过与其他企业的合作,实现资源共享和优势互补,提高公司的竞争力。

（五）注重人才培养

人才是企业发展的关键。国联股份可以注重人才培养,通过培训、激励等方式,提高员工的业务素质和技能水平。国联股份还可引进优秀人才,为公司的发展注入新的活力。

在电商物流服务领域,国联股份凭借其完善的物流体系、先进的技术支持、优质的服务和品牌影响力,占据了较大的市场份额。国联股份将继续保持其优势,不断优化物流网络、提升自动化程度、加强技术研发、拓展业务领域和注重人才培养,实现公司的可持续发展。国联股份还需要关注行业发展趋势和客户需求变化,及时调整战略和业务模式,以适应市场的变化和发展。

资料来源:百度搜索。

五、政府支持与法规建设协同推进

(一)完善政策体系,提高政策针对性

在电子商务行业快速发展的过程中,政策的引导作用至关重要。为了支持电子商务的可持续经营,政府需要出台一系列针对性政策,这些政策应充分考虑电子商务行业的特点和需求,以确保政策的有效性和实施效果。

针对电子商务行业的特点,政策应体现出灵活性和创新性。电子商务行业具有快速发展、创新性强等特点,因此政策的制定应具有一定的前瞻性和适应性,能够及时调整以应对行业的变化。政府可以通过设立专项基金、提供税收优惠等方式,鼓励企业加大研发投入,推动技术创新和产业升级。

政策结构的优化也是提高政策针对性的重要手段。政策之间应相互衔接、协调一致,避免政策之间的冲突和重复。政府可以通过建立政策信息服务平台、加强部门之间的沟通协作等方式,提高政策的透明度和可操作性,使电子商务企业能够更好地了解和利用政策。

加强政策宣传和培训也是提高政策针对性的重要措施。政府可以通过举办政策宣讲会、培训班等方式,向电子商务企业普及政策内容,帮助企业了解政策的具体要求和申请流程。同时,政府还可以加强与企业之间的沟通和交流,了解企业的需求和问题,及时调整政策,以更好地支持企业的发展。

(二)加强监管力度,保障市场秩序稳定

在当前电子商务市场迅猛发展的背景下,市场秩序的稳定成为影响行业持续健康发展的重要因素。为了加强监管力度,保障市场秩序稳定,需要采取一系列有效措施。

强化市场监管是保障市场秩序稳定的重要手段。电子商务市场的虚拟性、匿名性等特点使得市场秩序容易受到侵害,如假冒伪劣、侵权盗版等违法行为屡禁不止。因此,需要加强对电子商务市场的监管力度,通过加强执法、加大处罚

力度等手段,对违法行为进行严厉打击,维护市场秩序。

建立长效监管机制是保障市场秩序稳定的重要保障。监管不能只是一时的行动,而需要建立长效的监管机制,对市场进行日常监管和专项整治。这可以通过建立健全的法律法规体系、完善市场监管机制、加强执法力度等方式实现。同时,还需要加强监管部门的自身建设,提高监管能力和水平,确保监管工作的高效和有力。

加强跨部门协作也是保障市场秩序稳定的重要手段。电子商务市场的监管涉及多个部门,如市场监管、公安、税务等,需要各部门之间加强协作和沟通,形成监管合力。可以通过建立信息共享机制、开展联合执法等方式,加强各部门之间的合作,提高监管效果。

(三)优化营商环境,降低企业经营成本

优化营商环境,降低企业经营成本,是推动电子商务持续发展的重要动力。在基础设施建设方面,加强物流、交通等配套设施水平至关重要。这包括提升道路、铁路、航空等交通网络的连通性和便捷性,以及加强仓储、分拣、配送等物流环节的现代化水平,以缩短商品运输时间,降低物流成本。同时,要进一步优化电子商务营商环境,包括简化注册流程、加强知识产权保护、提高行政效率等,为企业提供更加便捷、高效的营商环境。在降低经营成本方面,减轻企业税收负担是关键。通过实施减税降费政策,降低企业的税收和社保缴费负担,可以有效提高企业的盈利能力。此外,提供资金支持也是降低企业经营成本的重要手段,如提供贷款、融资等金融服务,帮助企业解决资金难题。

(四)促进创新驱动,提升行业竞争力

技术创新是电子商务行业发展的源动力。随着科技的不断进步,电子商务的智能化、数字化趋势日益明显。为抓住这一机遇,电子商务企业需要不断加大研发投入,引入先进技术,推动产品创新和服务升级。例如,通过大数据、人工智能等技术,电子商务企业可以实现精准营销、智能推荐等功能,提升用户体验和购买转化率。同时,技术创新还可以帮助电子商务企业优化供应链管理、提高运营效率,降低运营成本。

模式创新也是电子商务行业发展的重要方向。随着市场的不断变化和消费者需求的多样化,传统的电子商务模式已经无法满足市场需求。电子商务企业需要积极探索新的商业模式和盈利模式,以满足消费者的个性化、多元化需求。例如,C2M模式、直播带货等新型电商模式,不仅满足了消费者的需求,也为电子商务企业带来了新的增长点。

品牌建设是电子商务企业发展的基石。在激烈的市场竞争中,电子商务企

业需要注重品牌建设,提升品牌知名度和美誉度。通过加强品牌宣传、提高产品质量和服务水平,电子商务企业可以建立起良好的品牌形象和口碑,吸引更多的用户和消费者。同时,品牌建设还可以帮助企业提升市场份额和竞争力,实现可持续发展。

案例视窗

电子商务可持续发展的失败经验

在电商行业的发展历程中,涌现出了众多优秀的企业,但同样也有不少企业因为各种原因而走向失败。

一、凡客诚品的失败与教训

作为国内知名的电商品牌,凡客诚品曾经的辉煌可谓令人瞩目。然而,随着企业规模的不断扩大,凡客诚品却陷入了困境。其失败的主要原因在于扩张过快、资金短缺以及管理不善。

在扩张方面,凡客诚品过于追求速度和规模,盲目扩张产品线,涉足多个领域,导致资源分散,无法形成核心竞争力。资金短缺也是凡客诚品失败的重要原因之一。由于扩张过快,企业需要大量的资金来支撑运营,但融资渠道却相对有限。一旦资金链断裂,企业就会陷入困境,难以维持正常运营。凡客诚品在管理上也存在诸多问题。例如,内部沟通不畅、决策失误、团队建设不足等,都导致了企业无法有效应对市场变化,最终走向了失败。

凡客诚品的失败给我们带来了深刻的教训。电商企业在发展过程中要合理控制扩张速度,注重产品质量和用户体验,加强资金管理和风险防控,确保企业稳健发展。

二、酷奇电商的倒闭与启示

酷奇电商是另一个失败的电商案例。其失败的原因主要在于质量控制不严、欺诈消费者以及缺乏诚信经营。酷奇电商在运营过程中,为了追求利润和市场份额,忽视了产品的质量控制。平台上充斥着大量的假冒伪劣商品,严重损害了了消费者的权益。同时,酷奇电商还存在欺诈消费者的行为,如虚假宣传、虚假促销等,破坏了消费者对平台的信任。

酷奇电商的倒闭给我们带来了深刻的启示。电商企业要时刻注重产品质量和用户体验,加强质量控制和监管,确保产品的真实性和质量。同时,企业也要诚信经营,遵守法律法规和商业道德,树立良好的企业形象和信誉。只有这样,才能赢得消费者的信任和支持,实现企业的可持续发展。

资料来源:百度搜索。

第四节　未来展望

随着互联网技术的飞速发展,电子商务已成为我国经济增长的重要引擎。然而,随着我国电子商务市场交易规模不断扩大,产业地位不断提升,电子商务行业也面临着资源过度消耗、环境污染、市场竞争加剧等问题。如何在保障经济增长的同时,实现电子商务的可持续发展,成为今年来市场各方关注的焦点。本节讨论了电子商务可持续经营发展的趋势及挑战,最后提出相应的对策以及未来展望。

一、电子商务行业发展趋势及挑战

电子商务行业正面临前所未有的变革与机遇,智能化、跨界融合及国际化拓展是未来发展的三大趋势。

智能化是当前电子商务行业的重要趋势。随着人工智能技术的不断进步,电子商务的智能化水平不断提升。人工智能技术可以帮助电商平台更准确地捕捉用户需求,通过大数据分析和机器学习算法,为用户推荐更符合其喜好的商品和服务。这种个性化推荐不仅提高了用户满意度,也促进了销售的增长。人工智能在物流配送、客户服务等环节的应用,进一步提高了电商的运营效率。例如,智能物流系统可以优化配送路线,降低物流成本,提高配送效率。智能客服系统则可以通过自然语言处理和机器学习技术,为用户提供更加人性化的服务,解决用户的问题和疑虑。

跨界融合是电子商务行业发展的另一大趋势。随着技术的不断进步和市场的不断变化,各行业之间的界限越来越模糊。电子商务作为一种新兴的商业模式,正在与各行业进行深度融合。例如,电商平台与物流、金融等行业的结合,形成了物流电商、电商金融等新的商业模式和增值服务。这些跨界融合不仅拓展了电商的业务范围,也提高了其竞争力和盈利能力。同时,跨界融合也促进了各行业之间的资源共享和优势互补,推动了整个行业的发展。

国际化拓展是中国电子商务企业的重要发展方向。随着全球化的加速和互联网的普及,中国电商企业面临着巨大的海外市场和机遇。中国电商企业已经积累了丰富的运营经验和技术优势,具备了向海外市场拓展的实力和条件。通过国际化拓展,中国电商企业可以扩大品牌知名度,提高国际竞争力,实现企业的全球化发展。国际化拓展也可以为中国电商企业带来更多的资源和机遇,推动其持续发展。

此外,在全球经济快速发展的背景下,环境问题和社会问题日益凸显,传统的经营模式已经无法满足当前社会对于可持续发展的需求。可持续经营理念的引入成为企业转型升级的必然选择。企业和个人开始意识到,环境是生存的基础,保护环境就是保护自己和后代的利益。这种环保意识的提升,促使企业开始关注自身的环境行为,采取环保措施,减少污染排放,实现清洁生产。同时,消费者也越来越倾向于购买环保产品,支持环保企业,从而推动了可持续经营理念的形成和发展。

在市场竞争日益激烈的情况下,企业不再仅仅关注经济效益,而是更加注重社会责任。企业认识到,只有实现经济效益与社会效益的双赢,才能赢得消费者的信任和支持,实现长远发展。因此,企业开始将可持续经营理念融入企业战略中,将社会责任纳入企业的经营决策和战略规划中,通过实现经济效益、环境效益和社会效益的协调发展,推动企业的可持续发展。

可持续经营理念强调资源整合与优化配置。在当前资源短缺、环境压力加大的情况下,企业需要更加高效地利用资源,降低生产成本,提高经济效益。通过技术创新和管理创新,企业可以实现资源的循环利用和节约使用,减少资源的浪费和消耗。同时,企业还可以通过合作和共赢的方式,与其他企业、组织和社区等利益相关者合作,实现资源的共享和优化配置,共同推动可持续发展。

二、电子商务可持续经营发展对策

(一)平台经济模式下的可持续发展路径

在平台经济模式下,可持续发展路径需要关注多方面的因素。平台需不断优化商业模式。从当前的数据来看,电子商务平台技术服务的收入占比相对较高,物联网模组和云服务则呈现出波动性。因此,平台可以考虑增加电子商务平台技术服务的投入,同时调整物联网模组和云服务的策略,以提高整体经济效益。技术创新是平台经济持续发展的关键因素。大数据、云计算、人工智能等先进技术的运用,可以帮助平台优化运营流程,提升用户体验,增强平台的竞争力。平台还应该积极拓展多元化业务。除了电子商务外,平台还可以考虑涉足金融、物流、教育等领域,提高盈利能力,降低对单一业务的依赖。通过这些措施,平台可以在激烈的市场竞争中保持优势,实现可持续发展。

随着数字技术的不断进步和消费者需求的日益多样化,电子商务行业持续蓬勃发展。饿了么作为即时配送领域的佼佼者,其2023年即时配送订单规模达到约409亿单,市场规模高达3 410亿元,彰显出即时电商市场的巨大潜力和增长空间。预计至 2027 年,即时电商市场规模将突破 5 万亿元,这一趋势预示着电子商务行业正迈向一个新的发展阶段。在这一背景下,电子商务的可持续经营发展显得尤为重要。为实现这一目标,企业需要不断创新业务模式,提升服务质量和效率,以满足消费者日益升级的需求。同时,加强供应链管理,优化物流配送体系,降低运营成本,也是确保电子商务可持续发展的关键。此外,企业还应积极承担社会责任,推动绿色电商发展,减少环境污染,为社会的可持续发展贡献力量。展望未来,电子商务行业将迎来更多的发展机遇与挑战。只有那些能够紧跟时代步伐,不断创新和完善自身的企业,才能在激烈的市场竞争中脱颖而出,实现可持续经营发展。

(二)电子商务与环境保护的协调发展

1.电子商务对环境的影响评估

环境污染方面,电子商务活动产生的废弃物、排放物和噪声等对环境造成了不小的污染。特别是快递包装,由于其一次性使用和不易降解的特性,给环境带来了严重的负担。电子商务的发展也致使城市交通流量激增,进而加剧了空气污染和噪声污染。

电子商务的快速发展也带来了可持续发展挑战。为了实现经济的持续增长,电子商务必须更加注重环保和可持续发展。例如,通过优化物流网络、推广绿色包装和循环经济模式等措施,可以减少电子商务对环境的负面影响(表 10-1)。

表 10-1 电商平台减负策略及效果

平台	减负举措	减负效果
天猫(淘宝)	取消年费,改为收取订单成交额 0.6% 的基础软件服务费	减轻固定费用负担
天猫(淘宝)	优化"仅退款"政策,推出"退货宝"服务	降低商家退换货成本
京东	推出"春晓计划",加大第三方卖家扶持力度	提升流量、技术效率和降低运营成本
拼多多	发起"百亿减免"计划,减免推广服务费、技术服务费、保证金等	直接减轻商家费用负担

(三)绿色包装与低碳物流的推广实践

在推动绿色包装与低碳物流的进程中,各行业正积极探索并实施了一系列切实可行的措施,以实现环境保护和可持续发展。

绿色包装材料的使用是推广绿色包装的关键。可降解材料、再生材料等环保材料逐渐取代传统材料,成为快递包装的主流。例如,可降解塑料在包装中广泛应用,其生物降解性使得包装废弃物能够在自然环境中得到有效分解,减少了对环境的污染。再生材料如废纸、废旧塑料等也被广泛应用于快递包装中,实现了资源的循环利用。

除了绿色包装材料的使用,精简包装尺寸也是推广绿色包装的重要手段。通过优化包装设计,避免过度包装和浪费,提高包装材料的利用率。例如,快递企业采用了可折叠的纸箱、可重复使用的塑料袋等,不仅减少了包装材料的用量,还降低了运输成本。通过包装设计的创新,如采用可拆卸式包装、多层包装等,也可以实现包装材料的重复使用。

低碳物流技术的应用则是推广低碳物流的关键。电动汽车、太阳能车辆等低碳运输工具的使用,大大减少了物流过程中的碳排放。例如,在城市配送中,采用电动货车替代燃油货车,可以有效减少尾气排放,降低对环境的污染。通过优化物流路线、提高运输效率等措施,也可以降低物流过程中的碳排放。

加强政府、企业和行业协会之间的合作也是推广绿色包装和低碳物流理念和实践的重要途径。政府可以出台相关政策法规,鼓励企业采用绿色包装和低碳物流技术,并对表现优秀的企业给予奖励。企业则可以积极响应政府的号召,加强技术创新和产品研发,推动绿色包装和低碳物流的广泛应用。行业协会则可以发挥桥梁作用,促进企业之间的合作与交流,共同推动绿色包装和低碳物流的发展。

(四)电子商务企业环保责任的落实与监管

电子商务企业在现代经济活动中扮演着重要角色,其环保责任也日益凸显。为确保电子商务企业在追求经济效益的同时,能承担起应有的环保责任,需从多方面进行落实与监管。

环保责任明确是电子商务企业落实环保责任的基础。电子商务企业应明确自身的环保责任,将环保理念融入企业的日常运营中。这包括制定环保政策和措施,确保业务活动符合环保要求,以及建立环保管理体系等。通过这些措施,企业可以有效地管理自身的环保行为,减少对环境的负面影响。

环保监管加强是确保电子商务企业落实环保责任的重要手段。政府应加强对电子商务企业的环保监管,制定并执行相关法规和政策。例如,对电子商务企业的环保行为进行定期检查和评估,对违规行为进行严厉处罚等。这些措施可以有效地约束企业的行为,促使其更加注重环保。

环保宣传教育也是提高电子商务企业环保意识的有效途径。政府和行业协会应加强对电子商务企业的环保宣传教育,提高其环保意识。例如,组织环保培训、举办环保论坛等,让企业了解环保的重要性和紧迫性。同时,鼓励企业主动承担环保责任,积极参与环保活动,树立良好的企业形象。

持续改进与创新是电子商务企业实现环保和可持续发展的关键。企业应不断探索更加环保和可持续的业务模式和技术应用,如推广绿色包装、优化物流配送等。通过技术创新,企业可以降低生产过程中的能耗和污染,实现经济效益和环保效益的双赢。

三、电子商务可持续发展未来展望

(一)电子商务推动全球可持续发展目标的实现

电子商务的快速发展正为全球经济带来深远的影响,其在推动全球可持续发展目标的实现方面发挥着不可或缺的作用。

电子商务作为全球经济的重要引擎,为各国经济的繁荣与发展提供了有力支撑。电子商务通过促进贸易的便利化,打破了传统贸易的时空限制,使得商品和服务的交易更加高效便捷。这不仅为商家提供了更广阔的市场空间,也为消费者带来了更多的选择和更低的价格。同时,电子商务还降低了交易成本,提高了经济效益,为经济的持续增长注入了新的动力。

电子商务在优化资源配置方面也发挥了重要作用。通过电子商务平台,资源可以更加精准地匹配到需求,避免了资源的浪费和错配。同时,电子商务还可以降低库存成本,提高物流效率,从而减少能源消耗和环境污染。这种优化资源配置的方式不仅提高了资源的利用效率,也为可持续发展提供了有力的支持。

电子商务的跨越时空限制特点使得全球范围内的贸易和交流变得更加便捷。电子商务平台不仅为买卖双方提供了便捷的交易渠道,也为文化交流和融合提供了平台。通过电子商务,人们可以更加轻松地了解不同国家的文化和产品,从而增进相互理解和友谊。这种文化交流不仅有助于促进全球和平与发展,也为可持续发展创造了良好的环境。

(二)电子商务在消除贫困中的作用

在探讨电子商务在消除贫困中的作用时,其对市场的拓展、交易成本的降低以及产业发展的推动是不可忽视的三大方面。电子商务为贫困地区的特色产品提供了一个全新的销售渠道,使其能够突破地域限制,进入更广阔的市场。根据《中国电子商务区域发展大数据分析报告》,2023年全国农村网络零售额达到了2.49万亿元,比2014年增长了近13倍,这充分说明了电子商务在拓展农村市场方面的巨大潜力。电子商务通过简化交易流程、减少中间环节,有效降低了信息获取成本和物流成本,使得贫困地区的资源能够更加高效地流转和利用。此外,电子商务还推动了贫困地区的产业发展,通过引导当地特色产业发展、加强产业融合等方式,为当地创造了更多的就业机会和收入来源。例如,农产品网络零售额的增长带动了农村地区的农业产业升级和农民收入的增加。

(三)电子商务促进就业与女性赋权

电子商务的快速发展已成为经济转型的重要引擎,在促进女性赋权和平等就业方面,发挥了重要作用。通过提供适合女性的工作岗位,如电商运营、客服等,让女性能够在家庭和工作之间找到平衡点,实现自我价值,同时也为当地创造了大量的就业机会。以四川省青神县为例,通过电子商务的运营体系,诸如物流配送、客户服务、网络营销等岗位应运而生,为求职者提供了广泛的就业选择。青神县全县共发展网店 2 500 多个,电商企业 150 多家,从业人员 3 500 余人,创造就业岗位 1 万多个,这对于缓解当地就业压力,提高居民收入水平具有积极意义。青神县还开展了大量的电商培训,累计培训 15 500 多人次,提高了女性的电商技能和创业能力,为她们提供了更多的就业机会和创业平台。

(四)电子商务教育体系构建

在电子商务教育体系构建的过程中,其核心价值在于满足社会对电子商务人才的需求,而实现这一目标的途径则是通过学历教育与职业教育的有机结合。为了构建有效的电子商务教育体系,首先需要关注的是课程设置。课程设置作为教育体系的重要组成部分,必须紧密结合市场需求。例如,贵州电子商务职业技术学院电子商务系,针对当今互联网、数据应用和相关服务业、批发业、零售业等行业的发展需要,着力培养具有职业道德和人文素养的专业人才。具体而言,这些人才应具备电子商务平台运营、视觉营销设计、电商直播营销、数据采集与处理等能力。这种紧密的市场导向,能够确保学生在毕业后迅速适应岗位工作,为社会做出贡献。此外,电子商务教育体系的构建还应注重理论与实践相结合,通过案例分析、项目实践等方式将所学知识应用于实际,提高实践能力和创新意识。

总之,电子商务在推动经济发展和实现可持续经营目标方面发挥着重要作用,同时也面临着挑战和风险。在面临复杂多变的市场环境和日益激烈的市场竞争时,企业需制定有效的应对策略与建议措施,以确保自身的稳定发展和持续增长。企业应注重提升自身竞争力,这是企业应对各种挑战的根本。通过投入研发,不断创新技术,企业可以开发出更具竞争力的产品和服务,满足消费者的不断变化需求。优化服务也是提升竞争力的重要途径。企业应关注客户需求,提供个性化、差异化的服务,提高客户满意度和忠诚度。加强品牌建设也是提升企业竞争力的重要手段。通过树立良好的企业形象和品牌形象,企业可以赢得消费者的信任和支持,从而扩大市场份额。

此外,企业也应留意数据保护与隐私安全。随着信息技术的不断发展,数据安全已经成为企业面临的重要挑战。企业应建立完善的数据保护体系,加强数据加密和防泄露措施,确保客户数据的安全性和隐私性。企业还应加强员工的数据安全意识培训,提高员工的安全意识和防范能力。在经营过程中,企业也应严格遵守相关法规,如反不正当竞争法、消费者权益保护法等,确保经营活动的合法性和合规性。通过合法合规经营,企业可以树立良好的企业形象和品牌形象,赢得消费者的信任和支持。

练习题

一、判断题

1.可持续经营发展只关注经济效益,不关注环境和社会效益。（　　　）

2.电子商务平台能降低商品流通成本,促进绿色低碳发展。（　　　）

3.电子商务企业不需要承担社会责任。（　　　）

4.环保材料的使用会增加企业的生产成本。（　　　）

5.消费者需要参与电子商务的可持续经营。（　　　）

二、单选题

1.可持续经营要求企业在经营活动中充分考虑哪三个方面的平衡?（　　　）

　　A.经济效益、社会效益、生态效益　　　　B.经济效益、技术效益、生态效益

　　C.社会效益、技术效益、生态效益　　　　D.经济效益、社会效益、技术效益

2.以下哪项不是电子商务平台加强技术创新的体现?（　　　）

　　A.提升平台的稳定性和安全性　　　　　　B.提高平台的运营效率

　　C.降低平台的运营成本　　　　　　　　　D.增加平台的运营成本

3.绿色物流体系建设中,以下哪项不是节能减排措施?（　　　）

　　A.优化运输方式　　　　　　　　　　　　B.减少运输距离

　　C.增加运输次数　　　　　　　　　　　　D.加强尾气处理

4.以下哪项不属于企业社会责任履行情况?（　　　）

　　A.环保责任履行　　　　　　　　　　　　B.产品质量控制责任履行

　　C.员工培训责任履行　　　　　　　　　　D.诚信经营责任履行

三、多选题

1.电子商务对可持续发展的影响主要体现在哪些方面?(   )

A.减少中间环节,降低成本,提高效率

B.促进绿色低碳发展

C.减少能源消耗

D.减少环境污染

2.电子商务企业实现可持续发展的途径包括哪些?(   )

A.加强技术创新　　　　　　　　B.强化可持续发展意识

C.建立完善的法律法规体系　　　D.扩大经营规模

3.以下哪些是绿色环保物流策略的体现?(   )

A.物流流程的优化　　　　　　　B.绿色包装材料的使用

C.节能减排物流设备的使用　　　D.提高物流成本

4.以下哪些是节能减排技术在电子商务领域的应用?(   )

A.大数据和云计算　　　　　　　B.清洁能源技术

C.节能降耗技术　　　　　　　　D.传统能源技术

5.电子商务企业履行社会责任的举措包括哪些?(   )

A.合法经营　　　　　　　　　　B.道德营销

C.积极履行社会责任　　　　　　D.虚假宣传

四、简答题

1.简述电子商务与可持续发展的关系。

2.简述消费者参与电子商务可持续经营的方式。

五、论述题

论述电子商务可持续经营发展策略的应用。

参考文献

[1]中国产业调研网.中国电商物流行业发展现状分析与市场前景预测报告(2024—2030 年)[M/OL].(2023-11-08)[2024-12-09].https://www.cir.cn/R_JiXieDianZi/80/DianShangWuLiuFaZhanQuShiYuCeFenXi.html.

[2]中国产业调研网.中国生活服务 O2O 模式行业现状分析与发展前景研究报告(2023 年版)[M/OL].(2023-11-08)[2024-12-09].https://www.cir.cn/R_QiTaHangYe/12/ShengHuoFuWuO2OMoShiShiChangXianZhuangYuQianJing.html.

[3]广东省广新控股集团.喜讯!省广集团灵犀 AI 入选广州市"人工智能+"优秀解决方案[N/OL].(2024-10-15)[2024-12-09].https://www.gdghg.com/xwzx/qydt/content/post_77438.html.

[4]央视网.数字赋能、品牌"出海"……完整跨境电商产业链服务经济"新"发展[N/OL].(2024-11-01)[2024-12-09].https://news.cctv.com/2024/10/31/ARTImt V7n7dvSMS7YhM6360Q241031.shtml.

[5]经济日报·中国经济网.抓住机遇做强跨境电商[N/OL].(2024-10-29)[2024-12-09].https://m.haiwainet.cn/middle/3545018/2024/1029/content_32806711_1.html.

[6]中国新闻网.直播带货,消费者的权益如何维护?[N/OL].(2024-11-01)[2024-12-09].http://www.ce.cn/xwzx/shgj/gdxw/202411/01/t20241101_39188845.shtml.

[7]南方都市报.今年以来我国外贸行业持续"加速跑"[N/OL].(2024-10-30)[2024-12-09].https://news.southcn.com/node_17a07e5926/b1b922ff74.shtml.

[8]新浪财经.走进数字签约时代!电子合同让交易更高效无忧![N/OL].(2024-10-30)[2024-12-09].https://www.163.com/dy/article/JFPH510K05568 W0A.html.

[9]马树娟.以合规经营释放消费潜力[N/OL].(2024-10-31)[2024-12-09].https://finance.sina.com.cn/jjxw/2024-10-31/doc-incukkkk0751836.shtml.

[10]学习强国.开启生态电商 全域平台新时代 中社生活助力经济高质量发展[N/OL].(2024-10-26)[2024-12-09].https://www.jiemian.com/article/11888772.html.

[11]多彩贵州网.【同行十载·拾光如初】贵州电商云:以大数据为笔 绘"黔货出山"新景[N/OL].(2024-10-31)[2024-12-09].http://www.gog.cn/zonghe/system/2024/10/31/018642690.shtml.

[12]金歆.数字消费带动新消费热点(大数据观察)[N/OL].(2024-10-18)[2024-12-09].http://jx.people.com.cn/n2/2024/1018/c186330-41011908.html.

[13]中国县域经济报.做强做优电商产业 激发高质量发展"新活力"[N/OL].(2024-11-01)[2024-12-09].https://www.xyshjj.cn/detailArticle/25153204_105546_zgxyjjb.html.

[14]何星辉.贵阳综合保税区政校企联合培育电商人才[N/OL].(2024-10-31)[2024-12-09].http://district.ce.cn/newarea/roll/202410/31/t20241031_39187562.shtml.

[15]张梦飞,吴琳玥.数字普惠金融、双元创新与中国式农业农村现代化[J].华东经济管理,2024,38(11):41-52.[2024-12-09].

[16]马胜利,邓祥艳,赵礼强.生态环境保护督察与农业绿色技术创新:县域政府竞争的调节效应[J].湖南农业大学学报(社会科学版),2024,25(5):55-66,105.[2024-12-09].

[17]王妙燕.电子商务对工商管理的影响与应对措施[J].商场现代化,2024(20):39-41.[2024-12-09].

[18]胡惠婉.科技赋能跨境电商人才培育策略研究——以江苏省盐城市为例[J].商展经济,2024(16):165-168.[2024-12-09].

[19]何家辉.浅析电子商务在全球化发展下的网络信息安全[J].中国战略新兴产业,2024(21):35-37.[2024-12-09].

[20]徐子寒.供应链金融创新对电子商务物流的潜在影响[J].中国航务周刊,2024(26):78-80.[2024-12-09].

应用型本科经管系列教材

财务会计类
财务报表编制与分析
财务共享综合实务
财务管理学
财务建模与可视化
成本管理会计
成本会计
风险管理与内部控制
管理会计
会计模拟实验
会计学(非会计专业用)
会计学基础仿真实训
会计学科专业导论
会计学原理
Python 在企业财务中的应用
企业会计综合实验
审计学(非审计专业用)
审计学原理
业财一体信息化应用
中级财务会计

工商营销类
电商直播运营
短视频直播运营
服务管理
国际管理:赋能全球企业变革
绩效管理
健康管理学
客户关系管理
企业数字化战略变革案例集
商务礼仪
市场调查与预测
市场营销学
数智时代的市场营销理论与实务
数字营销
数字资产管理与综合实践
网络营销
文旅直播理论与实务
项目策划
消费心理学
新媒体营销
营销策划

经济贸易类
电子商务概论
国际结算
国际经济学
国际贸易实务
国际贸易学
国际市场营销
跨境电子商务
品牌管理
数字经济概论
数字经济理论与实务
数字经济学基础
数字贸易
数字贸易规则
统计学
自贸区发展学

金融投资类
保险金信托与财富传承概论
大数据金融
公司金融学
供应链金融
货币金融学
货币银行学
金融风险管理
金融市场学
金融学
金融衍生工具
商业银行经营管理理论及案例解读
投资学
投资银行理论与实务
投资组合理论与实务
证券投资学

物流类
仓储与配送管理
数智化沙盘模拟实验
物流成本管理
物流系统规划与管理
物流系统建模与仿真——案例与模型
现代物流学概论
运营管理
智慧供应链管理
智慧物流管理